중국 공문서와 자료로 본

6·25전쟁과 중공군

박실 저

정신이 살아 있는 출판

청미디어
CHEONG MEDIA

증보 개정판을 내면서

　우리나라와 중국은 해를 거듭할수록 더욱 가까운 나라가 되고 있다. 두 나라간의 인적 물적 교류는 괄목상대할만해졌고, 자유무역협정(FTA)의 체결로 무관세통관으로 홍수를 이루게 될 것이다. 급기야 두 나라는 안보 문제를 서로 논의하는 동반협력자 관계로 발전하고 있다. 이러한 발전에도 불구하고 중국은 「중조우호협력조약」(中朝友好合作互助条約)을 비롯하여 여전히 북한정권을 돕는 거의 유일한 국가로 남아있다. 그리고 우리 한반도는 분단 상태를 유지한 채 지난 60여 년 동안 군사적 분쟁이 지속되어 온 전시 상태로 놓여있다. 그리고 중국은 우리 민족의 지상 목표인 국토 통일에 중요한 변수의 하나로 자리하고 있다. 우리는 통일이 이루어질 순간 중공군의 개입으로 좌절되고만 아픈 역사를 기억하고 있다. 이 책이 젊은 세대들에게 거의 잊혀져가고 있는 민족의 비극과 이에 관련된 중공군의 이야기를 서술하게 된 것도 역사적 교훈을 되새기며 아픈 역사를 되풀이해서는 안 된다는 데 뜻을 새기고자 하기 때문이다.

　책이 빛을 본지 얼마 되지 않은 짧은 기간에 많은 독자들로부터 격려와 질정의 충고를 받았고 국방부 등 유수한 기관에서 「진중문고」 또는 추천 도서로 채택해 주었다. 이러한 성원에 보답하는 차원에서 새로 입수된 자료들을 보충하여 개정증보판을 출간하게 되었다. 그리고 이 책의 제목을 여러분의 권고에 따라 「6·25전쟁과 중공군」으로 개칭하게 되었다. 이 6·25전쟁은 비록 그 시발이 북한공산군의 남침에서 비롯되었으나 그 전개양상은 한국을 돕는 미국 등 유엔군과 북한의 몰락을 막은 소련의 지원 아래 중공군이 개입하여 자유대공산 양 진영 간의 국제적 대결로 확전되었다.

따라서 이 전쟁은 남한이나 서방 측에서 말하는 「한국전쟁」이라거나 북한 등 공산 측에서 말하는 「조국해방전쟁」이나 「조선전쟁」 등 민족 내부의 내전적인 차원을 넘어서게 되었고, 중립적인 「6·25동란」이나 「6·25전쟁」이라는 호칭을 제목으로 정하는 게 낫겠다는 여망을 따르게 되었다.

이 점 여러 독자님의 양해를 바라며 지속적인 관심과 충고를 기대합니다.

2015년 5월 필자 박실

차례

한 눈에 보는
6·25전쟁
그 위기의 순간들

The Korean war &
Communist Chinese Army

1950년 6월 28일 유엔안보리에서 한국 원조안을 가결하고 있다.

한국전쟁 당시 파괴된 한강 철교를 건너가기 위해 대기하고 있는 북한군 제105 전차여단의 소련제 T-34/85전차
(국가기록원)

1950년 11월 20일 미군으로부터 최초 도입된 전차 (국가기록원)

한국전쟁 당시 남침하는 북한군 보병 (국가기록원)

서울 중앙청에 침입한 북한군과 중공군들 (연합뉴스)

북한군의 학살에 의한 참상 (국가기록원)

북한군의 학살에 의한 참상 (국가기록원)

북한군의 학살에 의한 참상 (국가기록원)

북한군의 학살에 의한 참상 (국가기록원)

1950년 8월 한국전쟁 당시 피난민 행렬

1950년 8월 24일 미 극동 공군 폭격기들이 편대비행을 하고 있다. (대한민국 국군 플리커)

1950년 7월 대전 비행장에 도착한 미8군 사령관 워커중장(가운데).
좌측은 무초대사, 우측은 미 제24사단장 딘 소장 (국가기록원)

1950년 9월 UN군 낙동강 방어선 모습 (국가기록원)

낙동강의 자연장벽 뒤 한국군인들

6·25동란 시 호주군 제3대대 가평북부로 진군 (국가기록원)

1950년 9월 15일 인천항에 정박한 연합군 군수지원함대 (국가기록원)

1950년 9월 15일 인천상륙작전 (국가기록원)

미 해병1사단 대원을 태운 상륙정들이 1950년 9월 15일 아침 인천 상륙작전을 위해
인천 앞바다를 향해 항해하고 있다. (국가기록원)

1950년 9월 15일 유엔군의 인천상륙 작전 때 육지로 돌진하는 미 해병대원들
－이날 4척의 상륙함으로부터 병력과 장비가 내려졌다. (국가기록원)

1950년 9월 20일 인천상륙작전 후 김포비행장에 모습을 드러낸 맥아더

1950년 9월 28일 국군 서울 수복 입성 (국가기록원)

1950년 9월 28일 국군 서울 수복 입성 (국가기록원)

1950년 9월 29일 서울중앙청에서 열린 서울 수복기념식에서 기도하는 맥아더 장군

1950년 10월 19일 미1기병사단 장병들이 태극기를 흔들며 평양에 입성하고 있다. (대한민국 국군 플리커)

1950년 10월 국경선을 넘어 들어오는 중공군 (국가기록원)

1950년 10월 국경선을 넘어 들어오는 중공군 (국가기록원)

1950년 10월 국경선을 넘어 들어오는 중공군 (국가기록원)

1950년 10월 웨이크 섬에서 서로 최초로 만난 트루먼(오른 쪽)과 맥아더 장군. (트루먼도서관)

1950년 11월 1일 폐허가 된 서울

1950년 11월 중공군의 개입으로 후퇴하는 유엔군과 국군 (국가기록원)

1950년 11월 중공군의 개입으로 후퇴하는 유엔군과 국군 (국가기록원)

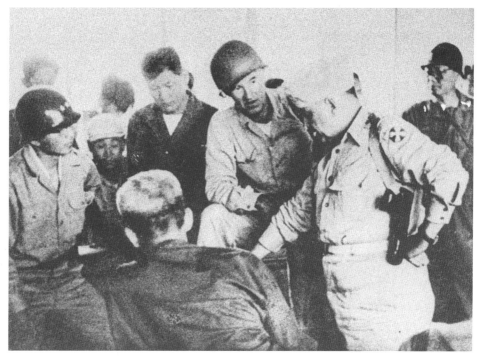

반격작전을 토의하는 워커 미8군 사령관과 정일권 총참모장 (국가기록원)

1950년 11월 미 해병1사단 병사들이 장진호에서 철수하면서 눈에 덮인 산길에서 잠시 휴식을 취하고 있다.
(연합뉴스)

1950년 11월 26일부터 12월 4일 사이에 청천강 일대에서 중공군 40군단 병사들이 눈에 덮인 유엔군 고지를
기습 포위해 2차 공세를 벌였을 때의 모습. (鐵血社區)

1950년 12월 미10군단의 지휘 아래 흥남을 철수하는 북한주민들.
흥남철수는 세계전쟁사상 가장 큰 규모로 진행된 해상철수이다. (국가기록원)

1950년 12월 19일 대구역 앞에서 국군 신병으로 전선으로 떠나는 아들을 전송하는 어머니 모습.
(대한민국 국군 플리커)

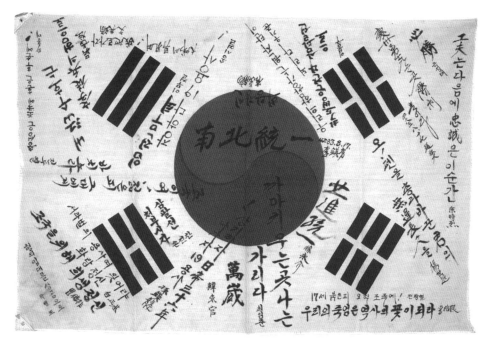

학도병들의 서명문이 적힌 태극기 (대한민국 국군 플리커)

아군의 총구를 향해 개미떼처럼 몰려드는 중공군의 인해전술 광경 (국가기록원)

1950년 12월 또 다시 전개되는 중공군의 인해전술 (국가기록원)

소위 인해전술이라는 인명소모 작전을 위해 총알받이로 내몰린 중공군의 시체 (국가기록원)

1951년 1월 4일 피난 행렬

1951년 5월 공산군 측 무기들

휴전회담 양측 수석대표. 좌측 남일 우측 조이제독 (국가기록원)

1951년 정전회담 UN군 대표 미 극동군해군사령관 제독 터너조이(Charles Turner Joy) 중장

1953년 7월 27일 휴전회담장 밖의 휴전협정 취재보도진 모습

판문점에서 UN대표 해리슨 중장과 북한대표 남일 대장 사이에 휴전협정 조인

대한민국 초대 대통령 이승만(李承晚)

한국 전쟁 당시 인천상륙작전을 성공시키며 전세를
역전 시켰던, 더글라스 맥아더(Douglas MacArthur)

1950년 6월 25일 한국전쟁을 일으켰던
김일성(金日成)

김일성의 요청에 따라 한국전쟁에 참전했던
마오쩌둥(毛澤东)

김일성의 남침 계획을 승인한 스탈린(Joseph Stalin)

한국 전쟁에 참전했던 저우언라이(周恩來)

평양 시내에서 중국 노병들이 환영을 받고 있다.

2013년 7월 27일 그들의 전승절(정전협정일)을 맞아 북한을 방문한 중국지원군 노병들이 환영 군중에 답례하고 있다.

우의탑이 진열된 참전 중공군 지원 병사들의 명단을 이원조 중국 부주석(중앙) 등 북중 인사들이 열람하고 있다.

1...

북한 인민군의 주력이 된
팔로군(八路軍)의 조선인들

/ 항일투쟁의 전초기지 만주 /

김일성은 소련 점령군의 비호를 받으면서 북한에 입성한 순간부터 공산정권을 세우는데 열중했다. 30대 초반의 김일성이 북한에 들어가 착수한 것은 사실상의 정부가 되는 인민위원회의 조직과 권력은 총구로부터 나온다는 군대의 창설이었다. 물론 이것은 세계적화의 원대한 꿈을 실현시키려는 소련 볼셰비키 공산분자들의 철저한 지도감독아래 수행되어갔다.

당초 김일성은 만주지역에서 코민테른에 속한 조선공산당원으로서 유격전을 벌이고 있었는데 코미테른이 조선공산당을 해산하자[1]

*최용건(崔庸健)과 함께 중국공산당에 입당하여 중공지도층과 인연을 맺었다. 그는 공산 유격대의 독립부대 소속으로 간도(間島)와 통화성(通化省)일대에서 지내다가 유명한 동북항일연군에 흡수되었다. 그러나 일본군의 토벌에 밀려 소련으로 넘어가 소련의 극동군 제88보병여단에 재

---

1) ※ 주요 등장인물들 표시로 책 말미에 인물 소개가 되어 있다.

편입 되어 소련 군인이 되었다. 이 때 만주에서 패주한 공산군 부대의 일부가 화북(華北)을 거쳐 옌안(延安)의 *마오쩌둥(毛澤東) 휘하로 들어가는데 이들이 조선 독립동맹을 결성한 *김두봉(金枓奉), *김무정(金武亭) 등의 활동 근거가 된다. 여기서 서울 중앙고보를 다닌 김무정은 중국공산당에 입당, 8로군(八路軍) 총사령관 *주더(朱德), 나중에 중공의 조선지원군 총사령관이 된 *펑더화이(彭德懷)와 친근한 사이가 된다.

46년 해방직후 북한에 온 김일성은 *김광협(金光俠), 건장한 체구의 최용건 등을 개별적으로 간도 등 동북지방에 보내 그 곳에 많은 조선청년들을 끌어 모으기 시작한다.

간도일대 만주 동북부에는 1800년대 말부터 많은 조선인들이 이주하여 살고 있었다. 이들은 1860년대의 대홍수와 한발 등이 겹쳐 경작할 땅을 찾아 두만강과 압록강을 건너간 가난한 조선인들이었다. 주로 함경도와 평안도의 한만(韓滿)국경 인근의 사람들이었는데 조선을 병탄한 일본 제국주의자들의 침탈이 강화되면서 더 많은 조선인들이 삶의 터전을 찾아서, 또는 항일 독립운동을 위해서 남부여대하여 고향을 떠나 이곳으로 몰려들기 시작하였다. 1930년대 후반에는 간도지방을 비롯하여 이른바 동북의 랴오닝(遼寧), 지린(吉林), 헤이룽쟝(黑龍江)성 등 일대에는 1백여만 명의 조선인들이 집단촌을 이루며 살게 되었다. 이들은 전라도와 경상도에 이르기까지 사실상 조선반도 전체에서 몰려든 유민들이었다. 이웃 소련의 연해주(沿海州)에는 7만이 넘는 조선인이 있었다.

김일성 일가의 이주도 이러한 유민들의 일부였다. 당시 조선왕조는 무능하기 짝이 없었다. 특히 함경도 등 북쪽은 나라의 행정이 전혀 미치지 않는 무정부상태였다. 화전민 생활 같은 열악한 환경에 목숨을 이어가는 백성들은 만주족 비적을 비롯하여 청일(淸日 또는 甲午)전쟁, 러일(露日)전쟁 때 밀려든 중국이나 러시아의 무식한 군졸들의 희생양이 되기 일쑤였고 감춰둔 감자나 수수 등 식량을 수시로 약탈당하고 부녀자들은 겁탈을 당하면서 생명과 재산 몰수의 위협 아래 아무런 도움도 받지 못하는 상태로 방치되어 있었다. 따라서 이들이 자구책을 강구하지 않을 수 없었다. 조선의 역대정권들로부터 무관심과 천대를 받아온 이들 함경도 일대의 동북지방 사람들은 그만큼 거칠고 인내하고 항거하는 강인한 생활력을 길렀다. 젊은이들이 스스로 자위대나 경비대를 만들어 대창이나 낫과 망치라도 들고 나서 가족들을 보호해야 될 처지였다. 마적 때들이나 사악한 중국인 또는 일본인들에게 대항하는 준군사조직이 자연스럽게 발생하게 되었다. 이러한 정황아래 많은 조선족 청년들이 막 싹이 트고 있던 중국공산당의 조직에 흡수되는 것은 일견 자연스런 상태였다.

이때의 참상은 한설야의 단편 「과도기」에 잘 나타나 있다.

1936년대에 김일성은 백두산을 중심으로 한 동부 만주에, 최용건은 남만에, *김책(金策)은 매화강 유역의 북만에서 항일 유격대를 지휘하고 있었다.

유격활동에 참여했던 김일성과 그 수족들이 이들 초기 공산혁명 세력과 친근해지는 것은 자연스런 결과였다. 전설적 영웅 김일성의 이름을 딴 젊은 김성주(金成柱)가 이 지역에서 활동해왔기 때문에 그는 소련의 비호를 받으면서 많은 조선족 청년들을 북한으로 쉽게 모집해 갈 수 있었다. 2010년까지 평양 능라도 운동장에서 펼쳐진 북한의 집단체조 「아리랑」은 바로 이러한 유민들과 김일성 일가의 이야기를 그린 것이다.

김일성의 아버지는 이때 약종상을 하고 있었다.

2차 대전이 끝나자 중국대륙에서는 마오쩌둥의 공산군과 *장제스(蔣介石)의 국부군(國府軍, 국민당 정부의 군대 약칭) 사이에 내전이 격화되었다. 중

중공군 개입 초기에 만난 펑더화이(좌)와 김일성

국대륙에 여러 가지 이유로 흘러들어갔던 많은 조선의 청년들도 이 내전
에 휩쓸려 들어갔다. 일부는 공산군편에 서서 팔로군에 편입되고 일부는
장제스의 국부군에 편입되어 좌우로 갈라지게 되었다. 특히 동북산간에
있던 많은 조선청년들은 항일독립운동에 참가하면서 공산 팔로군에 흡수
되었다. 중국의 국공(國共)내전에서 거의 괴멸상태가 되어 몽고나 중앙아
시아로 쫓겨날 지경에 이른 공산당의 공농홍(工農紅)군이 장제스의 부하

만주군벌 장쉐량(張學良)의 반란으로 일어난 시안(西安)사변을 계기로 숨통이 트이게 된다. 이 사건으로 납치된 장이 풀려나고 제2차 국공합작이 이뤄진다. 옌안(延安) 등 서북부 산간지역, 이른바 로농홍군(또는 홍농군)의 해방지역에 산재해 있던 공산군은 장제스의 중앙군사위원회 국민혁명군 제8로군(처음에는 제18집단군)으로 편성된다. 1937년 8월 들어 비로소 중공 측이 중화민국 군대의 일부가 되어 공개적으로 항일 군사작전을 하게 된다. 이때의 팔로군 3개 사단은 *린뱌오(林彪) 사단장에 녜룽전(聶榮臻)이 지휘한 115사단(14,000명), *허룽((賀龍)이 사단장인 120사단(6,000명)과 *류보청(劉伯承)이 사단장인 129사단(8,000명)이었고 팔로군 총사령관은 주더(朱德), 부사령관은 펑더화이(彭德懷), 참모장은 *예젠잉((葉劍英), 군 정치부 주임 린비스((任弼時), 부주임 *덩샤오핑(鄧小平)으로 지휘부를 구상했다. 부대의 총규모는 주력이 3만 2천명, 작은 규모의 독립 전투부대를 총괄하여 최대일 때도 십 수만을 넘지 않았던 것으로 알려졌다. 이들은 주로 산시성(陝西省)과 하북성(河北省) 경계인 화북(華北) 지방의 타이항(太行) 산과 산동성(山東省) 지방에서 활동하고 본부는 진둥난(晉東南)에 두었다.

팔(八)은 중국 사람이 가장 좋아하는 숫자이다. '부자가 된다' '돈을 모은다'의 첫 글자 파차이(發財)와 발음이 비슷한 탓이라 한다. 그래서 팔로군(八路軍)은 곧 중국인들에게 널리 알려지게 되었고, 마오쩌둥 공산당 군대의 대표적인 호칭이 되었다. 이 부대의 지휘부인 주더, 펑더화이, 린뱌오, 류보청, 허룽 등 대부분이 원래는 국부군의 장교들이었다. 이들이 중국 공산당이 창당된 지 6년 뒤인 1927년 8월 1일 저우언라이가 주도한 난창(南昌) 봉기에 대부분 참여하여 반란을 일으키고 징강산(井岡山)으로 들어가 마오쩌둥과 같이 유격전을 벌인 것이 중공군의 시작이었다.

그래서 바로 이날이 중공군의 창설일로 기념하고 있다.

기존 세력을 부수고 새 질서를 세우려는 혁명운동에 젊은 층이 호응하는 것은 당연한 일이다. 특히 공산 코민테른(Comintern) 등은 제국주의 식민지 치하에서 신음하는 노예상태의 인민을 해방시킨다는 기치를 높이 들고 국제적 연합전선을 구축하고 있었다.

30년대 말 화북지방에는 동북지방(만주)과 한반도에서 밀려든 조선인들이 거의 10만 가까이 모여 살게 되었다.

이 시절 중국 상하이의 임시정부와 만주지방에서 조선족 항일 부대들이 비록 소규모지만 항일투쟁을 벌이고 있었는데 약산 김원봉(若山 金元鳳)과 백연 김두봉(白淵 金枓奉) 등의 조선의용대가 차츰 군대 규모를 갖추면서 활약하고 있었다. 김원봉은 의열단을 조직, 일본인 암살과 일본 기관의 파괴 등 테러 무장투쟁을 주장했고 조선족 청년들을 모아 장제스 국민당 정권에 조선인들로 독립적인 군사조직을 만들어 줄 것을 제의했다. 이 제의가 수용되면서 국민당 군관학교들에 산재해 있던 조선인 청년들을 모아 특별훈련을 하게 되었다. 이들이 발전하여 조선의용군이 되었다. 그러나 우파적인 국민당 정권과 틈이 생기게 되었고 국민당 측이 지원을 중단하자 급속히 중공 쪽으로 좌경하였다. 이 의용군에는 독립동맹계의 *최창익(崔昌益), *허정숙(許貞淑), 한빈(韓斌) 등 좌파가 주류를 이루면서 국민당 지원을 받고 있던 김원봉 등과 갈라지게 되었다.

저우언라이. 주더 등 중공군 지도자들이 조선의용군을 격려하고 이들은 타이항산의 팔로군에 합류했다.[2]

---

2) 팔로군 편성은 彭德懷 自述(北京人民出版社, 1981) p2201, 조선의용군은 이정식, 한홍구 편, 「조선독립동맹자료 I , 항전별곡」(서울, 1986) 염인호(廉仁鎬)의 「조선의용군의 독립운동」(서울, 2001) 등 참조

/ 주더(朱德), 조선의용군들 선동, 격려 /

팔로군 총사령관이었던 주더는 특별히 조선족 출신 의용군들을 선동 격려하는 것을 게을리 하지 않았다. 주더는 이미 팔로군 장교들이 된 무정(武亭), *박일우(朴一禹), *박효삼(朴孝三) 등을 보내 조선의용군을 만들도록 도와주었다. 그리고 그의 휘하에 들어온 항일 조선의용군들을 대상으로 조속히 만주의 동북지역으로 진군하여 그 곳의 장제스 국부군을 물리치고 다시 조선혁명을 위해 그리운 고국 조선으로 나아가야 한다고 격려하고 있었다. 이런 정세 아래에서 굳이 김일성 일파가 선동하지 않더라도 혁명과정에 참여한 수많은 젊은 조선의용군들이 해방의 감격에 들떠서 앞을 다투어 고국으로 나가려 하였다.

중공군 수뇌부가 이제는 몇 개 사단 규모로 커진 조선족 부대를 조선으로 돌려보내기로 한 것은 원려심모(遠慮深謀)의 결과이기도 했다. 국공내전에서 장제스 부대를 몰아내고 적화통일이 가능해지면서부터 마오 측 간부들은 외국인인 조선족 부대의 처리 문제를 생각하지 않을 수 없었다. 그들의 소수민족 정책도 확고히 세워지지 않은 판국이었다. 조선인 장병들은 용감무쌍하여 공산군이 전승을 거두는데 기여하여 깊은 인상을 주고 있었다. 그러나 중공 지도층은 내전에서 써먹은 강력한 조선족 부대를 중국 내에 방치하여 골머리를 앓게 될 지도 모를 미래의 화근에 생각이 미치고 이들을 신생 북 조선군에 기간요원으로 침투시켜 장차 중공의 영향력을 발휘하는데 이용할 수 있다는 생각까지도 할 수 있었을 것이다. 더군다나 소련과는 여러모로 생각이 달랐던 중공지도부는 소련의 비호를 받고 세력을 키우고 있는 친소파 김일성 일파를 견제하자는 생각도 가질 수 있었을 것이다. 어쨌든 중공군에 섞여 있던 조선족 장병들을 쉽게 조선으로 돌려보낸 것은 중공 측 학자들의 견해로는 사실상 중국통일을 이룬 마당에 새 중국은 내전으로 지친 중공군 병력을 감축하여 산업전선으로 돌리고 군대 유지 예산도 줄여야 할 형편이어서 김일성의 제의를 쉽게 받아들였다고 설명하고 있다. 광범위한 국경선을 맞대고 있고 부동 항구를 찾아 남진정책을 견지하고 있는 소련의 이해관계는 공산화되었다 해도 제정러시아와 거의 같은 전통에서 중국과 충돌할 개연성을 지니고 있었다. *스탈린(J. Stalin)이 얄타회담에서 전후 처리문제로 중국 만주의 철도운영권과 다롄(大連), 뤼순(旅順) 항구에 대한 해군기지의 욕구 등을 서방측에 집요하게 요구했다는 점 등을 중국공산당 지도층이 얼마나 의식하고 있었는지는 분명치 않다. 그러나 중국 측은 마오쩌둥이나 장제스나 조선반도는 그들의 영향권 아래 두어야 한다는 본능적인 욕구가 있었을 것은 유추할 수 있는 일이다.

연구들을 종합해 보면 일본의 패망 후 중국 각지에서 활동하던 조선의용군 부대원들은 공산군의 승리에 크게 기여하고 만주를 거쳐 1946년 말 우선 간부급 인원들이 소규모로 개별적으로 북한으로 귀국하게 된다. 이들은 김두봉, 최창익, *박무(朴茂), 허정숙, 김무정, *김창만(金昌滿), 박일우, *이상조(李相朝), 장년산(張年山) 등으로 조선인민군 창설에 크게 기여한다. 이 밖에도 한빈(韓斌), 방우용(方禹鏞), 고봉기(高峰起), 김민산(金民山), 진반수(陳班秀), 홍순관(洪淳官), 하앙천(河仰天), 주춘길(朱春吉), 장지민(張志民), 왕련(王蓮), 김흥(金興), 구재수(具在洙), 왕자인(王子仁), 장교덕(張敎德), 박송파(朴松波), 이학문(李學文), 최아립(崔阿立), 노철용(盧喆龍), 한일해(韓日海) 등이 들어가 인민군의 기라성 같은 지휘관이 된다.

북한에서의 기반을 닦은 김일성은 49년 3월 소련을 방문하여 스탈린에게 조선의 안전문제와 군대증강의 필요성을 강조하여 승낙을 받아낸다.

소련 방문을 마치고 다시 북경을 찾아간 김일성에게 마오는 조선반도에서 전쟁 가능성은 인정하지만, 당장에 전쟁이 일어날 것 같지는 않을 것이라고 예단했다. 전쟁이 장기전으로 가면 미국이 참전하지는 않더라도 일본을 사주하여 참전시킬 수도 있을 것이라고 주의를 환기시켰다. 그리고 자신들도 아직 완전 통일을 못하고 있으니 먼저 전쟁을 일으키지 말 것을 권고했다고 중국의 문헌에 전하고 있다. 김일성은 이 자리에서 중국 공산당 측에 팔로군에 소속된 조선인 부대를 조선으로 돌려달라는 요청을 하게 되고 소련의 협조로 공개적으로 부대단위로 무장한 채로 입북시킨다.[3]

---

3) 김중생, 「조선의용군의 밀입북과 6.25전쟁」(서울, 2000) 참조, 왕수쩡(王樹增), 「朝鮮戰爭」(北京, 2009) 한국어번역판 참조

2...

김일성의 만주 교두보 확보

/ 만주서도 반탁, 이승만 대통령, 김구 총리, 김일성 육군대신설 /

중국에는 많은 조선 청년들이 흘러들어갔다. 이들은 항일투쟁을 통해 조선의 독립을 쟁취하겠다는 열혈청년들부터 가난을 면하거나 새로운 가치를 찾기 위해 뛰어든 사람, 일본군대에 징병되거나 징용되어서 끌려간 사람 등 여러 부류가 있었다.

이들 가운데 상하이(上海)의 대한임시정부와는 별도로 좌파 공산주의입장에서 항일운동을 하던 조선인들은 2개의 파로 대별할 수 있는데 그 하나는 만주 등 동북지역에서 활동한 그룹을 들 수 있다. 1920년대 후반 코민테른은 조선공산당을 해체했기 때문에 중국공산계열에 독립유격대로서 간도와 흑룡강 등 동북지역에서 활동하던 동북 항일연군조직과 나중에 소련으로 건너간 김일성 등 일파이고 다른 하나는 장제스 부대에 밀려 화북 고지대를 거쳐 산간(陝甘) 지방의 옌안(延安)으로 가서 조선독립동맹을 만든 김두봉, 김무정 등 마오쩌둥 휘하에 들어간 일파이다.

김일성은 차츰 만주의 조선인들 상대로 교두보를 형성하게 된다. 이 갈

림길이 한국전쟁 후에 그 책임소재와 김일성 후계구도를 둘러싸고 일어
나는 북한공산당 내부의 투쟁에서 이른바 김일성에 의해 숙청당하는 연
안파의 근거가 된다.

연해주 일대의 88여단에 속했던 소련군 소좌 김일성은 소련 점령군의
관심을 받게 된다. 이 볼셰비키 세력의 눈에 띄어 소련군의 비호 아래 북
한에 입성한 김일성은 귀국하는 만주의 조선의용군 등 팔로군 일파와 손
을 잡고 연안파의 김두봉 등과도 연계하여 북조선 노동당의 창건에 착수
한다. 동시에 사실상의 정부격인 인민위원회의 조직을 서두른다.[4]

그리고 소련의 지시대로 모스크바 3개국 외상회의 결정인 조선의 신탁
통치 안(信託統治案)을 받아들이기로 표변한다. 2차 대전 후 전후 처리에
서 미국은 한국 등 극동정세에 어두웠고 영국도 소련 측이 밀고 있는 신
탁통치 안에 합의해 준 것이다. 한반도와 국경을 맞대고 있는 소련은 지
리상이나 역사적으로나 그들의 영향권에 속하는 정권, 정치체제를 한반
도에 설정해야 했고 이것은 부동항(不凍港)을 찾는 전통적인 러시아의
외교 남진(南進)정책이었다. 따라서 조선은 아직 독립할 자치 능력이 없
다는 것이며 그런 상태에서 영향력을 미칠 괴뢰정권을 세우자는 계산이
었다. 단순한 미국은 이러한 중요성을 인식하지 못하고 어정쩡하게 넘어
간 것이다.

고국인 한반도에서 뿐만 아니라 만주의 동북지역에 있는 조선인들에게
도 신탁통치 안은 청천벽력과 같은 비통한 소식이었다. 서울 등 고국에서
격렬한 반탁(反託)운동이 일어나자 독립을 열망하며 해방된 귀국열차에 오

---

4) 김일성의 인공수립과정은 박병엽 저, 「조선민주주의 인민공화국의 탄생」(서울, 2010)에서 자세히 기술되
어 있다. 廉仁鎬, 「抗日 유격대 집단의 형성과정 연구」(서울, 2004): Chales, K. Amstrong, 「The
North Korean Revolution」(Ithaca, 2003) 등 참조.

를 희망에 불탔던 만주의 조선인들도 반대대열에 나섰다. 조선인들이 집단적으로 거주하는 옌지(延吉)에서는 수만 명이 참가한 가운데 반탁대회가 열리기도 했다. 당시에는 이승만(李承晚), 김구(金九) 등 민족진영의 지도자들에 대한 기대와 존경도 있었고 김일성의 존재는 지지파와 회의파가 반반이었다고 한다. 애국지사 일송(一松) 김동삼(金東三) 선생의 부인 이해동(李海東) 여사의 증언에 의하면 "해방직후 하얼빈 등 북 만주에 사는 동포들 사이에는 미국에서 이승만 박사가 건너와서 대통령이 되고 김구 선생이 국무총리로 임명되고 김일성이 육군 대신이 된다는 소문이 나돌았다."는 것이다. 만주 간도지방에 살고 있던 조선인들의 간절한 소망이 막연한 가능성으로 둔갑하여 퍼졌던 것이다.[5]

일본의 패망과 동시에 불붙기 시작한 중국의 내전에서 마오 등 공산당은 만주의 중요성을 간파하고 소련군이 점령하게 된 이 지역을 집중 공략하기 시작한다. 그리고 중공군의 린뱌오(林彪)나 * 리리산(李立三) 등 간부들은 자연발생적으로 조직된 조선인들의 무장집단과 항일부대에 관심을 갖기에 이른다.

산발적으로 또는 제법 크게 조직적으로 중공인민해방군에 편입된 조선의용군들은 용감하게 잘도 싸웠다. 특히 48년 가을부터 치열하게 벌어진 만주의 랴오선(遼瀋)전역, 화이하이(淮海)전역, 핑진(平津)전역에서 국부군을 섬멸하는데 조선의용군들의 활약상은 눈부신 바 있었다. 이들 전투는 1948년 9월부터 12월까지 3개월 동안에 이뤄진 장제스의 중화민국 정부군과 마오쩌둥의 중공 인민해방군 사이의 대회전으로 랴오둥 반도와 선

---

5) 廉仁鎬, 「또 하나의 한국전쟁 – 만주 조선인의 조국과 전쟁」(서울, 2010) P63이하; 李海東, 「만주생활 77년」(서울, 1990); 주돈식(朱燉植) 「처음듣는 조선족의 역사」(서울, 2010) 참조

중국의 국공합작 때의 장제스(좌)와 마오쩌둥

양(瀋陽) 등 만주에서 린뱌오(林彪), 루어룽환(羅榮桓)이 이끄는 제4야전
군이 국부군 47만 2천여 명을 섬멸한 전투와 쉬저우(徐州) 화이허(淮河) 유
역에서 류보청(劉伯承)과 덩샤오핑(鄧小平)이 이끄는 제2야전군, 그리고
*천이(陳毅)가 이끄는 제3야전군의 합동작전으로 국부군의 정예부대 55
만 여명을 격파한 전투를 말한다. 다음 해인 49년 1월 제4야전군과 *양더
즈(楊得志)와 *양청우(楊成武)의 병단이 국부군 52만을 섬멸하여 텐진(天

津)과 베이징(北京)을 함락시킨 전투를 말한다. 이로써 중공군은 중원을 거의 다 장악하고 남으로 양쯔(揚子)강을 건너 진격하게 되었던 것이다. 여기에 많은 조선인 청년들이 중공군 편에 들어 목숨을 잃었다. 중국에서 싸운 조선 의용군계 병사는 최고일 때 12만 5천명 정도였다.

/ 간도(間島)일대에 김일성 전설 퍼뜨려 /

중공의 주더, 린뱌오, 루어룽환, 류보청, 덩샤오핑, 천이, 양더즈, 녜룽전 (攝榮臻) 등 지도급 장군들이 이들을 극구 칭찬하면서 중공이 승리하고 나면 언젠가 조선인들은 고국 조선으로 돌려보내야 한다는 생각을 갖게 되었다. 이들 장군들은 대부분 후에(1955년) 중국공산당, 중앙 상무위원회에서 통과시킨 「원수계급장 수여에 대한 결의」에 의해 중공군의 10대 원수(元帥)로 진급한 사람들이다. 결국 장제스 국부군의 패색이 짙어지면서 동북항일연군의 조선인 장병들과 소련 88여단에 속해 있던 중국인 사령 *저우바오중(周保中) 등의 협력을 얻어 김일성은 최용건, *김책(金策), 김광협, 안길(安佶), *강신태(姜信泰) 등과 같이 만주 동북의 조선인 부대를 탐내게 된다. 이때 김일성은 조선의용군 선전대에서 활약한 김창만, 월북한 프로문학동맹(KAPF)의 한설야(韓雪野)등을 통해 만주일대에 김일성의 전설, 즉 축지법을 써서 동에 번쩍 서에 번쩍 했다는 유명한 전설적인 인물의 무용담을 만들어 퍼뜨리게 하며 젊은 김일성에게 영웅호걸 상을 구축하기에 이른다. 그리고 "장백산(白頭山) 줄기줄기 피어린 자욱.." 등등의 김일성 장군의 노래도 유포하기 시작한다. 조선족들의 모임장소에는 「김일성 장군 만세」라는 현수막이 걸린다. 한설야는 함흥 출신으로 한 때 만주에서 살았고, 그의 단편소설 「혈로」「개선」과 「김일성 장군 개

선기」「영웅 김일성 장군」을 통해 김일성을 신출귀몰한 지도자로 그리고 있다. 이런 글로써 김일성의 신임을 얻어 문학 예술인들의 출세와 생사까지 좌우할 수 있는 문예총위원장을 맡게 된다. 김일성에 대한 지지나 인기는 조선족에는 여전히 높았지만 회의적인 층도 적지 않았으며 차츰 김일성 대신 마오쩌둥 만세로 변모해 갔다.

오늘날까지 좌파들은 이승만의 단독정부 수립을 두고 한반도 영구분단을 고착시킨 죄목의 하나로 열거하고 있다. 그러나 김일성 자신도 북한에 들어간 즉시 당을 창건하고 인민위원회 조직을 서두르며 아울러 소련 및 중공의 협조를 얻어 인민군을 창설했다. 그리고 남로당과 좌익분자들을 선동하여 전남 하의(荷衣)도에서의 식량 폭동을 비롯하여 대구, 제주도의 폭동과 뒷날 여수, 순천 군 반란 사건 등을 계속하며 미군정을 괴롭히는 테러 활동을 전개한다. 남쪽을 뒤흔들겠다는 계획을 착수한 것이다. 공산 중국의 통일을 본 조선족 출신 팔로군 병사들은 조국에 귀환하여 공산 통일을 한다는 생각에 차게 되었다. 중국 내전의 연장으로 6·25전쟁을 치른 연안파 인민군 간부들이 국내에서도 열심히 전쟁을 치르게 되는 것은 어쩌면 당연했다.

1948년 8월 15일 유엔 감시하의 총선거를 통해 대한민국이 정식으로 수립, 공포되자 김일성 역시 기다렸다는 듯이 사실상의 통치조직 인민위원회를 한 달 후인 9월 9일 조선민주주의 인민공화국으로 정식 출범시킨다.

장제스 부대의 패퇴와 함께 그 곳에 남아 있던 한독당 등 우파계열의 민족진영들이 모두 퇴거 하자 만주 동북지대는 완전히 공산치하의 김일성 세력권에 들어가게 되었다. 그리고 조선 동포들의 고국은 김일성의 인민공화국으로 굳어지게 되고 조선족 사회의 언론은 김일성 장군 만세로 도배질을 하게 되었다. 이때까지만 해도 중국의 공산혁명에 기여한 조선인들의 긍지는 매우 드높았다. 신생 중화인민공화국은 중국 내전에서 조선족 출신 군대들의 공적을 높이 사고 서둘러 간도 일대에 조선족 자치주를 성사시켜주었다. 그러나 몇 년 뒤 한국전쟁의 발발로 중공의 신세를 지게 되고 동북지방에서 참전한 조선족 전사자가 늘어나며 상이군인들이 만주로 쏟아져 들어오자 조선족 사회는 서서히 기가 죽고 쇠락의 길로 빠져들게 된다.

3...

소련, 마오(毛)의 승리 보고 태도 바꿔

/ 김일성 중공에 조선 출신 인도 요청 /

소련은 쑨원(孫文)의 중화민국 초기부터 국부와 좋은 관계를 유지했고 2차 대전 중에도 중국의 대표권은 장제스 정부에 있었기 때문에 마오의 중국공산당과는 소원한 관계를 유지하고 있었다. 신해(辛亥) 혁명 후에 시작된 중국의 근대화에 쑨원은 국민당을 레닌 식 공산당 체제로 개조하기까지 했었다. 물론 국제공산주의 운동의 본산으로서 소련은 많은 중국 공산당원들을 모스크바에 불러 교육시키며 붉은 혁명을 선동하고 있었지만 적어도 49년 초까지는 2중적인 태도를 취하고 있었다. 특히 마오쩌둥이 모스크바에 유학했던 소련파들을 제거하고 당권을 잡자 소원한 관계는 회복되지 않은 상태였다. 소련이 대일전쟁에 참전한 뒤에는 중화민국과 모스크바에서 체결한 우호동맹조약에 의해 일본이 항복하면 3개월 내에 만주에서 철군하기로 약속한 처지였다. 그래서 공개적으로는 옌안의 중공군을 후원하지 않고 은밀히 소극적으로 지원하는 형편이었다. 심지어 국공(國共)전쟁을 치르지 말고 타협하거나 창장(長江) 이남을 그대로 남겨

두라고 중공 측에 종용하기까지 했었다. 스탈린이 마오쩌둥을 믿지 않았다는 이야기는 암암리에 퍼져 있었다. 중공 식 혁명노선과 독자노선에 스탈린은 또 하나의 티토(Josip B. Tito)가 나오지 않나 불쾌해 했다. 그의 눈에는 마오가 겉은 붉으나 속은 하얀 무처럼 보였다. 따라서 중공 팔로군에 편입되었던 조선인 군인들의 개선군대 같은 북한 입성도 싫었다. 조선의용군 출신 최고지도자급인 무정과 그의 처 김영숙(金英淑), *이익성(李益成)등이 최초로 북한으로 들어갈 때 소련은 이들의 입국을 비밀에 붙였다. 이 중 강신태, 최창익, 박무, 김창만, 박일우, 이상조 박효삼 등은 소련군복을 입었고 2000년대 초까지 총참모장을 역임한 *최광(崔光)도 소련군에서 있다가 북한에 같은 때 입국한 경우이다.

중공군의 국부군에 대한 공세가 우세한 형국으로 전환되면서 소련은 국제협약을 이유로 이제까지 조선의용군의 공개적인 입국을 반대하던 태도를 바꿔 만주 조선족 부대가 무장한 채로 입북하는 것을 허용하게 된다. 소련군에서 김일성과 같이 있었던 중국인 사령 저우바오중(周保中)과 강신태 등의 협력이 김일성의 교섭에 어느 정도 실효를 발휘하게 하였다.

46년 말에 중국의 저우바오중 사령관이 조선인 의용군들을 찾아와서 "동무들 모두 조선의 주춧돌이 되어 달라"고 말하며 조선의 혁명을 위해서 모든 것을 바쳤으면 좋겠다고 격려했다. 49년 3월 소련을 방문한 김일성에게 스탈린은 소련군 장비를 넘겨주면서 남조선을 너무 두려워하지 말라고 격려했으며 김일성은 다시 중국 공산당에게 조선적(籍)군인 문제를 제기했다.

49년 말부터 50년 초에 이르는 기간에는 중국 인민해방군에 있던 조선인 부대들이 장비를 갖춘 채 집단으로 넘어 갔고 특히 나중에 입국한 부대들은 소련 측이 무기까지 제공하여 중공군보다도 장비 면에서 더 우수

조선의용군

해 졌다. 이 때 중국 공산당은 조선의용군들의 출신지, 즉 남·북한을 가
리지 않고 병사들의 의사도 묻지 않은 채 무조건 모두 북으로 보냈다. 이
들이 47년 8월말부터 시작해서 48년 2월 8일 까지 인민군대 창설의 기
간요원이 되었다. 김무정이 최초로 이끌고 북조선으로 들어간 1천여
명을 비롯하여 인민군 정치부 주임 김일을 중국으로 보내 교섭하여 49년
말까지 중공군 신 4야전군에 소속되었던 2만 8천명을 귀국시키고 이어 *
김창덕(金昌德) 지휘의 164사단, *방호산(方虎山 - 일명 李德山)의 166사단
의 조선인 부대를 신의주, 회령 등을 통해 입국시켜 인민군의 새로운 사
단으로 이름을 바꾸었다.
　조선족으로 인민군에 종군을 했던 김중생 씨의 연구에 의하면 49년에

입북한 전기 2개 사단, 그리고 다음해인 50년 입북한 다른 1개 사단과 1개 연대병력을 합쳐 적어도 4만 명 이상이 조선인민군에 편성되었다한다. 중공 당사(黨史) 연구부의 리칭산(李慶山)에 의하면 이 때 중공군에서 조선으로 넘어간 군인들은 약 4만 2천명 이었다고 한다. 김일성은 50년에 들어와서도 인민군 작전부장인 김광협을 다시 중국에 보내 그 밖의 조선인적 군인들을 추가로 보내줄 것을 요청했다. 하얼빈에서 동북군구 부사령관 저우바오중(周保中), 동북국 연락대장 *리리산(李立三) 등이 최용건과 소련 고문관 등 비밀리 협의하여, 중국에 흩어져 있던 1만여 명을 *전우(全宇)의 인솔아래 원산 쪽으로 들여보냈다는 것이다. 6·25전쟁에 참여했던 조선족 노병들에 의하면 6·25직전에도 화물차에 은폐하여 많이 북으로 넘어갔다고 회고하고 있다. 한국전쟁을 통틀어 참전한 만주 등 중국의 조선족은 중공이 참전 후 2만여 명이 더해 총 7만 5천~8만여 명이나 된다고 한다.[6]

　중공군에 있던 조선족 군인들을 김일성의 요청으로 북한에 보낸 것은 국공내전이 사실상 끝나가는 시기였다. 49년 4월 말 인민군 정치부주임 김일은 선양에서 *까오강(高崗)을 비롯, 베이징에서 저우언라이, 주더와 4차례, 그리고 마오쩌둥과 한 차례 이 문제로 회담했고 일 년 후 다시 인민군 작전부장 김광협도 같은 목적으로 중국에 갔다. 이 때 린뱌오도 자신의 휘하에 있는 조선족 출신 16,000여 명을 보낼 의향을 표시했는데 중국 측은 이들을 조선으로 보낸 것은 김일성이 남쪽의 위협을 강조하였기 때문에 수세용도로 보낸 것이지 남침하라고 보낸 것이 아니라는 주장도

6) 김중생, 앞의 책; 션즈화(沈志華), 「毛澤東斯達林與朝鮮戰爭」(廣州, 2004) pp.186~189; 리칭산(李慶山), 「志願軍援朝紀實」(北京, 2008); 廉仁鎬, 「또 하나의 한국전쟁」 김영순 외, 「주덕해」(서울, 1992) 등 참조

하고 있다. (북한은 48년 2월 8일을 인민군 창설일로 했다가 김일성이 항일유격대를 창설했다고 하는 1932년 4월 25일로 바꿔 기념하고 있다.)

이렇게 창설된 인민군 전력은 중공 측 자료에 의하면 보병 8개 사단, 반절만 충원된 2개 사단에 13만 5천명, 독립전투단 2개, 장갑부대 2개, 탱크 150량, 화포 600문, 비행기 196대, 그밖에 5개 경비여단과 국내 치안부대 등으로 대략 18만 3천명으로 집계되고 여기에 각 사단에 15명 정도가 배속된 소련 군사고문관 약 3천명이 있는 것으로 되어있다.

일본 중국문제 전문가 히라마쓰 시게오(平松茂雄)의 자료에도 10개 사단에 12만 880명, 특수 유격부대 6만 1천 8백 명으로 거의 비슷한 숫자로 이 가운데 중국에서 넘어온 부대가 거의 반절을 차지하고 있는 것으로 보고 있다.[7]

중국의 왕수쩡은 그의 「조선 전쟁」이라는 최근 저서에서 50년 3월 김일성은 소련을 비밀리에 방문했을 때 9t의 황금, 40t의 은, 1만 5천t의 기타광석 등 1억 3천 8백만 루블을 지불하고 3개 사단 분량의 중장비를 구입했다고 밝히고 있다. 이때만 해도 평안북도 운산(雲山) 금·은광에서 산출이 있었다.

/ 미국, 광복군 등 민족진영 귀국에 냉대 /

소련과 중공이 이처럼 김일성을 도와서 군비증강을 하던 것과는 대조적으로 미국은 대한민국 임시정부와 그 산하의 독립군이 조직적으로 귀국

---

7) 히라마쓰 시게오(平松茂雄) 저, 황인모(黃仁模) 옮김, 「중공과 한국전쟁」(서울, 1989); 李慶山, 앞의 책, p18~19

하는 것을 반대했을 뿐만 아니라 소수의 항일 전투원과 패색이 짙었던 장제스 군대에서 일했거나 일본 군부대에 있었거나 또는 만주국 군대에 있던 장병들을 개별적으로 받아들였다. 이 때 귀국한 광복군 지도층이 이범석(李範奭), 이청천(李靑天), 김홍일(金弘壹) 등이었다. 일본군 또는 만군(滿軍) 계통으로 정일권(丁一權), 백선엽(白善燁), 박정희(朴正熙) 등으로 이들을 중심으로 경비대를 조직하는데 그쳤다. 그리고 대한민국 정부가 수립된 후 무력충돌을 예견한 이승만 대통령과 우파들의 집요한 군사원조 요청을 외면한 채 미군을 전부 철수 시키고 군사고문단 소수만을 남겨 두었다. 이런 형편에 신생 대한민국 국무총리 겸 국방장관이 된 이범석은 48년 11월 중순 국회 증언에서 "만주에 있는 한국인 빨치산 부대 약 7개 사단이 동원될 수 있다."고 경고했다.

이승만 대통령은 백방으로 손을 써서 군비를 증강하고 동맹 체제를 구축하려 노력했으나 성과를 보지 못했다. 인민군의 증강을 의식한 이승만 등 측근들이 허세를 부려 북한을 곧 점령할 수 있다는 듯이 큰 소리를 친 적이 있고 이것이 북침설의 핑계가 되었을 것이라는 해석도 있다.

일본의 좌파교수인 와다 하루키(和田春樹) 교수는 이승만이 북한군의 우세를 인정하고 그런 상태에서 그의 소망인 북진통일을 할 수 있는 것은 미군의 힘을 빌릴 수밖에 없어 이렇게 허장성세를 벌임으로써 북한인민군의 남침을 유도했을 수도 있다는 가설을 피력한 바 있다.[8]

이른바 수정주의론자인 뉴욕 타임즈의 스톤 등과 비슷한 견해였다.

---

8) 와다 하루키(和田春樹) 저, 서동만 옮김, 「한국전쟁」(서울, 1995) pp156~157

4...

김일성이 40여 차례나 스탈린 졸라

/ 김일성 술 마시고 울분토로 /

1950년 6월 24일 저녁 조선 인민군 제2군단 공병참모 주영복(朱榮福) 소좌는 은밀히 도착한 양구-춘천 간 도로에서 문화부 임해(林海)소장으로부터 "이승만 괴뢰군의 침공을 격퇴하기 위하여 전투를 개시할 수밖에 없다"는 요지의 훈시를 듣고 있었다. 임은 소련파로서 나중에 주소대사를 지냈으나 50년대 후반 김일성의 소련파 숙청 때 사라진 인물이다.

헤이룽장(黑龍江)성 출신으로 소련군 통역인 주영복은 군단본부에 있으면서 소련군 고문관들로부터 소련말로 된 6·25 남침계획에 관한 작전명령을 전달받아 번역하고 통역한 사람이라 임해의 말이 거짓임을 알고 있었다. 작전계획의 대강은 고문단장 바실리에프(Vasiliyev) 중장의 지도아래 인민군 작전국장 유성철(兪成哲) 등이 「선제타격」으로 작성한 것이다. 실제로는 소련군이 전부 작성한 것을 김일성, 강신태 등이 받아와 유가 한국말로 50년 5월경에 정리한 것이라 한다. 이날 함흥에서 이동해 춘천북방에 진을 친 오창헌 부대 참모장은 공격대형은 유지했지만 이것이 설마

동족상잔의 남침전쟁 인줄은 확실히 알지 못했다. 이즈음 공군이 된 연변 출신 인민군 장교 정한철 등 조선 의용군 출신 대부분도 그들이 동족상잔의 유혈극을 벌이고 있다는 사실을 확인하지 못했다 한다.[9]

주 소좌는 낙동강 전선에서 역전의 용사 라오빠루(老八路)들이 숱한 죽임을 당하는 것을 목격했다. 그는 무정 장군을 따라 후퇴를 거듭한 끝에 서울방어전에까지 참여했으나 김포 비행장 부근에서 서울로 진격하던 유엔군에 포로로 잡혔다. 이 전쟁은 무력통일을 꿈꾼 30대의 김일성 「장군」이 서른 살이나 더 먹은 아버지 같은 스탈린 대원수의 승낙을 받아 저지른 엄청난 불장난이었다. 이런 사실을 알고 있던 그는 반공포로의 대열에 들었으나 휴전이 성립된 후 생각 끝에 중립국 행을 선택했다.[10]

소련은 한반도의 지리적 중요성을 고려해 그들과 영토가 잇닿아 남쪽에 그들의 영향력이 미칠 수 있는 친소정권을 수립하고 지원하려는 확고한 목표가 있었다.

1947년 7월 스탈린의 낙점을 받아 ※박헌영(朴憲永)을 제치고 북쪽의 노동당을 맡게 된 김일성은 모스크바를 세 번째 방문한 1949년 3월에 스탈린에게 비밀 군사동맹을 거듭 요구하고 남침 계획을 정식으로 꺼냈다. 그러나 미국을 두려워하고 있던 스탈린은 이 젊은이의 야망을 시기상조라며 말렸다. 그리고 서운치 않게 조선인민군을 무장시킬 군사 원조는 계속했던 것이다. 중국 측 전문가들, 가령 왕수쩡과 같은 사람은 중국이 공산군으로 통일된 이상 조선이나 대만에서 계속 전쟁이 발생하면 미국이 가만히 있지 않을 것으로 보고 스탈린은 조심성 있는 태도를 보였다고 말

9) 이송덕, 최춘흠, 정현수 엮음, 「중국 조선족 증언으로 본 한국전쟁」(서울, 2006) 참조
10) 주영복(朱榮福), 「내가 겪은 조선 전쟁」(서울, 1990)

하고 있다.

중국내전에서 공산군의 승세를 지켜보면서 김일성은 초조해졌다. 그는 소련대사 슈티코프 장군이나 대리대사 김둔(金頓, Tun Kim 또는 Tun Kin)을 통해서 계속 스탈린의 승낙을 재촉했다. 그러던 중 국제정세가 많이 변했다. 중국의 내전에서 마오쩌둥의 공산군이 대륙을 석권하여 정권을 잡았고 소련도 원자폭탄 개발에 성공했고 동유럽에서는 적잖은 위성국가도 만들었다.

49년 10월 중공정권을 세운 마오쩌둥이 스탈린의 생일을 축하할 겸 12월 모스크바를 방문했다. 마오는 변방에 남은 장제스 패잔병들과 타이완(臺灣)을 본격적으로 정벌하기 위한 군사원조를 스탈린에게 요청한다. 공교롭게도 마오가 모스크바에 머물고 있던 50년 1월초 미국의 애치슨(Dean Acheson) 국무장관이 "한국과 타이완은 미국의 방위선 밖에 있다"는 경솔한 선언을 하기에 이른다. 40여 차례가 넘는 남침요청을 직접 간접으로 받아온 스탈린은 동양사정에 밝은 마오에게 철부지 김일성의 요구를 떠본다. 그러나 개국초기의 국내사정에 바빴던 중공 측은 이런 스탈린의 제스처를 가볍게 받아넘긴다.

마오쩌둥과 스탈린은 이 때 김일성의 무력 침공계획은 시기상조이며 때를 더 보는 게 좋다는 식으로 사전 논의가 없었음에도 약속이나 한 듯이 의견의 일치를 보인다(不謀而合). 소련 공산당 정치국 회의는 이미 김일성에 의한 남침 공격은 승인할 수 없으며 그 대신 남반부에서 유격활동을 강화하며 해방구를 많이 만들고 민중봉기를 할 수 있는 역량을 기르도록 북한 공산당에 권고하기로 결의한 바가 있었다. 스탈린의 반응이 시원치 않자 김일성은 50년 1월 한 외교파티에서 술에 크게 취해 울부짖으며 소련 관리들에게 자신의 조선 통일 계획을 완수할 수 있게 지원해 달라고 거듭 요구해 북한 주재 소련대사를 난처하게 했다는 일화도 전해지고 있다. 김일성은 중국 주재 대사로 부임하는 북한의 이주연(李周淵) 환송 연회장에 참석, 소련대사관의 이그나티에프(Ignatiev), 펠리센코(Pelishenko) 참사관 등과 환담하는 가운데 "중국이 해방되었으니 이제 남은 문제는 우리 조국의 남반부 인민을 해방하는 것"이라면서 "남반부 인민들은 나를 믿고 있다. 우리의 무장된 병력을 믿고 있다. 유격전만으로는 어렵다. 내가 스탈린 원수에게 이야기 했는데 그는 이승만이 쳐들어 올 때까지 기다리라고 말씀한다. 그러나 이승만이 그렇게 할 것 같지 않고 이렇게 지연되면 남반부 인민들의 나에 대한 신망이 무너질 것"이라고 우려했다. 그는 이어 옹진반도는 문제없고 서울도 3일이면 점령할 수 있다고 큰 소리쳤다는 것이다.[11]

/ 영국 외교관 미국 극비문서 소련에 넘겨 /

평양주재 소련대사를 통해 스탈린을 다시 알현하겠다는 김일성의 요청에 마침내 허가가 떨어졌다. 50년 3월 30일 김일성은 외무상 박헌영과 소련 태생 통역 문일(文日)을 대동하고 크레믈린을 다시 서둘러 찾아갔다.

스탈린이 마음을 움직이게 된 것은 이 때 애치슨의 연설이외에도 영국의 변절자 도널드 매클린(Donald Maclean, 1951년 소련으로 넘어간 영국의 고위 외교관)을 통해 입수한 미국정부 극비문서 NSC- 4812를 통해 한국이나 타이완이 미국의 방위선 밖에 있음을 확인한 것 때문이라는 주장도 있다.

마침내 이번에는 사정변경에다가 김일성의 장담이 있어서 스탈린은

11) 沈志華, 앞의 책 pp165, 173~174; 和田春樹, 앞의 책 p370; 「후루시쵸프의 회고록」 정홍진 옮김(서울, 1982) 참조; David Halberstam, The Coldest Winter(New York, 2007) p49

1950년 2월 스탈린과 모택동이 지켜보는 가운데 주은래 중국 총리 겸 외교부장이
중소우호동맹상호원조조약에 서명하고 있다. 이날이 스탈린과 모택동의 마지막 만남이었다.

윤허를 내리게 된 것이다. 여기에다 스탈린은 중소 우호조약 체결과정에
서 마오쩌둥이 스탈린을 실망시켰고 특히 그가 중국에서의 소련의 이권
을 무한정 용인할 의사가 없음을 노골적으로 표시한 것에 대한 실망에서
김일성의 요구에 응하게 되었을 것이라는 것이 뒷날 키신저(Henry
Kissinger)의 해석이다. [12]

김일성은 소련 측에게 ① 38선 부근에 병력을 집중하여 배치하고 ② 남
쪽에 평화통일 제안을 먼저 하고 ③ 이러한 제안이 거부되면 군사작전을
개시하겠다는 계획을 밝힌 바 있었다. 김은 스탈린의 미군개입 우려에 대

12) H. Kissinger 저, 권기대 옮김, 「중국에 대하여」(서울 2012) p164

해서는 미군은 이미 조선에서 떠났고 남한에는 자신들에게 호응할 30만 명의 남 노동당원들이 지하에 잠복하여 대기하고 있다면서 일주일 전후면 남한을 해방시킬 수 있다고 한 것이다. 이런 계획에 대해 평양 주재대사인 소련의 슈티코프(Terenti Shtykov) 대장과 군사고문단원들은 이미 첫째로 공격 개시일을 충분한 준비를 마친 뒤인 7월로 잡았으나 7월은 장마가 시작되므로 앞당겨야 한다는 조선 측의 주장에 따라 6월 25일로 정했으며, 둘째 옹진(甕津) 반도에서 종전처럼 국지전이 확전된 형식을 취할 것인지 아니면 38선 전역에서 일시에 침공할 것인지를 논의하다가 후자로 결정하였으며, 셋째 주 공격은 서해안을 통한 개성(開城)과 동두천(東豆川), 의정부(議政府) 회랑을 통한 선을 따라 전차를 앞세워 나가되 서울을 먼저 침공한 뒤에 한강을 확보하고, 넷째 중동부전선에서 춘천(春川)과 강릉(江陵) 지방을 공략하여 서울 점령을 측면 지원하며, 다섯째 남쪽에는 군대가 별로 없으니 한강일대에서 국방군 주력을 분쇄하고, 여섯째 최종적인 단계로 잔여병력 소탕전과 항구도시의 확보를 굳히는 것으로 확정했다.

뒷날 소련에서 소비에트 공산정권이 붕괴되고 한국과 소련이 정식으로 수교되자 90년대 초 옐친(Boris Yaltsin) 러시아 대통령은 한국의 김영삼 정부에 한국전쟁에 관련된 극비문서들을 대거 넘겨주었다. 한국 정부는 1994년 7월 김일성이 사망하자 소련으로부터 전달받은 100건의 비밀문서를 공개하여 김일성이 전쟁 발발의 주동자임을 분명히 했다. 그리고 한국의 정보기관은 김일성의 49년 모스크바 방문 등 적지 않은 비공개 동영상과 필름 등을 입수하였다. 슈티코프의 뒤를 이어 정전 때까지 북한에 근무한 소련군 고문단장 겸 대사 라주바예프(V. N. Razuvaev)가 정리한 한국전쟁에 관한 보고서에도 한국군의 북침은 아무런 방어태세도 갖추지 않앗다고 간단히 언급하고 남한의 침공에 대비한 북한 인민군의 6월 25일 전의 상황은 부대 이동, 부대 배치 등을 자세히, 그리고 장황하게 기술하고 있다. 이로써 한국전쟁 개전을 둘러싼 공산권의 음모와 행동이 분명히 가려지고 좌익계의 수정주의론이나 남한에 의한 북침설은 거증이유가 약해지거나 설자리를 잃게 되었다. 와다 하루키(和田春樹) 등의 책에도 북침내역이 잘 기록되어 있다. 북한 현지에서 남침계획을 지도한 슈티코프는 이미 1939년 12월 말 핀란드에 소련이 침공할 당시 현지 실무책임자로서 이러한 뒤집어씌우기 작전을 벌였던 경험이 있었다.[13]

---

13) 和田春樹, 앞의 책, p88 참조

5...

김일성 계획에 시큰둥했던 중공

/ 인민군 전승(戰勝)에 중공태도 바꿔 /

스탈린의 눈치를 봐가면서 같은 공산주의 국가로서 김일성의 남침을 묵인했던 마오쩌둥은 한국전쟁에 미군이 개입하고 강력한 미 7함대가 타이완 해협을 봉쇄하자 자신들이 마무리 지으려하던 타이완 점령이 멀어져가고 있음을 직감하게 된다.

한국전쟁을 둘러싼 김일성과 마오쩌둥의 회담은 1950년 5월 15일 베이징에서 처음으로 이뤄졌다. 스탈린의 지시에 따른 것이다. 김 일행은 그곳에 도착한 이틀 후에 마오(毛)를 만났다. 마오는 김일성이 모스크바를 들락거리며 스탈린과 남침계획에 대해 논의해왔으며 다만 머지않아 중국측과 논의한 뒤에라야 최종결정이 이뤄질 수 있다는 점도 소련대사를 비롯한 정보통들로부터 전해 들어 알고 있었다.

사실상 마오쩌둥 등 지도부로서는 동북지방(만주)에서 항일 투쟁하다가 소련군에 편입된 스무 살 가량 연하인 김일성(38)을 대수롭지 않게 여겼던 정황들이 곧잘 나타났다. 그들의 눈에는 스탈린에게 매달려 소련의 입김을 내세워 조선의용군을 데려다가 자신들보다도 더 나은 소련제 무기로 중무장을 하고 있는 조선인민군이 고깝게 여겨졌을지도 모른다. 조선을 얕잡아보는 대국 중국인들의 감정도 섞여 있었을 것이다. 마오는 같은 공산국가로서 조선혁명을 지원하겠다는 말을 되풀이 했지만 내심 중국혁명이 완성된 뒤에 조선혁명이 행해져야 한다는 기본적인 생각을 가지고 있었다. 앞마당의 불을 끄기도 급한데 뒷마당(동북부)이 시끄러워지는 것을 달가워 할 수 없는 일이다.

1949년 중국대륙이 사실상 마오쩌둥의 손에 들어가게 되자 *류샤오치(劉少奇)를 모스크바에 비밀리에 파견했는데 이 때 스탈린과의 대화에서 타이완 공략에 관해 논의하면서 먼저 타이완 정복을 마치고 조선 문제는 그 다음에 논의하기로 약속이 되어 있었다 한다.[14]

그러나 장제스와 반공대열을 갖추는 이승만을 생각할 때 남한군대의 군사력을 철저히 분쇄해야 한다는 전술을 강조할 수밖에 없었다. 그래서 그는 김일성에게 미군과 일본군의 재무장과 개입 가능성, 장제스 군대와의 연계 가능성을 우려하지 않을 수 없었다. 마오쩌둥은 전쟁이 발생할 경우 중공은 도와줄 수 있는 한 도와준다고 말했으나 남쪽이 침략한 경우가 아니면, 그리고 주둔 미군이 모두 철수하고 일본 군국주의자들이 다시 반도에 돌아올 가능성이 없으면 몰라도 유리한 형세를 더 기다려 보는 게 낫다고 무력 도발을 서두르는 김일성에게 참을 것을 권고 했다. 그러나 김일성은 이런 충고를 가볍게 듣고 말았으며 작전은 속전속결로 3일 전후해서 마칠 수 있고 남한에서 자발적인 민중의 봉기가 있을 것이라는 박헌영의 주장을 되풀이하며 큰소리친 것으로 알려졌다.

14) 김중생, 앞의 책, p220

김일성은 5월 15일 회담에서 마오쩌둥에게 스탈린이 남한을 공격하려는 자신의 계획을 승인했다고 말했다. 마오쩌둥이 미국과 일본 군국주의자들의 재등장 개입 가능성을 물은 뒤 중국의 군사적 지원 필요성 여부를 물었다. 그러자 김일성은 북한이 2~3주 안에 전쟁을 끝낼 수 있을 것이지만 늦어도 몇 달 내에 마칠 수 있다며 중국의 군사적 개입은 필요하지 않을 것이라고 거만하게 대답했다 한다. 마오쩌둥은 로신(N. V. Roschin) 소련대사를 통해 이를 급히 확인한 결과 스탈린은 동의한 사실을 인정하지만 중공이 동의하지 않으면 조선 통일과 해방은 늦어질 수도 있을 것이라는 애매한 태도를 보였다. 이 회담에 대해서도 김일성과 박헌영의 주장에 다소 차이가 있었다고 슈티코프 대사는 모스크바에 타전했다.[15]

중공 측은 정작 6·25전쟁이 발발되고 나서도 평양으로부터 상세한 정보를 전해 듣지 못했다. 그리고 전쟁 발발 자체도 라디오 방송을 통해서야 알게 되었다 한다. 북한 측이 전황 등을 공식적으로 통보한 것은 서울을 함락한 28일 전후인 것으로 전해지고 있다. 그리고 그것도 남한의 침공을 받아 대응전을 벌인 결과라는 거짓 보고였다. 평양 주재 중국 대사관에 이런 허위 통고를 했는데 중국 측은 김일성이 선수 친 것으로 짐작했다. 소련은 이러한 상황을 우려하여 김일성에게 조속히 중국의 군사대표를 조선에 파견토록 조치하라고 외교채널을 통해 권고하였다 한다. 그리고 북한은 슈티코프의 비밀엄수령 때문에 제대로 알리지 못했다고 중국 측에 변명했다.

당초 예상과는 달리 전쟁이 속결되지 못하고 미군 등 유엔군의 개입과

---

15) H. Kissinger, 앞의 책 p166에서 인용한 스저(師哲)의 회고록 재인용; 에프게니 바자노프와 나탈리아 바자노프 저, 김광린 옮김, 「소련의 자료로 본 한국전쟁의 전말」 p56 이하 및 沈志華, 김중생, 李慶山의 앞의 책 참조

마오쩌둥과 스탈린, 1949년 모스크바에서

낙동강 전선에서의 교착상태가 시간을 끌자 중공 측은 미군의 해안선 상
륙 가능성을 염려하고 전술상의 의견을 제시 했으나 북 측은 이런 충고도
듣지 않은 것으로 중공 측 참전자들의 증언은 전하고 있다. 그리고 김일
성의 태도는 거만스럽기까지 했다는 것이다. 미국 측의 중공전문가인 알
렌 S. 회팅(Allen S. Whiting)은 일찍이 1960년에 펴낸 중공의 한국전 개입과
정에 관한 저서에서 중공이 김일성의 개전초기에 깊이 개입하지 않았을
것이라고 보고 있다. 김일성의 북한지역은 2차 대전 후에는 전적으로 점
령군 소련 스탈린의 영향권이었고 따라서 중공의 연안파는 소련파에 비
해 힘을 쓰지 못한 점, 50년 초 중공이 새 국가건설을 위해 군사비를 줄
여야 했고 군대를 감소하는 과정의 일환으로 조선의용군 출신의 조선인
병사들을 북한으로 보내게 되었다는 이유 등을 들고 있다. 그리고 무엇보
다도 당시 중공의 초미의 관심사는 타이완의 해방과 티베트의 토벌이었

다는 것이다. 한국전 발발 초기에 중공신문들은 전황을 가볍게 취급하고 보도했으며 부산 등 낙동강 전투상황도 미국 등에 대해 유보적인 태도로 관망한 점을 들고 있다.[16]

/ 날조된 작전 명령 29호 /

중국의 공식적인 문헌들은 그러나 아직까지 일단 북한 측 입장을 그대로 인용하여 이승만 군대의 작전명령 29호(6월 21일자)에 의거해 남한 군대가 해주(海州) 등 38이북을 먼저 침공했다는 주장을 되풀이하며 북침설을 두둔하고 있다.[17]

이승만이 미국 특사 덜레스의 방문 후 북벌계획을 강력히 추진하고 남조선 군 참모총장이 제29호 전투명령을 내려 6월 25일 새벽 5시에 대북 침공을 개시하여 옹진반도, 사리원, 평양과 일시에 원산 선을 점령할 계획이었다는 등 북한의 해방전사(解放戰史)에 나오는 말을 전하고 있다. 김일성은 같은 날 각급 비상회의를 소집했고 평양방송은 "리승만 도당이 침입하여 인민군은 반격했으며 리승만 등은 곧 체포 처형될 것이다"라고 했다. 7월 1일 전시동원령도 발동했다. 중공이 이러한 북한공산군의 입장을 두둔하고 있는 사실은 같은 해 9월 유엔 안전보장이사회에서 논의된 한국전쟁 토론에서도 분명히 나타나고 있다.

미국대표 워렌 R. 오스틴(Warren R. Austin)은 50년 9월 18일 안보리 토의에서 "중국공산군" 휘하의 오랜 전투경험을 가진 막강한 조선인부대가 북

---

16) Allen S. Whiting, 「China Crosses the Yalu」(New York, 1960) pp43~53
17) 李慶山, 앞의 책, p190이하: 북한의 「조국해방전쟁사」 (사회과학출판사, 1972)

한으로 밀입국하여 침략군의 주력으로 전투하고 있다고 지적하고 이들의 조속한 38선 이북으로의 철군을 요구하였다.

이에 대해 이틀이 지난 뒤 베이징은 외교부 대변인 성명을 통해 "중국에 거주하던 조선인민이 중국의 인민해방전쟁에 참여한 것은 확실히 사실이다"라고 밝히고 중국 혁명의 3단계, 즉 1927년부터의 북벌전쟁, 이때부터 토지혁명 전쟁, 그리고 37년부터 45년까지의 항일전쟁시기에 중국에 있던 조선인민들이 혁명에 참여한 사실을 인정했다. 그리고 "이들 조선인들이 자기의 조국으로 되돌아가서 조국을 보위하고 조국의 건설 사업에 참여하는 것은 그들의 정당한 권리이고 신성한 책무이다."라고 옹호했다. 9월 25일자 중국 공산당 기관지 인민일보는 장문의 반박논설을 통해 수십 년 동안 조선인민들이 중국인민의 편에 서서 함께 싸웠던 것과 같이 중국인민들은 미 제국주의의 조선에 대한 침략에 반대할 것이라며 북한 측이 주장하는 이승만 정권의 북침설과 미국의 침략주장을 옹호했다. 그러나 김일성이 소련 고문관의 지도 아래 각 군의 종합 작전을 세워 ＊김웅 사령관의 제1방면군(6개 사단, 2개 연대)이 직접 서울을 공격하고 무정이 제2방면군(7개 사단) 사령관으로 그 측방을 공격하여 서울을 함락시키면 남쪽 인민들이 호응하여 더 이상의 군사작전은 필요 없을 것으로 보았다는 사실은 션즈화(沈志華) 등 중공학자들에 의해서도 밝혀지고 있다.

마오쩌둥은 같은 식으로 8·15해방 5주년을 맞이하여 (북)조선 최고인민회의 상임위원회 김두봉 위원장에게 보낸 축전에서 "중국인민은 미 제국주의의 침략에 반대하고 민족독립과 국가의 통일을 위하여 진행하는 조선인민 정의의 전쟁을 열렬히 옹호하고 있다."고 말하고 "조선인민은 반드시 최후의 승리를 차지할 것으로 믿는다"고 했다.

북한공산군의 전황이 유리하게 전개되자 중공의 보도 태도도 적극성을 띠며 북한 쪽을 지지하는 것으로 나타났다.

미군 공군기의 공습으로 고전을 면치 못하고 있던 김일성은 8월말 에 들어 소련과 중공에 남진(南進)이 지연되고 있는 것은 이들 공군기 때문이라며 이에 대한 지원을 요청했다. 이에 중공은 대도시 중심으로 각지에서 대규모 군중집회를 열고 미 공군기에 의한 민간인 살상을 규탄하고 소련과 함께 세계 여론 조작을 실시하기에 이르렀다. 50년 여름에 중국이 벌인 미국의 타이완과 조선 침략에 반대하는 중국인민의 반전운동기간 설정 같은 것이 대표적인 경우였다.

중공은 소련의 요청으로 만주의 창춘(長春) 철도와 중공 영공을 통과하여 북한에 군수물자를 수송하는 것을 용인하고 중공군에 남아 있던 군관 요원 200명을 전쟁 발발 후에 조선으로 보내주었다. 그러나 중공이 본격적으로 한국전에 개입하게 된 것은 김일성 패잔병 몇 개 사단이 한만(韓滿)국경선으로 밀려가 괴멸직전이었던 50년의 늦가을이었다. 마오쩌둥 역시 스탈린의 성화에 못 이겨 참전결정을 내렸지만 뒷날 중국의 문헌들은 오로지 형제 국을 구하자는 마오쩌둥의 일념에서 결행되었다고 주장하고 있다.

/ 중공 신진 학자들, 남침설로 기울기 시작 /

인민군의 창설부터 중국에 있는 조선족 의용군 등 팔로군 소속을 김일성의 요구대로 대거 파견하여 조선혁명에 관심을 보였던 마오쩌둥, 저우언라이, 주더 등 중공지도부가 김일성의 남침에 대해 처음부터 관심을 가지고 지켜보고 있었다. 그러나 김일성의 친소정책으로 약간 소외감을 느꼈지만 한반도의 공산화는 그들에게 중요한 혁명의 연장으로 간주되었던 것이다. 스탈린은 김일성을 지원하되 그 책임을 마오쩌둥과 나누어진다는 의도를 처음부터 명백히 하기도 했다.

북한정권의 명운을 사실상 손에 쥐고 혈맹관계를 내세우고 있는 중공은 한국전쟁에 직·간접적으로 책임을 면할 수 없는 입장이어서 당분간 김일성의 남침을 공식적으로 인정하기 어려울 것이다. 그러나 세월의 흐름에 따라 이제 수교 20주년이 넘은 한·중 관계로 보아 중국 측에서 흘러나오는 공개분류 문서(檔案)나 전쟁에 참전한 중국 및 조선족 장병들의 회고록 등 증언을 통해 6·25전쟁 발발의 베일이 벗겨지고 있다. 특히 중국 관영매체(공산당 기관지)의 하나인 환추시보(環球時報)의 영문판인 「글로벌타임즈」가 2000년대에 들어와 6·25 전쟁에 관해 "조선반도에 친 소련 정권을 심고자 했던 스탈린과 김일성이 일으킨 것..."이라고 보도하는가 하면 중공지원군 부사령관이었던 ※홍쉐즈(洪學智)도 1991년에 펴낸 그의 회고록에서 남·북한 어느 곳도 지칭하지 않은 채 그저 "6월 25일 한반도에서 전쟁이 터졌다."고 시작하고 있으며 중국 소장학파들도 스탈린과 김일성이 합작한 도발로 마오쩌둥은 따라 갈 수밖에 없었다는 논진을 펴고 있어 변화하는 흐름을 짐작할 수 있게 하고 있다. 특히 션즈화(沈志華)는 중공이 만주 등 중국을 석권함으로써 중국 및 아시아에 가지고 있던 소련의 기득권을 놓치게 되자 스탈린이 김일성의 통일전쟁을 지지함으로써 아시아에서의 소련의 영향력을 계속 유지하려는 목적이 있었던 것으로 보고 있다.[18]

---

18) 沈志華, 앞의 책; 楊奎松 (靑石), 沈志華, 齊德學 공편, 「關於朝鮮戰爭硏究的 新資料와 新觀點」, (北京, 1996); 王丹 저, 송인제 옮김, 「中華人民共和國史 15講」, (왕단의 중국현대사)(서울, 2013) p510이하 참조

화둥(華東)대학의 선 교수는 이런 견해 때문에 상당기간 억류되기도 했다.

칭화(清華)대의 왕후이(汪暉) 교수는 2013년 8월 한국에서 한 토론회의에서 "전쟁의 출발점은 누가 전쟁을 일으켰는가가 아니라 전쟁의 과정과 전쟁이 세계 각 부분에 미친 판단에 기초해야 한다."라고하며 조선전쟁에 중공이 개입한 것이 조선이나 동방, 그리고 세계 피압박민족에게 모두 이로웠다는 식의 주장을 폈다. 그러나 그는 김일성이 통일 전쟁의 의도로 상세한 계획을 스탈린에게 제시하여 동의를 얻었다고 후르시초프의 회고록을 인용하여 말하기도 했다.

2005년부터 중국의 고등학교 교과서에 조선전쟁이 북한의 남침으로 시작되었다는 기술이 나타나기 시작했고, 사회과학원의 둥샹룽(董向榮) 연구원도 이런 견해를 표시했으며, 중국 초대 포털사이트인 바이두(百度)는 2014년 아태(亞太)지역 발전 보고서에서 "북조선은 소련의 지지와 강요된 중국의 묵인을 얻은 뒤 군사 행동을 개시했다"고 밝히고 있다.

한국 전쟁이 본질적으로 동족상잔(相殘)의 성격을 띠고 있었기 때문에 어떤 명분이 있더라도 그 책임 소재로 비난 받을 가능성이 크기 때문에 먼저 침공을 한 김일성 정권 측에서는 남한에 의한 북침 설을 집요하게 퍼뜨려 그 책임을 면하고 이승만 정권에 뒤집어씌우려고 하고 있다. 그리고 실제 전쟁에 참여하여 일단의 책임이 있는 중공도 북침 설을 견지하고 있는 것이다. 그러나 중공 측도 결국은 "전쟁을 누가 먼저 시작했는가에 대한 논쟁은 중요하지 않다"면서 전쟁의 경과에 비중을 높이며 김일성과 공산 측의 남침 책임을 얼버무리는 태도로 변호하고 있다.

6...
중공의 제1차 회의

/ 저우언라이 유비무환 강구 /

용의주도하게 장기적인 전망을 게을리 하지 않는 대륙성 기질 그대로 중공 수뇌부는 겉으로는 태연한 척 했으나 한국전쟁에 미국이 본격적으로 개입하는 양상이 두드러지자 여러 가지 안전 대책을 강구하게 되었다. 중공은 7월 7일 베이징의 중난하이(中南海)에서 제1차 국방회의를 열었다.

리칭산(李慶山)이 종합하여 그의 책에 재현한 회의 광경을 요점만 다시 옮기면 아래와 같다. 이 날 회의에는 주더, 녜룽전, 린뱌오, 루어룽환, 해군사령 샤오징광(蕭勁光), 총 정치부 주임 샤오화(蕭華), 공군사령 류야러우(劉亞樓), 총 후근부장 양리산(楊立山), 군 철도부장 텅다이웬(滕代遠), ※리타오(李濤), 모터 장갑사령 쉬광다(許光達), 포병사령 수진(蘇進) 등 중국 인민 해방군 고위 장성들이 다 망라되어 자리를 잡았다.

회의를 주재하는 저우언라이 부주석은 일동을 둘러보면서 "미국이 소위 연합군을 구성하여 조선의 이승만을 도우려 하고 있다. 조선 대사 이주연이 조선 인민군대 미군 24사단과 남조선 군대의 전투상황을 알려왔다. 마오쩌둥 주석의 지시로 이 회의를 소집했다. 조선 전쟁과 조선의 통일문제를 논의하고자 한다."고 말하고 "리타오 부장이 먼저 전황을 설명해 주기 바란다."고 말을 마쳤다.

군사위 작전부장 리타오는 지도를 펴들고 김일성 동지가 자신 있게 동서부 전선에서 잘 싸워주고 있고, 미 제국주의 군대를 조선에서 퇴출시키려 하고 있다고 말했다.

저우 부주석은 "형세가 낙관적인 것만은 아니다. 조선인민군의 실력은 남조선 군대와 미군의 실력을 합쳐 비교 해 볼 때 낙관을 불허하며 따라서 마오 주석의 지시대로 이 문제를 연구 검토해 보아야 한다."고 말했다. 그는 이어 "옛 사람들이 말하기를 모든 일이 준비하면 잘 되고 준비하지 않으면 그르친다(凡事豫則立, 不豫則廢)고 했다. 현재 북조선 군대가 순조롭게 나가고 있지만 미군이 개입한 이후를 고려하면 매우 불리한 상황이 출현할 수도 있다."고 주의를 환기 시켰다.

"나는 조선으로 간 정무참사 *차이쥔우(柴軍武-또는 청원成文)에게 조선전쟁이 장기화를 면키 어려울 것으로 보이며 이로 인한 복잡한 문제들이 일어날 것이니 부임하는 대로 관찰하여 즉시즉시 보고하라고 지시한 바 있다."고 말했다. 저우는 46년 6월 국공의 충칭(重慶) 정치협상 때 일해 본 적이 있는 차이 대령을 당초 동독일 대사관으로 보내려던 계획을 바꿔 평양으로 급파한 것이다.

바로 엊그제 조선으로 보낸 주 평양대사관 개설 및 군사시찰단을 지칭한 것이다. 이 시찰 조는 차이 외에 니웨이팅(倪尉庭)참사, 쉐종화(薛宗華)참사관, 장헝이에(張恒業) 일등서기관, 주광(朱光)무관 등 주로 군 고급장교로 구성되어 있었다.

/ 평양에 중공 군사 시찰단 파견 /

군 참모총장 대리인 녜룽전이 말하기를 미군은 해·공군이 우세하니 그 장점을 살릴 것이라고 했고 군 총 정치주임 루이룽환은 조선의 육지와 우리의 동북이 지형과 기후가 별 차이가 없으니 제4야전군이 적합할 것이라고 거들었다. 중공군의 정예부대인 4야전군이 만주지방에서 오래 싸우고 주둔한 바 있어 그 곳의 기후나 지세, 그리고 민정(民情)을 잘 알고 있음을 말한 것이다. 4야전군을 지휘한 린뱌오도 그 부대를 고려하는데 동의했다.

주더 총사령은 4야전군을 신속히 투입할 수 있을 것이라고 거들었으며 "부대가 동북변경에 도달하는데 얼마나 시간이 걸릴 것 인가" 라고 물었다. 주더는 그 쪽 반도는 참외 같아서 별로 크지 않다고 평했다.

녜룽전은 작전부서에서 초보적인 견해를 가지고 있는데 현재 허난(河南) 군사위 기동전략부대인 13병단의 38군(信陽주둔), 39군(渭河), 40군(海南島) 등 3개 군 9개 사단이 바야흐로 광저우(廣州)로 집결하고 있다고 보고했다.

이 병력에다 치치하르(齊齊哈爾)에 있는 42군을 고려할 수 있다고 첨언했다. 이들 부대가 곧 출발 한다면 21~25일 경에 동북에 도달하고 42군은 곧 지안(輯安후에 集安으로)으로 직행할 수 있어 모두 이 달(7월) 하순까지 동북지역에 도착할 수 있을 것이라고 했다. 이 4개 군, 12개 사단 이외에도 3개 포병 사단, 허난(河南)의 포병 2개 사단, 포 2개 연대, 진황도(秦皇島)에 있는 1개 사단, 안동(단동)에 있는 8개 포사단, 3개 고사포 사단 등이 선양(瀋陽)에 집결할 수 있고 그 밖에 공병대 등 …하고 부언했다.

저우언라이가 "병력인원 수는?" 라고 묻자 리타오가 "24만 명입니다."

한국전에 투입되고 있는 중공군들

라고 대답했다.

　그리고 주더 총사령이 "이들이야말로 우리의 정예 부대입니다." 라고 다시 거들었다. 특히 38군 39군은 징강산의 홍군시절부터 육성한 부대이며 40군은 항일전쟁 때 산둥(山東)에서 싸운 오래된 부대이고 해방전쟁(국공내전을 중공측이 부르는 말) 때 만주에서 혁혁한 전투공적을 세운 경험이 많은 부대라고 자랑하듯이 설명했다.

　저우는 몇몇 장군들에게 임무를 부여하고 연구하라고 지시했다. 어떤 사람이 타이완 공격은 어떻게 되는가라고 묻자 그는 우선은 동북지방이 급선무라고 대답했다.

　이 자리에서는 이들 부대를 누가 지휘할 것인가도 논의되었는데 황용

승(黃永勝)과 15병단의 *덩화(鄧華)가 거론되다 결국 하이난도에서 전공을 세운 덩화가 지략과 전술 면에서 낫다고 판단되어 그를 13병단 장으로 전출시키기로 의견을 모았다.[19]

중공군의 제1야전군 주력은 서북지방의 5개 성에, 제2야전군은 연해(沿海)지구와 구이저우(貴州), 윈난(雲南), 간쑤 지구에, 그리고 제3야전군은 난징(南京), 상하이(上海), 항저우(杭州)에 머무르며 국부군 잔류 병력을 소탕하거나 타이완 공격을 준비하고 있었다.

뒷날 녜룽전은 그 때의 상황을 이렇게 회고 했다.

"미군이 아직 38선을 넘지 않았을 때 중앙군사위원회는 덩화 동지가 지휘하는 전략 예비 부대와 42군을 허난에서 북상하여 조선 접경의 압록강 변으로 이동시켜 방어조치를 취하도록 결정했다. 8월 조선인민군의 반격전(-중공이 북한의 북침 설을 따라서 이런 표현을 썼다. -편집자)이 이미 낙동강에 도달했으며 대부분의 국토를 해방시키고 대구 부산 방면으로 진군하고 있었다. 이때 마오쩌둥 동지와 당 중앙은 분석연구 후 미 제국주의자가 절대로 실패를 달가워하지 않을 것이며 공군과 해군의 우세를 이용하여 반격을 시도할 수 있는데 조선인민군은 군대를 고립적으로 돌출하도록 배치하고 있으며 후방이 약하기 때문에 조선의 전쟁형세에 굴절과 후퇴가 출현할 수 있는 것으로 보았다. 그래서 나는 앞서 군사위 결정에 근거하여 전략부대에 출동명령을 기다리라고 전령을 보냈다."[20]

중국공산당으로서는 미국의 움직임이 가장 관심의 대상이 되었고 저우언라이의 말대로 유비무환(有備無患)의 심정이었다. 그리고 마오쩌둥은 깊

---

19) 李慶山, 앞의 책 pp550이하, 王樹增, 앞의 책 p54이
20) 정부기록 보존소, 「韓國戰爭과 中國 II」(서울, 2002) p195, 중국 공문서와 자료를 수집 정리한 문헌으로 이후에는 「자료선집 II」로 표기함

은 고뇌에 빠지게 되었다. 9월에 들어서 중국은 실제 전황과 북한의 지형 지세를 조사하기위해 동북군구(軍區)의 장밍웬(張明遠), 제13병단 정찰 부장 추이싱눙(崔醒農) 등 5명의 군 고위선찰대를 급히 평양으로 보냈다. 그리고 얼마 지나 평양으로 보낸 차이청원이 전황 보고 차 일시 귀국하여 미군이 상륙작전을 할 가능성이 있다고 참모총장 대리인 녜룽전에게 보고했다. 녜룽전은 이를 정리하여 마오에게 보고한 것으로 알려졌다.

7...

한반도에서 마주칠 뻔한 毛澤東과 蔣介石

/ 장제스, 3개 사단 파병 긴급제의 /

우리 한반도의 지정학적 이유 때문인지 우리 민족은 역사상 수많은 침략을, 특히 북쪽으로부터 받아왔다. 가깝게는 19세기 말과 20세기 초에 청·일 전쟁과 러·일 전쟁의 싸움터가 되었다. 이제 북한 공산당의 남침으로 우리나라는 중국내전의 연장선상에서 마오쩌둥과 장제스 군대의 싸움터가 될 지경에 이르렀다.

50년 6월 25일 한국전쟁이 발발하자 *트루먼(Harry S. Truman) 미국 대통령은 27일 즉각적으로 한국에 대한 군사지원과 장제스의 타이완 해협에 대한 무력봉쇄를 선언하기에 이른다. 트루먼은 이 선언에서 "공산주의는 이미 온갖 수단을 동원해서 독립 국가를 정복했고 현재는 무력 침략과 전쟁을 자행하려 한다. 한국 침공은 이 점을 여실히 보여준다."라고 밝히고 "공산당 군대가 타이완(Formosa)을 정복하면 태평양 지역의 안보와 이 지역에서 합법적인 직무를 수행하는 미군을 직접적으로 위협할 것"이라고 했다. 이것은 사실상 포기상태에 들어갔던 미국이 장제스의 타이완 점령에 대한 정책을 바꾸는 중대한 결의를 표명한 것이었다. 마지막 남은 타이완 정벌로 통일을 완성하려는 순간, 마오쩌둥은 김일성이 시작한 전쟁 때문에 미국으로부터 감당하기 어려운 일격을 받은 셈이 되었다.

여러 차례 타이완 및 인근 도서지방에 대한 중공군의 공격을 물리친 장제스는 한국전쟁의 발발로 그에게는 실오라기 같은 대륙반공(大陸反攻)의 기회가 될지도 모른다는 희망을 갖게 되었다. 그래서 장은 한국전쟁을 일관하여 무려 세 번에 걸쳐 자유중국 군대, 즉 국부군의 파병을 미국과 한국에 제의하였으나 실현하지 못했다.

한국전쟁의 발발은 트루먼 행정부에 또 하나의 거대한 시련이고 도전이었다. 병약한 루즈벨트(Franklin D. Roosevelt) 대통령의 사망으로 대통령직을 인수한 트루먼은 일반의 예상을 뒤엎고 과단성 있는 지도자로 부각되었다. 그는 독일, 이탈리아, 그리고 일본 등 파시스트 제국들의 연합인 추축국(樞軸國)과의 대결에서 소련을 물질적, 군사적으로 많이 도와 2차대전을 승리로 이끌었다. 그러나 전쟁이 끝난 후 스탈린의 팽창주의는 그칠 줄을 몰랐다. 순식간에 동유럽의 여러 지역을 위성국가로 만든 소련은 각 처의 공산세력을 고무 격려하여 그리스 등 발칸반도, 이란 등 중동, 그리고 인도네시아와 인도차이나, 필리핀 등 동남아에서 공산혁명 반란군들을 침투시키고 혁명을 전파하는 등 끊임없이 소란을 일으키고 있었다. 마침내 중국대륙도 공산정권의 수중에 떨어졌다.

결국 트루먼 미국 대통령은 주변 유화적인 참모들의 건의를 무시하면서 중서부에서 단련한 거친 그의 성격 그대로 공산세력의 침투에 단호히 대처하기 시작했다.

50년 한국전쟁이 발발하자 트루먼은 기민하게 그리고 과단성 있는 조치를 연거푸 취해갔다. 스탈린의 의표(意表)를 찌르는 결정들을 취했다.

1950년 6월 27일 오후 열린 유엔 안보리에서 유엔군 파견 결의안을 통과시키는 광경

사실상 순전히 대통령 한 사람의 결단이나 다름없었다.

　그는 한국에 대한 군사적 개입 못지않게 즉각 필리핀에 있는 미 7함대
를 타이완 해협으로 파견하여 봉쇄조치를 취하게 했다. 이렇게 함으로써
기왕에 여러 번 시도했던 중공군의 타이완 점령 기도를 막고 아울러 장제
스 군대의 대륙에 대한 공격도 방지하는 2중의 제어장치를 마련한 것이
다. 한국전쟁을 기점으로 더 이상 공산세력의 확장을 막겠다는 이른바 봉
쇄정책(Containment Policy)의 실천이었다.

　그러나 장제스의 생각은 달랐다. 바로 일 년 전 한국의 진해(鎭海)항에
서 이승만 대통령과 만나 반공 동맹체결을 논의한 처지에 한국을 돕는 것
은 너무나도 당연했고 이번 전쟁이 더 큰 전쟁으로 확전된다면, 그에게는

반공복국(反共復國) 할 수 있는 찬스가 될 지도 모른다는 희망적 견해를 가지게 되었던 것이다. 중국말로 망천추수(望穿秋水)의 지경이었다.

타이베이(台北)의 장제스는 25일 아침 아들 장징궈(蔣經國)로부터 한국에서 남북 간에 전쟁이 일어났다는 첩보를 들었다. 그리고 이날 밤 한국에 나가있는 샤오유린(邵毓麟) 대사로부터 자세한 전황을 보고 받았다. 그에게는 구지부득(求之不得)의 사태진전이었다. 즉각 양밍(陽明) 산장에 안보회의를 소집하여 한국 사태를 검토하고 군부의 반대를 물리치고 왕스지에(王世杰), 예궁차오(葉公超) 등 외교진으로부터 한 번 해볼만하다는 성원을 받아 한국에 군대를 파견하기로 결정했다. 이 같은 결론을 내는데 무려 4시간의 난상토의를 거쳤다. 장 총통은 즉각 이를 도쿄에 있는 맥아더 사령관에게 알리고 워싱턴에 있는 주미대사 웰링턴 쿠(顧維鈞) 대사와 서울의 샤오 대사로 하여금 각각 미국과 한국정부에 통지하도록 명령했다. 그리고 타이완 북부 지룽(基隆)항에 주둔한 제52군에 출동 준비명령을 내렸다. 파병 규모는 제52군 휘하의 3개 사단 3만 3천 명이었다. 20대의 군 수송용 함대전단도 포함됐다. 이 부대는 국공 내전 때 만주에 있던 부대로 유명한 랴오선 전역에서 큰 피해를 받지 않고 바다를 건너 철수한 국부군의 정예부대였다.[21]

그러나 한국과 미국은 중공군이 개입할 명분을 주어 전쟁이 확대 될 우려가 있다는 점에서 이 제의를 받아들이지 않았다. 장은 다시 50년 말 중공군의 개입으로 유엔군이 한반도를 철수해야 될 지도 모른다는 절박한 시기에 파병을 제의했고 한국전의 휴전 직전 아이제하워 행정부에도 끈

---

21) 徐相文 「毛澤東과 6.25전쟁」(서울, 2006) p45에는 국부군 제67군으로 류엔이(劉廉一)를 단장으로 하는 제18, 67, 201사단, 1개 기갑여단, 20대의 수송기 등 3만 3천명이었다고 한다.

7. 한반도에서 마주칠 뻔한 毛澤東과 蔣介石 95

질기게 파병을 요청했으나 마샬 원수 등 워싱턴 군사 수뇌부가 맥아더와는 달리 국부군의 능력을 믿지 않았고 한국의 이승만 대통령도 한국이 이들 중국 사람들의 싸움터가 되는 것을 달갑지 않게 여겨 실현되지 않았다. 우리 땅에서 벌어질 뻔 했던 장제스와 마오쩌둥의 대결은 이뤄지지 않았다. 장제스 군대의 동원 문제는 50년 11월 말 중공군의 대공세로 미군이 붕괴의 국면에 처했을 때와 53년 아이젠하워가 대통령이 된 직후 맥아더와 공화당 강경파에 의해 다시 제기되었다.

/ 북한군의 남침, 마오 대만 침공 포기시켜 /

한편 베이징의 중공군 수뇌부는 8월 25일자로 타이완 해협을 바라보는 광둥(廣東)의 차오저우(潮州), 산터우(汕頭), 하이펑(海豊), 루펑(陸豊)의 예젠잉 등 지휘관들에게 전보를 보내 타이완의 적군이 이 지역을 향해 상륙 습격할 가능성이 충분히 많으므로 정찰 공작을 강화하라고 지시했다. 그리고 상륙 가능성에 대한 정보 수집에 노력할 것, 이 지역 화포의 방어선을 강화하고 당(黨), 정(政), 군(軍), 민(民) 각 방면의 작전 준비를 대비하며 각 군졸의 평화사상을 없앨 것, 군대와 지방 병력은 다른 생산 활동을 즉각 중지할 것 등을 명령했다.

그리고 베이징의 수뇌부는 다음날 저우언라이 주제의 제2차 국방회의를 열고 한국전쟁의 장기화에 대비하는 등 본격적인 항미원조 전쟁 준비에 착수하게 되었다.

마오쩌둥은 8월 5일자 동북지구의 까오강(高崗)에게 보낸 전보에서 변방 군 각 부대가 현지에 집합했음을 알리고 간부회의를 소집, 작전의 목적과 의의, 대략적인 방향, 각 부서 간 일체의 공작준비 완료, 사기의 진작과 사상 문제의 해결 등을 지시했다. 그리고 중앙의 군사위원회는 10월 2일부터 실무적으로 출동 및 작전 준비에 들어갔다.

당면한 정세에 감하여 지원부대를 제1, 2, 3진으로 나눠 부서와 임무를 구분했다. 랴오닝성 남부에 있는 12개 사단을 10월 15일(나중에 19일로 변경) 출동하기로 하고 38선 이북의 적절한 지역에 투입한다. 우선 방위전투에 주력하고 소부대 단위로 임하여 정세를 잘 파악하고 장비를 점검하고 기초 훈련하는데 중점을 둔다. 그리고 미군의 능력과 대응력을 파악한다. 그 밖의 24개 사단은 다음 추계공세 때 쓰며 쉬저우(徐州). 간쑤(甘肅)에 있는 부대로 제2진과 3진을 편성하기로 했다. 보다 구체적으로는 제1진의 12개 사단 편성은 다음과 같았다.

① 제38군의 제112, 113, 114사단(鳳城지역), ② 제39군의 제115, 116, 117사단(遼陽지역), ③ 제40군의 제118, 112사단(安東지역), ④ 42군의 제124, 125, 126사단(通北지구, ⑤ 기타 부대).

그리고 제2진은 양더즈의 제19병단의 9개 사단으로 제63군의 제187, 188, 189사단(安東지구로 대기), 제64군의 제190, 191, 192사단, 제65군의 제193, 194, 195사단으로 하고, 제3진은 양청우 사령관의 제20병단으로 제66군 기동부대로 제196, 197, 198사단을 보충하기로 되어 있었다. 적군의 공군, 화력 등을 감안하여 중공군은 적보다 4배 이상의 병력(즉 중공군 4개 군으로 미군 등 1개 군과 맞선다)과 적보다 한 배 반 또는 두 배 이상의 화력(즉 2,200문 내지 3,000문의 7센티 이상 구경의 각 종 포)으로 적의 같은 구경 1,500문의 포에 맞설 준비를 하기로 결정했다. 51년의 봄과 여름에 상황을 보아 점진적으로 투입하기로 했다.

종합하여 마땅히 한국전쟁에 참전해야 하고 반드시 참전해야 한다고 여기며, 참전하면 이익이 막대하나 참전하지 않으면 손실이 막대하다고 결의했다. 이 같은 준비상황은 곧 스탈린에게도 타전되었다. 무엇보다도 중공의 타이완 침공은 우선순위에서 크게 밀려나 사실 상 포기상태에 들어갔다.[22]

(뒷날 마오쩌둥은 미국의 키신저 안보 보좌관에게 미국과 중공의 외교관계 수립을 전망하며 자신은 당분간 타이완 없이도 해나갈 수 있으며 한 100년 쯤 지난 뒤에 중국에 끼워줄 수도 있다고 했다.)[23]

---

22) 「자료선집 II」의 pp7 ~9: 李慶山, 앞의 책 p320이하
23) H. Kissinger, 앞의 책 p341

8...

쫓기는 북한 정권 만주로
소개(疎開) 지시

/ 김일성과 박헌영 울며 겨자 먹기로 /

한편, 낙동강 전선에서 인민군의 패배로 한국전쟁을 통해 양쪽 군대의 전세가 승패를 달리함에 따라 남·북한 양쪽의 정부도 번갈아 망명지를 선택해야하는 얄궂은 운명에 처했다.

50년 말 패색이 짙어져 압록강까지 밀려갔던 북한 공산정권은 스탈린으로부터 만주에 망명정권을 세우고 인민군 패잔병들은 게릴라 전투에 들어가야 한다는 뜻밖의 전문을 받게 된다. 10월 13일자 김일성에게 보낸 비밀전문을 통해 스탈린은 다음과 같이 지시했다.

"저항을 지속해 보았자 아무런 소용이 없다고 생각된다. 중국 동무들이 아직까지는 참전할 것을 거부하고 있다. 이러한 상황에서 김일성 동무는 중국과 소련으로 완전히 소개할 준비를 해야 할 것이다. 모든 병력과 군사 장비를 가지고 가는 것이 극도로 중요하다. 이러한 관점에서 세부 행동계획을 수립하고 이를 철저히 준수할 것이 요망된다. 적에 대하여 계속해서 투쟁할 수 있는 잠재역량이 보존되어야 한다."

이러한 전문을 받은 김일성과 박헌영은 뜻밖이라는 강한 충격 속에 슈티코프 소련대사를 만나 자신들로서는 받아들이기 어렵지만 "그와 같은 조언(助言)이 제시된 이상 이를 따를 것"이라며 구체적 행동지침을 대사에게 요청하였다.[24]

이때는 이미 38선을 넘어선 유엔군이 파죽지세로 북진을 계속하여 평양을 점령하기 직전이었다. 10월 7일 유엔 총회는 통일된 민주정부를 한국에 수립하기 위한 적절한 조치를 취하여야 한다는 서방 측 결의안을 통과시켜 유엔군의 38선 이북 작전을 합리화시켜주었다. 스탈린은 이미 유엔군의 인천상륙 직후 김일성에게 사람을 보내 인민군을 부산 등 낙동강 전선에서 뽑아 서울 방위에 보충하라는 지시를 한 적이 있었다.

김일성의 장담과는 달리 미군 등 16개국이 유엔군 기치아래 참전하고 낙동강 전선에서 교착상태가 지속되면서 역전의 팔로군 병사들(老八路)이 무모하게 죽어가고 있었다. 조선의용군 출신으로 인민군의 주력부대인 방호산 휘하의 6사단과 김창덕의 5사단, 전우 사령관의 12사단과 서울 점령부대인 18연대 등은 포항과 낙동강, 마산등지에서 미 공군의 멍석말이 폭격 아래 한·미 양국 군대의 협공으로 처절한 전투를 치루고 있었다. 방호산은 이중 영웅 칭호를 받는 역전의 명장이었고 전우 역시 총 참모부장까지 승진하는 노장이었으며 18연대는 서울 중앙청에 인공기를 계양한 부대였다.

이 18연대는 특기할 점이 있는데 그 연대장 장교덕(張敎德)은 경북 영천 출신으로 막노동꾼으로 있다가 중국으로 건너가 조산의용군이 되었으며 해방 후 귀국하여 인민군이 되었다. 그는 처음으로 한국전선에 도착한

---

24) 이하 소련의 비밀전문은 주로 에프게니 바자노프와 나탈리 바자노프의 앞의 책에서 인용하였음

미국 스미스(Smith)특공대를 부수고 대전을 점령, 영웅대접을 받고 사단장으로 특진했으나 평택에서 전사하고 그 부대도 낙동강 전선에서 사실상 괴멸되었다.

이 부대뿐만이 아니라 전쟁 초기의 인민군들은 중국 화북, 특히 타이항산 지역에서 항일전쟁을 치룬 조선의용군 출신 팔로군 장병들이 주력이나 다름없었다. 이들은 군사지식과 경험이 풍부한 장병들로 일본 군대뿐만 아니라 장제스 군과도 싸워보았거나 중국의 군관학교에서 정규 군사교육과 훈련을 받았던 사람들이었다. 유격전술에도 능숙한 노병들이 지휘했다. 장비도 부족하고 수적인 열세에다 전투경험이 거의 없는 일본군 출신 위관급 수준의 장교들이 지휘하는 한국군은 적수가 되지 않았다. 초반전과는 달리 8월 말 낙동강전선에 유엔군의 교두보가 확보되고 미군 등 연합군의 지원이 속속 도착하여 강화되자 공군과 해군의 막강한 화력에 역전의 노장들인 의용군 출신 인민군은 심대한 타격을 입게 되었다. 수송로가 길어져 보급도 쉽지 않았다. 김일성이 아끼던 인민군 지휘부의 빨치산 출신 강신태도 전사했다.

/ 통화(通化)의 동간변사처(東墾辨事處) 운영 /

김일성이 약속했던 3개월 내 종전승리는 무모한 허풍으로 드러났고 오히려 미국 공포증이 만주 등 중국에 확산되었다. 9월 15일 유엔군의 인천 상륙작전과 서울 탈환 등 나쁜 전황은 보도 관제에도 불구하고 압록강, 두만강을 건너오는 수많은 부상 장병과 피난민 대열 속에 묻혀온 소문을 따라 삽시간에 중국 동북지역에 퍼졌다. 10월 달에 들어와 조선 인민군 부대와 패잔병들이 두만강 지역의 유일한 다리인 훈융교(訓戎橋)를 넘어

인천 외항에 집결된 상륙함대와 공중지원 중인 코르세어 공격기

훈춘(琿春) 시내로 밀려들어왔다. 여기에다가 원자폭탄에 대한 두려움,
3차 대전 발발 우려 등이 조선족 지식분자들 중심으로 보편화 되었고 왜
소련은 가만히 있는가, 결국 중공군도 참전하게 되지 않을까 하는 걱정이
확산되었으며 의용군으로 참전한 많은 동포 가족들은 불안한 나날을 보
내야 했다.

북한 정권의 망명계획은 50년 10월 중순에서 다음해 3월 이른 봄까지
만주 통화(通化)시 일대에서 진행되었다. 북한 지도부는 붕괴직전에 공포
와 혼란 속에서 스탈린의 명령대로 중국의 양해를 얻어 이 일대에 동간변
사처(東墾辨事處)라는 기구를 만들어 최용건을 파견하여 지도하게 하였다.
한국전쟁 연구가인 김중생 씨에 의하면 이 기구는 사실상의 제2군 후방
지원 사령부로서 만주로 넘어오는 패잔병, 보안 경찰병력, 당과 정부기관

원, 군병원 요양부대, 간호원들과 부상병, 군인 가족들, 그리고 전쟁고아들과 피난민들을 모아 관리하고 각종 군관학교, 군인양성소 등을 피난시켜 분산, 설치하여 이상조 등을 실무책임자로 하여 정부 제2청사의 기능과 역할을 하고 있었던 것이다. 이러한 급박한 상황은 중공군의 개입과 춘계공세로 전황이 호전될 때까지 지속되다가 나중에 중공군이 전세를 만회하자 인민군 및 예비 병력의 재훈련과 정비만 담당하는 기구로 축소되었다. 이 기구의 운영과 식량 등 보급은 중국 정부와 조선족 동포들이 부담하였다 한다. 김일성의 북한공산정권은 50년 말 북한인민군이 괴멸되고 패주할 때 북한에서 35세까지의 남자들을 강제 모집 충원하기도 어렵게 되자 51년부터 인민군 장교들을 만주 조선족 농촌지역으로 보내 직접 인민군을 모집하는 형태로 1952년까지 한 차례에 5,000~7,000명 정도 모집해 간 것으로 알려졌다. 이때 중공 측의 사주를 받아 옌벤(延邊)대학의 임민호(林民鎬) 부총장 등이 베이징의 중앙 방송에 나가 조선족들의 호응을 호소했으며 50년 겨울부터 이듬해 봄까지 조선족 자치주에서 대대적인 항미원조 참전운동을 벌였다. 소수 민족인 조선족 청장년들이 조선전쟁으로 끌려 나가 소모되는 것을 중공당국이 군이 말릴 필요도 없었을 것이다. 김일성은 최용건과 함께 이곳 지역에서 항일투쟁을 했기 때문에 특히 북만주와 간도일대를 잘 알고 있었다. 1942년 쯤 중국 공산당은 이곳 북만주일대에 항일연군 교도관을 조직하여 최용건을 책임자로 유격전을 벌이고 있었다. 이 조직에는 중국인 유력한 공산주의자 저우바오중 등 중국인 10여명과 조선인으로는 김일성, 김책, 안길, 김광협 등이 간부로 있었으며 한 때 소련군에 소속되었던 강신태도 조직원이어서 해방 후의 북한정권의 요인이 되었다.

　김일성 등은 이전에 만주에 있던 조선족 청년들 대상으로 해방의 기쁨 속에서 모두 귀국하여 새 나라를 세운다는 명분으로 대거 동원, 입북하여 북조선인민군을 창설했다. 그래서 이런 경험을 십분 활용한 것이다. 전란 중의 모집 책임자는 또 다시 최용건이 맡게 되었고 이상조, 왕좌인(王子仁-일명 최인) 등이 다시 만주로 와서 일하며 강계, 만포진의 김일성과 연락했다. 김두봉 중심의 독립 동맹 간부로 있었던 옌안계인 서휘(徐輝)가 총정치국장 대리로 만포의 김일성과 통화의 최용건 사이를 연락책으로 빈번히 오갔다 한다.[25]

그리고 운명은 뒤바뀌어 51년 춘계공세의 여파로 서울이 중공군에게 재함락되고 1·4후퇴가 시작되어 유엔군이 수원(水原)전선까지 후퇴하게 되자 사태는 급전직하, 미국 워싱턴 일각에서 미군 철수와 한국정부의 일본 망명론이 차츰 고개를 들게 된다. 미국 육군참모총장 콜린스 장군(G. Lawton Collins) 등이 선두에서 한국전쟁이 잘못된 곳에서 벌어진 잘못된 전쟁이라고 생각하고 있었다. 이 때 맥아더는 미 합참본부에 한국에서 철수하든지 아니면 중국 본토에 대한 폭격 등 적극공세로 나갈 것인가 여부를 선택하라고 윽박지르는 형국이었다. (한국정부의 일본 망명론은 박실의 「벼랑끝 외교의 승리-이승만 외교의 힘」(서울, 2010)을 참조)

---

25) 김중생, 앞의 책 p158~225; 廉仁鎬, 앞의 책 제6장 및 7장 이하 참조

9...

박헌영(朴憲永)과 마오쩌둥(毛澤東)·
저우언라이(周恩來) 회담

/ 키 작고 살찐 박헌영 울먹여 /

김일성은 맥아더 장군의 "항복하라"는 최후의 통첩을 받고 국군 3사단이 10월 1일 강원도 양양에서 38선을 돌파하자 그날 밤에 다급하게 평양주재 중국대사관의 정무참사관 차이청원(柴成文)을 불렀다. 중국 측에 지원군을 보내달라고 거듭 독촉하는 자리였다. 김일성은 차이청원에게 "맥아더는 우리에게 손을 들라고 하는데 우리에게는 그러한 관습은 없다."며 압록강 가에 결집한 13병단에게 신속하게 조선으로 지원 작전을 전개해 주도록 요청하였다.

차이청원의 「판문점 담판」(1988)에 따르면 6월 25일 전쟁이 시작되자 중국인민해방군 총 참모부는 즉각 평양에 군사 시찰소조(군사옵저버)를 파견할 것을 제의하였다. 동독대사관 부임이 내정되어 있던 서남군구 정보처장 차이청원이 임무를 변경하여 평양책임자로 지명되었다. 당시 북한에는 중국대사관이 아직 개설되지 않았고 대사로 임명된 *니즈량(倪志亮)은 병으로 부임하지 않고 있었다. 개전 되고 얼마 뒤 대사관원이 파견되었다. 차이청원은 대사관의 정무참사관 겸 대리대사 직함으로 6명의 군인과 함께 평양으로 부임했다. 김일성은 이들을 맞이하여 "나는 저우 총리에게 군 간부를 여기에 파견해 주도록 요청했다. 당신이 와 주어서 대단히 좋다. 환영한다."고 말한 적이 있었다. 이 때 총정치국 부국장 서휘 등이 연락을 취하게 되었다. 서휘도 연안에서 항일군정대학에서 공부한 바 있는 조선의용군 계열이었다. 김일성은 이미 내무상이 된 차수(次師) 박일우를 단둥으로 보내 그 곳에 머무르면서 중국 국경사령부에 원군 교섭을 하도록 하고 아울러 박헌영에게 자신이 직접 쓴 친서를 휴대하여 그 날 밤 중으로 베이징으로 급파, 마오쩌둥을 만나게 했다.

중공 지도부는 한국 전쟁 초기부터 미군의 인천(仁川)상륙작전이 있을 때까지 몇 가지 전술상의 문제점을 북한 측에게 일러주었으나 김일성이 이를 무시하자 내심 몹시 불쾌한 심정이었다. 저우언라이는 김일성에게 전문을 보내 대규모 병력을 한꺼번에 철수시키지 말고 분산시켜 후퇴하라는 등 세밀한 방안을 조언해준 적이 있었다. 그러나 이 전쟁이 결국 자신들에게까지 미칠 것을 우려하여 8월 하순부터 녜룽전 총참모장에게 2개 사단 병력을 산하이관(山海關)지역에 배치하여 동북 군과 협동 대기 상태에 돌입하는 등 대응책을 스스로 강구하고 있었다. 중공은 이미 유엔 군이 38선을 넘었다는 이유를 구실로 내세웠으나 중국의 장기적인 한반도 내지는 아시아 문제에 대한 포석의 일환이었다. 중국을 침공하려는 미국의 장기적인 포석에 대한 우려나 오해에서 나온 긴급한 대응 전략의 일환이기도 했다. 그리고 실제로 북한 인민군이 한만 국경선으로 밀리면서 적잖은 인민군 패잔병들과 북한 주민들이 만주의 동북지대와 간도의 연변(延邊)일대의 국경을 넘게 되자 중국인들의 위기의식도 고조되고 압록강과 두만강의 접경지역에 미 공군기도 자주 출몰했다.

박헌영의 마오쩌둥 상면 장면을 앞에서 인용한 중공당사(中共黨史) 출판부 발행, 리칭산(李慶山)의 〈지원군원조기실〉에 따라 재현하면 – 키가 작고 살이 찐 박헌영이 김일성의 서한을 마오에게 제시하자 마오는 "어"라고 받아 읽고 나서 "목전의 형세는 어떠한가?"라고 물은 뒤 배석한 저우언라이 외상에게 그 친서를 넘겨준다.

박헌영(근심 띤 얼굴로) "용감한 인민군은 상륙하여 전진하는 적군에 대항하여 싸우고 있으나 형세가 매우 불리하다고 생각하여 마오 주석동지에게 보고할 필요성을 느끼고 있습니다. 적군은 각종 항공기를 동원하여 제공권을 완전히 장악하였고 우리 전선과 후방을 가리지 않고 24시간 내내 공습을 하고 있습니다. 수백 대의 기계화 부대가 공군의 엄호아래 아군 진지를 맹공격하고 있으며 아군의 인적, 물적 손실이 심대합니다. 동시에 적군은 아무런 저항을 받지 않고 철도 등 공로(公路)와 시설들을 파괴하여 통신이 두절되고 군 급양보급 시설들을 파괴하여 반격할 시간과 사기를 저하시키고 있습니다."

마오는 박헌영의 보고보다도 실제 전황이 더 위중하다는 것을 실감하면서 자리에서 일어나 담배를 피워 물고 양탄자 위를 서성거렸다. 그리고 그는 이미 북한군대가 낙동강에서 소모전을 계속하고 있을 때 상륙 작전의 위험성을 북쪽에 여러 번 충고했던 사실을 회상했다. 그리고 결국 이런 결과를 가져오고 말았다는 사실에 생각이 미쳤다.

박은 계속해서 "적군이 부대를 남북으로 절단하여 인민군 상호간의 연락이 두절되고 탄약과 보급이 단절되어 효과적인 전투를 벌일 수 없게 되었습니다."라고 설명했다.

마오는 조선인민군이 반격하기는 이미 불가능하다고 생각하는 듯 엄숙한 표정으로 저우 외상을 바라보았다.

군중대회에서 박수치는 마오와 저우언라이(우)

저우언라이는 박을 바라보고 "앞으로 정세가 어떻게 발전할 것으로 봅니까."라고 물었다.

박은 "적군은 서울을 점령한 후에 북방으로 공격을 계속할 것으로 보이며 그렇게 되면 미군은 전면적인 승리를 얻을 수 있을 것 같습니다."라고 대답했다.

다시 마오가 "우리가 생각한 것보다 더 급하게 정세가 위험하군!" 하고 말했다.

박은 침울한 표정으로 "적이 38선 이북을 침입하는 정세 아래 빨리 중국 인민해방군이 직접 출동하여 조선 인민군을 지원해 주십시오."라고 말했다.

마오는 다시 소파에 앉아 담배를 한 모금 빨고 나서 "당신들은 스탈린

원수에게 직접 원조를 제출했나요?" 라고 물었다.

　박헌영 – "29일 김일성 동지가 스탈린 동지에게 서신을 보내 적군이 38선을 월경하여 북쪽에 들어오는 순간 소련 방면의 직접적인 원조가 있어야 한다고 말했습니다." 라고 답변했다. 그러자 저우가 "스탈린이 당신들에게 뭐라고 대답을 보내왔는가." 라고 물었다. 박은 "스탈린 동지가 이 문제를 중국과 상의해 보라고 말했습니다." 라고 말했다. 북한은 소련에게 원조를 급히 요청한 사실을 중공 측에는 말하지 않았으나 중공 측은 스탈린으로부터 김일성의 파병요청소식을 듣고 그 공(球)을 이미 그들이 넘겨받은 상태였다.

　마오와 저우는 엄숙히 박을 쳐다보면서 "당신들의 요구를 우리 정치국에서 검토하고 스탈린 동지와도 협상한 후에 비로소 최후의 결정을 할 수 있습니다." 라고 말한 뒤 박을 내보냈다. 박헌영은 빨리 결정해 달라는 말을 끝으로 자리에서 일어났다. 마오쩌둥과 저우언라이 둘이서 박을 문 밖에까지 배웅해주었다.

/ 김일성, 공산 측 국제 의용군 구성 요청도 /

이에 앞서 9월 29일 김일성과 박헌영 연명으로 쓴 구원요청서는 슈티코프 대사를 통해 스탈린에게 전달되었는데 아래와 같았다.

　"친애하는 스탈린 동지, 만일 적이 (북)조선에 대한 공격을 강행하면 우리의 자력으로는 적을 막을 수 없습니다. 따라서 우리는 귀하에게 특별한 지원을 부탁드리지 않을 수 없는 것입니다. 바꿔 말하면 적군이 38도선을 넘을 때에는 소련의 직접적인 군사원조가 매우 필요합니다. 혹시 어떤 이유로 이것이 불가능하다면 우리의 투쟁을 군사적으로 지원하기 위하여 중국이나 그 밖의 인민 민주주의 국가의 국제의용군 부대를 조직하는 것을 원조해 주시도록 부탁드립니다."

조선 노동당 중앙위원회 김일성과 박헌영 공동명의로 된 이 요청서는 소련 또는 중국, 아니면 공산권의 연합군 조직 파견을 요청한 것이었다.

이날 밤 늦게까지 마오는 김일성의 구원요청서를 여러 번 읽어 보았다. 소련에 보낸 것과 비슷한 내용이었으나 적군이 38선 이북을 침공했으니 "약속한 바와 같이" 중국 인민해방군의 직접 출동이 절대로 필요하다는 것이다.(이 서한은 베이징의 군사박물관에 전시되어 있다.)

(深思良久), 오랫동안 깊은 생각에 빠졌다. 옆집에 불이 났는데 어찌 태연히 앉아 있을 수 있겠는가. (豈能安之若素). 조선이 위험에 처하면 동시에 중국에도 엄중한 위협이 된다. 중국인민들은 일본침략자들이 일찍 설파한 바를 잊지 않고 있다.

"세계를 정복하려면 반드시 먼저 아시아를 정복하고 아시아를 정복하려면 반드시 중국을 정복하고 중국을 정복하려면 만주와 몽고를 점령하고 만주와 몽고를 정복하려면 반드시 먼저 조선과 타이완을 점령하라."

이것은 1927년 일본의 다나카 기이치(田中義一) 내각의 상주문이 주장한 것이다. 일본은 이렇게 말했을 뿐만 아니라 또 그대로 침략을 실행했다.

1895년 조선과 타이완을 치고 1931년 중국의 동북지역(만주)을 완전 점령하고 1937년 중국에 전면적인 침략전쟁을 감행하고 1941년에는 또다시 아시아를 정복하려 들었다. 이제 미 제국주의자들이 조선과 타이완을 침략하려 바야흐로 일본 군국주의자들의 옛길을 되밟고 있다니! 이런 중대한 문제는 몇 사람이 정할 일이 아니다. 또한 소련의 요구대로 응할 것인지도 문제였다. 마오쩌둥은 러시아 황제들이 중국 땅을 강제로 수용하였다거나 스탈린이 2차 대전 중에는 중국 공산당을 제쳐두고 기꺼이 장제스의 국민당(좌파)과 손을 잡고 만주의 이권을 노렸다든가, 자신이 1949년 말 소련을 방문했을 때 받은 푸대접 등을 잊지 않고 있었다. 그는 중국의 동풍(東風)이 스탈린 등 서양세력의 서풍(西風)을 제압할 날을 내심 기다려왔던 것이다. 전략전술에 밝은 마오쩌둥은 보다 적극적인 지원방향을, 노회한 외교가인 저우언라이는 스탈린과의 흥정거리를 깊이 생각하면서 당내 의견 조정에 들어갔다.[26]

---

26) 李慶山 앞의 책, p60 이하 참조

10...

마우쩌둥, 급히 펑더화이를 불러올리다

/ 린뱌오(林彪) 등 거의 모두 신중론 펴 /

박헌영을 돌려보낸 뒤 마오쩌둥은 마음이 급해졌다. 이제껏 김일성 정권이 취한 태도가 괘심한 바 없지 않으나 그렇다고 자본주의 미국과 그 하수인 남조선 이승만 일당에게 망하도록 내버려둘 수는 없었다. 그리고 이승만은 타이완으로 쫓겨 간 장제스와 매우 가까운 사이였고 두 사람은 이미 남조선 진해에서 회담을 갖고 아시아 반공동맹을 모의한 적이 있었다. 한반도에서 전쟁이 일어나자 장제스는 타이완에 있는 국부군을 파견 하겠다고 맥아더 사령관과 이승만에게 제의하기도 했다. 무엇보다도 압록강까지 진군한 미군은 신생 중국 안보에 대한 위협이었다.

중공은 한국군이 38선을 통과하자 곧 중앙정치국 상무위원회를 소집하여 조선전쟁을 중대한 현안으로 상정, 밤을 세워 검토해왔다. 마오는 사흘 뒤인 10월 4일 서북변방도시 시안(西安)에 있는 서북군구 사령관 펑더화이에게 비행기를 보내 급히 베이징으로 올라오라고 명령했다. 바로 다음날 5일 하오 베이징에 도착한 펑은 톈안먼(天安門) 서쪽 호숫가에 있는 중국 지도층들의 집단 거주지인 중난하이(中南海)에서 열린 중공 중앙당 정치국회의에 불려 갔다. 한국전쟁 참전 여부를 가리는 중대한 회의였다. 이 회의의 광경을 펑 자신과 총참모장 녜룽전의 회고록, 그리고 앞서 인용한 리칭산의 책을 중심으로 재구성 해본다.[27]

마오는 회의장을 둘러보고 조선전쟁에 참전하는 것이 불리한 점들을 먼저 말해 보라고 말했다. 누군가 "우리가 이렇게 오랫동안 내전을 하였기 때문에 휴식을 취하고 복구를 해야 하는데 건국 후 겨우 1년이 지난 시점에 수많은 곤란이 첩첩이 쌓여있는 상황에서 부득이한 경우가 아니면 이 싸움은 하지 않는 게 상책이다"고했다.

주더는 조선 전황은 매우 위중하나 우리는 공군이 없으니 소련과 협상하여 같이 참전하는 게 어떤가 하고 제의했고 린뺘오는 "많은 희생을 치러 이제 겨우 승리를 얻었는데 우리의 능력은 미국과 같지 않으니 몸에 기름을 붓고 불구덩이에 뛰어드는 격"이라고 반대했으며 미군은 방대한 해·공군과 원자탄도 가졌으며 우리는 미군에 비해 장비도 엄청나게 부족하다는 이유 등을 들었다. 그는 이어 "만일 반드시 출병해야 한다면 출병하지만 싸우지 않는 방침을 채택해야 하며 조선 북부에 병력을 주둔시키고 상황의 진전을 보다 싸우지 않을 수 있으면 싸우지 않는 것이 상책"이라고 했다. *류샤오치(劉少奇), *천윈(陳雲), 예젠잉 원수도 신중론에 동조했다. 물론 반대론의 심저에는 세계3차 대전으로의 확대 가능성이나 미국과 전쟁으로 중국 내륙 핵심지역에 대한 미군기들의 공습, 그리고 장제스 군대의 대륙 반공과 흩어져 남아있는 100여 만 패잔병의 발호에 대한 우려 등이 깔려 있었다.

---

27) 李慶山, 앞의 책, p640이하; 徐相文, 앞의 책 p180 이하; 자료선집II 聶榮臻, pp 1960이하

적정을 살피는 펑더화이

소련과 협상 차 서둘러 모스크바로 떠날 저우언라이는 그의 성격대로 신중론자였다. 그러나 저우는 항상 마오의 편이었다. 저우는 중공과 북한 관계를 특히 언급했다. 그의 비서 쓰저(師哲)의 회고에 의하면 저우는 "중국과 조선 양국은 장기적으로 우호적인 이웃으로 금세기 초 일본이 조선을 침략한 후 많은 조선의 혁명가들이 중국으로 와서 중국 공산당과 어깨를 나란히 하고 오랫동안 함께 싸웠다(并肩作戰). 해방전쟁기간 중 수만에 이르는 조선인들이 중국 인민해방군에 참여했으며, 김일성을 수반으로 하는 조선혁명정권은 우리 동북 해방구에 여러 가지 도움을 주었다. 확실히 마오 주석이 말한 바와 같이 우리 중화인민공화국의 찬란한 오성(五星)기에는 조선혁명열사의 선혈이 얼룩져 있다. … 조선 북방에는 산지가 많아 미국의 기계화 행동에 불리하고 우리의 기동전이 유리하며 조선과 소련이 이어져 있어서 우리가 소련의 원조를 받기도 편리하다."고 했다. 저우는 기회가 있을 때 마다 1946년 이래 중공군이 남만주에서 장제스 군대에 의해 북만주와의 연결통로가 폐쇄되어 포위당했을 때 안둥, 통화주둔 중공군이 후퇴하지 않을 수 없을 때 중공 측의 많은 부상자들과 당원들의 권속들과 후방요원들 1만 8천여 명이 초산(楚山) 쪽 북한으로 들어가 피신하고 군사물자들을 다른 중공지역으로 옮기는데 북한 노동당원들이 통과시키고 협력해 준 사실들을 두고두고 감사했다. 그는 대사관 신설 및 군사시찰 요원으로 차이청원을 평양으로 보내면서도 이때의 린장(臨江) 보위전투를 상기시켰으며 차이는 김일성을 만났을 때 저우 수상이 이 일로 무척 고마워하더라는 말을 전한 바 있다.

마오는 이런저런 반론을 듣고 나서 이미 여러 날 심사숙고한 끝이라 "당신들의 말은 모두 일리가 있다. 그러나 다른 사람들의 국가가 위기에 처해 있을 때 방관만 하고 있다면 어떻게 말하더라도 견딜 수 없는 일이다"고 참전해야 한다는 취지로 발언을 끝냈다. 사실상 전권을 가진 마오였지만 미국과 일전을 각오해야 하는 이 일은 전체의 의사를 묻고 협의해야만 했다. 회의는 다음날에 이녠탕(頤年堂)에서 속개되었다. 한반도는 중국의 안보에 중요하며 특히 중국의 핵심으로 통하는 동북지방(만주)은 곡창지대이고 공업지대였다. 북조선을 잃는다는 것은 입술이 없어져 이가 시리고 문짝이 떨어져나가 집안이 위태로운 격(脣亡齒寒, 戶破堂危)이라는 게 공통적인 견해였다. 마오는 작게는 동북공업지대의 중요한 에너지 공급처인 압록강의 수풍(水豊) 발전소를 보호하기 위해서라도 참전해야 된다는 심증을 굳혔다 한다.

며칠 뒤 밝혀진 마오쩌둥이 소련의 저우언라이에게 부연한 전보에 의하면 이러했다.

"우리가 출병하지 않음으로써 적으로 하여금 압록강 유역에 대해 압박토록 해 국내적, 국제적 반동의 기세가 더해지면 모든 방면에 불리해 진다. 먼저 동북지방이 더욱 불리해져 동북 변방 군 전부가 발이 묶이고 남만주 지역의 전력(電力)이 통제 돼 버릴 것이다. 요컨대 우리는 당연히 참전해야 하며, 반드시 참전하지 않으면 안 된다. 손해가 지극히 클 것이다."[28]

이 자리에서 펑도 발언을 했다. "조선과 우리는 순망치한의 가까운 사이다. 출병하여 조선을 돕는 것이 필요하다. 혼란이 있더라도 해방전쟁 승리가 몇 년 늦어지는 것과 같을 뿐이다. 만일 미국이 압록강과 타이완에 주둔하여 우리에게 침략전쟁을 시작하려면 수시로 핑계를 찾을 수 있다"며 마오 입장을 두둔했다.

마오도 만면에 희색을 띠고 "나도 그렇게 생각한다, 나의 고향 샹탄(湘潭-湖南省의지명-펑의 고향) 친구여! 우리는 생각이 일치한 거다"라고 기뻐했다. 마오는 펑더화이보다 5살 위였다. 펑은 이 자리에서 "미국에 선전포고를 하지 말고 인민지원군이 원조를 하는 형식으로 하자"고 제안했고 마오는 이에 동의를 표시한 뒤 "그럼 누가 총 지휘를 해야 하는가?"고 물었다.

펑이 "중앙에서 이미 린뱌오를 총지휘자로 정하지 않았는가."라고 묻자 마오는 "나와 저우언라이, 류샤오치, 주더 등 몇몇 동지가 상의한바 그를 총지휘자로 결정했다"고 대답했다.

그리고 이어서 린뱌오는 본래 제4야전군 사령관이어서 동북 지방(만주)

---

28) 毛澤東, 關於我軍應當入朝參戰給周恩來的電報 50년 10월 13일, 徐相文, 앞의 책 p308~309에서 재인용

을 알고 남만주에 집결해 있는 국가기동부대 리톈유(李天佑) 13병단과 후방을 모두 잘 알고 있다. 그래서 당 중앙이 이렇게 결정했다. 그러나 린뱌오가 말하기를 자기는 병이 있어서 소련으로 치료를 하러 갈 준비가 돼 있다고 한다. 그는 약간 신경쇠약을 앓고 있는 게 사실이다. 아직은 린을 생각하고 있지만 그가 병을 이유로 나가지 않겠다고 고집을 부리면 나는 펑 장군을 생각하고 있는데 "자네 몸은 어떤가?"고 물었다.

펑은 "저는 황소처럼 건장합니다(我壯得 像 頭牛公)"고 즉답했다.

이 소리에 마오도 웃고 덩샤오핑(鄧小平)도 웃었다. 동북군구 사령관 겸 정치위원인 까오강인가, 누군가 펑에게 "아직 늙었다는 것을 받아들이지 않는군!"이라고 거들었다. 까오강도 마오, 펑, 저우 등과 같이 적극 참전론자였다. 린뱌오 외에도 다른 한 장군에게도 조선 참전군 사령을 요구했으나 그 역시 이런저런 이유를 대며 거절했다는 것이다. 그 후 저우 수상은 계속 참전을 반대하는 린뱌오에게 "출병여부는 이제 더 이상 고려해야할 문제가 아니며 출병 후 어떻게 승리를 얻을 것인가를 고려해야 된다."며 당 중앙과 마오 주석이 이미 결심했으니 따르라고 귀띔해 주었다.

/ 마오쩌둥의 바둑전략 /

마침내 마오쩌둥은 그의 생애를 통해 가장 어려운 결심을 했고 중공의 참전결정이 이뤄졌다. 52세의 펑이 지원군 총사령관직을 맡았다. 다만 저우언라이가 소련과 협상 중이라 공표하지 않기로 했다. 이때의 상황에 대해 마오의 비서 후차오무(胡喬木)는 "마오 주석 주변에서 20여 년을 일해 왔지만 그가 2개의 사건을 고심 끝에 결정하는 것을 보았으며 그 중 하나가 1950년 조선에 지원군을 파견한 일"이라고 회고했다. 또 후야오방

(胡耀邦)의 회고에 의하면 "조선출병문제를 고려하면서 마오는 일주일 동안 수염을 깎지 않고 그대로 두었으며 회의 후 대부분이 의견일치를 보이자 비로소 수염을 깎았다."고 한다.

마오는 그러나 중공 중앙정치국 회의가 있은 뒤 6일 밤 베이징 주재 소련대사 로신을 불러 회의 결과를 설명하고 결론적으로 중공은 9개 사단 규모를 파견할 수 있으나 소련이 공군을 비롯하여 포병, 탱크부대, 수송단 등 기술적 장비와 인력을 지원해야 한다는 요지를 강조했다. 그리고 당장 중공은 이들 장비를 사드릴 자금도 없다면서 중공대표단을 금명간에 소련으로 보내겠다고 통지했다. 로신 대사는 이런 마오와의 대화내용을 즉각 스탈린에게 보고했다.

20여 년이 지난 뒤 중국이 상대적으로 약했음에도 불구하고 마오가 고심어린 참전 결정을 내린 것을 두고 국제정치학자이며 외교관인 키신저는 전통적인 바둑 두기 전략으로 포석한 것이라고 해석했다. 그는 마오가 중앙아시아의 터키로 부터 인도, 인도차이나, 타이완, 그리고 한반도에 이르는 중공에 대한 미국의 포위작전을 경계하지 않을 수 없었고 북방의 소련 역시 잠재적 적으로 가상하고 있었을 것이라는 견해를 밝힌 적이 있다.[29]

20여년 후 키신저가 비밀리에 닉슨 대통령의 중국 방문과 국교 수립 논의를 벌일 때 저우언라이는 "우리는 미국과 소련이 남과 북에서 동시에 공격해 올 상황에 대비해왔다."라고 실토한 적이 있었다. 중국의 국경선은 길고 다양하며 10여개 국과 인접해 있고 총연장이 15,000km에 달하며 북한 쪽은 약 1,300km였다. 그 접경 지역에는 200만에 가까운 조선족

---

29) H. Kissinger, 앞의 책, p139

이 살고 있으며 두만강은 걸어서 건널 수 있는 하천이었다. 마오는 티베트(西藏)와 만주 동북지방에 대한 스탈린의 야욕을 경계하고 있었다. 키신저의 말처럼 중국인들은 바둑 두기에 익숙하여 크고 작은 포위작전을 즐겨 쓰곤 했다. 마오 등 중국 지도부는 크게는 중국 대륙에 대한 미국, 일본 또는 소련의 포위를 두려워했지만 한국전선에서 중공군 역시 곧잘 한국군이나 유엔군에 대한 크고 작은 포위섬멸 작전을 구사했다. 특히 가능하면 전방과 좌우 면을 포위, V자와 같은 긴 포대 형 자루모양 포위 전술을 즐겨 썼다(口袋戰法). 마오쩌둥이야말로 바둑판에서처럼 처음에는 정공(正攻) 보다는 기공(奇攻)이 더 유리하다고 보고 변죽을 치다보면 복판이 울리게 되고 슬슬 변두리부터 공작을 시작해서 대마(大馬)를 낚아 올리는 수법을 즐겨 쓰게 된다.

11...

흑해(黑海) 연안의 중·소 회담

50년 10월 8일 저우언라이는 비밀리에 베이징을 출발 소련으로 향했다. 그는 흑해연안의 휴양지 별장에서 쉬고 있는 스탈린을 찾아간 것이다. 중국대표단으로는 저우 수상 겸 외상을 포함, 병 치료차 소련에 온 린뱌오, 저우의 캉이민(康一民) 비서, 통역 쓰저(師哲) 등이었다. 이미 스탈린은 여러 차례 중국 측에 참전을 종용했고 중국 측은 이런저런 이유로 결정을 미루고 있었다. 모스크바에 도착한 저우는 다음날인 9일 하오 린뱌오와 함께 불가닌(Nikolai Bulganin)의 안내로 러시아 크리미아 반도의 남부 흑해연안 소치 아드리아 스탈린 별장에 도착, 잠시 쉰 다음에 곧 회담에 들어갔다. 소련 측은 거의 모든 정치국원들이 참석하였다. 엉큼한 스탈린이 저우 중국수상을 이곳까지 불러들인 것은 중공 측이 소련 채널을 통하지 않고는 본국과 교신할 방법이 없음도 고려한 것이었다는 이야기이다.

　회의 벽두에 스탈린은 한국전쟁의 전황을 간단히 소개한 뒤 전쟁 초기에 순조로웠기 때문에 상황이 역전되었을 때 대처하는 준비가 부족했다는 점, 적이 강하게 밀어붙이면 조선은 일주일 이상 버텨내지 못할 것이라는 점. 만일 미국이 압록강 변에 도달하여 전 조선을 차지하면 중국 동북의 건설과 안정에도 위협이 될 것이라는 요지의 연설을 했다.

그 후 저우 외상이 중국 측 견해를 설명했다. 저우는 나름대로 한반도의 전황을 소개한 뒤 북조선이 초기의 승승장구했던 때와는 달리 전황의 역전에 대비하지 못한 점을 지적하고 중국지도부 내에 출병에 대한 상반된 의견이 대립되어 있다고 말했다. 요지는 중국 국내 사정으로 보아 출병하지 않는 것이 마땅하다는 불개입론이었다. "중국은 장기적인 내전으로 인해 심각하게 파괴되어 있으며 수많은 민생문제들이 해결되지 않은 채 남아 있다. 이러한 상황에서 다시 전쟁의 소모라는 커다란 부담을 지게 되면 정말 어려운 지경에 빠진다. 군대의 무기장비와 경제 모두 어렵지 않은 게 없다. 미국 같은 큰 나라를 상대로 다시 전쟁에 들어갈 수는 없다. 전쟁은 어린이 놀이가 아니며 그런 소용돌이에 빠져들면 여러 해 동안 몸을 뺄 수가 없을 것인데 어떻게 수습할 것인가. 아울러 이번 전쟁에서 강경대처가 계속된다면 (공산주의) 형제 국가들에게까지 파급될 것이다. 그러므로 출병하지 않은 편이 좋다"고 말했다.

스탈린은 듣고 나서 웃으면서 다시 말을 이어 갔다. 결론적으로 "조선 동지들이 버티지 못하고 헛되이 희생되는 것을 보느니 차라리 그들을 조직적으로 계획적으로 철수시키느니만 못하다. 주력부대와 무기, 물자와 일부 인원과 간부는 중국 동북으로 철수하게 하고 노약자, 장애자, 부상자의 대부분은 소련으로 철수해야 한다. 중국 동북이 소련보다는 조선으로 들어가기 훨씬 쉽다. 인적 역량을 동북으로 철수시키는 것은 다시 조선으로 들어가기 쉽게 하려는 것이다. 우리 두 나라가 모두 그러한 커다란 부담을 져야 한다. 이런 철수의견을 즉각 김일성에게 전문을 보내 알리도록 하자. 시간을 지체할 필요가 없다"고 주장했다. 이른바 북한정권의 만주 이전(망명)설을 끄집어 낸 것이다.[30]

이미 소련은 김일성 부대가 한·만 국경선으로 몰리자 중국 주재 소련 군사대표단 사하로프(Sakharof)를 통해 조직적으로 인민군대와 정부기구를 만주로 옮기는 것을 중공과 북한에 제의한 바 있었다.

이러자 린뱌오가 거들었다. 조선에는 산과 산림이 많으니 철수시키지 말고 게릴라전을 펴도록 해야 한다고 말하고 이 게릴라전을 남·북조선으로 확대 시키며 시기를 보자고 했다.

스탈린은 린의 주장에는 관심도 없다는 듯 묵살하고 소련이 개입하게 되면 미국과 바로 전쟁이 되어 3차 대전으로 발전할 우려가 있으므로 조선 밖에서 중공군에 공군지원을 할 수 있고 중국의 육군과 공군에 각종 장비를 제공하며 해군을 건설해주는 방안을 이미 구상해 놓았다고 말했다. "우리는 일찍이 우리 군대를 완전히 조선에서 철수했다고 선언했다. 새삼스럽게 다시 출병하여 조선에 가기는 곤란하다. 이것은 우리가 미국과 직접 교전하는 것과 같기 때문이다. 따라서 중국이 일정한 병력을 출동시킬 수 있다고 생각한다."고 스탈린은 말했다. 그는 이어 이번 전쟁을 통해 중국군대를 현대화 시키는 좋은 기회가 될 것이라고 유인책을 끄집어 내기도 했다. 이러한 무기제공 문제 등은 불가닌과 상의 하여 처리 하도록 하고 빨리 조선에 알려 철수준비를 시켜야 한다며 말을 끝냈다. 사실 스탈린은 이미 며칠 전인 10월 5일 소련 공산당 중앙 정치국 회의를 소집해 북한 정권이 붕괴된다고 하더라도 전쟁에 개입하지 않겠다는 방침을 확인했고 이것을 정치국원들에게 주지시켰다. 이것은 미국과 직접 군사

---

30) 師哲의 회고록과 김중생, 앞의 책 pp225~228

충돌을 피하기 위한 스탈린의 일관된 방침이었다.

/ 스탈린, 북한 망명정부로 중공 위협 /

당시 소련은 미국과 함께 세계 2대 강국이었지만 모든 면에서 미국과 대적할 처지가 아니었고 원자탄을 개발했지만 미국의 핵 보유력에는 미치지 못했다.

소련이 북한의 망명정권을 만주에 두자고 공개적으로 중공에 제안한 것은 스탈린의 교묘한 작전이었다는 해석이 뒷날 일부에서 제기되었다. 미 국무장관이었던 키신저(Henry A. Kissinger)는 대 중공 국교교섭을 성공시킨 후 저술한 그의 책에서 중공은 한·만 국경선에 미군이 접근하는 것을 싫어했을 뿐만 아니라 동북지방(만주)에 집단 거주하고 있는 많은 조선족을 고려할 때 어떤 이유로든 김일성의 임시정권이 그곳에 주재하는 것을 원치 않았다는 것이다. 김일성이 팔로군 출신이 많은 인민군 부대를 독자적으로 유지하면서 끊임없이 분란을 일으킬 경우 중공이 감내해야할 소수민족 정책상의 어려움을 매우 두려워 할 것이라는 계산을 소련은 이미 하고 있었으며 따라서 중공은 소련의 요구대로 즉각적인 조선 전쟁에의 개입을 더 이상 미룰 수 없었을 것이라는 점을 스탈린은 계산에 두었을 것이라고 해석하고 있다.[31]

그리고 중국 측으로서도 자연스럽게 북한정권 지도부의 망명, 북한 패잔군들과 주민들의 대량유입이 가져올 정치 경제적 부담을 고려할 때 북한 정권의 패망을 좌시할 수는 없었을 것이다. 동북지방에 관한 소련의 전

---

31) H. Kissinger, 앞의 책, pp182~183; 沈志華, 앞의 책, p249

통적인 욕망도 마오쩌둥을 악몽처럼 자극할 수 있었다. 조선전쟁의 확전을 빌미로 막강한 소련의 붉은 군대가 동북지방으로 다시 내려올 수 있다는 경계심도 생겼다.

이런저런 잡담과 술판이 벌어졌다. 두 나라 대표들은 소련식으로 강한 보드카를 마시면서 밤을 지새웠고 린뱌오만이 한잔도 마시지 않았다.

어쨌든 모스크바로 되돌아온 저우언라이는 13일 밤 베이징으로부터 소련 공군의 지원 없이도 참전하기로 최종 결정했다는 전문을 받았다. 마오쩌둥은 전문에서 "참전하는 것이 중국이나 조선 또는 동방과 세계에 이로울 것이며, 중공군이 참전하지 않으면 적이 압록강까지 밀고 올라와 동북변방군이 위태롭게 되며 남만주의 전력이 통제되는 등 크게 불리할 것이다." 라고 설명했다. 그의 불개입 주장이 하룻밤 사이에 뒤바뀐 점을 의식한 저우언라이는 난감해져서 몰로토프(V. M. Molotov)에게 당 중앙의 결정을 스탈린에게 알리라고 말하고 무기 등 장비 지원 문제를 논의하는데 초점을 맞췄다. 중국은 임차방식 즉 무기를 대여 받기를 원했다. 그러나 2~3일 더 모스크바에 머물면서 저우는 소련정부 측과 신용구매방식으로 비행기, 대포, 탱크 등 보병 100개 사단을 무장할 무기와 탄약을 지원받으며 2개월 혹은 2개월 반 후에라도 공군지원을 받되 「그 범위는 중국 영토 내 한정한다.」는 스탈린의 조건을 수락하고 14일 귀국했다. 마오쩌둥은 중공군 개입으로 미군의 중국 본토 공습이 있을 경우 소련공군이 베이징, 텐진, 선양, 상하이 등 대도시와 일부 서북지역을 엄호해 줄 것을 요구 했었다.[32]

---

32) 師哲- 스탈린과 저우언라이 회담, 자료선집 II의 p259이하, 한국전 참전 경위는 徐相文, 앞의 책 참조, 이 부분에 대한 중국이나 소련의 제 1차적인 자료, 즉 회의기록 등이 있지 않아서 저우언라이가 참전 결정을 알고 갔는지, 반대하기로 하고 갔는지, 원조에 대한 결론이 났는지 모두 불확실하여 이론의 여지가 있다 한다. 특히 소련 공군의 지원 문제를 중국 측은 전제조건으로 알았는데 스탈린은 끝내 출격 불가하거나 애매한 태도를 보였다 한다. 沈志華, p237이하

12...

마오쩌둥 아들까지 참전

/ 중국대사 모란봉 지하 벙커 방문 /

중공 정치국회의에서 조선전쟁에의 참전이 최종적으로 결정되자 마오쩌둥은 서둘러 국내의 제반절차를 진행시키는 한편 저우언라이로 하여금 소련과의 외교협상을 서두르도록 하였다.

마오는 10월 8일 군사위 부위원장 겸 서북 군구 사령관인 펑더화이를 조선인민지원군 사령관 겸 정치위원으로 임명하고 출동준비를 시켰다. 저우언라이가 인도대사 파니카(K. M. Panikkar)를 통해 유엔군이 38선을 돌파하면 중국은 앉아서 보고만 있지는 않을 것이라는 대미경고를 한지 일주일이 지난 뒤였다.

중국 측은 이 같은 경고대로 용의주도하게 이미 8월부터 한·만 국경지대에 군대를 동원, 대기시키는 등 은밀히 여러 조치들을 취하고 있었다. 중공군이 한반도에 개입하는데 이 평안도 지역을 우선적으로 선택한 것은 동북군구의 중심인 선양과 단둥이 이 지역과 가깝고 보호해야 할 수풍(水豊)댐이 있고 도강하는데 편리한 압록강 철교와 만포진(滿浦津)—지안을 잇는 교량이 있으며 소련군이 들어올 수 있는 간도 쪽 소련접경 보다는 국군과 미군이 이쪽을 향해 급진하고 있었기 때문이었다. 마오쩌둥은 무엇보다도 적이 중국의 영토 안으로 들어올 때까지 기다렸다가 치는 것 보다는 능동적으로 적을 국토 밖에서, 즉 만주로 들어오기 전에 북한 쪽에서 미리 쳐 부수는 것이 낫다는 전통적인 방법(임진왜란 때의 명(明)나라 정책)을 택하기로 한 것이다.

베이징-모스크바-평양을 잇는 핫·라인은 본격적으로 불이 붙고 있었다. 중국 공산당 지도부는 우선 국내의 여론을 통일시키기 위해 공산당 이외에 비록 형식적인 존재들이지만 다른 정당들과 정파들을 설득하는데 힘을 쏟았다. 대개 정치협상 회의에 참여하고 있던 공산당 이외의 정파들은 정부의 입장을 따랐으나 일부는 반대소리를 높였다. 미국은 강력한 국가이며 따라서 중국이 패배할지도 모르며 심지어 미국이 조선을 점령하더라도 중국은 모르는 척 용인해야 한다는 주장까지 나왔다. 그리고 '왜 소련은 개입하지 않고 중국 보고만 나가라고 하는가' 라는 불평이 터져 나왔다. 스탈린은 소련 공군지원 등이 미국을 자극할 것에 대해 계속 염려하고 있었다. 이러한 여론은 소련의 압력을 의식한 대외용일 수도 있는데 베이징 주재 소련대사 로신은 중국의 정황을 놓치지 않고 즉각 스탈린에게 보고했다.

/ 김일성, 박헌영과 언쟁 중 통고받아 /

10월 8일 밤 거의 같은 시각에 중국의 참전이 결정되자 평양대사관의 니즈량과 차이청원이 이 사실을 전하기 위해 모란봉 지하 지휘소로 김일성을 방문했는데 김일성은 박헌영과 격론을 벌이고 있었다. 김일성은 박헌영이 밖으로 나가자 "그는 산에서 유격전을 할 생각이 전혀 없다."고 설명했다. 니즈량 대사가 중국의 참전결정을 전하자 김일성은 기뻐하며 일어섰다. "잘 됐다. 잘 됐다." 하고 되풀이 하면서 엄지손가락과 집게손가락을 부딪쳐 소리를 냈다. "마오 주석과 중공 중앙에게 나와 조선 당, 그리고 인민이 진심으로 감사를 전하고 싶다"고 말했다.[33]

이날 밤 니즈량 대사가 김일성에게 전달한 마오쩌둥의 전보는 다음과 같았다.

"김일성 동지에게,
① 현재의 형세를 근거로 우리는 지원군을 조선에 파견하여 귀국을 도와 침략자들에게 맞서기로 결정했다.
② 펑더화이 동지가 중국 인민지원군의 사령관 겸 정치위원이다.
③ 중국 인민지원군의 후방 근무 공작과 기타 만주에서의 조선원조 공작은 동북군구 사령관 겸 정치위원 까오강 동지가 책임진다.
④ 김일성 동지는 박일우 동지를 즉시 선양으로 파견하여 펑더화이, 까오강 두 동지와 함께 중국 인민지원군이 조선에 들어가 작전에 참여하는 것과 관련한 제반 문제를 상의하기 바란다. (펑더화이, 까오강 두 동지는 오늘 베이징에서 선양으로 출발함.)

10월 8일 마오쩌둥[34]

---

33) 柴成文, 趙勇田 저, 尹永茂 옮김, 「板門店 談判」(중국이 본 한국 전쟁)(서울, 1991) p98
34) 자료선집 Ⅱ의 p13, 이 지원결정서는 김일성의 지원요청서와 함께 선양의 항미원조열사능원 기념관에 전시되어 있다.

소련에 머물러 있던 저우 외상이 중국 측의 참전 결정을 정식으로 소련 측에게 알리고 베이징 소련대사로부터 확인 전보를 받은 스탈린도 서둘러 이 사실을 평양의 김일성에게 알렸다. 그리고 이북 정권의 소개와 관련, 인민군을 철수시키는 계획을 즉각 중지 시켰다. 그러나 조선인민군의 예비군 훈련과 보충, 그리고 군의 재편성 등 작업은 만주에서 계속되었다.

스탈린은 북한 주재 슈티코프 소련대사로부터 중국과 합의하여 북한군 9개 사단을 만주의 관텐(寬田), 하이룽(海龍), 퉁화(通化)지역에서 훈련 시키고 2,600여명의 공군 조종사 훈련도 계획하고 있으니 소련군 고문관 90명을 추가로 급히 파견해 달라는 전문을 받았다.

/ 펑 거절에 로어통(露語通) 아들 참전 고집 /

도쿄(東京)의 맥아더가 성역(聖域)이 된 만주를 즉각 폭격해야 된다고 주장한 것도 바로 이 때였다. 참전에 신중을 기했던 저우언라이는 몰로토프, 불가닌 등을 상대로 한 소련의 군원문제에 대해 대충대충 이야기를 끝내고 서둘러 귀국 해버렸는데 이 때 소련은 군원일체를 차관형식으로 세심하게 결정하였다. 그러나 중국은 조건들을 따지지 않고 그럭저럭 받아썼기 때문에 10여년 후 중소 이념 분규로 양국이 갈라지게 되자 후르시쵸프가 중국을 압박하는데 중요한 지렛대로 이 차관문제를 활용했고 중국은 별 수 없이 값비싼 대가를 치러야 하는 고통을 감수하지 않으면 안 되었다. 무기의 숫자와 양에만 신경을 쓰고 가격을 따지지 않은 실수를 저질렀던 것이다. 북극곰에게 중국의 장사치가 당하고만 셈이다.

참전 결정을 내리는데 마오쩌둥은 고향 후배인 펑더화이의 지원을 받은 셈이 되었다. 그는 열흘이 지난 18일 중난하이 자신의 거처인 국향(菊

지하 활동 중 피신 중이던 마오와 안잉(우)

香)실에서 펑을 위한 전송회를 베풀고 전쟁계획을 세심하게 지도하고 협의했다. 회의 말미에 펑을 한 쪽으로 불러 자기의 아들 안잉(毛岸英)을 조선전선에 보내달라고 부탁했다. 안잉은 마오의 두 번째 부인 양카이후이(楊開慧)와의 사이에 가진 세 아들 중 큰아들 이었다. 그녀는 창사(長沙) 사범학교 은사의 딸로서 그에게는 첫 사랑이었다. 그러나 그 여인은 공산당 운동을 지하에서 벌이고 있던 처지여서 국민당 경찰에 체포되어 처형당했다. 그녀는 그 때 국민당 경찰이 마오와 헤어져 버리면 살려준다고 회유하였으나 거절했는데 뒷날 적지 않은 여인을 사귀었던 마오가 끝내 잊지 못하고 있던 여인이었던 것으로 전해지고 있다.

지하운동으로 전전하며 어렵게 자란 안잉은 성장하자 모스크바로 보내어져 소련군관학교를 졸업하고 2차 대전 때는 기갑부대장교로 반 나치 전쟁에 참여했다. 그리고 스탈린으로부터 표창까지 받은 바 있었다. 한국전쟁에 참전할 때는 류스치(劉思齊, 일명 류숭)라는 여성과 결혼하여 채 1년도 안되었을 때였다.

펑더화이는 아들을 데리고 가라는 청탁에 "위험천만한 일입니다. 결코 같이 갈 수 없습니다."며 펄펄 뛰었다. 그러나 마오는 "안잉이 소련 말과 영어를 잘하니 당신의 조선전쟁에서 꼭 필요할 것"이라며 조선으로 데리고 가도록 강권하였다. 기어코 같은 비행기로 펑을 따라간 안잉은 달포가 지난 뒤 한국전쟁에서 미군의 폭격을 받아 유명을 달리하게 된다.

13...

펑더화이(彭德懷) 광산에서 김일성만나

/ 스탈린 공군지원 주저하자 마오(毛) 단독결심 /

중공 중앙은 〈항미원조 보가위국(抗美援朝保家衛國)〉, 미군을 막으며 조선을 돕고 가정과 국가를 지킨다는 기치를 내걸고 거국적으로 한국전생에 뛰어들었다. 그들은 중공군의 명칭을 중국 인민해방군이라고 하면 정규군대를 투입하는 것이 되어 미국 등 서방 측 참전전국들과 선전포고 없는 전면전쟁이 되고 이렇게 되면 상호원조 협정을 맺은 소련도 교전상태가 되어 제3차 대전으로 확전될 것을 두려워했다. 마오쩌둥이 지원군이라고 명칭을 붙이자는 아이디어를 낸 것은 단순한 위장술이 아니라 깊은 배려가 있었던 것 같다. 고도의 정략가인 마오는 국내적으로 인민들의 동의와 참여를 유도하고 참전에 대한 이견이나 반대를 억압하는 선동선전과 인민들의 자발적 참여를 위해서 젊은이들이 동참하는 혈서를 쓰게 하는 등 대중 조작 활동을 폈다. 어쨌든 지원군이라고 위장하고 문자도 支援軍이 아니라 志願軍이라고 썼다. 이 때 중원(中原)에 있던 국가 기동부대로 정예부대였던 제4야전군의 제13병단을 덩화(鄧華)로 사령관을 교체하는 등 진용을 일신하고 남만주로 이동, 대기 시켰다.

북한의 김일성은 불안 초조한 끝에 며칠 전 박헌영을 선양으로 보내 펑장군을 만나고 싶다고 재촉하고 있었다. 그리고 다시 강 건너 만주로 박일우를 펑에게 급파했다. 단둥(丹東)에서 펑을 만난 박일우는 전황을 설명하는 가운데 미군과 괴뢰군(한국군)이 진격속도를 높여 평양 함락은 시간문제이며 조선노동당과 정부 기관들은 신의주(新義州)나 강계(江界)방면으로 소개시켰다고 했다.

중국인민지원군 사령관이 된 펑더화이는 10월 9일 만주의 선양(瀋陽)에서 군단이상 간부회의를 주재하고 진지전(陳地戰)과 기동전(機動戰)을 배합하는 작전 개요를 설명하고 부대편재를 살폈다.

그는 18일 상오 동북군구사령관인 까오강(高崗)과 특별기로 베이징으로 가서 마오쩌둥, 저우언라이 등과 작전개요를 다시 토의했다. 펑은 고대하던 소련 공군의 지원이 없게 되면 휘하 부대장들의 낙심이 크고 사기가 저하될 것을 우려했다. 그리고 전화로 대기 중인 덩화 동북 변방군 겸 13병단 사령관, 홍쉐즈(洪學智)와 한센추(韓先楚) 부사령관 등에게 19일 저녁부터 야음을 타서 단계적으로 단둥과 지안(輯安-集安)에서 압록강을 건너 조선으로 들어가도록 만전의 준비를 하라고 지시했다. 그 자신도 까오강과 함께 비행기로 압록강 현지로 돌아왔다. 이 때 소련의 공군지원약속이 분명치 않아 마오는 군대를 투입해야 할지 망설여 약간의 혼동이 있었다. 소련의 군사개입을 몹시 꺼려하고 주저하고 있던 스탈린은 우여곡절 끝에 중공이 군대를 파견하기로 확정하자 기쁜 나머지 소련 공군부대 르보프(Lebov) 장군에게 명하여 공군의 지원을 결심한다. 1950년 10월 현재로 소련 주둔공군은 전투기 2,800대, 전폭기 1,700대, 수송기 500대와 정찰기 300대 등 총 5,300대를 보유하고 있었고 블라디보스토크와 랴오둥 반

도 및 뤼순(旅順)에 공군기지가 있었고 만주지역에도 공군기지가 갖춰져 있었다.[35]

소련 공군 비행사들은 중공군 비행복으로 갈아입고 전투기 기체의 표지도 북한 또는 중공의 것으로 바꿔 붙여 철저히 위장하는 등 소련군의 참전을 숨기도록 지시했다. 그러나 스탈린은 막상 이 같은 지시를 실천하도록 하는 데는 주저하여 시간을 끌고 있었다. 소련이 공군지원을 막상 실천하기 어렵다고 하자 마오는 군대 투입을 망설였으나 결국 소련의 지원을 뒤로 미룬 채 예정대로 군대 투입을 결심했다. 스탈린은 마오가 만주를 지키기 위해 소련 공군의 지원 없이도 개입할 것으로 믿고 있었다.

마오쩌둥은 이 같은 혼란을 분명히 하기 위해 펑이 전화로 지시한 사항을 다시 전보로 최종 진군 명령을 내렸다.

"덩화, 홍쉐즈, 한센추, 시에팡, 그리고 허진녠(賀晉年) 동북군구 부사령관에게,

4개 군과 3개 포병사단은 재빨리 예정된 계획에 따라 조선의 북부에 들어가서 작전을 펴라. 내일 19일 밤 안동(단동의 개칭)과 지안에서 압록강을 도강하되 엄밀히 비밀을 지키라. 부대가 도하하는 것은 매일 황혼이 시작될 무렵부터 다음날 새벽 4시까지이고 5시 이전에 은폐를 완료하여 확실하게 검사하라. 첫날밤(19일 밤) 2~3개 사단의 도하를 준비해 경험을 얻은 다음, 다음 날에는 병력의 증가 혹은 감소를 상황을 참작해 실행하라. 나는 까오강과 펑더화이 동지에게 직접 알리겠다.

10월18일 21시 마오쩌둥"

---

35) 徐相文, 앞의 책, p255

그리고 다음날 극비밀리에 천이, 류보청, 덩샤오핑, 허룽, 그리고 서북국 제1서기인 시중쉰(習仲勳) 등에게 중공군의 조선출병 사실을 알리고 만일의 경우에 대비할 것을 지시했다. 특히 서북국은 티베트 정벌과 국부군 패잔병들의 소탕문제가 남아 있었기 때문에 이들에게 알린 것이다. 여기 시중쉰은 2013년 초 중국 공산당 제5세대의 지도자로 주석이 된 시진핑(習近平)의 아버지로 서북지구 사령관이었던 펑더화이와 절친한 사이였고 중앙군사위원회 위원도 겸하고 있었다.

한편 김일성은 불안 초조한 끝에 앞서 말한 대로 15일 박헌영을 선양으로 보내 펑더화이를 만나자고 채근하고 있었다. 그리고 다시 강 건너편으로 박일우를 보내 펑에게 전황을 설명해 주라고 지시했다. 단둥에서 펑을 만난 박일우는 미군과 괴뢰군(한국군)의 진격속도가 빨라 평양 함락은 시간문제이며 조선노동당과 정부기관들은 신의주나 강계 방면으로 피난시켰으며 혼란 상태라고 말했다.

/ 펑더화이 혼자서 압록강 건너 /

펑은 19일 저녁 한 명의 참모와 경호원 2명, 무전기 1대를 가지고 짚차를 타고 우선 압록강을 건너 신의주로 와서 수풍(水豊) 발전소 부근에서 김일성의 소식을 기다렸다. 마침 그날 평양이 유엔군의 수중에 들어가고 국군과 미군은 국경 쪽으로 점점 거리를 좁혀 오고 있어서 펑 일행은 매우 초조해졌다. 이 지점까지 오는데 협곡에는 후퇴하는 인민군과 당·정부기관원, 피난민들로 가득 매워져 차량과 사람, 그리고 가축들로 거대한 홍수를 이루고 있었다. 펑이 탄 짚차는 이처럼 거대한 홍수의 역류에 휘말려든 일엽편주와 같았다. 조선 외무상 박헌영과 만났다. 그리고 조선주재

중공지원군 지휘부를 방문한 김일성(앞줄 우로부터 세 번째)와 펑

대리대사인 차이청원(柴成文 – 본명은 柴軍武)이 베이징으로부터 날아온 전문을 가지고 왔다. 펑은 외교관이 된 차이를 만나자 만감이 교차했다. 차이는 10년 전 1941년 중국 공산군의 근거지였던 산동성과 산서성 경계의 타이항산(太行山)에서 펑의 정보계장으로 종군한 바 있었다. 그들은 그 부근 덕천에서 김일성을 만나기로 했으나 유엔군이 평양을 점령했기 때문에 김일성의 지휘부가 다른 곳으로 이동하였다는 것이다. 펑 일행은 어두워지기를 기다려 21일 새벽차를 달려 평북 창성(昌城)군 동창과 북진(北鎭)부근의 작은 마을인 대동에 도착했다. 그리고 차이 대리대사의 안내로 북쪽으로 더 나아가 가까운 운산일대 금광의 한 모퉁이에서 김일성과 만났다. 동이 튼 아침 김일성은 만주 사투리로 "고명을 익히 들어서 알고 있다."고 하며 환영의 인사를 건넸다. 그리고 마오 주석과 중국 인민의 후원에 감사하는 말을 전했다. 펑은 마오 주석의 안부를 대신 전한다

고 답변했다. 김일성의 그런대로 잘 통하는 중국어(吉林 사투리)가 펑더화이에 친근감을 주었다.

펑은 김에게 1단계로 조선에 들어온 부대가 모두 4개 군 12개 보병사단과 3개 포병사단 약 26만 명이며 그 뒤로 예비군 2개 군 약 8만 명이 곧 더 들어올 것이라고 소개하고 필요한 경우 2단계 3단계로 더 많은 중공의 용군이 들어와 도합 60만 대군이 싸우게 될 것이라면서 작전방안을 설명했다. 김일성은 줄곧 중국말로 "좋아요", "됐어요"를 연발하면서 마오쩌둥 주석에 더욱 감사드린다고 머리를 숙였다. 그리고 인민군은 영원(寧園) 이북에 1개 사단, 숙천(肅川)에 1개 사단, 박천(博川)에 1개 탱크 사단, 장진(長津) 부근에 1개 공병연대와 탱크연대가 있다고 했다.

회담이 끝나고 쌀밥에 김치, 그리고 삶은 닭요리를 내놓으면서 "형편이 이래서 잘 대접을 못해드리지만 여러분 아쉬운 대로 좀 드십시오"(條件差, 沒甚 好招待, 大家 將就用 一点吧, 淸口下飯)라며 점심식사를 같이 하고 헤어졌다. 조선 여인 몇 사람이 시중들었다.[36)]

펑 일행은 귀로에 "오늘 새벽 동창과 북진사이의 대동에서 김일성과 상면했음, 전선의 상황이 매우 혼란스러우며 평양에서 철수한 부대는 이미 3일 동안 연락두절이고 현재 조선에는 겨우 3개 사단이 남아 있으나 전부 신병들이며 만일 적들이 계속 북진한다면 저지시키기 어려움"이라고 베이징에 전문을 띄워 조선 전선에서의 첫 전황을 보고했다. 그리고 만주에 있는 까오강, 덩화 등에게도 "신속히 묘향산, 행천 동선 이남을 장악하고 진지를 구축해야 함. 덩, 한, 홍 장군은 속히 조선으로 나에게 와서 전체적인 작전준비에 임할 것"이라고 급전을 보냈다.

---

36) 펑-김일성 상면 장면은 柴成文과 趙勇田, 앞의 책, pp105~112

10월 23일 조선 내무상 박일우 차수가 조선 측의 중국지원군 파견대표가 되어 대동으로와 펑 부대에 합류했다. 그런데 중공은 김일성의 의사를 묻지 않고 일방적으로 박을 지명하여 연락관으로 통고했다는 것이다. 그것은 특별한 인연 때문이었다. 박일우는 해방 전 중국공산당 내의 조선 사람들 중 대표적 인물이었다. 중국 이름 왕웨이(王巍)로 불렸던 그는 중국공산당 지도부의 신임이 두터웠다. 일본이 패망하기 직전에 열렸던 중공 제7차 대회에 일본, 인도차이나 공산당 대표들과 더불어 조선공산주의자를 대표하여 참가한 사람이 김두봉, 최창익, 박일우였다. 사실 펑은 해방 후 조선인민군의 기간요원이 된 조선독립연맹, 조선의용군으로 팔로군 등 홍군에 편입 활약한 조선인들을 많이 알고 있었다. 시안 사변 후 장제스의 양보로 국공합작이 이뤄져 합법화된 홍농군(紅農軍)에는 항일 투쟁의 과정에서 중국공산당에 가입한 많은 조선 청년들이 있었다. 펑은 이때 장제스의 국민군에 편입된 제18집단군 전방 사령부 주더 밑에서 부사령관으로 있었다. 이 부대가 진동 남지구 타이항산에 자리 잡으면서 펑이 사령관으로 승진하고 본격적으로 팔로군으로 자리 잡게 되었다. 이때 화북지역에서 활동하고 있던 화북 조선청년연합회, 조선의용군, 조선독립동맹 성원들 같은 조선청년들과 밀접한 관계를 맺게 되었다. 그래서 박일우 등 많은 인민군 장성들이 소위 연안파로 분류된 것이다. 따라서 펑더화이는 조선 전쟁에 투입된 것이 보통 인연이 아니며 옛날 전우 또는 부하들을 돕는 일이기도 했다. 그러나 뒷날 휴전이 된 후 박은 이런 연유로 김일성의 연안파 숙청 때 희생되게 된다.

중국인민지원군은 덩화 지휘하의 제13병단 예하의 제38, 39군 그리고 그 밖의 42군과 포병 제1, 2, 8 사단의 주력으로, 덩위에(鄧岳) 지휘하의 제40군 120, 118 사단이 대동에 도착, 곧 운산, 온정 지역에서 국군 제1

및 6 사단과 조우하여 첫 전투를 벌여 승리 하였다. 중공은 10월 25일 이 날을 중국인민지원군 항미원조기념일로 정했다.

　중공군의 개입은 역사적 아이러니 비슷했다. 400여 년 전인 1592년 말 임진왜란(萬曆之役)으로 일본군이 평양을 점령하고 압록강 지역으로 쳐 들어오자 명나라는 5만의 병력을 파견, 조선을 도운 적이 있었다. 이때도 조선이 사신을 보내 원병을 요청하자 중국 측은 일본군의 명나라 침입을 막고 자신들의 안보를 위한 예방전쟁을 내세워 전쟁에 개입했다. 역사 되 풀이가 재현된 셈이다. 한반도에 있는 정권의 호불호(好不好)를 떠나 반 도의 북쪽 지역은 중국인들에게는 자기들의 영향권 아래 두어야 했으며 최소한 적대 세력들에 대한 편리한 완충지대로 간주되었던 것이다.

14...

중공군 야음(夜陰)을 타고 도강

/ 인민군으로 위장 도보 또는 열차로 입경 /

중공군의 개입으로 한국전쟁은 핵무장 시대의 첫 번째 국지화 된 세계적인 전쟁으로 확대 되었다. 소련은 3차 세계대전을 겁내며 중공을 앞세워 조심스럽게 자기들 공산 진영을 지원했으나 미국은 불의의 침략을 받은 한국을 지원하기 위해 자유진영 20여 개 국을 이끌고 전장에 뛰어들었다. 그러나 미국이나 소련 모두 다 핵전쟁의 가공할 파괴력을 의식, 두 진영은 전쟁을 한반도에 국한시키려고 나름대로 조심성 있게 애썼다. 특히 본격적으로 서방과 대결하기가 어려웠던 소련은 갖은 방법으로 설득해 건국한 지 1년밖에 되지 않은 중공을 전장에 끌어들이는데 성공한 것이다. 이즈음 마오는 중공지원군을 압록강 변에 대기시켜 놓고도 여러 번 주저 끝에 고심의 결단을 내렸다.

중국(공)인민지원군 사령관 펑더화이가 칠흑 같은 야음을 타고 단신으로 압록강을 건넜을 때 바야흐로 선전포고 없는 국제 전쟁이 시작된 것이다.

작전을 상의하는 펑(좌)과 김일성

10월 19일 저녁 쌀쌀한 가을 공기를 가르면서 압록강을 건넌 순간 펑은 총사령관인 자신이 규정을 어기고 있다는 것을 뒤늦게 알아차렸다. 그는 조선 인민군 무장으로 위장하도록 되어 있는 규정을 잊고 시안(西安)에서 입고 온 누런색 중공군 복장을 하고 있었던 것이다. 부대에서 마련해준 족제비의 일종인 담비 털로 된 두툼한 외투도 놓고 왔다. 그는 면도도 하지 않은 초췌한 모습이었다. 반 백색의 머리카락은 잘 다듬어지지 않은 채 쭈볏쭈볏 서 있었다. 그리고 조선어 통역을 데리고 오는 것도 잊고 있었다.

이때쯤 북한은 강계(江界)로 수도를 옮기고 중국과 소련은 만포로 대사관을 피난시켰다.

마침 신의주 입구의 십자로에서 그는 한 중년 남자를 만났다. 펑이 탄짚차에 다가온 이 조선인은 중국어로 자신은 해방전쟁에 참여했던 팔로군 출신으로 전투 중 입었던 상처를 내보이며 지방의 무슨 위원장을 맡고 있다고 자신을 소개한 뒤, 길안내를 자청했다. 이윽고 그를 맞이하기로 되어 있던 박헌영 외상이 나타났다.

강 건너 만주의 13병단 임시작전회의실에 있던 덩화, 홍쉐즈 등 참모들은 펑이 떠난 뒤 서둘러 저녁밥을 먹고 40군을 필두로 38군, 39군이 뒤를 이어 도강을 시작했고 다음날 저녁 (20일)을 기다려 각 군 사령부 (중공군 1개 군은 한국식 군단규모), 군사위원회 요원 등 후방지원 참모부대가 조선에 들어왔다.

이 때 조선에 들어온 중공군 지원 사령부와 병력은 총사령관 겸 정치위원 펑더화이, 부사령관 덩화, 홍쉐즈, 한센추 그리고 참모장 시에팡(解方), 정치부주임 두핑(杜平)등의 지휘아래 13병단의 주력인 第38(사령관 梁興初, 정치위원 劉西元), 39(사령관 吳信泉, 정치위원 徐斌州), 40(사령관 溫玉成, 정치위원 袁升平), 42(사령관 吳瑞林, 정치위원 周彪), 50(사령관 曾澤生, 정치위원 徐文烈), 66(사령관 王紫峰, 정치위원 肅新槐)군과 포병 第1, 2, 8 사단 및 공병 지휘소 등이었고 나중에 쑹스룬(宋時輪)지휘의 第9병단 예하 20(사령관 張翼翔, 정치위원 겸임), 26(사령관 張仁初, 정치위원 李耀淸), 27(사령관 彭德淸, 정치위원 曾如淸)군이 합류하게 되었다. 이들 군사령관 또는 정치위원들은 장정에 참가 했거나 팔로군 출신의 백전노장들로서 부대지휘 능력도 좋았다. 모두 철저히 조선 인민군 복장으로 위장하고 압록강 건너편 단둥(옛날 安東), 창띠엔허커우(長甸河口), 지안 등에 집결하여 3개의 다리를 통해 도강했다. 13병단 제2진 중에는 며칠 뒤 열차편으로 압록강 철교를 건너 신의주를 거쳐, 일부는 수풍댐을 지나 육로로 운산에 집결했다.

10월 21일 저녁쯤 이들 중공군부대 지휘부는 평북에 있는 대유동(大楡洞) 금광 채굴 구덩이에 판자로 임시로 설치한 총 지휘소에 모였다.

방금 김일성을 만나고 온 펑 총사령관이 처음으로 조선 전선에서의 작전회의를 주재하였다. 이 자리에는 13병단 사령관 겸 조선지원군 부사령관 덩화 등이 촛불을 중심으로 둘러앉았다. 덩화는 장제스 군대와의 큰 전투인 랴오선(遼瀋), 핑진(平津) 전역과 하이난도 상륙작전에 참전한 바 있는 맹장이었다.

펑은 마오가 보낸 작전지휘 전보에 근거하여 자신의 생각을 보태 작전명령을 내렸다. 특히 참모장 시에팡은 일본 육사출신으로 만주 군벌 장쉐량의 부대에 있었던 사람으로 조선어 등 몇 개 국어를 할 수 있어서 적정(敵情)을 손바닥 들여다보듯이 환히 알 수 있는 수준이었다. 펑 사령이 겸한 정치 주임은 공산군 특유의 조직 부서이다. 군사전문가인 순수한 군인 외에 당에서 파견하는 정치위원(주임)이라는 별개의 조직을 병렬시켜 사실 상 이런 정치위원의 통제를 받게 하고 있다. 정치위원은 각 직급에 따라 군 지휘관과 부대의 사상동향을 파악, 검토하고 당 사상을 교양, 주입시키는 동시에 당의 명령을 직접 전달하는 직책이다. 가령 사단 단위를 보면 사단장, 참모장, 그리고 정치위원 3명이 모든 것을 토의하고 결정한다. 우리의 보안 부대요원 보다 권한이 훨씬 강하다.

/ 미군 피하고 한국군 우선 공격 /

펑은 적군이 압록강에 도달하기 위해 서둘러 맹공격을 하고 있으므로 절대 적이 자신들을 발견하지 못하도록 철저한 위장과 엄폐, 차폐를 당부한 뒤 적이 목표지역에 먼저 도달해 있는 경우, 적이 막 도착하려는 경우, 그리고 적과 도중에 조우할 경우를 상정하여 대처 요령을 설명했다. 그리고 마오(毛)가 강조한대로 될 수 있는 한 한국군(중공측은 괴뢰군이라고 불렀다)

을 상대로 전투하라고 지시했다. 그것은 한국군이 우선 장비가 미군만 못하여 화력이 약하고 전쟁경험이 일천하여 장교들의 지휘통솔에 한계가 있으며 미군에 비해 공군의 지원을 받기가 쉽지 않다는 등 약점 때문이었다. 거기에다 소련의 공군 지원이 없는 상태에서는 가급적 미군과의 직접 충돌을 미루는 것이 상책이라는 정치적 배려도 있었다.

그리고 무엇보다도 한국군이 압록강 등 국경지대에 먼저 도달하려고 서두르고 있어 각 부대 간에 연계 작전을 효율적으로 펴지 못할 것이라는 점도 고려되었다.

이 때 평양출신 백선엽(白善燁) 장군은 국군 1사단을 이끌고 먼저 평양을 점령하겠다고 서둘러 대동강으로 진출하다가 그 곳 선교(船橋)리에서 미 기갑 1사단의 호바트 게이(Hobart R. Gay) 소장과 만나 감격의 악수를 나누는 형국이었다. 이 부대는 일주일 뒤에 운산 쪽에서 중공군과 첫 전투를 벌여 포로 1명을 붙잡았다. 심문 끝에 중공군의 개입을 확인하고 포로를 미군에 넘겨주었다.

이 단계에서의 중공군의 전법은 야간을 이용하여 철저한 매복, 유인 작전으로 가능한 산악지대에서 근접전을 벌이고 피리를 불며 공포심을 자극하는 심리전을 활용하고 치고 빠지는 속전속결로 초반전에 박살내야 한다는 것이었다. 상대가 방심하거나 설마하고 준비를 게을리 하도록 하여 기회를 놓치지 않고 즉시 공격하는 것이다(攻基不備, 出基不義). 말하자면 초현대식 장비를 갖춘 미군 등 유엔군을 대적하여 장비가 빈약한 중공군으로서는 중국 해방 전쟁에서 장제스 부대를 괴멸시켰던 삼국지 시대의 제갈공명(諸葛孔明)이나 손자(孫子)의 병법을 쓰도록 하였다. 마오쩌둥 자신이 화력과 공군력의 열세를 감안하여 한국전쟁에서의 병력은 최소한 미군 1명에 중공군 4명이 대결하는 인해전술(人海戰術)을 써야 한다고 인정할 정도였다. 절대적으로 수적 우세를 갖추고 집중시키는 것은 그들의 작전원칙이었다. 류보청은 "닭을 잡으려면 소 잡는 칼을 써야 한다."는 말을 입에 달고 다녔다. 국공내전 때에 모든 장비가 부족한 상태에서 그들이 미군이 공급해 준 좋은 장비로 무장을 한 국부군과 대적하는데 사용했던 전법 즉, 중공군이 한반도에 들어왔을 때 병력은 26~30만이었으나 그 규모는 머지않아 60만 수준까지 대폭 증강되게 된다. 조선 인민군은 개전 초보다 많이 줄어들어 김일성 말대로 4개 사단이 조금 안 되는 수준으로 7만 5천명 정도였다. 유엔군은 한국군을 포함, 20만이 채 되지 않았다.[37]

37) 이상 숫자는 李慶山의 앞의 책 미 육군성 Roy E. Appleman, 「South to the NAKDONG, North to the YALU」(워싱턴, 1961) 和田春樹, 「한국전쟁」등 참조

15...

중공군의 제1차 공세

중공군이 몰래 들어와서 참호를 파고 한국군과 미군이 덫에 걸리도록 숨을 죽이고 기다리고 있는 동안, 도쿄의 맥아더(Douglas McArthur)는 크리스마스를 앞두고 고국에 개선, 금의환향하는 단꿈에 젖어 있었다.

1950년 10월 중순, 대통령 트루먼이 미국과 일본의 중간지점에 있는 웨이크 섬으로 맥아더와 회담하기 위해 비행기를 타고 와 있을 때, 오성(五星) 장군 맥아더는 이미 미국판 시저(Julius Caesar)가 되어 있었다.

회담장에서 맥아더가 한국전쟁에서의 승리를 자신하자, 트루먼 대통령은 가장 중요한 문제점, 즉 중공이나 소련의 개입 가능성을 끄집어냈다. 맥아더는 "그런 가능성은 매우 적다"고 일축한 뒤 그들이 한두 달 전에 개입 했더라면 매우 결정적일 수 있었는데, 이젠 그런 가능성이 없다고 자신했다. 그리고 그는 이어 중공은 만주에 약 30만 병력을 보유하고 있고 그 중 10만 내지 12만 5천명이 압록강 연안에 배치되어 있으며 5~6만 정도가 도강할 수 있을 것이라고 설명했다. 그는 이어 공군력이 없는 그들이 평양 쪽으로 내려오면 역사상 유례없는 살육전이 벌어질 것이라고 장담했다.

그러자 미 합참에서 나온 장군들이 그렇다면 "한국에서 전투중인 미 2사단을 유럽 쪽으로 빼내어줄 수 있는가"라고 요청하자 "크리스마스 때까지 장병들을 귀국시킬 수 있을 것"이라고 큰 소리쳤다.

이런 맥아더의 자신감에 배석하고 있던 외교전문가 러스크(Dean Rusk)의 눈에는 중공이 개입할지도 모른다고 되풀이 한 경고를 맥아더가 경시하고 있으며 유엔군이 한만 국경에 이르렀을 때 얼마나 당황하고 불리한 처지에 처하게 될 것인가에 대한 중공 측의 우려나 입장은 그가 전혀 이해하지 못하고 있는 것처럼 보였다.[38]

한편 전선에서 전투를 지휘하고 있던 *월튼 워커(Walton H. Walker) 미 8군 사령관은 맥아더가 북진을 성급하게 재촉하고 있는데 반해 탄약 등 장비와 닥쳐오는 겨울에 대한 월동 대책이 충분치 못한데 대해 마음을 졸이고 있었다. 철도도 부산-영등포 구간이 10월 말에야 복구되어 수송이 원활하지 못했다. 인천 항구를 미처 쓰지 못했다. 그는 월동장비가 마련될 때까지 진격 속도를 늦추기를 바라고 있었다. 그리고 한·만 국경이 가까워 올수록 최전선은 가급적이면 한국군을 우선 배치하여 담당토록 했다. 소련이나 중공을 의식한 정치적 배려였다.

나중에 밝혀진 중국 측 기록이나 만주로 귀환한 조선족 참전자들의 증언에 의하면 중공은 이 때 이미 유엔군의 배치 상황, 전투 능력 등을 소상히 파악, 소단위 전투부대에까지 정확한 적정을 통지해 주고 있었다.

사실상 매일 매일 전황을 보고 받고 지시한 마오쩌둥은 서부전선의 유

---

38) David Halberstam, 앞의 책, pp364~369

중공군 참전준비

엔군을 주목적으로 하여 중공군의 최정예 부대인 제4야전군 소속이었던 38, 39, 40군을 집중 투입하여 한국군 6, 7, 8 사단을 치고, 동·서 전선을 연결하는 교통요지인 평북(지금은 자강도) 희천(熙川)을 확보하라고 지시했다. 그리고 패주하는 북한 인민군은 가급적 후방에서 유격전을 벌여 북진하는 유엔군의 후면을 교란시키는 역할을 담당토록 하였다. 동부 전선은 미 10군단과 해병대가 원산, 흥남 쪽에 상륙하여 장진(長津)호 쪽으로 올라오고 있었으나 속도가 느렸다.

북한공산측도 조·중(朝中) 연합사령부 구성 필요성을 인정하고 연안파의 요인으로 중공 측이 신임하는 내무상 박일우 차수를 조선 대표로 파견하였다.

펑이 김일성을 처음 만났을 때 북한인민군의 병력을 물은 데 대해 김은 "4개 사단이 되지 못한다(不足四個師)"고 실토한 것처럼 이쯤의 북한군은 사실상 괴멸 상태였다. 임시 수도 강계의 형편도 역시 혼란 속에 어수선하였다.

이때 북진하던 한국군 6사단은 묘향산 이북 희천(熙川)과 회목진(檜木鎭)에 도달했고 26일에는 2사단 7연대가 압록강변의 초산(楚山)에 도착, 압록강 물을 퍼 담아 이승만 대통령에게 보내는 형국이었다. 한국군 8사단은 덕천(德川)에서, 1사단 주력은 운산(雲山) 지구에서 전투하고 있어 강 건너 지안(集安)에서 대기하고 있던 중공군 제50군의 1개 사단이 이를 막도록 하고 39군과 40군 등이 군우리(軍隅里), 개천(价川) 방면으로 진군하는 한국군 8사단 일부를 압박하는 등 전면적인 공세를 취하도록 하였다.

잘 나가던 한국군 6사단 2연대 3대대는 운산군 온정(溫井)리에서 중공군이 쳐놓은 함정에 빠져 750명 가운데 400명이 겨우 탈출하는 첫 패배를 당했다. 국군은 이때 중공군이 이미 도착하여 매복하고 있는 줄도 모르고 병력을 분산하여 대대(大隊) 규모 등 소규모로 우쭐대면서 서둘러 진격했고 부대의 모습을 눈에 띄게 다 노출시키는 등 허점을 드러냈다.

/ 한국군, 중공군과 첫 전투 벌여 /

이때쯤 해서 사망한 시체들과 포로를 점검한 결과 중공군이 이미 10월 20일을 전후하여 매복해 있었다는 답변을 받아냈다. 그러나 미군 측은 북한 패잔병들을 돕는 구식 팔로군의 일부인 것으로 믿는 등 중공군의 개입을 바라지 않는 희망적인 견해에 사로잡혀 있었다. 10월 25일 중국인민지원군 제40군이 앞서 말한 대로 온정지구에서 한국군과 전투를 개시함으로써 항미원조(抗美援朝) 전쟁은 본격적으로 전개되었다. 이날 아침 10시경 한국군 6사단 2연대 선두 제3대대와 포병 1개 중대가 자동차를 타고 온

정과 북진 쪽으로 진출하였다. 중공군 제118사단 354연대와 353연대는 매복하여 기다리다가 사격을 개시, 선두부대를 가로막고 허리를 절단하여 후미를 고립시키는 전법으로 맹렬한 공격을 가했다. 그리고 그날 밤새 중공군 제120사단도 가세하여 한국군을 격퇴하고 승승장구로 26일 새벽 온정리를 점령하였다.

펑더화이는 한국군 제1, 6, 8 사단 등 3개 사단을 목표로 공세를 취한 다음 이들 부대들을 크고 작은 전투로 섬멸하고 나서 다시 미군과 영국군을 공격하라고 지시했다. 이날부터 시작하여 11월 4일 쯤 끝난 중공군의 제1차 공세로 막대한 타격을 입고 나서야 미군은 비로소 중공군의 개입을 확인하고 서둘러 청천강 선으로 후퇴하지 않을 수 없었다. 중공군은 이 첫 번째 공세(戰役)에는 6개 군의 병력을 동원하여 당초 계획대로 주로 한국군을 대적하여 전투를 벌였고, 적군 15,800여명을 섬멸하고 신속하게 전 조선을 점령하려던 적군(유엔군) 계획을 분쇄하여 조선전쟁을 안정 국면으로 전환시켰다고 주장했다.[39]

/ 중공군, 한국군의 약점파악 /

이 공세가 끝날 무렵. 참전한 일선부대들의 보고를 종합하여 중공 군사위원회는 중국 내 각 군구(軍區)를 비롯하여 조선 전선의 각 병단 등 예하 부대에 한국군의 약점을 분석하여 통달토록 했다. 이 분석 보고서는 ① 한국군은 전투력이 약하며 돌격하거나 반격할 때 반드시 화력지원에 의지하며 칼이나 수류탄 등을 쓰는 근접전을 두려워하고 보병의 사격술이 뛰

---

39) 자료선집 II의 p29

어나지 않다. 그리고 그들의 소부대(1개 팀이나 1개 대열)가 공격해도 상대방이 움직이거나 반격하면 도망가 버린다.

② 매번 진공이나 후퇴 작전 시에 반드시 화포의 지원이 있어야 하며 포병의 진지는 많은 경우 평지나 도로 상에 포진하고 장비는 무겁고 커서 산으로 올라 갈 수 없어 산악전에 약하며 새벽에 진공하고 밤이면 후퇴하여 차 속에 숨어서 자거나 날이 밝으면 항상 1~4대의 비행기를 불러 주위 수십 리를 정찰하거나 공습토록 한다.

③ 잃어버리거나 빼앗긴 진지에는 반드시 포격이나 공중폭격을 하여 포기한 무기나 물자, 시설을 파괴해 버린다.

④ 적의 탱크 부대도 곤란한 것은 아니고

⑤ 특무활동은 적극적이어서 많은 수가 난민으로 분장하고 군대지도, 단검, 수류탄 등을 휴대하고 하얀 손수건(때로는 거울) 등으로 공군에 연락을 취한다고 했다.[40]

그리고 미군에 대해서는 장제스 부대에서 미군과 접촉했거나 2차 대전 때 싸워 본 장병들의 경험을 긁어모아 미군의 전투능력과 전술을 수집 평가 추정했다.

---

40) 같은 책의 p59~60

16...

1, 2차 공세에서의 경험 축적

중공군은 한국전쟁을 통하여 5차례에 걸친 파상적인 공세, 즉 전역(戰役)을 치른다. 여기서 전역이라는 것은 중공군이 일정한 전략 목표를 실현하기 위해 통일된 작전계획을 세워 그 방향으로 일정한 기간 집중적으로 공세 또는 수세를 벌이는 것을 말한다. 전투와 작전 그리고 전역을 기계적으로 구분하기는 어려우나 최소 우리 국군 편제로 보아 군단급 이상의 야전군이 작전을 벌이는 것을 말한다. 전쟁과 전투의 중간 개념으로 이 책에서는 「공세」로 번역한다. 이들 공세(전역) 기간은 견해에 따라 약간 다르지만 중공 당국의 당안(檔案)에 따르면, 1차 공세는 50년 10월 25일~11월 5일까지 11일간, 2차 공세는 같은 해 11월 25일부터 12월 24일까지 약 1개월간, 그리고 3차 공세는 50년 말부터 다음해(51년) 1월 10일까지 10일간, 4차 공세는 51년 1월 12일부터 4월 21일까지 87일간, 그리고 5차 공세는 1단계로 4월 22일부터 30일까지 9일간, 2단계로 5월 16일부터 22일까지 6일간으로 정리된다. 이런 다섯 차례의 공세기간 유엔군 측에서는 교통사고로 전사한 워커장군으로부터 매튜 리지웨이(Matthew Ridgway)장군을 거쳐 제임스 밴 플리트(James A. Van Fleet)장군에 이르는 야전군 사령관의 교체가 있었다.

중공군은 특히 춘계공세에서 지역방위체제로 전환한 밴 플리트의 화력전에 부딪혀 막대한 인명 및 물질의 손실을 보게 되었다.

전투 상황과 전과에 관해서는 피아 쌍방 간에 과장이 있을 수 있으므로 정확히 그 규모를 특정 할 수 없게 마련이다.

다만 중공군의 참전 후 초기 공세(1차와 2차)에 관해서는 차이청원의 주장대로 괄목할만한 성과를 거둔 것은 전황의 진전 상황으로 미뤄 부인할 수 없다. 첫 공세를 성공한 것으로 간주한 중공은 11월에 들어서서 전국적으로 항미원조와 국가를 보위하는 군중 운동을 전개하고 소위 항미원조 총회 등을 조직했다. 수많은 청년 학생들과 노동자 농민들의 참전을 독려했다. 그리고 조심스럽게 정규군이 아닌 인민지원군을 내세웠던 중공은 11월 8일 비로소 정식으로 중공군이 펑더화이 사령관의 지휘로 압록강을 건너 조선인민의 항미전쟁을 지원하기로 했다고 참전을 대외에 공표했다. 초기의 세 차례에 걸친 전역(공세)을 전문, 펑더화이 자술, 그리고 마오쩌둥 전집에 따르면 다음과 같이 약술할 수 있을 것이다.[41]

① 1차 공세

50년 10월 25일부터 11월 5일까지 중국지원군은 6개 군 병력이 참전했다. 동부전선에서도 일부 부대가 적군(유엔군)을 저지했지만 주력군은 서부전선에 집중하여 청천강 이북으로 진출한 적군을 공격 섬멸했다. 지원

---

41) 자료선집 II, p199이하; 平松茂雄 앞의 책, p166이하; 柴成文 등 앞의 책 참조

군은 특유의 기동성을 이용하였고 추격전을 벌이지 않았다. 펑 자신의 말에 의하면 미군 기계화 부대가 신속히 움직여 진지를 구축했으며 탱크 부대가 방어 체계를 완비했기 때문이다. 지원군의 기술과 장비로는 적군과 진지전을 벌이는 것은 불리했기 때문이다. 중공군은 또 고의로 약하게 보여 적이 멋대로 움직이면서 얕보게 유인하는 전술을 폈다. 적의 후방에 소수 부대를 투입 수류탄과 총칼로 백병전을 벌여 유엔군의 우수한 화력이 발휘되지 못하도록 했다.[42]

11일 간의 격전을 통해 중공지원군은 1만여 명의 사상자를 냈고 적군 (유엔군) 1만 5천 8백여 명을 섬멸했으며 압록강 인근으로부터 청천강 이남으로 유엔군을 몰아냈다. 이로써 적군이 신속하게 전 조선을 점령 하려던 계획을 분산시키고 북조선을 멸망의 위기로부터 구출했으며 전선을 안정된 국면으로 전환시키는 계기를 이뤘다.

② 2차 공세

약간의 휴식기간을 거친 뒤 같은 해(50년) 11월 25일 시작하여 지원군 9개 군 (다른 주장은 이 때 10개 사단 1개 여단 등 총 13만 여명) 병력이 투입되어 서부전선에 중점을 두되 동부에 걸쳐서도 총 공세를 펼쳤다.

이로 인해 양양(襄陽)을 제외한 38선 이북의 유엔군을 남으로 밀어냈으며 12월 24일까지 계속된 1개월 간의 공세를 통해 유엔군 3만 6천여 명을 섬멸하고 38선 이남의 옹진(甕津), 연안(延安) 두 반도를 점령했다. 이 전투로 조선인민군이 잃은 대부분을 회복했다.

그런데 이 전투에 대해 마오쩌둥은 펑더화이 등 야전군 지휘부에 보낸

---

42) 자료선집 II의 pp190~192 「彭德懷自述」

평가서에서 "2차 공세는 작전 규모가 컸으며 동·서부전선에서 지원군의 사상자가 4만 명을 초과했을 것으로 본다"고 언급하고 "조선 공작 지원을 맡은 까오강 동지는 신병의 징병 및 훈련 공작에 박차를 가하여 2차 공세가 끝나는 12월 중순까지는 몇 만 명의 보충 인력이 투입될 수 있도록 하라"고 지시하고 있다. 스스로 중공군의 인명 피해를 언급한 점이 주목된다. 이때 주력인 9병단은 병력 손실이 워낙 커서 만주로 철수하고 다른 부대와 임무교대를 해야 했다. 엄동설한에 공군도 없고 고사포의 엄호도 없었으며 낮에는 이동할 수도 없고 밤에는 적들이 장거리포로 쏘아대어 하루도 쉴 사이가 없었고 보급도 매우 부족했으며 전투부대와 비전투 부대 감퇴가 이미 반 수 정도에 이르러서 긴급하게 휴식과 정비, 그리고 보충이 필요했다.[43]

③ 3차 공세

50년 12월 31일 지원군과 북한 인민군 제1군단이 38선을 넘어 진격함으로써 시작되어 한 해를 넘겨 51년 1월 4일 서울을 다시 점령하기에 이르렀다.

중공군은 공세가 끝날 때마다 작전성과를 종합 검토하여 다음 공세에 참고하였다. 오랫동안 본토에서 항일 또는 국공내전을 통해 축적된 경험과 처음 상대한 미군 같은 현대적 장비를 갖춘 적들과의 전투경험을 엄밀히 분석 대처하는 과학성을 보여주고 있다. 모든 작전은 베이징에 있는 마오가 직접 매일 전보를 체크하며 세밀하게 지휘했다.

---

43) 자료선집 II 의 pp289~295 靑石 「소련 비밀문서로 본 조선전쟁의 내막」

/ 3대 기율 8항 주의(注意) 및 작전수칙 교양 /

1,2차 공세를 끝낸 중공군은 50년 12월 마오쩌둥의 이름으로 조선에 와서 지켜야 할 작전 수칙(守則)을 예하부대에 하달하고 장병들을 교양했다.

가- 준수해야 할 정책기율 수칙

① 조선인민의 풀 한 포기, 나무 한 그루, 산 하나, 물 한 방울도 아끼고 보호한다. ② 북조선의 정책법령을 준수한다. ③ 조선 인민의 풍습과 습관을 존중한다. ④ 학교, 문화, 교육기관, 명승고적을 보호한다. ⑤ 공장과 모든 공공 건축물을 보호한다. ⑥ 사사로이 민가에 들어가지 않고 인민의 것은 한 가지도 들고 나오지 않는다. ⑦ 법을 지키는 한 교당, 사원 종교단체는 간섭, 침입하지 않는다. ⑧ 독자적으로 교섭하지 않고 편의에 따라 인력과 물자를 동원하지 않는다. ⑨ 3대 기율과 8항 주의를 엄격히 집행한다. 여기서 말하는 3개 기율과 8항 주의는 중공군이 1920년대 후반 초기 노농홍군(勞農紅軍)시절 징강산(井岡山)에서 제정한 3개 기율로써 ㉮ 모든 행동은 명령에 따라야 하고 ㉯ 대중의 바늘 하나, 실 한 오라기도 취하지 않고 ㉰ 모든 전리품은 공유한다는 것이다. 8항의 주의(注意)할 대목은 ① 병사를 구타하지 말 것 ② 부녀자를 희롱하지 말 것 ③ 공평하게 사고 팔 것 ④ 포로를 학대하지 말 것 ⑤ 말은 온화하게 할 것 ⑥ 빌린 것은 반드시 되돌려 줄 것 ⑦ 파손한 물건은 반드시 배상할 것 그리고 ⑧ 농작물 피해를 입히지 말 것 등이다.

나-그리고 단결 수칙으로는

① 우리 당, 정, 군, 민과 긴밀히 단결, 제국주의 침략군을 소멸시킨다. ② 조선 인민의 영수 김일성 장군의 지도를 존중한다. ③ 조선노동당의 지도를 존중한다. ④ 조선정부의 각급단위의 지도를 존중한다. ⑤ 조선

인민을 애호하고 우방의 당, 정, 군, 민의 전체 활동인원을 존중한다. ⑥ 조선인민군의 각종 경험과 우수한 전투기 등을 겸허히 학습한다. ⑦ 오만함, 야만스러움, 불합리함을 반대하고 정성스럽고 온화, 겸허하며 예절이 주도면밀해야 한다. ⑧ 조선인민군의 부상병, 병자 및 기타 연계를 잃어버린 인원은 구호하고 초대하여 원래 소속 부대로 편히 보낸다. ⑨ 적극적으로 배합 작전하고 포로나 전리품을 다투지 않는다 등이다.

이러한 작전 및 대민선무요령은 마오의 군대가 중국 내전기의 경험에서 축적해온 바를 보강한 것으로 특히 게릴라전에 대민선무 및 유화 작전에 써먹어 크게 효과를 본 것이었다. 마오쩌둥이 강조한 "유격전사는 물고기이며 민중(농민)은 물이다."는 사상을 그대로 실천한 것이다. 중국에는 "백성은 물과 같아서 배를 띄울 수도 있고 뒤집을 수도 있다."라는 말도 있다.

한국전쟁 초기에 참전했던 만주의 조선의용군출신 인민군 장병들도 팔로군 시절의 「3대 기율 8항 주의」를 철저히 준수하여 점령지 남한 인민의 호응을 받기도 했다. 즉 이를 요약하면 인민의 실 하나 바늘 하나 다치지 말아야 하고 인민의 즐거움은 자기 육친의 즐거움으로 보아야 하며 인민대중이 무엇을 요구하는 가를 알아야 하고 인민대중의 질곡을 자기의 것처럼 생각하고 처리해야 한다는 것이었다.

/ 이승엽 등 남로당 출신 내세워 선무공작 /

개전 초 서울을 점령하여 머물던 문제의 사흘 동안 공산 측은 한국은행의 금고에서 현금을 인출하여 인민군 일선부대에 나눠주었다고 한다. 일선 군인들이 점령지에서 전리품을 탐내지 않고 일반 인민들에게도 현금을 지불케 하여 환심을 사도록 한 심리전의 일부였다.

북한 측은 서울을 점령한 6월 28일 직후 전승 축하연을 크게 열었다. 이때까지만 해도 김일성의 조선민주주의 인민공화국은 그들의 헌법상 수도는 서울로 정하고 있었다. 이렇게 중요한 서울의 책임자로 박헌영의 남로당 계열을 임명했다. 인천(仁川) 출신 이승엽(李承燁)을 서울시 인민위원회 위원장(시장 격)으로 정하고 즉시 정치 행정 공작에 착수, 남조선 인민들의 봉기와 국군 장병들의 투항을 선동하는 선무공작을 폈다. 서대문 형무소에 수감된 공산분자 또는 좌익계 수감자들을 석방하였다. 그리고 미처 피하지 못한 대한민국 3부 요인 및 우익 민족세력의 유력자들을 색출, 대대적으로 검거하는 공포분위기도 연출하는 등 사전에 치밀히 준비한 각본에 따라 심리전을 벌였다.

팔로군 출신이 많았던 전쟁초기의 인민군대가 지방의 공산분자들이나 빨치산들과 달리 비교적 민폐가 없었던 것도 바로 이런 심리전 학습의 결과였다.

초반 3차 전역까지 벌인 소단위 부대의 야간 침투작전과 산악전투가 성과를 보이자 중공지원군 병사들의 미군에 대한 두려운 마음들이 사라지고 사기가 오르고 자신감도 갖게 된다. 그리고 51년 초 서울까지 파죽지세(破竹之勢)로 진격하게 된다.

17...
마오의 아들과 장군의 아들들

/ 마오안잉(毛岸英)의 묘 평남 회창에 /

50년 11월 25일은 중공군의 제2차 공세가 시작되는 날이자 마오쩌둥의 큰 아들 안잉(岸英)이 미 공군기의 폭격을 받아 전사한 날이다.

펑더화이는 이날 새벽 5시에 눈을 뜨고 지도를 쳐다보았다. 작전방침대로 그날 밤 해질 무렵에 공격을 개시하여 다음날 여명에 작전을 마칠 심산이었다. 2시간 밖에 잠을 자지 못해 몹시 피곤했던 펑은 습관대로 지도를 쳐다보았다. 그런데 지도가 없어졌다. 나중에 알고 보니 전날 미군 정찰기가 마루언덕 위 대유동 금광 광부들의 목판건물에 마련한 지원군 작전 총 지휘소 상공을 정찰하고 갔기 때문에 훙쉐즈, 덩화 등 각료장군들이 지휘소를 옮긴 탓이었다.

펑이 옮긴 참호 속으로 들어가자마자 적기의 래습을 알리는 경보가 울렸다. 그리고 금방 펑이 떠난 지휘소 참호에 미 공군기의 네이팜탄이 정확히 쏟아지고 불바다가 되었다. 미군 전투기가 사라지고 펑이 지휘부 장군들의 안위를 걱정할 여유도 없이 그는 마오안잉이 떠올랐다. 그는 곧장 안잉을 부르며 참호 속을 뒤졌으나 이미 때는 늦었다. 다른 한 구의 시체와 더불어 불에 시커멓게 타버린 안잉의 시체를 발견 했을 때는 이미 식별이 불가능할 정도였다. 팔에 찬 소련제 시계를 보고서야 그가 마오쩌둥의 아들, 마오안잉인 것을 분간할 수 있었다.

지휘본부에서 통역 등 일을 하고 있던 안잉은 그 날 당번이 아니었는데 참호 속으로 들어왔다가 공습이 있자 나가지 못하고 안에서 망을 보다 네이팜탄에 참변을 당한 것이다. 이때 아침밥을 거른 안잉이 난로를 쬐면서 볶음밥을 데우고 있었다는 이야기도 있다. 백전노장인 펑더화이에게는 그 날이 일생을 통해 가장 아찔한 순간이었다 한다. 김일성이 이 소식을 듣고 급히 현장으로 달려왔다.

그 날 오후 펑은 사령부 전체 인원과 더불어 산 밑에 마오안잉과 다른 한 구의 시체, 참모인 까오루이신(高瑞欣)를 가매장 했다.

펑은 시체를 묻고 비로소 그가 마오쩌둥의 아들이며 자신과 함께 가장 먼저 조선전쟁에 참전을 지원한 사람이라고 밝혔다. 마오의 세 아들 가운데 장남인 그는 전사 당시 28세였다.(그의 동생들인 안칭(岸靑), 안롱(岸龍) 등도 지하생활 끝에 겨우 살아남았었다) 그리고 뒷날 마오쩌둥은 큰 며느리인 류를 불쌍히 여겨 재혼시켰다.

펑은 안잉이 수령의 아들로서 태를 전혀 내지 않고 건실하게 봉사한 청년(朴實的 靑年)이라고 회고했다. 펑은 참모들이 시체를 베이징으로 보내 안장하자는 건의를 물리치고 저우언라이 수상에게 서신을 보내 북조선의 전투 장소에 그대로 매장할 것을 건의하여 당 중앙의 허락을 받았다. 그리고 지원군 사령부 내지 사령원 이름으로 비를 세워 그가 스스로 지원하여 참전한 것, 희생된 경위, 마오쩌둥의 아들로서 부끄러움이 없었음을 설명해두는 것이 조선인민의 교육에 의의가 클 것이라고 생각했다.

마오쩌둥의 아들 안잉과 그의 처 류스치

평은 제2차 공세가 끝난 뒤 일시 귀국하여 마오에게 전과 보고를 하는 가운데 마오안잉의 죽음에 대해 언급하였다. 그는 "안잉을 잘 보살피지 못해 마음속으로 큰 부담을 느낍니다. 가책을 받고 있습니다." 라고 조아렸다. 이에 마오는 평의 말을 가로막으며 "많은 희생자들 중의 하나다. 피로 맺은 조선과의 영원한 우호관계를 위해 그의 시신을 환국시키지 말라."고 일렀다 한다.[44]

따라서 마오안잉의 무덤은 평남 회창(檜昌)군에 남아 있다.

휴전이 된 후 1957년 북한은 중공군 지휘소가 있었던 이 자리에 중국지원군열사능원을 대대적으로 조성하고 안잉의 흉상을 만들어 단장했다. 그리고 130여구의 중공군 유해를 더 안장하는 등 성역화시켰다.

---

44) 洪學智, 「抗美援朝戰爭回憶」(北京, 1991) p1460이하에 자세히 기록되어 있다. 李慶山, 앞의 책 p150 이하

/ 마오쩌둥 가(家)의 10열사 /

조선전쟁에서 큰 아들을 잃음으로써 마오쩌둥은 중국 혁명기간을 통해 6명의 혈육을 잃은 셈이 되었다. 이른바 중공혁명사에 등장하는 「마오(毛)가(家)의 10열사」의 일부들이다. 마오는 이들 아들 외에 두 딸을 두었는데 큰 딸 리민(李敏, 아명은 嬌嬌)은 그의 셋째 부인 허쯔전(賀子珍)과의 사이에 태어나 소련에서 자랐다. 허는 마오가 징강산에서 유격전을 벌일 때 만났으며 장정에도 참여했고 소련에서 여생을 보냈다. 마오의 두 번째 부인 양카이후이가 난 두 아들을 길러주었다. 두 번째 아들 안칭(岸靑)의 아내는 샤오화(邵華)였다. 그녀는 뒷날 가족들을 이끌고 북한의 중공군 능원을 방문, 안잉 묘소를 성묘했으며 북한으로부터 극진한 대접을 받았다. 리민은 아들 신위(新宇)를 두었는데 마오쩌둥의 유일한 손자다. 그리고 두 번째 딸이 리나(李訥)이다. 마오와 장칭(江靑) 사이에 1940년 옌안에서 태어난 딸로서 2012년 7월 한국을 방문한 적이 있다. 그의 부모가 시켜준 조혼의 아내 외에 두 번째 아내이며 안잉의 어머니인 양카이후이, 동생 마오쩌민(毛澤民), 쩌탄(澤覃), 누이 쩌젠(澤建), 조카 추슝(楚雄) 등이 모두 국민당 군에 의해 처형되었다.

  펑으로서는 갑자기 소련어 통역이 없어져 불편을 느끼게 되었다. 그리고 안잉 대신 다른 통역을 구할 때까지 의사불통으로 소련군 고문관들과의 사이에 작전에 관한 다툼이 그치지 않았다. 펑은 여러 차례 통역을 맡을 유능한 간부를 파견해 달라고 요청했으며 외교 계통에서 쉬제판(徐介潘)이라는 간부를 추천하고 나서야 난제가 해결되었다. 지원군 총사령관이 있는 대유동 지휘부가 미공군기의 정밀 사격으로 파괴되자 중공 중앙은 지휘부의 연속성과 지원군 수뇌부의 안전을 위해 펑의 지휘부를 다른

곳으로 분리 운영하도록 지시했다.[45]

　한국전쟁을 통해 중공의 마오쩌둥의 아들만이 아니라 유엔군 측에서도 적지 않은 장군의 아들들이 참전했고 희생되었다.

　미국 대통령에 당선된 아이젠하워(D. Eisenhower) 장군의 아들 존은 미국 3사단 정보처에서 근무하고 있다가 당시 서울대 문리대에 주둔하고 있던 미 8군 사령부에서 한국을 방문한 아버지 아이크를 만난 바 있다. 참전한 워커 장군의 아들 샘 워커(Sam Walker) 중위는 마침 2등 은성무공훈장을 받았다. 사기가 떨어진 유엔군을 독전하러 서둘러 가던 워커장군은 50년 12월 자신이 탄 짚차가 의정부 근처 축석고개에서 한국군 트럭과 충돌하여 현장에서 사망하는 참변을 당했다. 워커는 4성 장군으로 진급될 예정이었다. 낙동강 전선(소위 워커라인)을 지켜 한국을 구한 워커 장군의 사망 소식을 들은 이승만 대통령은 사고를 낸 한국군 운전병을 엄벌(사형)에 처하라고 흥분했으나 미군 측의 만류로 징역 죄로 처리되어 생명을 구했다 한다. 그 밖에도 많은 미군 장성들의 아들들이 한국전쟁에 참전했으며 한국 육군사관학교를 키운 밴 플리트 장군의 아들 밴 플리트 2세는 해외근무를 마쳐서 더 근무하지 않아도 되는데 자원해서 참전, 52년 4월 B-52를 타고 압록강 남쪽 순천지역에 출격했다가 추락 산화했다. 밴 플리트 장군은 자신의 아들을 구하려는 미 공군의 작전을 극구 만류했다한다. 뒷날 정전회담이 마무리 될 무렵 미군의 요청으로 중공 측 회담 대표들은 그들이 억류하고 있는 포로 중에 밴 플리트 장군의 아들이 있는지 조사했으나 찾을 수 없었다 한다. 특히 밴 플리트 장군은 육군참모총장인 콜린스나 유

---

45) 洪學智, 앞의 책 p154~157, 자료선집 Ⅱ 의 師哲, 「在歷史巨人身邊」-"조선전쟁기간의 중요관계(回憶錄)" p267

엔군 총사령관이 된 리지웨이보다 미 웨스트 포인트 육사의 2년 선배였고, 예비역 편입을 눈앞에 두고 있었다. 그러나 마샬 국방성장관의 직접 부탁을 받고 한국전이 고비에 몰리자 미 8군 사령관직을 맡았던 사람이다. 마지막 유엔군 사령관이었던 마크 클라크 대장의 아들도 금화(金化)지구의 저격능선에서 중대장으로 싸우다가 세 번에 걸친 부상으로 전역했으나 결국 그 후유증으로 죽었다. 미국 중앙정보부(CIA)장을 지낸 알렌 털레스(Allen Dulles)의 아들도 한국전선에서 부상, 평생을 정신불안자로 지냈다. 5만 명이 넘는 전사자를 낸 미군 측에서 보면 장성급의 아들 140여 명이 만 리 이국땅인 한국 전선에서 청춘을 불사르고 싸웠으니 미국이나 중공이나 각각 남·북한과는 혈명의 관계가 되었고 한국 통일에 복잡한 국제관계가 형성되는데 일조를 한 셈이 되었다.

18...

펑 사령관 38선 월경 거부

/ 중공의 개입 목적 달라져 /

2차 공세가 끝나가는 12월 8일 펑더화이는 2~3개월 쉬면서 부대를 정비하여 다시 공격할 수 있게 해주기를, 즉 계속하여 38선 이남으로 공격해 가지 않고 38선 이북에 정돈할 것을 마오에게 요청했다. 그리고 "겨울동안 휴식한다."라는 슬로건을 독단적으로 말한 것으로 전해졌다. 펑은 이 발언 때문에 십 수 년 뒤에 일어난 문화혁명 때 홍위병(紅衛兵)들로부터 호된 비판을 받게 된다.

이러한 중공군의 일시적인 정지에 대해 당시 유엔에서 38선에서의 정전으로 한반도에서 평화회복을 회구했던 서방 측 13개국은 호의적으로 받아들였다. 즉 중공은 북조선의 수복으로 참전목적을 달성한 것이 아닌가라고 생각하였던 것이다.

그러나 펑의 38선 이북에서의 정지명령은 순전히 군사상의 이유로 밝혀졌다. 곧 이어 마오의 독려로 중공의 한국전쟁 개입이 단순히 북조선의 구출에 그치는 것이 아니라 그들의 주도하에 한반도의 적화통일을 달성

한다는 정치적 목표가 확고함을 내외에 과시하게 된 것이다.[46]

마오가 12월 13일자로 펑에게 보낸 전투독려전문은 다음과 같다.

① 현재 미·영 각국은 아군이 38선 이북에서 정지하기를 요구하며 군대를 재정비하여 다시 전투에 임하려고 한다. 그래서 아군은 반드시 38선을 넘어야 한다. 만약 38선 이북에 도착하여 정지해 버리면 앞으로 정치적으로 크게 불리할 것이다.

② 이번 남진(南進)은 개성의 남북지구, 즉 서울과 거리가 멀지 않은 일대에서 여러 개의 적군 부대를 찾아 섬멸하기 바란다. 그 뒤 상황을 봐서 만약 적군(미군)이 큰 역량을 가지고 서울을 사수하면 아군 주력부대는 개성일선 및 그 이북지구를 물러나 휴식을 취하며 정돈을 하면서 서울을 공격할 준비를 한다. 몇 개의 사단을 한강 중류의 북쪽 기슭으로 접근시켜 활동을 하며 (조선)인민군을 지원하여 한강을 넘어 괴뢰군(한국군)을 멸한다. 만약 적군이 서울을 포기하면 아군의 서쪽 전선 6개 군은 평양과 서울 사이에서 한동안 휴식과 정돈을 한다.

③ 내년 1월 중순 대량의 신병보급이 아주 중요하다. 까오강 동지는 박차를 가해 준비해 주기 바란다. 까오강, 펑더화이 동지는 전선의 각 군(동·서양 전선의 9개 군)에서 간부를 뽑아 선양으로 보내 신병을 관리, 훈련 공작 시키는 것이 필요하고 가능한지 생각해 보기 바란다. 쑹스룬 부대는 현재 반드시 일부 병사를 보충하여 원기를 회복해야 하는데 가능한지 여부를 까오강 동지는 알려주기 바란다.

④ 공군의 철도운수선 엄호는 현재 준비 중이며 실현 가능하다. 그러나 최후 확정은 아직 기다려야 한다.[47]

---

46) 李慶山 앞의 책, p198~201, 平松茂雄 앞의 책, p166~170 참조
47) 자료선집 II의 pp98~99

펑은 마오쩌둥의 독려에 이어 저우언라이가 말한 정치적 의의를 생각했다. 저우는 "미군이 이미 38선을 넘었으므로 맥아더가 38선을 파괴한 것이다. 38선은 이제 존재 하지 않는다. 따라서 중국지원군이 38선을 넘을 수 없다는 말을 절대 해서는 안 된다."고 말한 바 있었다. 군사적으로는 어찌되었든 정치적으로는 38선을 넘어야 했고 군사는 기필코 정치적 필요성에 따라야 한다고 생각했다.

실제 야전군 총사령인 펑더화이는 작전상의 애로를 그 누구보다도 더 잘 알고 있었다. 1, 2차 전투에서 지원군은 최선을 다했고 휴식이 필요하다는 것을 절실히 깨닫고 있었다. 그는 12월 8일 마오와 당 중앙에 보고한 전문에서 "① 너무 멀리 남진을 했기 때문에 이후에 어려움이 가중될 것이다. 그래서 38선 이북 수십 리 내에서 작전을 정지하여 적군으로 하여금 38선을 점령하게 하면 내년 재 전투에서 적의 주력을 섬멸하기에 편리하다. 그러나 반드시 (조선)인민군 2, 5 두 군단은 남으로 파견하여 전략적으로 적군의 퇴로를 차단해야 한다.

② 이번 전투가 끝나면 반드시 신병을 보충하여 내년 3월 초순에 시작될 결전공세를 편리하게 해야 한다.

③ 날로 증가하는 수송선을 보장하고 전권 승리를 쟁취하기 위하여 공군 사령부는 평양에 전방 지휘기관을 조직하여 평양, 원산, 안주에 비행장 설립계획 등을 하는 것이 타당할 것이다.

④ 현재 부대의 군량미, 무기, 신발, 기름, 소금, 모든 것을 제 때에 보급할 수가 없다. 주요원인은 비행기의 엄호가 없어 철도 수송을 보장할 수 가 없고 수시로 폭파되고 수시로 수리를 하고 있기 때문이다."라고 애로사항을 밝히고 있다. (*밑줄은 필자가 그었음) 그리고 그는 "먼저 일부 전투기를 평양과 안주로 파견하여 후방 교통선을 엄호하는 것이 가

능한지" 묻고 있다. 펑으로서는 악전고투해온 병사들을 좀 쉬게 하고
싶었던 것이다.

/ 중공군, 인민군과 합동작전 시작 /

이 때 비로소 조선인민군이 이들의 전문에 나타난다. 성공적인 1, 2차 공
세는 전적으로 중국 지원군만의 전투였다.

마오쩌둥은 며칠 전 12월 5일자 펑에게 보낸 전문에서 인민군 부대의
사용여부를 김일성과 상의해 보라고 했다. 그러나 얼마 후 24일자 전문에
서는 조선인민군 제2, 제5군단을 38선 이남에 깊이 침투시켜 적의 후방
을 교란시키라는 기왕의 명령을 재고하라고 거둬들이고 이들 2개 군단과
병력을 집중하여 38선 부근의 한국군을 타격하는 것이 유리하다며 "즉각
3차 공세를 개시할 것"을 재촉하고 있다.

여기서 등장하는 방호산의 제5군단과 김일성 직계인 땅딸막한 체구인
＊최현(崔賢)의 제2군단은 그나마 전투력을 유지하고 있던 인민군 부대였
다. 특히 방호산 부대는 역전의 팔로군 출신들이 많았던 6사단으로서 개
전 초 서울을 점령하고 호남평야를 파죽지세로 종단한 뒤 남쪽 끝 낙동강
하구에까지 선두를 달려온 정예부대였다. 그러나 마산(馬山) 쟁탈전에서
미군 함포사격과 공습, 그리고 미 제25사단의 합동작전에 절단이 났으며
지리산으로 후퇴, 잠시 휴식을 취하다가 백두대간을 타고 천신만고 끝에
평북지방에 도달한 부대였다. 여기에 후퇴할 때 주워 모은 패잔병들과 급
모한 신병들로 ⑸군단을 가까스로 조직한 것이다.

실제 전투력을 상실한 인민군은 38선이남 태백산맥에 잔류한 패잔병들
과 일부 부대를 후방에 침투시켜 게릴라전을 전개함으로써 북진하는 유

엔군의 후방을 괴롭혔다. 유엔군의 무차별 공군 폭격으로 군수물자 수송과 보급에 곤란을 겪던 공산 측은 마찬가지로 북진하는 유엔군의 수송선이 길어지자 이 같은 유격전으로 응수한 것이다. 부산에서 서울을 거쳐 일선으로 가는 중요도로와 철도는 이들 공산 게릴라들의 기습으로 적지 않은 손실을 보았으며 많은 한국군 부대를 후방의 이들 게릴라를 소탕하도록 남겨두어야 했다. 3차 공세 때의 인민군의 배치 상황은 1군단 주력이 국군 1사단 지역과 마주 보는 문산 동장(汶山 東場)리 방면, 그리고 일부가 해주(海州)와 같은 부근의 해안선에, 다른 제2군단의 일부병력과 5군단의 1개 사단은 38선을 남하하여 홍천(洪川) 방면에, 그리고 2군단과 5군단의 일부 나머지 병력은 양구(楊口), 인제(麟蹄)에서 국군 1군단 및 2군단과 맞닥뜨려 교전하고 있었다. 이들은 춘천(春川)에서 후퇴하는 유엔군의 후방을 공격토록 되어 있었고 그 밖의 인민군 4개 여단이 원산(元山) 등 동해안과 서해안을 경비하고 있었다.

중공군은 주저항선은 자신들이 담당하고, 지형에 익숙한 북한 인민군은 후방으로 돌려 적의 주력을 압박하는 비정규적인 전법을 활용케 했다고 펑더화이는 자술서에서 말하고 있다. 이런 방침에 따라 인민군 전선 사령관이었던 김책의 뒤를 이어 나온 최현은 2만 5천명에 가까운 패잔병을 모아 유엔군의 배후를 교란, 중공군의 공세에 밀접히 기여했다. 태백산과 오대산에 이르는 산 속에는 약 4천 명으로 추산되는 인민군 4, 5 사단의 패잔병들이 끊임없이 유격전을 펼쳤다.

중공 중앙은 이처럼 3차 공세로 유엔군을 압박하면서 11월 28일 유엔 총회에 나가기 위해 뉴욕에 가있던 *우슈취안(伍修權)을 통해 미군의 타이완 해협 철수와 한반도에서 일체의 외국군대 퇴거, 그리고 조선인들의 자결권을 보장하라는 그들의 상투적인 선전을 하면서 기세 좋게 화전(和

戰) 양면전을 벌이려는 심산이었다.

　일선 지휘관으로 마음에는 내키지 않았으나 펑더화이는 결국 마오의 지령에 따라 당면한 일체의 곤란을 극복하며 38선 돌파의 제3차 공세를 취하게 되었다.

．

19...

펑더화이가 당면한 난제

중공군이 제3차 공세를 실시하는데 있어서 베이징의 마오쩌둥과 조선전선의 펑더화이 사이에 의견의 불일치가 있었고 마오가 펑을 비판하였다는 것은 1965년 이후 문화 혁명기에 비로소 드러났다.

한국전쟁에서 초반에는 기세 좋게 나아갔으나 3개월이 흐르면서 중공군은 ① 식량의 부족, ② 신발의 부족으로 인한 동상환자의 증가, ③ 병기와 탄약의 부족으로 인한 작전의 제약, ④ 공군력 부재상태에서 야간 작전과 산악전에 치중해야만 하는 난제 등에 심각히 봉착했던 것이다.

50년 12월 중순 2차 공세가 끝난 뒤 펑은 2~3개월 쉬면서 부대를 정비하여 다시 공세를 취할 것을 베이징에 요청했는데 전술한 바와 같이 보급상의 애로가 가장 큰 이유였다.

그들의 예측보다 빨리 유엔군이 38선으로 후퇴해버리자 이를 추격하던 중공군의 보급선이 갈수록 길어지고 성역이 되었던 강 건너 만주에서 보급을 받던 때와는 달리 예상치 못한 여러 보급상의 난관에 부딪치게 되었다. 당시 중국 측 견해로는 미군은 일선 전투원 1명에 대해 후방 근무 13명이 매달려 각종 병참지원 임무를 수행하고 있었는데 반해 중공군은 후방근무 요원 1명이 기백명의 일선병사들 뒤치다꺼리를 해주고 있는 사정이었다.[48]

중국 본토에서 항일 게릴라전이나 국공내전에만 종사했던 팔로군들로서는 현대전에서의 병참 보급의 중요성을 거의 인식하지 못하고 있었다. 국공내전 때의 정황을 그대로 유지하고 있었다. 만주의 동북군구사령부 후방보급부대에서 파견한 소수의 병사들이 전방 전투부대에 배속되어 그것도 불완전하고 비전문적인 보급임무를 수행하는 수준이었다. 보급선이 길어지면서 밤낮으로 출격하여 두들겨 패대는 미군기의 공습을 감당할 수도 없었다.

본토에서 농민층에 침투하여 조달하던 현지 자급자족인 "취지주량(就地籌粮)"은 낯선 외국에서는 불가능했다. 더군다나 북조선에서는 주민들이 모두 피난 가서 마을은 텅 비어 있었고 이들에게서 먹을 것과 입을 것 그리고 땔감을 조달한다는 것은 불가능했다. 사실상 무인 공백지대가 된 곳에서 공출이나 징발은커녕 오히려 가난한 인민들을 부대가 도와주어야 할 형편이었고 주민들과 말도 잘 통하지 않았다.

미군 측에서도 장병들의 월동준비가 원만하지 못했지만 중공군은 솜털 면옷(棉衣)을 입기는커녕 얇은 하복 신세였고 심지어 짚신을 신거나 심한 경우 맨발로 뛰어다녀야 하는 졸병들도 적지 않았다는 것이다.

탄약과 무기 등 장비도 펑 사령을 괴롭히는 문제였다. 대부분의 중공군 장비는 항일 전쟁이나 국공내전 때 일본군이나 장제스 군대로부터 노획

---

48) 李慶山, 앞의 책, p198이하

중공군의 손수레 수송부대

한 병기들이어서 각양각색이게 마련이고 구경(口徑)이 다른 탄약들도 조달하기가 쉽지 않았다. 미군이나 한국군은 후퇴할 때 많은 장비를 포기하거나 남기고 갔지만 곧 이은 공군기의 폭격으로 철저히 부셔버려 거의 쓸모가 없었다. 1950년 12월 4일 펑은 당 중앙 군사위원회에 보낸 전문에서 "노획한 차량은 1,500여량이며 탱크도 100량 가까이 되고 물자는 들판에 널려있다. 여명에 전투가 끝나자 적기가 와서 파괴하고 태워버려 멀쩡한 것은 몇 개 남지 않아 심히 아까운 일이다" 라고 말하고 있다.[49]

소련제 무기는 아직 도착하지도 않았지만 설사 소량이 수송된다 해도 역시 폭격을 면치 못했다.

---

49) 자료선집 II 의 p66

소련은 물자지원도 중공군이 실제 전투에 참가한 후에라야 가능할 것이라고 저우언라이에게 통지한 바가 있었다. 미군의 공습이나 퍼붓는 유엔군의 화력이 두려워 전투원들은 평지를 피해 걷거나 뛰는 산악전을 펼쳐야 했기 때문에 차량을 이용할 수 없었고 장병들은 피곤이 겹쳐 죽을 지경이었다. 부상자들의 치료나 후송문제도 간단한 일이 아니었다. 피아 쌍방의 공통된 문제였지만 영하 20~30도를 오르내리는 혹한에 근접하여 백병전을 펼쳐야 하고 야간작전을 주로 하는 중공군으로서는 더 큰 부담이었다. 야간에 달구지 등 우마차를 이용하는 등 수송수단의 절대부족은 병력의 신속하고 효과적인 이동을 불가능하게 하였다. 2차 공세 때 중공군의 원래 계획은 2개 군과 2개 사단 병력을 서부전선을 우회하여 동부로 보내는 것이었는데 양식이 운송되지 못하여 2개 사단은 작전을 취소해야 했다. 그들이 자랑하는 청천강과 장진호 등지에서의 이른바 청장대첩(淸長大捷)에서도 쑹스룬의 9병단이 다잡아놓은 미 해병대 1사단과 미군 10군단을 놓쳐 흥남(興南) 철수작전을 허용하게 된 것도 다 이런 수단의 결핍 때문이었다. 한편 미 해병대는 혹한 속에서 산골짜기에 숨어 대기하고 있던 제20, 26, 29군의 포위를 뚫고 이른 바 「후방으로의 진군」을 통해 간신히 부대를 철수시켰는데 이 때 막대한 병력 손실을 보았다. 미 해병사단은 전투원 3천 6백 명을 포함 도합 7천 명이 넘는 사상자를 냈고 중공군도 전사자 2천 5백 명을 포함하여 1만 5천 명 가까운 손실을 본 것으로 미군 측은 추산했다. 이때의 경험을 살려 미 해병대는 혹한 속에서의 전투훈련을 강화했다 한다.[50]

---

50) 자료선집 II 녜룽전의 회고, pp206~207

역사적 흥남철수작전

여기서 특기할 사항은 흥남철수작전 때 미군이 막대한 장비를 포기하고 10만 명에 가까운 북한 민간인들을 남쪽으로 소개시킨 것이다. 당시 통역을 맡은 한국인 의사 현봉학 박사의 노력이 전해지고 있다. 미국에서 의학을 전공한 현 씨는 미 10군단 민사부에서 근무하던 중 철수작전을 지휘하기위해 현장에 나와 있던 군단장 알몬드(Edward M. Almond) 장군을 눈물로 설득하여 장군의 심증을 굳혔고 알몬드는 맥아더 사령부의 지시도 받지 않고 군 장비와 유류를 싣는 대신 원자폭탄이 떨어진다는 공포 속에 몰려든 피난민들을 태워 성공리에 부산으로 철수시켰다.

야전용 간이식사 대안이 마련되지 않았던 중공군으로서는 불을 지펴 취사문제를 처리해야 했기 때문에 엄폐나 위장 문제에 있어서도 큰 어려움이 따랐다.

미군 측에서는 처음에는 얼떨결에 당했지만 전략적으로 후퇴하여 38선 부근에서 정돈한 뒤 숨을 돌리며 중공군 포로의 심문 등을 통해 중공군의 전략 전술과 병사들의 보급 상태와 사기 등에 대한 자료를 수집 분석, 대응책을 마련하고 있었다. 그 결과 50년 가을 압록강을 건너왔을 때와 38선에 도달했을 때 중공군 병사들의 사기는 판이하게 차이가 났으며 현저하게 떨어져 더 이상 전투를 계속할 의욕이 없음도 확인하게 되었다.

모두가 배고픔과 추위로 인한 동상 등의 괴로움으로 가득 차 있었다. 이 사정을 일선 지휘관인 펑더화이와 참모들은 너무나 잘 알고 있었고 고통스러울 수밖에 없었던 것이다. 병사들이 싸우다가 죽는 것은 어쩔 수 없으나 헛되이 얼어 죽거나 굶어죽는 것은 차마 볼 수 없었다. 그러나 펑은 베이징의 독촉에 마음에 내키지 않는 3차 공세를 벌이지 않을 수 없었다.

20...

중·조(中朝) 연합사와 중공군의 서울 입성

/ 김일성 북경서, 마오와 합동 작전 논의 /

50년 12월 31일 하오 5시 눈발이 바람에 날리는 임진강변에서 조선 인민
군과 처음으로 합동작전을 펴는 펑더화이는 초조한 마음이 없지 않았다.
38선으로 신속히 후퇴하여 견고한 방어선을 구축한 유엔군과의 결전에서
조선인민군이 어떤 역할을 하게 될지도 미지수였다.

북한 측은 긴급히 부대를 정돈하여 3개 군단(제1,2,5) 14개 사단, 7만 5천
명의 병력을 확보하여 전투에 가담하고 약간의 잔여병력도 동원할 수 있
게 되었다.

이때 조선인민군은 앞에서 거론된 대로 제2군단과 5군단이 동부에 있
었고 낙동강 전선에서 제4사단장이었던 이권무가 살아나와 그 자신이 중
심이 되어 새로 편성된 제1군단이 평양부근에 배치되어 있었다.

12월 3일 베이징을 방문한 김일성에게 마오쩌둥은 인민군이 작전에
참여함에 따라 통일지휘부 편성의 필요성을 제기 했고 김도 이에 전적으
로 동의했다. 이에 따라 펑더화이는 12월 7일 베이징에서 막 귀국한 김일

성과 회담하여 중국 지원군과 조선 인민군의 연합사령부, 약칭 연사(聯司)를 조직하게 되었고 작전 범위 및 전선에 속하는 일체의 활동은 그 지휘하에 두게 되었다. 펑은 연합사령관 겸 정치위원이 되고 조선 측의 김웅이 부사령관, 지원군과 연락을 맡고 있던 박일우가 부정치위원의 직책을 맡았다. 그리고 조선인민군 총사령관인 김일성은 국가원수(수상)라는 점에서 이 연합체제에는 포함시키지 않은 것으로 알려졌으며 이 연합사 자체도 비밀에 붙여졌다. 따라서 뒷날 전투행위가 종식될 때까지 김은 전쟁지휘권에서 제외되고 중공 측의 펑더화이가 총지휘를 하게 된 셈이다. 이후로 조선인민군의 작전은 펑더화이, 덩화, 그리고 박일우의 이름으로 지시되어 사실 상 박일우가 지휘하게 된 셈이기 때문에 박은 김일성의 미움을 사게 된다. 결국 53년 초 박일우는 최용건으로 교체되었다. 그리고 박은 겸임했던 내무상에서 쫓겨났다.[51]

베이징의 중공 중앙은 야전군 사령관의 보고에 근거하여 서둘러 나름대로 세심한 준비를 했다. 우선 손실된 병력을 보충하기 위해 중원(中原)에 있는 제19병단을 새로 한국 전쟁에 투입하기로 했고, 신장(新疆)과 시짱(西藏)을 제외한 전국의 각 부대들에서 20명 이상씩 전투경험이 많은 약 8만 4천 명의 노병들을 차출하여 한국 전선에 배속시키는 등 전투력을 보강했다. 그리고 보급과 수송체제도 강화했다. 본래 있던 9개의 병참보급소를 11개로 늘리고 철도 부대를 설치했고 노선의 보강과 교량 보수 및 신설을 위해 전문 공병부대도 투입했다. 공습이 계속되는 와중에서도 경의선(京義線)의 정주(定州) - 맹중리(孟中里) 구간 41.7km, 만포선(滿浦線)의 회천 - 개천 구간 71.1km의 철도를 복구 수리하고 그 밖의 도로도 정비했다.

---

51) 和田春樹, 앞의 책 pp202~203

북경을 방문, 마오를 만나는 김일성(좌)

/ 점령지의 군량조달 방식 /

여기에 조선 측과 협조하여 식량 3만 톤도 현지에서 조달했다. 전장에서 식량조달의 중요성을 검토해 온 중공지원군 측은 조선인민군과 양식을 조달하는 문제를 협의해 온 끝에 한국의 새로운 해방구(점령지)에서 식량조달을 위해 서로 전보를 통해서 다음과 같이 양해하기에 이르렀다.

이 방법은 펑더화이가 50년 12월 30일 마오쩌둥이 열람하고 김일성 수상에게 보낸 서신에 나온다. 점령 지구에서 식량을 조달할 때 식량이 많으면 많이 빌리고 식량이 적으면 적게 빌리는 누진제를 채택했다. 보통 한 해의 전체수입 가운데 빈농(貧農)은 100분지 5를 초과할 수 없고 중농은 100분 20을 초과할 수 없으며 부농(富農)은 100분지 30을 초과할 수 없고 지주(地主)는 100분지 50(최고 100분지 60)을 초과할 수 없게 규정하였다.

그리고 공출한 분량에 대해서는 정식으로 수거증(영수증)을 발행하는 것으로 되어 있었다. 12월 31일자 전보에서 마오쩌둥은 김일성에게 양식을 빌리는 방법에 동의 한다는 것을 밝히고 이를 조선 정부가 비준 공표하여 실시할 것을 요청하고 다시 같은 내용을 동북군구의 까오강과 전선의 펑더화이에게 고지하는 전보를 발송했다.[52]

이렇게 양식을 빌리는 것은 조선의 리(里) 인민위원회의 심의, 비준을 받고 정식 양식 차용증(중국 인민정부 발행)을 영수증으로 발부하는데 3장 중 한 장은 빌려준 집이나 사람, 한 장을 정부, 한 장은 부대가 보관토록 하며 양식 또는 현금으로 중국 측이 지불하기로 했다. 당연히 빌린 양식은 팔거나 다른 물자와 교환할 수 없으며 위반할 경우 엄벌에 처하기로 했다. 그리고 이런 사항들을 광범하게 선전하여 군중들이 기꺼이 양식을 빌려주게 독려하였다. 그 밖에도 후군 사령관 홍쉐즈의 회고에 의하면 훨씬 뒤인 51년 여름 유별나게 심했던 홍수와 미군의 폭격으로 중공군이 동북 지역(만주)에 쌓아둔 식량을 일선으로 수송하기가 어려워져 같은 해 홍은 김일성을 만나 식량 조달을 협의했다. 그 해 9월 18일 김일성과 조선 정부와 인민으로부터 식량을 빌려 충당하기로 합의하고 11월부터 황해도의 재령(載寧), 신주, 시원리, 온정리에서 식량 4만 톤을, 평남 강서(江西)군에서 4천 톤을 , 함남의 함흥(咸興)과 영흥(永興)에서 1만 톤을 떼어 갔다. 함흥에서는 절인 고기 1천 톤, 강원 평강에서 야채, 무 등 3천 톤, 2개월분의 마초(馬草) 장작 등을 공급받았다. 조선 인민들에게 음식 말리는 법도 가르쳤다. 그리고 김일성의 제의로 만주에서 생필품을 가져다가 평양, 사리원, 양덕(陽德), 성천, 구장(球場), 안주, 정주(定州), 회천, 덕천, 이천

---

52) 자료선집 II의 pp108, 350

등에 판매점을 두고 조선 인민에게 팔았고 조선 화폐를 수입하여 그들의 필요 경비에 충당하기도 했다.[53]

인민군은 이미 수개월 전에 곡창인 호남지역을 점령했을 때 이른 추곡 공출을 강행하여 낱알까지 세어가며 군량미를 조달해 원성을 쌓은 바 있었다.

50년 12월 28일 작전 개시 3일전까지 각 부대의 배치를 완료했다. 대략 개성이동 지구에 제50군, 구화리(九化里)지구에 제39군, 삭녕(朔寧)지구 40군, 연천(漣川)지구 38군, 철원(鐵原)동남지역 42군, 금화(金化)이남 및 화천(華川) 이북 66군 등 요충지에 중공지원군이 포진하고 사리원(沙里院) 이남에는 인민군 제1군단, 홍천(洪川)과 인제지역의 동부전선에 인민군 제2군단과 제5군단의 5개 사단 등 조선인민군이 배치되었다.

중공군 참모총장 대리 녜룽전은 그의 회고록에서 3차 공세의 전황을 두고 "우리 군은 적이 숨 돌릴 틈을 주지 않고 9일 동안 연속으로 싸워 37도선 이남으로 물리쳤으며 서울을 해방시키고 적 1만 9천여 명을 섬멸시켰다."고 주장했다.[54]

펑더화이 역시 뒷날 "엄밀한 정찰을 거쳐 각종 공격 준비를 마치고 … 일거에 38선을 돌파하여 서울을 탈취하고 한강을 넘어 인천항을 수복하고 적을 37도선 이남으로 퇴각시켰다."고 전과를 자랑했으나 그의 고충도 털어났다.

"지원군이 조선에 들어간 이후 연속으로 세 차례의 공세(戰役)를 치루면서 엄동설한 3개월 동안 공군도 없었고 고사포의 엄호도 부족했으며 적군은 비행기로 폭격하고 한밤중에는 장거리포로 포격하여, 낮에는 이동

---

53) 洪學智, 앞의 책 p341이하
54) 자료선집 II의 p200

중공군에게 음식을 제공하는 북한 부녀들

할 수 없었으며 하루도 쉴 수 없었기 때문에 극심하게 피로했다는 것은 쉬이 짐작할 수 있는 바이다. 보급선이 길어짐에 따라 보급도 매우 곤란했다. 전투부대와 비전투부대의 감소가 이미 반 수 정도에 이르렀기 때문에 긴급하게 휴식과 정비를 취하고 보충을 하여 다음 전장을 준비했다."고 적고 있다. 51년 1월 4일 해질 무렵 중공군 제39군과 50군, 조선인민군 제1군단 일부병력이 서울을 점령했다. 이 때 영국군 29여단 예하얼스터 대대가 의정부 장흥목에서 중공군의 진격을 하루 동안 저지하여서울시민들이 빠져나가 피난할 수 있게 해주었다. 펑은 공산군의 폭행으로 인한 인민의 피해를 줄이기 위해 이른 바 중공군의 3대 기율 8항 주의를 인민군에게도 시달하여 서울 점령을 철저히 통제했다.[55]

---

55) 앞의 자료, p191~192

/ 쇠뿔은 단 김에 뽑아야 /

1월 5일 낮에 인민군은 서울 점령의식을 거행하며 24발의 축포를 쏘고 김일성은 "미제국주의자들을 물리치고 우리의 수도 서울을 해방시킨 용맹스러운 중국지원군에게 무한한 감사를 표한다." 는 포고문을 발표했다. (이때까지는 북한도 헌법상 그들의 수도를 서울로 지정하고 통일을 지상 목표로 하고 있었다.) 이날 밤 베이징의 텐안문(天安門) 광장에서는 전승을 축하하는 군중들이 밤을 새워 열광했다. 불과 3개월 만에 서울의 주인이 또 다시 바뀌는 순간이었다.[56]

한편 한국전장에서의 승리에 고무된 베이징 당국은 유엔에 보냈던 러시아어에 능한 우슈취안(伍修權)을 통해 미군의 타이완 해협 철수, 한반도에서의 일체 외국군대의 철수, 그리고 조선인들의 자결을 보장해야 한다는 등 저우언라이의 성명 내용으로 유엔군 측을 비방하는 선전공세를 폈다. 그리고 기세 좋게 유엔 안보리를 통과한 인도 등의 한국 정전 3인 위원회 구성안을 부정하는 주전론(主戰論)의 외교 공세를 벌이는 등 양면 작전을 폈다.

전황이 유리하게 되자 중공의 정치적 목표는 (북)조선의 구출에 급급하던 차원을 떠나 중국의 주도 아래 한반도를 적화 통일 하는 것으로 분명 달라지고 있었다.

스탈린과 마오쩌둥은 유엔군이 38선에서 물러나 37도 까지 밀리자 쇠뿔은 단 김에 뽑으라(趁勢打鐵)는 옛 말씀대로 미군을 아예 한반도에서 밀어내기로 묵계가 성립되었고 이것은 12월 5일 소련 주재 중공대사 왕자

---

56) 李慶山 p212~213

샹(王稼祥)과 그로미코(Andrei A. Gromyko) 소련 외무차관과의 회담에서도 확인되었다. 그리고 소련 공산당 정치국은 인도 등 중립국들이 제안한 한국전 휴전 방안에 중공의 유엔 대표권 인정, 타이완 해협에서의 미 해군 철수 등 한국 등에서의 일체의 외국군대 철병과 조선민족의 자결권 수호 등 정전 조건을 내세우는 겉과 속이 다른 외교 공세도 벌였다.[57]

맥아더가 한 때 유엔군의 북진(北進)을 고집했던 것처럼 마오쩌둥은 3차 공세를 강력히 밀어 붙인 것이다.

한편 기세가 꺾인 미 육참 총장 콜린스가 한국과 일본을 방문한 뒤 미 합참본부에 한반도에서 미군을 철수하는 문제를 건의했다는 정보를 마오쩌둥이 입수했고 스탈린도 자진해서 중공에 2,000대의 차량을 제공하겠다고 제의하는 등 마오쩌둥이 유엔의 정전권고를 무시할만한 분위기였다고 베이징대학의 칭스 교수는 주장했다.

57) 沈志華, 앞의 책 p279

21...
진격 멈춘 펑더화이, 소련 측과 충돌

/ 피로 지친 중공군에 휴식명령 /

51년 1월 8일 중공지원 제50군 예하 1개 연대가 오산(烏山)부근에 도달하여 정찰 결과를 펑 사령관에게 보고했다. 미군이 그 일대에 병력을 매복시켜 함정을 파놓고 대기하고 있다는 것이었다. 더 이상 공세를 계속하기가 어렵다는 판단을 하고 있던 펑 사령관은 즉시 결단을 내렸다. 지원군 제50군 중 1개 연대를 오산 지역에서 철수시키고 제38군, 42군, 그리고 조선 인민군 1, 2, 5 군단 중 전 부대 또는 일부에게 수원, 이천(利川) 용두리(龍頭里), 횡성(橫城) 흥안리(興安里) 및 평창(平昌) 이북 지역에서 더 이상 나가지 말고 방어태세를 유지하며 휴식 정돈하라고 긴급 지시했다. 내년 2, 3월에 다시 공세를 펼 것을 녜룽전 참모총장 대리 등 중앙군사위에 건의했다. 장문의 보고 전문에서 펑더화이는 "(전략)… 현재는 아직 정점에 이르지는 않았지만 2개월을 휴식하지 못했다. 이미 전 지역에서 적과 접촉이 시작되었다. 이번 전역(공세)은 수송의 곤란과 한랭한 기후, 상당한 피로 외에도 특히 산악지역 기동전에서 진지전으로 전환하는데 그것에 대하여 아직 교육이 잘 이뤄지지 않았다는 문제가 있다. 상술한 여러 가지 원인으로 인하여, 나는 당신에게 보낸 편지에서 잠시 38선을 넘지 말고 준비를 충분히 하여 내년 봄에 다시 싸우자고 했다.… 이미 지시대로 38선을 넘어 작전 중인데 의외의 변수가 없다면 패배하는 일은 있을 수 없지만 공격이 저지되거나 승리가 크지 않을 가능성은 있다."고 심정을 밝혔다. 그러자 이 소식을 들었는지 추격정지 명령을 내린 바로 그날 저녁 조선 측으로부터 김일성이 평양을 출발하여 펑이 머무르고 있는 군자리(君子里) 부근에서 만나 향후의 작전문제를 논의하자는 연락이 왔다. 김은 평양대사관의 차이청원 참사관을 만나 진격 중지 설을 캐묻고 불평한 뒤 펑더화이를 만나자고 한 것이다.

이 때 펑은 부사령관 한센추로부터 3차 공세 결과에 대한 중공군 측 손실을 보고 받은 직후였다. 한 부사령관은 3차 공세의 결과 부대의 기간요원들이 거의 다 소진되었으며 상상 외로 적지 않는 손실을 보았다고 보고했다. 가령 제116사단 2개 연대에서 천여 명 사상(死傷), 제119사단 1개 연대도 3백여 명을 잃었고 심지어 어떤 사단은 병력의 반 정도만이 전투에 참여하고 있으며 부대원들은 극도의 피로에 빠져 있다고 했다. 38선 이남의 길가에는 수많은 군중들이 도망치고 있으며 길가의 가옥들이 적에 의해 모조리 파괴되고 불타고 있으며 부대가 밥 먹고 잠자는 등 은신할 곳이 없다고 했다. 행군 중 적지 않은 병사들이 탈주하거나 낙오했으며 군화도 없이 짚신을 신거나 맨발인 경우도 적지 않고 탄약도 떨어졌으며 포병대는 파괴되거나 움직일 수 없어 보병을 지원하지 못하고 있다는 것이었다. 또 미군이 후퇴하며 이곳저곳에 지뢰를 매설해 놓아서 제40군에서만도 지뢰로 사망한 병사가 100명이 넘는다고 했다.

1월 10일 판자로 임시조치를 취한 전방지휘소에 도착한 김일성 등은 중공군의 3차례 공세에서의 승전에 감사를 표하고 "이처럼 승승장구하고 있는데 왜 37도선 부근에서 진격을 중지하고 부대를 철수하려는가"라고 물었다. 그리고 소련대사 슈티코프의 의견을 전하는 형식을 취해 계속 남진(南進)해야 한다는 자신들의 바람을 말했다. 희미한 가스 등불 밑에서 특히 박헌영은 "현재 전장이 유리한 형세를 타고 남진하여 적을 계속 섬멸해야 한다고 생각한다. 슈티코프 동지는 기회를 잡아 승세를 타고 남진하여 적에게 최대의 군사적 압력을 가해야만 조선반도에서 철퇴시킬 수 있다고 말했다"라고 소개했다.[58]

펑은 불쾌한 감정을 억누르면서 전황을 자세히 설명하고 지난 3차례의 공세에서 입은 중공군의 피해상황을 전하고 당면한 수송보급의 어려움, 부대급양과 탄약의 부족으로 인한 곤란, 부산까지 밀고 내려갔을 때 닥칠지도 모르는 위험 등 미군의 반격 가능성에 대해 설명했다.

"적이 38도선을 지키지 않고 심지어 서울을 그대로 내줄 때에는 리지웨이의 여러 계획이 있었을 것이다. 우리를 남쪽으로 끌어들여 우리가 지칠 대로 지치기를 기다려 상륙작전 등 공세를 펼 것이고 그 때에는 우리도 적을 상대하기 어려울 것이다. 말하기는 쉽다. 현재 적군은 아직 20여 만 명의 병력을 가지고 있으며 주력부대는 손실을 입지 않았다. 내가 보는 바로는 7~8만 명의 적을 섬멸시키지 않는 한 적이 스스로 조선반도에서 물러나지는 않을 것이다. 지나치게 남진하여 적을 부산에 밀어 넣으면 도리어 우리가 기동전으로 적을 섬멸하는데 불리하다."고 말했다.

김일성은 그러자 "펑 사령의 다음 작전계획은 무엇이요? 지금 추격을 정지하고 휴식과 정돈을 취하면 기간은 얼마나 필요한거요?"라고 물었다.

---

58) 李慶山 p216이하; 和田春樹, p209이하

탄약이 떨어진 중공군이 육박하는 국군들에게 돌멩이를 던지고 있다.

그리고 1개월 정도로 충분치 않은가. 그 이상이면 강도 논밭도 얼음이 풀려 부대 이동이 곤란하게 된다고 첨가 했다.

　펑은 "사실로 말하면 3차 공세는 몇 가지 무리한 가운데 취해졌다. 작전준비는 너무 급하게 이뤄졌고 어떤 포병부대는 움직일 수도 없었다. 38도선을 돌파한 뒤에 기온이 너무 떨어져 동상(冬傷)으로 전투력을 상실했고 자동차나 기계화 부대로 달아나는 적을 걸어서 추격해야 했고 낮에는 방공호에 숨어서 지내는 등 전투원들은 매우 지쳐있다. 후방지원도 시원치 않아 계속 공격을 한다는 것은 무리한 일이다. 마땅히 부대를 쉬게 하고 다음 공세를 위해서는 충분히 준비해야한다" 면서 "우리의 중점은 다음 봄 공세(春季攻勢)이다" 라고 말했다.

펑은 김일성의 1개월 휴식 제외에 대해서도 "1개월은 안돼!" 라고 고개를 내저으며 인원감축이 매우 커서 이를 보충하려면 3~4개월은 지나야 하며 일선에서 필요한 장비도 그 정도 기간이 있어야 보충된다고 잘라 말했다. 다시 박헌영이 끼어들었다. "슈티코프 동지는 전선에서의 주도권을 계속 장악하고 승승장구로 남조선을 해방하고 …" 라고 말을 이어가려 했다. 연전연승한다는 승전보만 멀리서 듣고 있던 슈티코프로서는 일선부대가 당면하고 있는 곤경을 알 수 없었을 것이고 실제 196사단은 동상으로 인해 수천 명이 전투력을 잃을 판이었고 미군이 알기만 한다면 한발의 총탄도 쏘지 않고서도 1개 사단을 손실 시킬 수 있었다.

/ 조선인민군 단독으로 남진(南進)하라고 /

기분이 상한 펑더화이가 "슈티코프? 그가 싸워봤나요?" 하고 불쾌한 듯이 응수했다. "2차 공세 후 우리가 추격을 정지하니까 그는 반대했지요. 두 개의 발통을 가지고 네 개의 발통을 가진 자동차를 어떻게 추격합니까? 그는 참 이상해요. 우리가 싸우는 것을 보지도 않았고 이기면서도 추격을 하지 않았고 전과(戰果)를 더 이상 확대하지도 않았다고 해. 당신이 그에게 말하시오. 나 펑더화이는 전쟁에 지려고 조선에 온 것이 아니라고. 나 역시 승승장구하고 빨리 모든 것을 해결하고 싶다고… 문제는 객관적 조건이 허락지 않고 있으며 우리 중국 인민 해방군도 맹공격하여 패주하는 적을 추격하고 적이 다시는 조직적인 저항을 하지 못하도록 하고 싶다고. 그러나 조선 전쟁의 특수성을 보아야 해요. 우리 50군과 40군 1개 사단이, 그리고 당신들 조선인민군 2, 5군단이 적을 50~70km 추격하지만 더 많은 적을 섬멸하지 못하고 그들은 기계화 부대로 우리보다 더 빨리 달아난다면, 조선은 종심(縱心)이 깊은 반도인데 동서 해안으로는 적이 어느 때고 상륙하여 공격할 수 있고, 우리를 소모시킨 뒤 양쪽에서 상륙하여 공격하면 인천에서의 실패를 되풀이 하고…" 흥분한 펑은 자신이 연합군 사령에 적합하지 않으면 그 직위를 해제해도 좋다고 김일성에게 말하기도 했다. [59]

홍쉐즈 부사령관 역시 라주바예프 주 평양대사도 이기는 것만 보았다고 불평하며 자신들은 소련이 아니라 인민들에게만 책임을 진다고 불편한 심기를 표시했음을 자신의 회고록에 기술하고 있다. 펑더화이의 남진중지 정황에 대해 슈티코프는 스탈린에게 바로 보고했고 펑도 마오쩌둥에게 각각 보고했다. 이러한 소련 또는 북한 측의 불만은 중국주재 소련 고문단장 사하로프를 통해서도 이미 피력되었다. 사하로프는 베이징 중국인민해방군 사령부를 방문해 녜룽전 등 수뇌부에 왜 승리하고 있는 군대가 더 이상 적극 진격을 하지 않는가라고 물었다는 것이다. 김일성이 휴식을 줄이고 남진(南進)을 계속하자고 하자 마오쩌둥은 그렇다면 인천과 서울 등 한강 이북은 중국지원군이 수비하며 휴식하고 조선인민군이 계속 남진을 하라고 절충했다는 것이다. 결국 김일성은 단독으로 전투를 계속할 수 없어 이러한 절충안을 받아들이지 못 했다는 것이다. [60]

결국 마오와 스탈린은 협의 끝에 스탈린이 펑의 의견을, 그것도 세계에

---

59) 王樹增, 앞의 책 p407
60) 沈志華, 앞의 책 pp281, 378 이하, 어떤 기록은 슈티코프와 라주바예프가 혼동되고 있다. 슈티코프의 해임 전출 날짜에 혼동이 있었던 것 같다. 王樹增은 라주바예프라고 기술

서 가장 강한 미군을 상대로 승리하고 있다는 찬사를 보내면서 받아들였다. 그리고 펑과 의견충돌을 일으킨 슈티코프 장군을 북한에서 불러들였다. 그의 후임으로 라주바예프 중장이 평양으로 부임했다. 중공군은 38선 부근에서 더 이상 내려오지 않았다. 그리고 분위기를 개선하기 위해 소련 측은 휴식기간을 이용, 지원군 간부들의 휴식 겸 재 교육을 권유하여 전선에 있는 사단급 이상의 장교들을 선양으로 불러들였다. 중국 내에 있던 소련 고문관들이 소련 적군과 나치 독일군의 전투 경험을 중심으로 2주일간에 걸쳐 현대전에 관한 교육을 시켰다. 이 사건에 대해 저우언라이의 비서였던 쓰저도 그의 회고록에서 소련 군사고문과 펑더화이 사령관 사이에 의견차이로 다툼이 자주 발생했음을 상기시키고 이는 서양의 군사 교조주의에 빠진 소련 고문관들이 중공군의 작전지침과 행동을 이해하지 못했고 실제상황에도 익숙하지 못한 탓이었다고 주장하고 있다. 다만 군사전문가인 스탈린만이 이런 상황을 이해했다고 적고 있다. 중공군이 성과를 거두자 스탈린도 마오쩌둥을 믿기 시작하여 두 사람 상호간에 충돌을 피하고 에둘러 이견(異見)을 표시하고 조정하게 되었다. 그러나 스탈린은 소련 고문관을 적어도 군 단위 이하까지라도 보내 작전지도를 해달라는 마오쩌둥의 거듭된 요구를 묵살하고 응하지 않았다. 혹시 소련군이 유엔군에 의해 죽거나 생포당하는 것을 극도로 경계했기 때문이다.[61]

펑더화이와 김일성은 충돌이 잦았다. 심지어 서로 주먹다짐까지 했다는 소문이 나돌 정도였다. 휴전문제로 까오강과 같이 소련에 간 김은 스탈린과 대화도중 펑이 고집불통이라며 입에 침을 튀기며 불평을 털어놓아 스탈린이 제지하기도 했다고 한다.[62]

---

61) 李慶山, 앞의 책 p219이하; 師哲, 앞의 자료 pp266~268; 洪學智, 앞의 책 p204이하
62) 金明壕, 앞의 책 pp135~137

22...

중·조 연사(聯司)의 확대간부회의

/ 김일성 얕잡아 본 게 후환이 되다 /

3차 공세를 마친 중공군과 조선 인민군은 잠시 쉬는 시간을 이용 1월 25
일부터 5일간 중공군 지휘부가 있는 평남 성천군(成川郡) 군자리(君子里)부
근의 탄광촌 동굴에서 펑더화이와 김일성이 참석한 가운데 개전 이래 최
대의 양국군 간부회의를 열었다. 남진을 중지한 중공지원군에 불만을 품
고 펑더화이를 만난 김일성이 펑의 설명을 듣고 잠시 쉬는 틈에 합동회의
를 열자는 제의에 의한 것이었다.

　이 자리에는 북한의 김일성 외에도 박헌영 등 노동당 간부들과 방호산
등 군 지휘관들, 그리고 중공군의 펑 사령과 동북(만주) 지구 인민정부 주
석 까오강, 머지않아 조선에 들어올 제19병단의 요원들, 천갱(陳賡) 제3
병단 사령관 등 각 군 소속 주요장군들이 함께 했다. 정식대표 60여명, 참
관 배석자 62인으로 대규모 회의였다. 천 장군은 황푸(黃捕) 군관학교
출신으로 공산군에 전향한 뒤 장제스와 저우언라이 등의 생명을 구해준
바 있는 역전의 용장으로 조선전쟁에 막 참여 하기 위해 월맹(越盟)에서

부임하였던 사람이다. 그는 월맹의 호치민 유격부대를 도와 프랑스군과 싸우다가 한국전장으로 온 것이다. 새로 파견될 제3병단의 요원으로 조선전쟁에서 미군과의 전투 경험을 축적하기 위해 펑 사령의 부사령으로 부임한 처지였다. 양더즈의 제19병단은 산둥(山東)에서 만주 지역으로 와서 소련제 무기로 재무장하며 인원을 보충하고 있었다.

회의는 25일 상오 김두봉의 개회사로 시작되었으며 펑더화이의 3차례 공세에 관한 종합보고가 있었다. 그리고 이어 26일까지 박헌영, 덩화, 두핑, 시에팡, 홍쉐즈, 한센추 등이 차례로 보고를 했다. 6개 조로 편성하여 분임토의도 했다.

시에팡이 훈련계획과 사령부 공작에 관해, 한센추가 전술문제에 관해, 홍쉐즈는 보급공작에 대해 보고했다. 정치부 주임 두핑은 정치사상전에 관한 발언을 통해 "지금까지 승리해 왔으나 조급히 전쟁을 승리로 마칠 생각을 하지 말고 지구전을 각오해야 하며 사상전에서도 승리해야 한다."고 강조했다. 홍쉐즈는 지난 3차례의 공세를 통해 겪은 후방 보급 지원 상황을 회고하고 물자보급의 곤란한 문제들을 언급했다. 그리고 후방 지원과 수송문제를 극복하기 위한 조직과 기구의 정비문제를 강조, 3차례의 공세를 통해 1,200대의 트럭을 잃었는바 앞으로 3,400대의 차량이 필요한데 비해 1,000대 정도만 가능했으며 자동차가 부족하면 대형 우마차등도 준비해야 한다고 말했다. 홍은 이어 "부대에는 보편적으로 3가지의 두려움이 있는바, 첫째는 밥 먹을 것이 없는 것이요, 둘째는 쏠 탄환이 없는 것이며, 셋째는 부상해도 후송되지 않는 두려움이다"라고 지적했다.

대회 4일 째인 28일에는 김일성이 조선 노동당이 할 금후의 공작에 대해, 까오강이 국내외 정세와 조선전쟁의 보급문제에 관한 만주에서의 활

문혁 때 3반분자라는 표어를 달고 있는 펑더화이

동 등을 언급하고 철도 수리와 비행장 보수에 최선을 다하겠다고 했다. 쑹
스룬은 9병단의 경험을 말했다. 5일째는 인민군 5 군단장 방호산이 자신
이(후퇴시) 지휘했던 제6사단의 전투경험을 소개했다. 그리고 지원군 38군
113사단 부사단장인 류하이칭(劉海淸)과 39군 116사단인 장펑(張峰)
으로부터 청천강 돌파 때의 경험과 현대전에서 필요한 보급수송 등 지원
체제에 대해 보고를 들었다.[63]

　이 때 펑이 김일성 등에 대해 기분 나쁜 발언이나 인상을 준 것 같다고

---

63) 李慶山, p2230이하

일본의 중국문제 전문가인 좌파교수 와다 하루키(和田春樹)는 그의 저서 「한국전쟁」에서 다음과 같이 기술하고 있다.

펑이 "항일전쟁시기에 나는 팔로군의 부사령관이었으나 김일성은 항일 연군의 허수아비 사장(師長)이었다"거나, 1937년 자신이 팔로군 부사령 관이었을 때 팔로군 주력은 약 3만 2천명이었던데 대해 김일성의 동북항 일 연군 제1로군 제2방면군은 병력이 고작 350명에서 500명이었다고 했 다는 것이다. 펑더화이가 자신과 김일성이 군사지도자로서 전혀 차원이 다르다고 생각하고 군사적 역량에서는 김일성을 무시했음이 틀림없다는 것이다.[64]

사실 마오쩌둥은 이 회의에 앞서 보낸 펑의 연설문 초안을 보고 중·조 (中朝) 두 나라 당과 군대의 단결을 거듭 강조할 것과 "조선 인민군과 조 선 노동당을 지지하고 조선 인민의 수령 김일성 동지를 옹호하여야 한다." 고 말하고 "조선 인민을 옹호하여 조선의 산천초목을 아끼고 조선의 바 늘 하나, 실오라기 하나도 가져가지 않도록 교육해야 한다."고 특별히 주 문했던 것이다. 마오는 중국인의 조선에 대한 정책과 활동이 결정적이라 는 어감을 피하도록 주의를 주었다는 것이다. 김일성에게도 예의를 다하 고 이른바 대국(大國) 쇼비니즘(chauvinism)을 발휘하여 그를 욕되게 해서 는 안 된다는 요지의 수정을 가해 전문을 보냈던 것이다.[65]

원래 펑더화이의 연설문에는 "중국인민 지원군은 조선노동당과 인민군 이 학습하도록 노력하며 중국 지원군이 조선작전에서 큰 성적을 올려 영 광이며 반드시 그렇게 되어 있었다. 미국에 대항하여 조선을 원조하는 것

---

64) 和田春樹 앞의 책, p213, 이때의 중조확대 간부회의 경과는 洪學智, 앞의 책 pp208~210,자료선집 II 의 p3270이하 싸쟝(沙江)의 "항미 원조전쟁의 목표와 전쟁지휘" 참조
65) 자료선집 II 의 pp112~113

은 가정을 보호하고 국가를 방위하려는 것이었기 때문에 조선인민과 중국의 이익에 완전 부합되는 것이다" 는 대목이 있었다. 그리고 과거에 많은 조선의 동지들이 중국혁명 전쟁에 참가하여 중국의 인민을 위해 피를 흘렸고 따라서 우리도 당연히 이를 배워야 한다는 말이 씌어 있었다.

/ 보병 포병 연계작전, 사상교육을 강화 /

그런데 뒷날 펑더화이는 문화혁명 기간에 수난을 당하고 홍위병들로부터 공격을 받게 되는데 빌미의 하나가 이 때(51년 1월) 중조군 회의에서 마오의 지시와는 달리 그가 김일성을 얕잡아 보았다는 것이었다. 펑은 이때 유가비판(遊街批判－죄인을 앞세우고 거리를 다니며 모욕을 주고 비판 하는 것)을 당했으며 그의 뒤를 이어 국방장관이 된 린뱌오 및 장칭의 무고와 핍박을 받았다. 한국전쟁이 휴전 된 후 귀국한 펑은 국방부 장관으로 승진하여 잘 나가던 중 1959년 8월 루산(廬山)에서 열린 중국 공산당 제8기 제8차 중앙위원회 전체회의에서 마오쩌둥으로부터 한 칼에 날아간다. 펑은 사신(私信)으로 군과 경제의 기술적 진보를 주장하며 마오가 추진하던 대약진(大躍進) 운동과정에서 나타난 좌익모험주의와 소시민 계급의 지나친 광적 열광이 가져 올 위험성을 비판한 적이 있는데 이것이 마오의 미움을 사 숙청을 당하게 되었다. 베이징 근처에서 사실상 귀양살이를 하던 펑더화이는 다시 스촨(四川)성 청두(城都)를 거쳐 말단직으로 좌천되는 등 문혁기간을 통해 그의 정적들의 공격을 이겨내지 못하고 광란의 문혁기간이 끝난 지 얼마 안 되어 1974년 11월 29일 비운의 죽음을 당하는 운명에 처하게 된다. 그러나 마오가 사망하고 난 뒤인 1978년 11월 중공 11회 전국대회에서 누명을 벗고 명예회복 되어 덩샤오핑이 그의 추도사를 읽는 등 부침이 중첩되는 기구한 운명을 맞게 된다. 그가 죽은 훨씬 뒤에 밝혀진 바에 의하면 마오의 무리한 약진운동과 인민공사 등으로 물경 3천만 가까운 인민이 굶어 죽거나 고통으로 사망한 것으로 알려졌다. 펑더화이가 몰락한 경위는 마오쩌둥의 개인숭배를 비판하고 펑이 소련과 가까워졌다는데서 발단이 됐다는 견해가 있다. 1959년 상반기에 고향 후난성 등지로 가서 대약진 운동과 인민공사 진척 상황을 둘러보며 심각성을 깨닫고 같은 해 7월 4일 마오에게 장문의 서신을 보내 이 운동실패에 관한 자신의 견해를 밝혔다. 그리고 대소 집회나 토론회에 가서 그의 솔직한 군인다운 성격으로 마오쩌둥의 비위를 거스르는 발언을 했다. 마오는 후르시쵸프의 스탈린 격하운동에 자극을 받고 있던 때라 이런 펑의 언행을 민감하게 받아들이고 드디어 루산회의에서 터뜨렸다. 심지어 그는 한국전쟁에서 죽은 아들 이야기까지 끄집어내어 "내 아들 한 명은 맞아 죽었다. 아들 한 명은 미쳤다. 내가 보니 대를 이을 후손이 없다."고 하며 펑에 대한 감정을 내비쳤다는 것이다.[66]

어쨌든 당시에 슈티코프 등 소련군 고문관들의 간섭과 이에 동조하는 김일성 등에 대해 괄괄한 성격의 펑이 언짢은 기분을 가졌음에 틀림없어 보인다.

51년 1월 29일 이 합동회의가 끝나기 하루 앞서 펑은 전선에서 마오에게 전보를 쳐서 회의진행 사항을 보고했는데 마오쩌둥은 이미 리지웨이가 공세를 펴고 있다는 사실을 전제로 곧 4차 공세 준비에 관해 지시했다.

그리고 각 지휘관들에게 대전차 공격, 매설된 지뢰의 제거, 그리고 후퇴하는 적군을 철저히 쳐부술 준비를 하고 전술상으로 보병과 포병의 협

---

66) 王丹, 앞의 책 p173이하;「彭德懷 自述」 pp265이하에 루산회의에 관한 기술이 있다.

동작전술을 익히며 병력과 화력을 집중하거나 기동타격하고 야간작전을 숙지하며 산을 넘고 물을 건너 신속한 기동작전을 펼 수 있도록 준비 할 것을 주문했다. 아울러 항만을 견고히 수비하며 사상전에도 확고히 대비 할 것도 명령하였다. 무엇보다도 공군의 폭격과 함정의 포격 등 미군의 화력 공세에 대항하기 위해서는 목숨을 건 근접전, 소단위 부대를 치고 달아나는 수법 등을 거듭 강조했다. 마오쩌둥은 펑더화이의 기분 전환을 위해 과거 장제스 군대나 일본군과의 싸움을 승리로 이끌었을 적에 펑을 자신이 치하했던 싯귀를 다시 적어 보내기도 했다.

"誰能橫刀立馬, 唯我彭大將軍"
칼 들고 말 달리며 칼을 휘둘러 용감히 싸우는 자가
누구라고 할까. 우리의 펑 대장이 유일하다네!

23...

적의 전술 뚫어본 리지웨이

/ 낙동강 전선서 인민군 암호 해독 /

중공군의 개입으로 사기가 저하된 유엔군이 후퇴를 거듭하며 다시 서울까지 적에게 넘겨주자 워싱턴과 뉴욕 유엔본부의 분위기는 매우 비관적이 되었다. 심지어 맥아더의 도쿄 사령부에서도 최악의 경우 한반도에서 철수를 고려해야 한다는 검은 먹구름이 잔뜩 끼었다. 한국전쟁의 목표는 군사적인 완전승리에서 제한 전쟁과 정치적인 것으로 바뀌었다. 즉 맥아더와 이승만의 반대에도 불구하고 워싱턴에서는 북한군의 완전패망과 한국의 통일이라는 목표에서 후퇴, 어떻게 하면 한국전쟁을 38선 부근에서 현상유지 할 수 있을 것인가 하는 점 이었다. 한국전선을 둘러본 미 육군참모 콜린스 총장은 맥아더의 증원군 요청을 거절하면서 미군을 철수시킬 긴급계획을 세우고 해군에 철수함정 준비지시까지 내렸다. 이런 비관론을 일시에 틀어막는 효과적인 공세를 리지웨이는 취하게 된다.

전사한 워커 장군의 뒤를 이어 한국전선에 부임한 리지웨이 미 8군 사령관은 전선시찰을 통해 미군의 사기가 땅에 떨어진 것을 절감하였다. 뿐만 아니라 중공군을 신비스럽게 보며 일종의 자포자기 분위기가 감돌고 있는 것을 간취했다. 제2차 세계대전 때부터 앞가슴 멜빵에 수류탄을 달고 다니는 것으로 이름난 공수부대 출신의 그는 최일선 소대까지 다니면서 사기를 진작시키려고 노력했다.

소대 단위까지 전선을 둘러 본 리지웨이는 이 전쟁에서 정치적 이념보다는 군인다운 직업정신이 더 필요하다는 것을 느꼈다. 그는 부대원들에게 "공산주의자들에 대한 투쟁"이나 "자유를 위한 투쟁" 따위 정치적 목표와 참전이유를 설명하기 보다는 "소대원들은 소대장을 위해, 소대장이나 중대장은 그 부대의 명예를 위해 그리고 살아남기 위해 투쟁해야 한다."는 군인의 전투정신, 프로페셔널리즘(professionalism)을 주입시키는 데 노력했다. 그리고 부대원의 사기는 올라갔다.[67]

이러한 사병들의 전투심리 파악은 2차 대전 중에 미국 사회학자들이 독일군 포로 조사를 통해 밝혀진 것으로 나치스 독일병사들은 최후의 순간에 조국 독일이나 히틀러의 영광을 떠 올린 것이 아니라, 가족도 아니며 오직 분대장만을 생각하여 싸웠다는 결론을 얻어낸 데서 배웠는지도 모른다. 최일선 병사들의 일차 집단 간의 유대와 결속의 중요성을 발견한 것이다. 그의 작전목표는 땅을 얼마나 더 차지하는 게 아니라 전선의 현상을 유지하면서 얼마나 더 많은 적의 인명살상과 통신 그리고 군수물자 등 전투능력을 마비시킬 수 있는가에 두었다. 국방성과 합참 등의 강한 지지를 받고 있던 그의 이러한 방침에 대해 도쿄의 유엔군 사령부도 찬성하고 작전 전술에 대해서도 맥아더 스스로가 간섭을 하지 않고 야전사령관인

---

67) David Rees, Korea-the limited war (London, 1964) pp190~191

리지웨이에 전적으로 위임하는 태도를 보였다. 다만 한만(韓滿), 한노(韓露) 국경에의 접근과 폭격은 엄밀한 통제를 받고 부득이한 경우 워싱턴의 승인을 받도록 했다.

그는 1월 14일 사냥개(Wolfhound)작전을 통해 자신이 직접 정찰기를 타고 오산과 수원일대의 적정을 살폈다. 그는 소규모 수색정찰 부대를 동원하고 자동차나 장갑차, 또는 탱크 등 기갑부대를 출동시키며 적을 치고 빠지는 식(hit and run)의 전투를 펴면서 본인이 직접 적진을 세세히 살폈다. 여주의 군단본부로 돌아와 그동안의 작전기록을 가져다가 면밀히 검토해 보았다. 그의 전임자 워커가 낙동강 전선에서 인민군의 원시적인 통신방법과 암호를 알아내고 군 정찰기로 직접 적군의 배치와 이동사항을 파악하여 대처한 것도 참고했다. 그리고 다음과 같은 사실을 발견했다.

미군이 처음으로 중공군의 대대적인 공격을 받은 것은 압록강 부근으로 50년 10월 25일쯤부터 8일간이었다. 청천강으로 후퇴한 11월 25일부터 12월 2일까지 중공군은 다시 공격을 하다가 홀연히 중지했는데 역시 공격한 기간은 8일간이었다. 그리고 12월 31일 세 번째로 대규모 공격을 개시했고 다음해 1월 8일에 멈추었다. 공격기간은 어김없이 8일 간격이었다.

리지웨이는 무릎을 탁 치면서 감탄했다. 중공군의 원시적인 보급방법으로는 8일간을 지탱할 뿐이며 사병들이 식량과 소총탄이나 박격포탄을 휴대할 수 있는 최대의 양이 1주일 전후라는 것(一週期 공세)을 파악했다. 그리고 중공군의 공격이 매월 초나 말일 경으로 달빛이 있는 시기를 골라서 야간공격(달빛공세)을 함으로써 미군의 공중공격을 피했고 피리나 북을 치고 불면서 미군병사들의 혼쭐을 내는 신비적인 심리전을 펴고 있는 것도 간파하였다. 만월(滿月)에 공격하고 또 쉬고 또 공격하는 주기적인 방법이었다.

　그 밖에도 미군 측은 중공군이 팔로군 시절부터 줄곧 써먹어 온 산병반군(散兵半群) 전술도 체득했다. 그것은 공격하는 보병부대가 적진 200m까지 접근하면 곧 부대를 흩어지게 하여 반쪽으로 나누고 기관총 조(組)와 소총저격 조가 엇갈려 엄호사격하며 전진한다. 그리고 수류탄 투척 지점에 와서 일제히 수류탄을 던진다. 수류탄이 작렬하는 틈을 타서 돌격하고 백병전을 벌이는 수법이다. 말하자면 공군의 엄호가 없는 야간에 괴성을 지르며 소단위 부대로 목숨을 걸고 기습한 뒤 달아나는 전술이다.

/ 대만서 심리전 전문가 불러와 연구도 /

뒤늦게나마 도쿄의 미 극동군 사령부는 부랴부랴 일본의 중국문제 전문가들을 모아 손자병법 등 중국의 고전 전술과 마오쩌둥 전법을 연구하기 시작했다. 타이완의 장제스 군에 요청, 극비리에 소수의 국부군 심리전 요원과 포로 심문에 필요한 통역요원들을 데려와 중공군 포로관리와 심리전에 도움을 받기 시작했다. 타이완의 국민당 정부는 미군이 필요로 하는 이상의 중국어 통역, 교사, 언론인 등 심리전 전문가들을 파견 했으며, 국제적 선전을 통해 중국 공산당에 굴욕감을 안기는 데 온 힘을 기울였다. (朱立熙, 「韓國戰爭-그 후 60년 台湾의 得失」 논문) 미군도 성동격서(聲東擊西)나 양동(陽動) 작전 등 위만전술을 원용하는 등 전략전술을 개발하고 북한 항만 등에 대한 함포사격이나 상륙작전 등 위장 연막전술을 펼치기 시작했다. 리지웨이는 워커 장군과는 달리 맥아더로부터 사실상 독립하여 한국전선의 총사령관으로서 사병들의 사기를 올리며 군을 장악하고 전선

그의 상징인 수류탄을 맨 리지웨이 중장

을 통제할 수 있게 되었다.

　리지웨이는 마침내 적이 탄약과 식량이 소진해가는 것을 기다려 1월25일 그의 회심의 「천둥벼락」(Thunderbolt)작전을 펴기 시작했다. 후퇴만 거듭하던 유엔군의 첫 번째 대규모 공세였던 것이다. 특히 리지웨이는 중공군이 이제까지 선두 공격을 하던 한국군을 격파하고 후방으로 침투하여 미군을 포위 공격해 왔던 것을 파악하여 오히려 미군을 전면에 내세우고 부대를 소규모로 동서남북 전후로 배치하여 상호협조 견제를 하며 공군과 포병의 화력을 긴밀히 연개, 적을 섬멸시키는 작전을 폈다.

마침 이날 공산측은 군자리(君子里) 부근의 동굴에서 펑더화이와 김일성이 참석한 가운데 마음 놓고 개전 이래 최대의 중·조(中朝)지휘관 연석회의를 개최하고 있었다.

이 자리에는 앞에서 말한 대로 북한의 김일성과 노동당 주요책임자들과 인민군 총사령부의 주요지휘관들이 다 참석하고 있었다.

리지웨이 장군이 파악한 중공군의 보급실태는 포로로 붙잡힌 중공군 전사들에 대한 심문결과에도 그대로 드러났다. 미 육군성 전사편찬부에서 발간한 한국전에 관한 전사에는 다음과 같이 기술되어있다.

"중공군은 남쪽으로 추격을 계속하는 것처럼 보였으나 5일 째가 되어서 주력의 추격은 무너졌다. 포로의 진술에 의하면 중공군의 병사는 5일분의 옥수수와 조를 가지고 공격을 시작하였으나, 한국전쟁터에서의 적군(미군)의 군수물자는 모두 운반하여 갔거나 태워버려서 식량이 떨어지면 보충할 길이 없었으며 동시에 공격력과 체력의 소모도 다 된 것 같았다. 유엔군은 중국군 제1파상공격이 소모되면 제2파의 공격이 계속될 것인가, 공격기간과 공격거리가 증대되는 것이 아닌가 하고 염려했으나 그렇지는 않았다"… 실제 중공군 병사는 처음 짊어질 만큼의 보급품을 짊어지고 공격하여 그것이 소모되면 정지하고 보급되기를 기다리며 다시 보급된 식량과 탄약을 휴대하고 공격을 재개하는 것이다. 그러므로 한 병사가 짊어지는 식량과 탄약 등은 대개 10일분 정도이며 또한 기동은 도보이기 때문에 제1진부대의 공격지속 일수는 보급과 체력 면에서 보아 10일 전후이며, 제2진 부대를 투입해도 그 작전일수는 20일 정도가 한도였다.[68]

---

68) 平松茂雄, 앞의 책 pp166~173 참조

그리고 병사들은 굶주리고 차가운 음식물을 섭취하였다. 2일 간에 감자 몇 개밖에 먹지 못했고 따라서 전투를 유지할 수가 없었다. 또한 부상자를 후송할 수도 없었다. 화력도 근본적으로 불충분하였다. 화포를 사용하려고 해도 탄약이 모자랐고 설령 있다 해도 불발탄이 많았다.

미군이 포획한 문서 중에는 중공군 작전의 어려움도 여러 곳에서 발견되었다. 전투 중 병사가 눈이 쌓인 산간에서 야영하면 발이나 손이 동상에 걸리고 얼은 손으로 수류탄의 핀을 뽑을 수도 없고 탄약의 신관도 발화되지 않았다. 손은 얼어서 잘 움직이지도 않았다. 박격포의 포신은 추위 때문에 수축되었다. 박격포 탄약의 7할은 불발되었다. 손의 살갗은 냉각된 포탄이나 포신에 붙어버렸다. 이처럼 중공군의 보급문제를 완전히 파악한 유엔군은 후퇴를 거듭한 끝에 처음으로 공세다운 공세 「천둥벼락」 (선더볼트) 작전을 펼 수 있었다. 그리고 미국은 중공군의 정보수집에 열을 올려 중앙정보부가 개입, 베이징과 조선전쟁 지휘의 중계탑인 무단장(牧丹江) 사이의 케이블과 서해의 해저전선을 도청하는 방법까지 강구하게 되었다.[69]

중공군과 인민군은 유엔군이 잘해야 2월이 넘어서 공격해 올 것이라고 보고 있었는데, 예상외의 유엔군의 반격에 리지웨이의 작전을 자성(磁性) 작전 또는 화해(火海)전술이라고 부르며 당황해 했다 한다. 중공군이 뒷날 보인 태도는 리지웨이 작전의 효율성을 인정하며 비록 간접적 우회적으로라도 그의 지휘 아래 진행된 유엔군의 공세에 의해 그들이 입은 피해를 인정하고 있다. 홍쉐즈 부사령관은 그의 회고록에서 리지웨이의 작전을 이렇게 평가하고 있다. "리지웨이는 한국군을 엄격히 통제해 직접

---

69) Joesph C. Goulden, Korea-the untold story of the war (New York, 1982) p4620|하

미 군사단의 통제를 받도록 했다. 그는 공격이 최상의 방어라는 신념 아래 병력을 정비했다. 동시에 미군들은 양호한 수송조건을 최대한 활용해 병력과 탱크 및 야포를 늘리면서 전방보급도 개선해 나갔다. … 51년 1월 15일부터 이른바 '자성(석)(磁性) 전술'을 구사했다.… 아군이 피로하고 보급이 여의치 못한 틈을 타 대대적인 반격을 해 오곤 했다."[70]

중공도 이제까지 경험하지 않은 외국전장에서 보급문제의 심각성을 이해하고 저우언라이가 주동이 되어 중국본토로부터 그리고 전선 후방으로부터의 지원과 보급독려에 발 벗고 나서지 않으면 안 되었다.

---

70) 洪學智 앞의 책 p215

24...
저우언라이(周恩來)와 후방보급 임무

/ 총리가 직접 콩과 면 볶아(炒面煮肉) /

3차례의 공세를 마친 중공군은 다음 춘계(봄) 공세를 보다 효과적으로 전개하기 위해 조선에서 중국과 조선 양 측 군사회의를 하기에 앞서 1월 22일 만주의 선양에서 제1차 후방지원회의(보급회의)를 개최하였다. 근 일주일간 계속된 이 회의는 국가경제위원회의 *리푸춘(李富春)이 사회를 맡고 저우언라이 총리가 참석하고 녜룽전 중공군 참모총장 대리, 후방근무 부장으로 홍군시대부터 각종 물자보급에 경험이 많았던 양리산(楊立三 또는 陽力山이라고도 함)등이 배석했다.

　이 회의 참가자들은 그들이 조선에서 당면하고 있는 문제들이 중국 내전 때의 사정과는 판이하게 다르다는 것을 인식하고 있었다. 그들은 물질적으로 그들보다 우월한 세력에 맞서도 침착할 수 있는 특성이 그들의 전략적 사고에 깊이 새겨져 있다고 믿고 있었다. 그러나 국부군과 싸울 때와는 달리 조선에서 미국과 대적하는 데는 사정이 무척 달라서 중공군의 물자는 순전히 중국 내륙에서 조달하여 공급해야하며 이런 보급품의 후송문제가 승리에 절대로 필요하며 적기의 끊임없는 공격을 피해 견고한 병참기지를 마련해야 한다는 것을 일러 주었다. 따라서 회의는 모든 것에 우선하는 "운수 제1주의"를 내세웠다. 신속히 철도를 수리 보수하고 도로를 긴급히 만들며 작은 길도 연결시키고 기차, 자동차, 마차, 손수레 등 각종 운반기구들을 조속히 강구하기로 했다. 그리고 이들 장비를 수리하고 관리 할 부대와 철도부대, 공병단들을 창설하거나 보완할 것을 서둘러야 했다. 당초 8월 말 준비점검 때는 후방 근무지원 사항으로 피복, 천막, 신발, 버선, 양식, 부식, 기름과 소금 등 모두 70만 명분을 준비하고 자동차 1만량, 석유 1년 치 분량도 구매 보관하고 70만 명분을 감안한 의약품과 각종 의료기재, 그리고 20만 명을 가상한 사상자에 대한 의료품 등을 준비해야 할 것으로 예상했던 것이다.[71]

실제로 만주의 병참기지에서 가까운 압록강과 청천강 사이의 조선 서북지역 전투에서는 작전기간이 최대로 15~20일 정도였다. 그러나 남하할수록 전투공세기간은 1주일간으로 줄어들었고, 만주에서 멀리 떨어진 38도선 이남에서는 5~6일 한도로 간신히 공세를 지속할 수 있었다. 사실상 중공군은 제공권의 상실로 미군 공군기들로부터 부단히 두들겨 맞아 보급품이 끊기기 일쑤여서 병사들은 거의 굶어가면서 전투를 지탱했고 눈덩이를 녹여서 요기를 채우는 바람에 설사, 복통 등 부작용이 많았다 한다. 따라서 작전 기간도 줄일 수밖에 없었다.

---

71) 자료선집 II의 p310, 南湘, 抗美援朝的 出兵決策 「百年潮」 (北京, 2009)

/ 병마(兵馬)보다 건초(乾草)가 앞서가야 /

이 같은 보급 운송문제에 대해 참모총장대리 녜룽전은 다음과 같이 말하고 있다.

"엄격히 말해 우리는 항미원조 중에야 비로소 현대전쟁에서 보급의 중요성을 알게 되었다. 현대전쟁은 인력과 물질의 경쟁이라고도 할 수 있다. 특히 고도의 기술 장비를 가진 미군과 싸우는데 있어서 만일 최소한도의 물자 보장이 없다면 적군과 싸워 이기는 것은 불가능하다."

그리고 그는 이어 "사람들이 말하기를 '병마가 움직이기 전에 양식과 건초가 선행 한다'고 한다. 항미 원조 경험은 그것이 현대전쟁을 진행하는데 있어서도 중요한 원칙이라는 것을 증명했다. 보급이 일정기간 동안에는 작전의 필요에 따라 주지 못하여 작전을 제한하고 전과에 영향을 미쳤다."고 회고 하고 있다. 나폴레옹도 병사는 잘 먹어야 잘 싸운다고 했다. 급박한 전투 상황 아래서도 음식은 군대의 사기를 좌지우지 할 수 있지 않은가.

그리고 2년여에 걸친 조선전쟁에서 대규모의 병단을 집중하여 연속적으로 싸웠는데 중국본토로 부터 250여만 톤, 9천여 종의 각종물자를 운송했는바 한 차례의 공세에 20여분의 화력 동원에 1,900여 톤의 탄약을 소비한 적도 있다고 했다.

녜룽전은 미군이 자신들의 공급 상의 규칙성과 문제점을 파악하여 우리의 공세를 "주간(週間)공세"라고 명명하여 1주일 내에는 엄호하면서 퇴각하며 싸움을 회피하다가 1주일이 지난 후에는 우리의 물자가 떨어져 간다는 것을 짐작하고 격렬히 반격하여 기동전의 후기에는 큰 손실을 보게 되었다고 털어 놓고 있다.

당시의 중공은 군수생산을 대대적으로 중대시키는 조치를 취하고 미국과 일본식 포탄을 개조하여 만들기도 했지만 수요의 10%정도만 충족시킬 수 있었다. 가령, 1951년 4분의 1분기에 필요로 하는 탄약은 14,100여 톤이었는데, 중공의 군수능력으로는 겨우 1,500여 톤을 생산하고 나머지는 모두 외국에 주문해야 했다는 것이다.

"1950년 이래 우리는 소련으로부터 50억 루블(대략 13억 4천만 달러)을 빌려 주로 조선전쟁에 썼다. 당시 장비를 교체하기 위해 소련으로부터 100개 사단의 장비를 샀는데, 우선 37개 사단 분이 도착했고 그중 몇 개 사단 분을 조선인민군에게 주었다. 그리고 점차 소련식 장비로 교체되고 일련의 군수공업도(그런 식으로) 건설했다."[72]

저우언라이는 이러한 보급의 중요성을 일찍 터득하고 이를 위해 몸소 노력을 아끼지 않았다고 한다.

그의 비서 동샤오펑(童小鵬)에 의하면 저우는 전쟁물자의 공급을 보장하기 위하여 직접 철로의 안전과 도로, 역, 부두 등의 안전문제 등에 대해 묻고 기나긴 수송로에 교통감시 초소와 대공초소를 건설하고 고사포부대와 긴급 수리부대를 배치하여 중단되지 않고 끊어지지 않는 강철같은 수송선을 건설하도록 지시했다. 그리고 중공군의 피복이 산을 오르고 숲을 지나는데 불편하다는 작전부문의 요구에 따라 모자를 바꾸고 솜옷은 바느질로 누볐다. 전선의 장병들이 적기의 폭격과 빈번한 전투로 밥을 먹을 수 없다는 상황을 알고 나서는 즉각 면과 미숫가루를 볶아 내어 전선으로 보내도록 하라고 정무원(政務院)에 지시했다. 저우는 이 회의를 마치고 베이징으로 돌아온 뒤 최하층 사업단위를 방문하며 독려했고 자신이 손수

---

72) 자료선집 Ⅱ pp205~212

면을 볶았다 한다.[73] 그리고 돼지고기 볶음도 생산되어 이 선양 회의를 「볶은 미숫가루·돼지고기(炒面煮肉) 회의」라고 불렀다.

저우 총리의 이 같은 지휘로 중국에서는 만주 전역은 물론 화북(華北)에서 중남지역의 창사(長沙)에 이르기까지 가가호호 각 기관과 군중을 동원해 면발과 미숫가루를 볶아 내게 했고 면화 생산량을 늘려 동복을 마련하도록 했다. 왕옌(王焰)의 펑더화이 연보(年譜)에 의하면 이런 전투용 식량(ration)에 취미를 붙인 펑은 12월 23일 전문으로 "양식보급이 곤란하고 적기의 증가로 인해 밤 낮 할 것 없이 불을 지펴 밥을 할 수 없다. 전 부대는 동북(만주)지역에서 보내 온 미숫가루에 감사하며, 이후로는 콩, 수수, 쌀에 소금을 더한 미숫가루 등을 보다 많이 보내주기를 바란다."고 했다.

저우는 이 같은 활동을 통해 지방 인민들의 생산 활동과 애국사상을 고취했고 징병과 인민들의 전쟁참여를 독려하는 등 사기진작을 위한 위문 활동도 전개했다. 그러나 볶은 미숫가루에는 비타민 등 여러 영양소들이 부족하여 뒷날 입가에 부스럼이 나고 야맹증이 더 심해졌다.

/ 병참 운수 망과 보급공작 강화 /

이처럼 보급문제의 중요성을 고려하여 중공은 4차 공세 후 달포가 지난 뒤인 51년 5월 3일 중공지원군 당위원회에서 「보급문제에 대한 지시」를 하여 보급공작을 의사일정의 제1항으로 삼도록 강조했다. 중앙군사위원회는 이러한 지원군 당위원회의 지시를 존중하여 일주일 뒤인 5월 9일 「지원군 후방근무 공작강화에 대한 결정」을 내리고 중공지원군 후방 근

---

73) 앞의 자료선집 II 의 童小鵬, 「抗美援朝의 후방 총 지휘」 p280이하

무 사령부를 설치하고 지휘는 이 방면에 경험이 좀 있다는 이유로 홍쉐즈 부사령관이 겸임토록해 보급조직의 통일적 지휘를 하도록 했다. 이때 홍 부사령관을 도와 보급 업무를 맡은 사람으로는 조선족 출신 조남기(趙南起)가 있었다. 조남기는 충북출신으로 만주에서 조선 공산당에 입당, 군에 복무하다가 해방되자 연변 조선족 자치구에서 활동했다. 6·25전쟁 때 지원군 후근사령부 참모로 일했다. 그 후 중공군 상장으로까지 진급했고 전국인민 정치협상회의 부주석을 지냈으며 2000년 한국을 방문했다.

보급체제의 개선 외에도 전군의 병참 운수 망과 후방건설을 강화하고 보급전선에서는 물자애호, 차량애호, 부상병애호 등 「세 가지 애호(愛護)운동」을 전개하고 이용할 수 있는 현지의 물자와 전장 노획품을 활용하는데 만전을 기했다.

녜룽전에 의하면 5차 전역이 끝난 뒤에 전선이 점차 안정되자 보급문제가 개선되었다. 중공군이 비로소 비스킷, 계란가루, 튀긴 땅콩 등을 먹을 수 있었고 어떤 때는 통조림도 먹을 수 있었다. 또 어떤 부대에서는 스스로 돼지와 채소, 콩나물 등을 기르고 두부를 만들어 생활이 날로 호전되었다 한다.

입는 문제도 처음에는 매우 곤란했다. 조선의 기후는 겨울에 영하 30도까지 내려가는 극한의 기후였다. 출국 전 조선의 기후에 대한 이해가 부족하여 어떤 부대는 동복을 휴대하지 않아 손실을 입었다. 조선의 산악은 나무가 많아 옷이 쉽게 걸리거나 떨어져 소모가 빨랐고 적기의 네이팜탄으로 손실이 컸다. 보급과 수송을 강화하기 위하여 전방 철도 운수사령부를 만들어 철도병단 및 철도, 도로, 엄호하는 고사포 부대를 통일적으로 지휘했다. 지원군 후근사령부는 자동차 수송부대, 하역(下役)부대, 경위부대, 통신부대를 만들어 교통 수송선의 안전통행에 힘썼다. 특히 일부 군사능력을 가진 간부를 차출하여 보급업무에 배치하여 보급업무를 발전시키고 방공(防空)투쟁도 강화하기도 했다.

이와 같은 보급 수송전력 강화방침에 따라 4차 공세를 앞두고 중공 중앙군사위원회는 3개 고사포 사단과 22개 고사포 대대, 2개 방사포 사단, 9개 로켓포 연대, 3개 유탄포 연대를 훈련시키고 조선에 투입할 36개 보병부대를 대기시켰다.

25...

중공군의 대민 정보 선전 활동 강화

/ 인민전쟁론 – 인민은 물, 전사는 물고기 /

중공 지원군은 전투지역이 38선이남 지역으로 확대되어가자 그들이 축적한 후방 대민교양과 선전활동을 강화하도록 예하부대에 강력히 지시하게 된다.

조선에서 두 달을 지내고 난 펑더화이는 마오쩌둥에게 보낸 전문을 통해 … "지원군이 조선에 들어온 후 기율을 위반하고 인민의 이익에 손해를 끼치고 조선 동지들을 존중하지 않는 등의 현상은 개별적인 현상이 아니며 반드시 여러 가지 방법으로 그것을 극복해야 한다."고 건의했다.

조선에 진입하면서 반포한 작전수칙에 이어 또다시 51년 1월에 시달된 중공군의 「공동식사 단위의 대중 활동에 관한 지시」는 마오쩌둥의 "인민 대중은 물이고 게릴라 전사는 물고기"라는 사상에 기반을 둔 것으로 재음미 해볼 필요가 있다. 소위 인민전쟁론이다.

마오쩌둥은 병(兵)과 민(民)은 승리의 근본이라고 했다. 전국시대 이래 중국 전쟁사의 근본사상은 천시(天時), 지리(地理), 인화(人和)의 3재(才)를 얻는 것이었다. 즉 천지인 조화는 동양사상의 기본으로, 하늘과 땅 그리고 사람이 한데 어울려 자연과 조화를 이루고 음양을 적절히 맞춰야 승리를 확신할 수 있다는 것이다. 마오는 핵무기의 위력을 두려워하지 않은 것은 아니지만, 전쟁을 치르고 승리의 깃발을 꽂는 것은 사람이며 전쟁은 사람에 의해 치러진다는 인민전쟁을 확고히 믿었다.

그는 1946년 인도의 네루 수상을 만났을 때 "중국의 인구는 엄청나다. 미국의 원자탄도 종이 호랑이다. 전쟁은 무기가 아니라 인간이 좌우한다."고 주장했다.

조선 전쟁에 개입할 때도 이런 인민전쟁론을 내세웠다. 장제스의 국부군과 싸워 이길 수 있었던 것도 농민의 인심을 얻음으로써 미국이 그렇게 많이 지원한 국부군의 무기를 무력화시킬 수 있었다는 것. 중국의 고전을 많이 읽은 마오쩌둥은 "물은 배를 띄우기도 하지만, 배를 삼켜버리기도 한다."는 순자(荀子)의 말을 기억하고 있었다. 중국 2천년의 역사 속에서 수많은 왕조가 바로 그 물이 일으킨 노도에 먹혀 바다 밑으로 가라앉고 말았던 사실(史實)들을 잘 알고 있었다. 따라서 인심을 얻기 위한 선전공세를 중시하였고, 조선전쟁에서도 병사들을 교육시키는 데 게을리 하지 않았다. 선전은 작전보다 중요하고 모든 공작의 발단이며 민중동원과 지지 획득의 가장 유력한 무기였다.

마오쩌둥 한 사람에 의해 이뤄진 것은 아니지만 이런 군 규율과 전략에도 중국 전통의 노장(老莊)사상 등이 배어 있음을 간과할 수 없다. 중공군은 전투할 때도 장제스의 국부군과 노장의 도덕경(道德經)에 나오는 사상을 반영한 행동거지를 적잖게 보였다. 그들의 게릴라 전법은 부드러운 것이 거센 것을 이기고 약한 것이 강한 것을 이기는 것은 물고기가 연못을 벗어나지 못하는 것과 같다는 이치를 적용하여 대민선무공작에도 노력을

중공 지도자와 건배하는 김일성(우)

기울였다. 부드럽고 친절한 인상을 주는 이 지원군 정치부 지시에 의하면 — "전쟁과 대중 활동을 하는 것은 아군의 양대 임무이고 군대가 대중 활동을 하는 것 또한 아군의 우수한 전통이다. 아군이 출국하여 미 침략 군과 싸워 이겼고 3개의 전역(공세)에서 얻은 찬란한 승리는 좋은 것이지만, 대중 활동을 한다는 측면에서는 이 시기에는 무시 되었다. 오늘날 부대가 훨씬 남쪽으로 진격하면 할수록 대중(인민)은 우리에게 더 생소할 것이며 우리가 대중에게서 얻어 내야 할 것은 더욱 증가하기 때문에 반드시 대중 활동을 잘 해야 한다. 남조선 인민 대중의 각오를 높이려면 우리의 정책 기율을 이해하게 만들고 조선은 반드시 독립, 통일되고 자유로운 신 조선이 될 것임을 이해시켜야 한다. 아군의 작전에 식사와 들 것(운반수단), 향도(안내) 및 곳곳에서의 광대한 인민의 지원이 있게 하려면 반드시 군대 자체가 대중 활동을 잘 해야 한다. 이는 다음번의 대 반격을 위해서 유리한 조건을 만드는 준비활동의 하나이다. 전 군에 공동 식사 단위를 만들고 대중 활동을 잘 해야 한다. 만일 한 곳에 공동 식사단위가 많이 집중되면 연대나 사단의 정치기관에서 부근의 1~30리 지역으로 통일적으로 분배할 수 있도록 한다. 한나절의 휴식시간만 있어도 대중 활동을 전개하고 그것을 하나의 제도로 확립해야 한다"고 강조했다. 그리고 구체적으로 지시를 요약하면 민폐를 줄이기 위해 잠자리나 식사를 민가에 위탁하지 않고 풍찬노숙(風餐露宿)을 즐겨하며

① 대중을 선전하며 아군이 벌인 3차례의 공세가 성공한 전과(戰果)와 의의를 선전한다. ② 아군의 조선 진입 작전의 목적과 임무를 설명하며, ③ 왜 식량을 빌리(공출)는 가를 잘 설명한다. ④ 미제 침략군들의 난폭한 행위 등을 선전한다. ⑤ 이승만 집단은 조선의 매국집단이며 세계평화진영(공산진영을 지칭)의 역량은 비할 데 없이 강력하다고 설득한다. ⑥ 소형 회의나 좌담회를 많이 열어야 하고, ⑦ 표어를 많이 써 붙이며, ⑧ 그 밖의 각종 형식을 통해 대중을 (선동)선전한다. ⑨ 리(里)나 동(洞) 단위로 대중을 조직하고 도피한 대중을 잡아 집으로 돌아오도록 하며 ⑩ 대중 조직을 통해 식량과 땔감을 구해오도록 하고, ⑪ 향도를 맡아 아군 부상병과 낙오병을 보살피도록 한다. ⑫ 치안 조직을 설립하여 도적과 간첩을 담당케 하며 ⑬ 아군에 반항하는 반동적 지주나 해산병(탈영병)의 무장 등을 거두어들이고 방공, 방화 초소를 세우도록 한다. 그리고 ⑭ 대중이 물을 긷고 집안을 쓸고 일하는 것을 도울 수 있도록 하고 단위의 기율을 검사하고 유지하며 ⑮ 공동식사 단위의 대중 활동은 단위의 각자 활동상황과 특징에 따라 적당히 배분하고 연락원의 역량을 잘 사용함과 동시에 전 부대원이 참여해야 한다. 인민 대중의 풍습과 습관을 존중하지 않고 그르치는 병사는 반드시 조사하여 배상하고 사과하며 늘 기율이 좋고 나쁜 단위를

공표해야 한다. 아군이 지나온 크고 작은 촌락은 모두 좋은 인상을 반드시 남겨야하는 것이다. 이어서 "우리 지원군 전체 지휘관과 병사들도 내부적으로 대중 선전선동 운동을 진행, 독려해야 한다."는 등 이었다.[74]

실제 미제 간첩들을 색출한다면서 조선인 부녀자들의 몸을 수색하고 만지는 일들이 있어 조선족 장교 정순주 등이 이를 지적, 조선인민군과 중공군의 마찰을 없애도록 조치한 바도 있었다.

/ 맥아더 등 미군 지휘관 전략전술 탐구 /

때때로 하달하였던 중공군의 규율 강화와 단속은 그들의 이른 바 「3대 기율과 8항주의(注意)」를 철저히 준수할 것을 교습시키는 것들 이었다.

중공군은 공산당 수법대로 갖은 선전활동도 강화했는데 그 중에는 부정확하거나 날조된 것도 있었는데 가령 미 8군 사령관 워커 중장의 교통사고 사망을 중공군에 의해 사살된 것으로 주장하거나(차이청원 회고록) 중공군 참모총장이었던 녜룽전이 그의 회고록에서 "맥아더는 처음에 오만하기 그지없어 압록강을 넘는다는 한 마음뿐이었다. 그는 대자본가로 남조선에도 공장이 있었다."고 술회하는 대목이 있다.[75]

맥아더 장군이 한국에 사사로이 공장이나 재산을 가지고 있다는 말은 분명 믿어지지 않는 그들만의 흑색선전의 하나라고 말할 수 있을 것이다. 지원군 부대에 대한 선전선동 활동 강화지시와 때를 같이 하여 51년 2월 18일부터 중공은 전국적으로 항미 원조 전쟁에 대한 선전선동 교육을 전격적으로 실시하고 독려했다. 이것은 건국 초의 국내 단결과 동원을 위

74) 자료선집 II 의 pp114~116
75) 앞의 같은 자료 p213

한 상투적인 대중조작의 일환이었다.

　대민 선무공작 못지않게 중요한 것이 정보공작이었다. 적정(敵情)을 살피는 첩보와 반간계(反間計) 등 모략전은 중국역사상 수많은 제후장상들의 전쟁에 등장하는 공략수법이었다. 중공군은 당연히 이 공작을 한국전쟁에서도 중요시 하였다. 전쟁개입 초기 1차 공세를 치루고 난 뒤 승리에 도취하여 마오쩌둥 등 중공군 수뇌부는 미군을 장제스의 일부 강한 부대보다도 허약한 것으로 간주했다. 이는 미군의 현대전 앞에 위축된 중공군들의 사기를 진작시키기 위해 과장한 것으로 보인다. 실제로는 평안도와 함경도 일대로 진출한 한국군과 미군의 적정을 연대단위까지 정확히 구체적으로 파악하고 있었던 것으로 밝혀지고 있다. 따라서 이들은 소부대 단위의 야간 매복 및 포위전술로 초전박살의 전과를 얻을 수 있었다.

　이에 반해 미군은 중공군의 참전을 확인하지 못했고 설사했다 하더라도 소규모로 과소평가했으며 그들의 전술도 거의 파악하지 못하고 허둥대었다. 맥아더의 정보 참모들은 중공정보에 정통한 영국정보대의 협조를 얻지 못했으며 전쟁목적에 대한 사병들의 정훈교육도 무척 서툴렀다. 녜룽전 회고에서 "적은 여전히 우리를 오판하고 있었는데 먼저는 우리가 출병을 하지 않을 것이라고 판단하더니 이번에는 [상징적 출병]에 지나지 않는다고 보았다. 이러한 상황에 기초하여 우리 군은 고의적으로 약하게 보여 적이 우리를 얕보게 하는 전술로 주동적으로 철수하여 적을 유인하고 다시 기회를 보아 적을 섬멸했다. 맥아더는 우리 수를 5만 명을 초과하지 않는 크지 않은 세력으로 보고 성탄절에 전쟁을 끝내기 위한 총공세를 벌였다."고 말했다.[76]

---

76) 앞의 자료 p1990이하

홍쉐즈도 그의 회고록에서 이 같은 상황을 구체적으로 이야기 하고 있다. 경적필패(輕敵必敗)의 경구(警句)를 잊고 있는 것처럼 보였다.

정보전에 관해 녜룽전은 다음과 같이 회고하고 있다.

"우리는 일관되게 정보공작을 중시했는데 그것이 지휘관이 결정을 내리는 중요한 근거가 되기 때문이다. 총참모본부에서 일하면서 반드시 각 방면의 정보를 파악해야 했다. 그렇게 함으로써만 정확한 분석과 판단을 할 수 있었으며 중앙의 지도자들에게 결정에 대한 믿을 만한 근거를 제공하고 전방에서 전투를 진행하는데 있어서도 전승할 수 있는 유리한 조건을 제공할 수 있었기 때문이다. 그러므로 항미 원조 전쟁기간 우리는 계속해서 작전부와 정보부가 함께 작업하도록 했으며 그들이 온갖 수단방법을 동원하여 적시에 적군에 대한 정보를 파악하도록 했다. 우리 군 정보작업 인원들의 노력과 조선동지들의 밀접한 결합 하에서 일반적으로 조선전쟁 중 우리의 정보공작은 비교적 잘 했다고 할 수 있으며 적에 대한 정보파악은 비교적 정확했다."

중공군은 이미 한국 전쟁 초기인 7월 중순부터 미군개입과 육해공군 진출과정을 주시하고 면밀히 검토하면서 수뇌부에서는 인천을 비롯한 한반도 양안(兩岸)에서의 상륙작전에 관련된 여러 징후를 감지하고 있었던 것으로 나중에 알려졌다. 작전 정보계통이 맥아더 총 사령관은 물론 미 8군 사령관 워커와 그의 후임자가 된 리지웨이 장군에 대해서도 그들의 개성과 성장과정, 군 경력, 그리고 전략 전술 등을 철저히 연구하고 대비한 것은 당연한 일이었다. 그리고 정작 개입한 초반부터 유엔군이 자신들의 개입규모와 작전을 제대로 판단하지 못하고 있는 것을 이용, 편의대의 운용과 피난민을 가장하거나 활용하는 정보탐지, 후방침투, 측 후방 공격 및 철수 퇴로 차단, 그리고 한국군 복장으로 위장 접근, 유엔군 후방 급습과 피리나 나팔을 불어 적을 혼란시키고 공포감을 불어 넣어 사기를 떨어뜨리는 심리전 등 전술적 수준에 이르는 비정규전 활동을 능란하게 구사하여 준비되지 않은 유엔군의 의표를 찔렀다.

그리고 가령 51년 6월 4일자 마오가 펑에게 보낸 전문에는 "국민당 방면의 5월 31일발 도쿄(東京)발 전문에 의하면 연합군은 장차 동부전선에서 서북쪽으로 밀고 나갈 것이다. 원산에서 개성까지 사선으로 공산군을 압박하여 평양 북쪽까지 밀어내려고 한다. 따로 원산 상륙부대를 조직하여 … 이 음모는 사실일 것이다. 아군은 정신을 가다듬고 신속히 준비하여 정면의 적과 측면으로 상륙하는 적을 분쇄할 준비를 하라."고 지시하는 대목이 있다. 사실여부를 떠나 광범하게 정보를 수집하는 중공 측의 노력을 엿 볼 수 있다.

26...

제4차 공세와 서울 후퇴

/ 38선 돌파하고, 첫 정전제의 거부 /

제3차 공세(50.12.31~51.1.8)를 통해 중공군과 조선인민군은 8,500여명의 사상자(그 중 2,700여명은 인민군)를 내고 유엔군 19,000여명(그 중 12,000여명은 중공군이 가한 사상자)을 섬멸하고 일거에 38선을 돌파하여 서울을 해방시켰다고 중국 측은 주장했다. 그러나 일선 지휘관인 펑더화이는 마음이 편치 않았다. 특히 중공의 신화사(新華社)통신과 인민일보가 서울 해방을 크게 떠들며 선전하자 조선전쟁의 형세를 꿰뚫고 있던 펑은 근심스럽게 다음과 같이 말했다.

"신화사는 서울을 광복시켰다고 그렇게 보도하지 말아야 한다. 적과 우리의 힘의 명확한 변화가 없었기 때문이다. 이번에 우리가 100km를 전진했지만 적의 주력부대를 대량으로 섬멸하지 못했다. 우리는 1개 육군이 적 육·해·공군 도합 3개 군을 상대하고 있다. 적은 무기장비에서 절대적으로 우세를 점하고 있으므로 적이 서울을 포기한 것은 응급조치에 불과한 것으로 적은 반드시 반격할 것이다. 현재 우리군은 방어할 힘이 없다.

만일 적군이 다시 서울을 점령한다면 우리가 조국 인민들에게 어떻게 말할 것인가."[77]

전투에 지친 펑은 잠정적인 정전(停戰)이 필요했다. 이미 38선을 넘어 남하해서 많은 지역을 점령했고 더 이상의 부하들을 잃고 싶지도 않았다. 마침 1·4 후퇴 후 급박한 상황에서 미국 등 유엔군은 정전의 필요성을 절감하고 51년 1월 11일 얼마 전 설치된 한국정전 3인 위원회(이란, 캐나다, 인도 대표)를 통해 한반도에서의 즉각적인 정전과 평화의 회복, 그리고 외국 군대의 철수 안 등을 유엔 총회 제1위원회에 제출한 바 있었다.

펑더화이는 1월 27일 중공군과 조선인민군의 확대회의가 진행 중인 틈에 마오쩌둥에게 다음과 같은 전문을 비밀리에 보냈다.

"… 제국주의 내부 모순을 가중시키기 위하여 중·조 양국군대가 한시적인 정전을 지지하고 인민군과 지원군이 오산 태평(太平)리, 단구(丹邱)리 선에서 북쪽으로 15~30km 철수한다고 방송하는 것이 어떻습니까? 동의한다면 베이징에서 방송해주시오."

그러나 다음날 밤 늦게 도착한 마오의 전문은 펑이 예상한 대로 그가 암시한 정전은 절대 불가하며 적극 공세를 펴 남진하라는 것이었다.

"우리 군은 반드시 즉각 제4차 전역(공세)을 시작하여 2~3만의 미군과 이승만 군대를 섬멸하고 대전, 안동(安東)선의 이북지역을 점령하는 것을 목표로 삼아야 하고 4차 공세를 준비하는 기간 서울과 인천, 그리고 한강 이남을 계속 확보 유지하고 서울 확보를 유지하기 위해 수원지구의 적의 주력부대를 유인하라. 4차 공세가 시작되면 지원군과 조선인민군은 원주를 돌파, 영주(榮州)로 향하고 안동으로 진출하라" 고 지시했다.

---

77) 앞의 자료 沙江, 沆美援朝 戰爭的 軍事目標與戰爭指道, p326

그리고 이어 "중·조 양군이 북으로 15~30km 철수하고 한시적인 정전을 한다고 발표하는 것은 적절하지 못하며 적은 우리가 일정 지역에서 철수하고 한강을 봉쇄한 후에 정전하기를 원한다."고 말했다. "우리 군은 병력 보충도 되지 않고 탄약도 부족하여 확실히 어려움이 크다. 그렇지만 주력을 집중하여 원주 방면으로 쳐들어가 일부 미군과 4~5개 남조선 사단을 섬멸할 역량은 여전히 보유하고 있다. 당신은 고급간부 회의에서 이번이 4차 공세를 수행하기 위한 동원회의라고 설명하라"고 지시했다.

베이징의 중앙은 유엔군이 패색이 짙어지자 잠시 시간을 얻어 군대를 보강하려는 술책이라고 보고 마오쩌둥은 기왕에 더욱 밀어 붙이면 승산이 있다고 생각, 그에게는 절호의 기회인 이 때의 정전제의를 일축해 버렸다. 중공 등 공산 측은 이 때의 유엔 측 정전 제의를 한 마디로 거절하기가 어려워 공산 측이 줄곧 상투적으로 주장해 온 ① 한반도에서 외국군대의 철퇴 ② 한반도 문제의 조선민족 자결에 위임 ③ 미군의 타이완 해협에서의 철수 ④ 중화인민공화국이 장제스 정권 대신 국제연합(유엔)에서 대표권을 행사하게 할 것, 그리고 중공을 포함한 소련, 미국, 영국 등 4개 국 외상회의의 소집 요구 등을 내세웠다.

마음이 내키지 않았지만 펑은 이 전문을 받은 즉시 중·조 양군의 휴식과 정비를 중단하고 다시 싸울 준비를 서둘렀다.[78]

작전부서는 덩화, 홍쉐즈 등과 협의하여 서부 전선에는 제50군과 38군 112사단이 방어진지를 구축하고 한셴추가 통합지휘를 하도록 했고 동부전선은 횡성, 지평(砥平)리 일대의 적을 제39군, 40군, 42군과 66군이 병력의 우세를 이용하여 덩화가 통합 지휘하여 분할 포위하고 서부로의

---

78) 李慶山, 앞의 책 pp239~240

진출을 견제토록 했다. 이외에 김웅이 지휘하는 인민군 제 2, 5군단으로 하여금 평창 일대에 출격하여 한국군 제7사단을 공격하며 영주로 진출 하 도록 했다.

펑은 군자리의 임시 판자 지휘소에 덜덜 떨면서 탁자 위에 지도를 펴고 있었는데 한기로 이미 양발이 얼어 있었다. 그러자 경비병이 막 구운 감 자 두 개를 가져와서 요기 하라고 내밀었다. 이를 거들떠보지도 않고 골 똘히 생각하던 펑은 마오의 지시대로 대전 안동선을 잇는 북위 36도선까 지 진출한다는 것은 몹시 어렵다는 것을 알고 있었다.

펑은 시린 손을 비비면서 마오쩌둥에게 전문을 써 내려갔다.

"제3차 전역(공세)은 약간은 피로한데 억지로 한 것인데, 이 번 전역은 더욱 억지로 하는 것입니다. 주력의 공격이 저지되면 조선 전세는 잠시 피 동적인 국면으로 전환될 가능성이 있습니다. 그러한 가능성을 피하기 위 해 19병단을 안동(丹東)으로 이동시켜 충원과 장비를 하여 언제든지 조선 으로 이동할 수 있게 해주기를 건의합니다." 라고 썼다.

/ 중공군 5만 잃고 경인지역 포기 /

중공의 한 문헌은 51년 1월 25일에서 4월 21일까지 꽤 긴 4차 공세에 대 해 "중공군과 인민군은 견고한 방어, 전략적 반격, 기동적 방어 등 다양 한 작전을 통하여 87일간 연합군(유엔군) 7만 8천여 명을 섬멸하고 연합군 의 진격을 지체시켜 전략 예비 부대의 집결을 엄호하였으며 그 후 제5차 전역을 전개하는데 유리한 조건을 만들었다"고 기술하고 있으나,[79] 참

---

79) 자료선집 II의 pp328~329

중공군들이 김일성(좌)을 맞아 박수를 치고 있다.

모총장 네롱전은 "양식과 탄약 공급의 부족이 두드러졌다. 포탄이 부족하여 공격하는 보병이 포병의 지원을 받지 못했다. 어쩔 수 없이 총칼로 백병전을 펼쳐야 했다"고 어려움을 토로했다. 지원군 참모장이었던 시에팡은 보다 진솔하게 이 전역을 설명하고 있다.

"3차례의 전역을 진행하고 아직 병력의 보충도 받지 못해 새로운 힘을 전선에 투입할 수 없었다. 서울을 너무 빨리 포기할 수도 없었다. 그 정치적 영향력과 인민의 사기에 미치는 바가 컸기 때문이다. 그래서 서울을 재차 점령했을 때 참모들이 이를 대대적으로 선전하려고 할 때 펑더화이 사령관은 그 소식을 통제하고 그 승리에 대하여 지나치게 선전하지 말도록 했다. 당시 우리의 판단으로 볼 때 적은 그렇게 쉽게 포기하지 않을 것이며 그것은 있을 수 없는 일이었다. 우리 자신의 힘으로 볼 때도 이미 연속적으로 3차례의 전역을 겪었고 적이 다시 진격하면 우리는 방어만 할 수 있고 서울을 포기해야 할 것이다. … 펑 사령관이 직접 마오쩌둥과 저우언라이에게 전문을 보내, 우리가 어쩔 수 없이 서울을 포기할 수밖에 없으며 현재는 서울을 사수할 역량도 필요도 없다고 국내 여론에서 선전작업을 하도록 건의했다. 우리가 한강을 넘었을 때는 얼어 있었는데 날로 따뜻해져서 해빙하고 나면 부대를 철수 하려고 해도 할 수 없었다. 그렇지 않다면 배수진을 치고 싸워야 했기 때문이다. 그래서 한강이 해동하려고 할 때 우리는 서울을 포기했다."[80]

또 다른 회고담 칭스의 서술에 의하면 "적들이 이번에는 지원군이 1주일 이상의 연속 작전 능력이 없다는 것을 파악했기 때문에 그 약점을 이용하여 기회를 잡아 대대적으로 반격하여 지원군은 참전 이래 처음으로 좌절당했다. 5만의 병사를 잃었을 뿐만 아니라, 막 점령한 인천과 서울을 포기 했으며 전 전선에서 1백여km 후퇴, 다시 38이북으로 철수하지 않으면 안 되었다."

국군은 중공군의 4차 공세가 끝나가는 21일 서울에 재입성했다.

제4차 공세 기간인 2월 4일 김일성은 중조 연합사령부에 와서 전선의 상황과 작전 방안을 물었는데 펑은 다음과 같이 말했다.

"우리는 3차례의 승리 후 위에서부터 아래까지 모두 적을 경시하는 풍조가 있으며 적에 대하여 오판하여 적이 이렇게 까지 빨리 우리에게 반격을 가할 것이라고는 생각하지 못했다. 그래서 4차 전역(공세)의 준비는 이전에 비해 약간 느슨했다. 현재의 상황에서 볼 때 제3차 전역을 너무 서둘렀으며 금년 2월까지 준비하였다가 공세를 취했다면 더욱 좋았을 것이다. 전쟁은 장기적이고 어려움이 많을 것이며 적을 경시하는 풍조를 극복해야 한다." 며 어두운 전망을 내놓았었다.[81]

---

80) 같은 자료, p216
81) 같은 자료 p328

27...

지평리 전투서 중공군 첫 번째 대패

/ 미군 백병전으로 승리 얻어 /

중공군은 이 기간 동안 조선에 들어와 처음으로 양평의 지평리(砥平里)에서 쓴 맛을 보았다. 이 지역은 중앙선 열차가 통과하여 원주－문막(文幕), 여주－이천, 장호원－양평 등으로 진출하는 교통의 요지로서 주변이 높은 산으로 둘러싸인 분지를 이루고 있다. 이때까지 지평리는 본래 인민군이 점령하고 있었는데 리지웨이 장군의 「라운드업」(Round-up), 포위섬멸 작전으로 미군 2사단 23연대(연대장 Paul Freeman 대령)가 신속히 점령하였다. 「라운드업」작전은 리지웨이가 사용한 전술로서 기갑화된 소 정찰부대가 소화기와 인력에 의지하는 중공군을 찾아내어 공군과 협조 아래화력으로 섬멸시키고 신속히 빠져나오는 방법으로 성과를 거두고 있었다. 이 지역의 전략적 중요성을 중공군도 인지하여 꼭 점령해야 할 지역이었다. 리지웨이는 프랑스 원정대 EMLC특파대와 약간의 미군 포병을 배속시켜 진지를 구축하고 대비토록 하였다.

51년 2월 3일 하오 5시 반 중공군 제39군, 제115사단 (사단장 王良太) 예하의 343, 344, 345연대가 각각 미군을 향해 공격을 개시했다. 전투는 13일부터 17일까지 5일간 가장 치열하게 전개되었다. 중공군은 앞서 공격을 시작한 제115사단을 비롯하여 제116사단(사단장 汪洋), 제117사단(사단장 張 誠), 그리고 제40군의 119사단과 42군의 125사단 등 5개 사단이 합세하여 미군 23연대와 베트남 전쟁의 용사인 랄프 몽클레어(Ralph Monclar) 장군의 프랑스 원정 특파대 일부 및 국군 6사단 일부 등에 예의 뚜-뚜 나팔소리, 호각, 꽹과리 소리 등을 불어대며 파상적인 인해전술을 펼쳤다. 미군 23연대는 총탄을 맞고 부상당한 연대장의 끈질긴 작전으로 백병전으로까지 버티다가 나중에 미 제1기병단의 소규모 탱크부대와 포병대의 지원 사격, 그리고 공군의 화력까지 합세한 총 공세로 중공군을 완전히 제압했다. 유명한 쌍굴전투 등을 통해 중공군은 결국 끝내 수천 명의 시체를 버리고 퇴각했다.

리지웨이 사령관이 직접 포위당한 이 지역에 헬리콥터를 타고 와서 격려하고 지원하여 미군의 사기를 높였다는 무용담으로 더욱 유명해졌다. 그리고 이 지역을 사수한 프리만 대령은 승진을 거듭하여 나중에 유럽으로 진출, 4성 장군이 되어 나토(NATO) 사령관이 되었다. 이 지역을 방어하는데 성공함으로써 당시 미 8군 사령부가 주둔하고 있던 평택 접근로를 계속 확보할 수 있었으며 미군은 이 지평리 전투를 "제2의 인천 상륙"이라고 평가하게 되었다.

중공은 이 전투를 그들의 전사(戰史)에서 지평리에서 벌인 적진 공격의 실패(砥平里攻堅戰的失利)라고 기술하며 패인으로 ①정보의 착오 ② 협동작전의 부조화 ③ 그리고 잘못된 전술의 적용을 들고 있으며 미군을 줏대가 없는 무골약골(軟骨頭)로 보았고 적의 숫자를 고작 1천 명 정도로 오인했으며(실제로는 미, 영, 불, 한국군 등 5,600여 명) 미군의 우세한 화력을 경시

1950년 11월 나팔을 불며 인해전술로 공격해오는 중공군 병사들

한 것 등을 들고 있다.[82)]

그들이 즐겨 써온 구대전법도 통하지 않았다.

이 때 수원지구 전투에서는 중공군이 피난 가던 수많은 한국 국민들을 앞세우고 전투를 벌여 이승만 대통령이 이 소식을 듣고 부대가 설령 후퇴하더라도 화포 사격을 자제하도록 맥아더 장군에게 호소하였다. 나중에 미 25사단이 진격하던 대로의 주변에는 전투의 와중에서 사망한 수많은 민간인 희생자들의 시체가 쌓여 있었다 한다. 그러나 이 같은 사안을 두고 유엔 측과 중공 측은 서로 상대방에게 책임을 전가 하는 선전과 평가를 내렸다.

---

82) 李慶山, 앞의 책, p251이하; David Halberstam, 앞의 책, p531이하

휴전이 되고 세월이 한참 흐른 1958년 10월 25일 인민일보의 부록은 한국전쟁과 관련 이 당시의 전투 광경을 묘사한 뒤 "지원군은 진군도중에 미군 침략군이 범한 엄청난 죄악을 목도했다. 도시는 폐허가 되었고 인민은 거처를 잃고 헤매었으며 산림은 온통 불빛이었고 도처에는 적에게 살해된 조선인민의 시체가 있었다. 그러나 영웅적인 인민은 꿋꿋하게 굴하지 않고 용감하게 싸웠다."고 쓰고 있다.

사상자의 숫자는 피아(彼我)간에 과장이 따르기 마련이지만, 이 전투를 전후하여 제4차 공세로 5만여 명을 잃음으로써 승승장구 하는 것으로 보이던 중공군은 이제까지 총 15만 명 이상의 병력 손실을 보고 기세가 꺾이게 되었다.[83]

---

83) 「나라사랑」(보훈처), 2012.2.1. 참조

28...

펑더화이 귀경 직보(直報) 전략 변경

/ 마오쩌둥 찾아가 고충 호소 /

51년 초 중공군의 제4차공세가 진행되던 중 어려움이 거듭된 펑더화이 사령관은 자신이 귀국하여 전황을 직보 할 필요성을 절감한다. 청문한 결과 베이징으로부터 잠시 귀국해도 좋다는 허가가 떨어졌다.[84]

2월 21일 극비리에 압록강을 건넌 펑은 단둥에서 비행기를 빌려 타고 재급유를 위해 선양에 도착했다. 그는 점심 식사를 하고 휴식을 취하라는 주위의 권고를 물리치고 곧장 베이징으로 날아가 그 길로 중난하이의 마오쩌둥 사무실로 향했다. 그러나 마오가 베이징 서쪽 교외에 있는 위추안(玉泉)산의 징밍원(靜明園)에 가 있다는 말을 듣고 다시 그곳으로 찾아갔다. 야행성(夜行性)인 마오는 평소 습관대로 낮잠을 자고 있었다. 그는 당번병의 만류를 물리치고 마오가 자고 있는 방으로 뛰어 들어갔다.

---

84) 李慶山, 앞의 책 p259이하

"펑 사령 당신 한 사람만이 이렇게 쳐들어와 의견을 펼 수 있군!" 하고 마오가 그를 맞았다.

홀쭉한 체구에 피로로 충혈이 된 펑더화이의 눈빛을 보고서 마오는 "자네가 지금 뭐든지 한 술을 떠야 나도 말을 들어주겠네."라면서 식당에 가서 우선 요기를 하라고 일렀다. 퍽 상냥하고 친절히 대했다. 펑은 "저는 아직 건장합니다. 다만 잠을 못 자서 그럽니다."라고 말하고 그제서야 식당으로 들어갔다.

그는 단도직입적으로 속결(速決)하여 승리를 거두기는 어렵다고 보고했다. 그리고 병사들이 잠도 제대로 못자고 식사도 못하고 탄약도 없으며 동상자가 속출하고 채소는 구경도 못해 야간전투가 많은 병사들로서는 야맹증(夜盲症)에 시달린다고 털어 놨다. 조선 청년들도 다 달아나 동원하기 어렵고 겨울에는 동서 바다로부터 불어오는 해풍이 겹쳐 무척 춥고 또 인원보충이 즉각 이뤄지지 않으면 현 상태로서는 도저히 더 싸울 수 없다고 솔직히 말했다. 손자(孫子)가 일찍이 말했듯이 군사물자가 결핍되고 양식이 떨어진 군대는 이미 군대로서의 존재가치를 잃은 것이고 그 군대의 승리는 어렵다고 갈파한 고전(古典)을 생각하게 했다.

조용히 듣고 생각에 잠겼던 마오는 말문을 열었다.

"중앙에서도 지원군이 처한 어려운 상황에 대해 관심을 두고 있다. 현재의 상황으로 볼 때 빨리 이길 수 있다면 빨리 이기고, 빨리 이길 수 없다면 느긋하게 기다리면서 승리를 쟁취한다."(能速勝則速勝, 不能速勝則緩勝, 不要急于求成)고 말했다.[85]

마오는 손을 내저으면서 전략을 설명해 갔다. 조선전쟁의 장기화 가능

---

85) 앞의 책 같은 면

마오쩌둥과 펑더화이

성을 내다보며 "적은 장기적인 소모전을 획책하고 있으며 우리에게 휴식을 허용치 않고 우리의 빈틈을 노리고 있다. 우리의 보충부대가 도착하기 전에 우리를 다시 밀어 붙이려 한다. 적의 이러한 기도를 분쇄하기 위해 우리는 부대를 돌려가며 윤번제(輪番制)로 조선전선에 투입하여야한다"고 말했다. 이미 3교대로 부대를 편성하여 투입하기로 정하고 조 편성단계에 있다며 순환식 작전방침을 설명했다.

/ 부대의 순환식 투입 군 모두에 현대전 교육 /

마오가 부연 설명한 것은 2월 7일 중앙군사위원회에서 결정된 것으로 대충 다음과 같았다. 현재 조선에서 작전 중인 9개 군 30개 사단을 제1조 (組)로 편성하고 (중)국 내에서 차출한 6개 군과 조선에서 보충중인 3개

군(2개 군은 현재 원산, 함흥지역에서 휴식과 정돈 중이다.) 등 모두 9개 군 27개 사단을 제2조로 편성하며 대략 4월 상순에는 전 부대가 38선 지역에 도착하여, 한강 전선의 6개 군과 임무를 교대하게 한다. 국내에서 차출 준비 중인 6개 군과 제1번 지원 부대 중의 4개 군 등 모두 10개 군, 30개 사단을 제 3조로 편성하여 6월 중 이동 투입할 수 있도록 한다. 상술한 10개 군중 4개 군은 5개월간 싸웠기 때문에 반드시 보충하고 휴식 정돈해야하며 제2조는 전선의 임무를 교대한 후 평양과 원산지역으로 이동시켜 휴식보충을 겸하여 해안방어를 맡는다. 제1조 중 기타 2개 군은 국내로 귀국시켜 정돈 보충한다. 지난 전역(공세) 중 지원군의 전투 또는 그 밖의 사상 및 감원이 10만 명을 초과 하였으므로 지금 경험 많은 병력과 신병 12만을 보충하려고 하며 금년과 내년 2년간 30만 명의 사상자가 있을 것으로 예상하고 다시 30만을 보충하여 순환작전에 유리하도록 한다는 것 등이었다.

속전속승에 구애되지 않고 느긋하게 여유를 가지면서 대규모의 공세를 벌이기로 한 이러한 작전방침을 스탈린에게도 전문으로 통보했다.[86]

마오는 이어 펑 사령관에게 중앙군사위원회는 천갱 사령관 인솔 하에 제3병단(12,15,60군), 20병단(67,68군) 그리고 47군을 3월에 조선에 투입한다. 그리고 장갑부대의 참전을 서두르며 3개 고사포 사단과 전방포 2개 사단, 로켓트 포 9개 전투단, 유탄포 3개 단을 확충하여 훈련시키고 있는 중이라고 말했다. 현대전에서 필수적인 장비 없이는 전쟁을 치를 수 없으므로 보병사단들에 소련식 장비로 개량한 점과 포병, 장갑병 등 특수병종도 크게 질량 면에서 증가시킨 점을 설명했다. 전쟁초기에 3개였던 포병

---

86) 자료선집 II 의 pp117~118, 네룽전 회고, 같은 자료 p203

사단이 10개 사단 18개 독립단으로 확장되었으며 1개 밖에 없었던 고사포 부대도 5개 사단 27개 독립단으로 늘어났고 소련제 스탈린2형으로 무장된 탱크 2개 사단이 전투에 참전한다고 말했다. 육군의 기타 병종(兵種)과 공군 및 해군도 비교적 신속하게 발전하고 있으며 공군도 곧 참전하게 될 것이라고 말했다. 그러나 부대 편성의 지연 등으로 순환작업이 본격화되기는 1년 후인 1952년 가을부터였으며 다음해 7월 휴전 때까지 순환된 부대는 중공군 전체의 3분지 2수준에 달했다. 녜룽전의 회고에 의하면 중공은 군대를 순환적으로 조선에 투입함으로써 미군과의 현대전을 경험하게 하는 이점을 얻었고 다른 부대들의 휴식과 정비도 할 수 있었다.

중공군은 20년대 후반 노농적군시절의 게릴라전으로부터 시작하여 관동군 등 일본 제국군대, 그리고 장제스의 국부군 상대로 한 내전 등을 거쳐 외국전쟁에 군대를 파견, 최강이라는 현대무기로 무장한 미군과 교전함으로써 장병들의 실전 교육 등 숙련과 경험을 쌓아 상당 수준으로 정예화 되었다. 마오쩌둥은 조선에서의 전쟁이 장기화 되는 것을 이용, 군 전체를 순환식으로 조선에 투입하여 현대전에 익숙한 군대로 만들겠다는 원대한 구상도 있었다 한다. 마오는 "항미전쟁은 거대한 학습장이며 우리들은 그곳에서 대규모 실전 훈련을 하고 있다. 이 훈련은 군사학교에서 하는 것보다 훨씬 더 효율적이다."라고 말했다.

펑은 마침내 불안한 표정으로 마오의 아들 안잉의 사망경과를 보고했다. 그리고 그의 죽음이 자신의 책임이라며 미 공군기의 공습에 주의하라고 일렀던 저우언라이 수상의 경고를 중시하지 않았던 자신을 사과했다. 안잉은 지원군 사령부가 있던 대유동 부근에 묻고 기념비를 세웠다고 했다. 그런데 마오안잉의 사망은 죽은 지 달포가 지난 51년 1월 2일에야 마오와 장칭(江靑)에게 보고된 것을 알았다. 그 때 마오가 감기가 들어 앓고 있었으며 다른 업무에 너무 열중하고 있어 저우 수상이 즉각 보고하지 않았던 것이다.

고개를 떨구고 생각에 잠겼던 마오는 입을 열어 "전쟁에는 사람이 죽게 마련이다. 지원군은 이미 많은 전사들의 생명을 잃었다. 안잉은 일개 보통 병사이다. 내 자식 때문이 아니라 미군은 각종 비행기 1천여 대를 조선전쟁에 투입하고 있다니 당신들은 조금도 부주의해서는 안 되며 지원군 사령부의 안전에 만전을 기하라"고 타일렀다.

펑은 이튿날부터 수와이푸웬(帥府園)에 있는 중앙군사위원회와 녜룽전 참모총장 등 각 방면의 인사들을 만나고 베이징에 있는 소련군사고문 사하로프를 방문했다. 그 자리에서 소련 공군의 참전을 요구 했으나 어렵다는 반응을 보고 분개해서 나왔다.

25일에는 펑을 참석시킨 채 저우 수상의 주재로 군사위원회 확대회의를 열었다. 펑은 이 자리에서 보고를 통해 "3차에 걸친 전역에 대해 여러분은 좋은 소식만 들었을 것이다. 그러나 어려움도 많았다. 조선에 들어가 3개월의 작전 끝에 4만 5천명이 죽고 동상자, 병자, 탈영병 등을 합해 4만여 명이 발생했다" 라고 말하고 이미 마오쩌둥에게 보고한 내용과 어려운 점을 낱낱이 다시 설명했다.

조선에서는 식량 등을 현지에서 조달할(就地籌糧) 수가 없어 고통이 우심했다고도 했다. 그리고 남쪽으로 진격할수록 보급과 수송이 어려우며 이 때문에 부득이 후퇴하지 않을 수 없었던 경우가 적지 않았다. 공군과 고사포의 지원 없이는 전쟁을 더 지탱하기 어렵다고 실토했다.

다음 날 마오를 다시 만나고난 뒤 스탈린에게 전보를 쳐서 소련 공군 2개 사단 파견을 요청했다. 그리고 고사포 등 대공화기의 신속한 공급 및 60개 사단을 무장할 장비를 소련으로부터 빨리 구매하기로 했다. 얼마 후 스탈린은 전과는 달리 벨로프(Belov) 장군에게 지시하여 소련 원동공군 151과 324 두 개 사단을 조선 내 기지로 이동시켜 두 나라 군대의 후방을 지원하겠다고 흔쾌히 대답했다. 그리고 3개월이 지난 후인 5월 25일 5차 전역 2단계 작전 때 동북의 까오강과 중공군 참모총장 쉬샹첸(徐向前)을 구매사절로 모스크바에 보냈는데 소련 측은 생산 능력을 고려, 51년부터 54년 상반기 까지 60개 사단 분 장비 공급을 마치고 나머지는 그 후에 공급하기로 했다.

녜룽전 참모총장의 개인적인 주선으로 서북에서 일하고 있던 아내 푸안슈(浦安修)가 날아와 펑은 그녀와 상면할 수 있었다. (푸는 그 후 50년대 말 펑이 실각하자 곧 이혼했다.)

20여일을 체류한 뒤 3월 9일 펑이 북한의 전방지휘소에 도착했을 때 그에게는 중공군의 서울 포기와 38이북으로의 후퇴소식이 기다리고 있었다.

29...

백만 대군 동원한 제5차 공세 개시

/ 유엔군 지휘관 변동 틈새 이용해 강공 /

4차 공세를 편 후에 펑더화이와 마오쩌둥은 분풀이나 하는 듯이 의견이 일치했다. 4월 15일부터 6월말까지 두 달 반 동안 일대 반격작전을 펴서 38선 부근에서 적 수만 명을 섬멸하고 나서 계속 남진을 감행한다는 것이었다. 그래서 회심의 춘계(春季)공세를 펴기 시작했다. 이것은 그들로서는 제5차 공세(전역)였다.

이 5차 공세는 일단 제1단계로 4월 22일부터 30일까지와 제2단계로 5월 16일부터 22일까지 6일간 최절정의 공세를 펴서 사기가 떨어진 유엔군을 한반도에서 밀어내거나 유리한 입장에서 정전(停戰)을 유도할 수 있을 것이라는 계산이었다. 특히 4차 공세 때 지평리 전투에서 당한 실전을 만회해 보겠다는 속심도 깔려있었다. 이들의 계획이 우연의 일치인지 모르나 그들이 가장 혐오하던 맥아더 원수가 4월 11일 미 극동군 총사령관등 유엔군 사령관직에서 해임되고 그 후임에 리지웨이 8군 사령관이 승진되고 다시 그 후임에는 밴 플리트 중장이 임명되는 큰 변동이 있었다.

즉 적의 지휘부가 인사이동으로 큰 동요를 일으키고 있었다.

맥아더의 해임은 전쟁수행 방식을 둘러싼 본토 군 수뇌부의 유럽중시 분위기와 아시아 태평양중시의 맥아더가 충돌한 것이다. 중공군의 개입으로 후퇴를 거듭하던 맥아더는 중공 대륙으로의 확전을 주장하고 이 과정에서 공개적으로 성명을 발표했다. 3월 하순 워싱턴에서는 애치슨 등이 거듭 한국에서의 휴전을 모색하고 있는 분위기였는데 맥아더는 아무런 상의도 없이 "우리의 군사 작전을 중국의 옌안지역과 내륙기지로 확대함으로써 전쟁을 한반도 지역에 봉쇄하는 인내심으로부터 벗어나야 …"라고 성명을 발표했던 것이다. 이런 행동이 트루먼 대통령의 권위에 대한 도전으로 비쳐지자 대통령으로서는 미국의 문민(文民) 우월의 전통을 고수하기 위해서도 맥아더를 그 직에서 해임하지 않을 수 없었던 것이다. 밴 플리트는 2차 대전 때 노르망디 상륙작전과 전후 그리스에서 발호하고 있던 공산반란군을 토벌하여 명성을 쌓았던 군인이었다.

5차 공세를 준비하기 위한 참모회의를 소집, 작전논의를 하면서 펑은 그의 참모들과 큰 견해 차이를 빚었다. 이 회의에서 제일 먼저 발언한 홍쉐즈 부사령관은 적군이 금화(金化) 철원(鐵原)지구를 공격해 오면 후퇴하여 유인하고 그 다음에 적을 공격하며 후방을 차단하여 섬멸시키자는 요지의 발언을 했고, 덩화 제1부사령관, 시에팡 참모장, 정치부주임 두핑, 그리고 전선에 있던 한센추 부사령관 등이 모두 홍의 의견에 동조했다. 그러나 이날따라 펑은 단호한 태도로 후방에 쌓아둔 각종 군수물자 등을 고려할 때 작전상 후퇴는 있을 수 없으며 계속 적극 공세로 나아가 남쪽으로 진격할 것을 고집했다. 이에 참모장 시에팡이 태도를 바꿔 총사령관의 견해를 따르자고 하여 공격일변도의 전략이 채택되었다. 그리고 곧 이어 소집된 지원군 제5차 당 확대회의에서도 펑의 이 방침은 그대로 채택

되었다.[87]

5차 당 확대회의에는 지원군 수뇌부들과 조선인민군 지휘부도 모두 참석했다. 즉 펑더화이 사령관, 덩화, 홍쉐즈, 한센추 등 부사령관, 시에팡 참모장, 두핑 정치부주임, 쑹스룬 제9병단 사령관, 양더즈 제19병단 사령관, 동 정치위원 리즈민(李志民), 제3병단 부사령관 왕진산(王近山), 동부 정치위원 두이더(杜義德), 그리고 각 군의 책임자(사령관)들과 조선인민군 전선 사령관 김웅, 그 밖의 사령관 *김일(金一) 등이 배석했다.

펑은 웃는 얼굴로 지난 공세들의 경험을 털어 놓으면서 재미있는 말을 끄집어냈다. "미 제국주의자들은 십 수개 국가의 군대들을 모아놓고 이른바 '연합군'이라고 부르고 있다"면서, "그렇다면 우리들도 「연합군대」라고 부를 수 있다"고 주장했다. "우리는 미국에 대항하여 조선을 원조하러(抗美援朝) 조선전장에 왔는데 어떤 부대는 동북지구(滿洲)에서, 어떤 부대는 화북(華北)지구에서, 어떤 부대는 화동(華東) 또는 화남(華南), 서남(西南), 서북(西北)지구에서 왔으며 우리 1개 병단이 주둔했던 지역은 적군 어떤 부대가 있었던 지역보다도 훨씬 크다"고 말했다. 그는 38선을 고려할 것 없이 적으로부터 전장의 주도권을 쟁취하자고 강조하고 과거의 경험을 살려 고참들은 신참병들을 교육시켜야 하고 전술 정찰을 강화해야 한다고 말했다. 각 부대는 5일 간의 식량과 탄약을 반드시 휴대비축하고 남진할 때 300리 넘어 식량이 없을 때를 대비하여 탄약을 확보할 것과 4~5만 명의 상이군인이 발생할 경우에 대비 의료 간호 위생 등 대책을 강구 할 것도 아울러 요구했다. 공병부대도 후방 요충지인 평남북의 희천, 영변, 맹산(孟山), 양덕(陽德)간 등의 공로를 확보하고 특히 서부전선

---

87) 李慶山, 앞의 책, p283이하

양더즈 제 19병단 사령관

의 보급선이 차단되지 않도록 하라고 지시했다. 그리고 적군이 동서해안에 상륙할 것에 대해서도 만전의 대비를 하라고 했다. 후방부대는 동부전선 5개 군부대 군량도 확실히 준비해 두라고 지시한 뒤 설사 이틀간 굶어도 작전 계획을 모두 완료할 수 있도록 하자고 다졌다. 그런데 중공군 측도 유엔군의 지휘관 이동에 즉각 정보를 수집하여 검토하는 치밀성을 보였다. 4월 22일 조선에서 첫 전투를 벌이는 양더즈 19병단 사령관은 "맥아더와 리지웨이가 갈렸지만 새로 참여한 밴 플리트 중장은 미 육사를 졸업한 군인으로 제2차 대전 때 유럽에서 크고 작은 전투 경험을 쌓은 백전노장으로 여러분은 절대 소홀히 대해서는 안 된다."고 부대 장교들에게 주의를 주었다.

회의가 끝난 후 지휘본부는 강원 북서쪽의 이천(伊川)군 공사동의 동굴로 이전했다. 그런데 다음날 지휘부가 있는 동굴에 미군기가 래습하여 폭격하는 바람에 펑을 비롯한 장군들이 구사일생으로 살아남았다.

그날 밤 그들이 다시 촛불을 키고 동굴에서 덩화, 홍쉐즈, 한센추, 시에 팡 등 사령부 참모들과 작전, 정보, 통신, 기밀부처 등이 모두 모여 작전 계획을 검토하고 있는데 너무 많은 촛불 탓으로 적기가 이를 발견하고 래 습하여 한바탕 폭격을 퍼부었던 것이다. 이 회의 말미에 펑 사령관은 5차 춘계 공세의 규모를 정리하여 소개하였다.

"5차 전역은 앞으로 지원군 3개 병단의 11개 군, 33개 사단과 포병, 고 사포병, 공병대 등 70여만 명, 조선인민군 3개 군단 약 8만여 명, 그리고 병참, 의무부대 등 후방지원부대를 합해 약 1백만 명이 참가하며 일대 악 전고투의 전투가 될 것이다. 우리는 마오 주석의 지시에 따라 적 수개 사 단을 섬멸하고 승리를 쟁취하여 전장의 주도권을 완전히 탈취하자"고 강조했다. 그는 이번 공세의 성공으로 조선전쟁을 조속히 단축시키는 것 이 중국 인민의 이익에 부합한다고 강조했다.

실제 전투가 개시될 때 조선인민군을 뺀 순수 중공군 병력은 지상군 54 만 8천여 명으로 한국군 등 유엔군과의 병력대비는 2.02대 1로서 중공군 이 수적으로 월등히 우세했고 그들의 기록으로는 사기도 높았다. 그러나 그들의 앞에는 새로 부임한 밴 플리트라는 한국의 이승만 대통령에 매우 호의적인 강경파 미군 장군이, 특히 그의 막강한 철(鐵)과 화력을 총동원 한 살육전으로 기다리고 있었다. 이때 미 8군 정보당국은 적군의 실제 전 투참가 병력을 확인되지 않은 신참 6개 군과 1개 군의 3분지 2에 해당하 는 병력을 제외하고서도, 중공군 24만 8천 1백여 명과 인민군 21만 1천 1백여 명 등 도합 45만 9천 200여 명으로 추산하고 있었다. 그리고 남한 내부에서 유격전을 벌이고 있는 7만 5천 명 가량의 게릴라들이 있었다.[88]

---

88) Walter G. Hermes, 「Truce Tent and the Fighting Front」(워싱턴, 1966) pp76~77

이 때 중공 측은 유엔군의 병력을 총 6개 군단, 17개 사단, 3개 여단, 1개 연대 등 34만 여명으로 추산하고 있었으며 이들 가운데 일선 전투에서 12개 사단, 2개 여단이, 후방 예비 부대로는 5개 사단, 1개 여단과 1개 연대가 있는 것으로 보았다.[89]

그런데 이즈음(51년 6월 30일 현재) 실제 유엔군 병력은 미군 253,250명, 영국 등 기타 참전국 군대 28,061명, 한국군 260,548명 그리고 미군에 배속된 한국군(KATUSA) 12,718명 등 도합 554,577명으로 파악되었다.[90]

이 대규모 공세를 위해 중공측은 후방지원부대도 대폭 강화했다. 동서 양쪽 해안에 1개씩 판무처를 두고 31개의 병참소, 31개의 야전병원, 11개의 자동차 수송단, 17개의 군수품 운반 수레 치차(輜車)부대, 8개의 인력거 연대, 8개의 운반부대, 8개의 경위부대, 37개의 경호 대대, 11개 담가부대 등 도합 18만 여명의 물자 공급 지원 인원을 배치해 두었다. 그리고 후방병참, 연결 지대를 4곳에 설치하고 각 구역마다 책임 운송시스템을 구축하여 후방병참 보급체계를 현대화 하였다. 앞에서 약간 언급되었지만 51년 5월 중공 군사위원회는 홍쉐즈를 사령관으로 하는 후방근무사령부(병참사령부)를 단둥(丹東)과 조선지원군 사령부의 중간지점 평남 성천(成川)의 남정리에 설치하고 식량과 탄약 등 전쟁물자의 공급을 총 지휘하도록 했다. 이 사령부는 원래 동북군구(만주) 전방지휘 근무 지휘소를 기초로 해서 그 전에 주먹구구식으로 적의 노획물을 습득하거나 현지에서 조달하던 방식(就地籌粮)을 지양, 비로소 중공군이 현대적 병참, 보급 업무를 하기에 이른 것이다. 따라서 우선 조선 국경 내 모든 병참조직과

89) 李慶山, 앞의 책 p281
90) Walter G. Hermes, 앞의 책 p58

철로, 도로 등의 수송시설의 건설과 보수 유지 등을 관리하고 직접 지원 군 사령관 펑더화이의 지휘를 받도록 하여 그 부사령관인 홍쉐즈가 책임 을 맡게 된 것이다. 따라서 동북군구 후근부에 배속되었던 공병, 포병, 공 안, 통신, 수송, 철도 등 모든 분야를 인수하여 통괄하기에 이르렀다. 동 북군구 후근부장과 제4야전군 후근부장을 했던 저우춘첸(周純全) 대령이 정치위원을 맡고 까오강의 비서장이었던 장밍웬(張明遠) 후근부 기계부장 이 부사령관을 맡았다. 이로써 원시적인 병참과 보급 등 후방 지원부대가 현대화 되었다. 그리고 그들은 유엔군 공군과 지상군 포화의 표적을 은폐, 혼란시키기 위하여 한국 산야의 산림을 많이 훼손하였다. 그들은 생 소나 무를 남벌하여 불을 지르고 태워 연기를 많이 나게 해서 부대원들의 소재 와 이동을 감추는 원시적인 전술도 주저 없이 구사했다.

/ 중공군의 역사, 그리고 편제와 무장 /

후방 근무 사령관 홍쉐즈의 회고에 의하면 유엔군은 51년 5월 전쟁이 대 치상태로 접어들자 공군과 해군의 전투기를 더욱 늘려 병참기지와 보급 선 차단에 열을 올렸다 한다.

　미군 전폭기들은 군수품 저장의 창고나 은폐물이 많고 수송로의 동맥 격인 개천, 순천, 신안주, 서포 등의 삼각지대에 무차별 집중 공격을 가 했는데 이 지역은 한반도를 가로지르는 최단거리의 횡단선의 중심지여서 문자 그대로 목 조르기 공습이었다 한다. 중공군은 이런 폭격을 전방과 후 방을 연결하는 고리를 끊겠다는 「질식작전」 또는 「공중봉쇄작전」이라고 이름 붙였다 한다. 이들 지역의 철도와 도로, 그리고 교량은 온전한 곳이 한 곳도 없을 지경이 되었다. 특히 휴전교섭이 시작된 51년 7월부터는 미

공군의 폭격이 거의 70%이상 이 지역에 집중되는 것 같았으며 마침내 김일성은 평양 중심의 이 지역에 대한 공습을 피하기 위해서라도 정전(휴전)을 서두르지 않을 수 없었다 한다.

중공군은 공습으로 인한 수송의 어려움이 가중되었는데 야간에도 자동차의 전조등이나 전기불을 끄고 운행해야 했으며 길도 좁고 울퉁불퉁하고 폭탄이 터진 자리는 웅덩이가 되어서 운전하기가 어려워 공습을 받지 않았다 해도 수송차량 간의 충돌 전복으로 인한 손실이 많고 수송효율도 엄청나게 낮았다는 것이다. 따라서 유엔군 조종사들이 잠을 자는 이른 새벽에 수송 작업을 서두르곤 했다.

지원군 후군(병참) 사령부는 방공, 경계, 통신 시설의 보강에 힘을 쏟고 공병대의 역량도 강화했고 교량건설과 보수 유지에 심혈을 기울였다. 공병 방면은 소련의 공정기제를 사용했는데, 이중에는 주교(舟橋) 장비 등 28개 공병단을 육성하여 그 중 한국전쟁에 도합 13개 사단(연대급)을 투입하였다. 강의 물밑으로 자동차가 빠지지 않을 정도의 부교나 물밑 다리를 만들어 위장했고 야간작업을 쉽게 하기 위해 보급품에 야간 식별이 가능토록 여러 가지 기호와 표시를 해 행선지 부대의 구분이 쉽게 했다. 그리고 곳곳에 방공초소를 세워 적기의 래습을 발견 경보토록 했다.

철도 복구 사업도 철도병 제1사단 1개 연대와 제3사단 2개 연대 그리고 조선 인민군 제15연대, 철도공정 제1 대대가 주로 밤낮을 가리지 않고 24시간 달라붙어 폭격하면 복구하고 복구하면 또 폭격 당하고를 쉬지 않고 되풀이 했다. 역시 철도기재들은 소련으로부터 구입하여 썼고 한국 전쟁을 통해 이 방면의 인적 역량도 증가하여 총 10개 사단의 철도병단과 관련 철도용원 누계 15만여 명을 동원하게 되었다. 그리고 이른바「유격역」이라는 간이역을 만들어 물자를 분산해 부리고 수송했다 한다. 후근사령부는 51년부터 다음 해 6월까지 1,200여대 차량분의 군수물자를 수용할 수 있는 은폐된 창고를 세웠다 한다. 당연히 차량편이 아닌 노무자, 군인들의 등짐이나 소나 말의 달구지 등 원시적인 방법으로 전선부대에 탄약 등 물자를 수송했다. 특히 유엔군의 첩보부대 등이 침투시킨 공작원들이 숨어서 수송 작전을 파악, 각가지 방법으로 유엔 공군기에 연락을 취했기 때문에 이들을 수색 섬멸하는데도 공력을 기울였다.[91]

5차 공세 때의 중공군의 편제 및 무장 그리고 유엔군의 조직은 대충 이러했다. 중공군의 편재는 제일 상위그룹에 야전군, 그 밑에 병단(兵團) Army group)이 있고 1개 야전군은 3~4개 병단, 1개 병단은 2~3개 군(軍)을 지휘하며 자체의 지휘소를 두고 있었다. 병력은 대략 12~13만 명 수준으로 우리 국군의 1개 군에 해당되며 1개 군은 우리의 군단으로 3개 사단으로 되어 있다. 여기에 1개 포병 연대, 경비대, 정찰대, 공병대, 수송대, 통신대, 그리고 야전병원이 배속되어 있었다. 병단이 많으면 9개 사단으로 되어 있다. 전체적으로 1개 군은 우리 국군의 1개 군단보다 조금 작은 규모로 2만 5천 명에서 3만 명 정도로 구성되어 있으며 춘계 공세 때는 병력 손실이 많아 이 숫자보다 적게 편성되어 있었다. 1개 사단은 1만 명 전후이며 양더즈의 20병단은 1개 사단이 6천 명 정도인 경우도 있었다. 지원군 총 사령부는 헤이룽쟝성의 무단쟝(牡丹江)에 위치해 있었고 모든 통신은 일단 이곳을 경유하여 베이징으로 통하도록 되어 있었으나 전

---

91) 洪學智, 앞의 책, p383이하, 그리고 미 극동군 사령부 직속부대인 주한연락파견대(KLO) 부대의 적진 침투 활동상은 이 작전에 참여한 박상준(朴祥俊) 대령의 회고담과 기록에 자세히 논술되어 있다. 「이승만 박사의 독립정신을 발전시킨 의용 유격군 비사」, 2012년 12월 6일, 이승만 연구원 제65차 이승만 강좌 발췌록 참조. 이 책 44장에 다시 소개 됨.

투가 치열해지면서 야전군 지휘소는 북조선의 광산지대의 동굴 또는 판자 집으로 수시 이동했고 통신도 이곳이나 또는 병단 지휘소를 통해 이루진 것으로 미 정보당국은 파악하고 있었다. 참전 초기의 지원군 본부는 평북 박천(博川)군의 군우리에 있었다. 청천강 하류 묘향산 등 험준한 산들로 둘러싸인 요새였다.

1951년 춘계공세 때는(5차 공세 전후) 대략 5개 병단 13개 더하기 알파 군이 전장에 배치되었고, 그 중 7개 군이 중부전선을 중심으로 그리고 5개 군은 그 후방에 배치되어 있었다.

여기서 참고할 것은 중공군(인민해방군)은 중국 공산당의 군대이지 국가의 군대, 즉 국군이 아니다. 군의 통수권은 당의 군사 위원회 주석이 쥐고 있다(以黨領軍). 국가에 대한 당의 영도를 원칙으로 하는 1당 체제의 군대이다. 따라서 군 조직에 당의 대표 격인 정치부가 존재한다. 1927년 8월 1일 장시(江西)성 성도인 난창(南昌)에서 장제스의 국민혁명군의 일부이었던 허룽, 주더, 류보청, 예팅(葉挺) 등이 공산당 저우언라이의 영도 아래 장제스 군대에 반란을 일으키고 중국 공산당의 홍군(紅軍)으로 부른 데서 비롯된다. 이 군대는 훗날 팔로군과 신사군(新四軍) 등으로 발전했다. 중국은 이날을 인민해방군 창건 기념일(八一建軍節)로 부르고 있다. 그리고 이를 난창기의(起義)라고 기념한다. 이 난창 폭동이 실패하자 저우언라이, 주더 등은 광저우를 거쳐 피신하고 주더는 징강산으로 들어갔다. 뒷날 중공이 대륙을 완전 석권 한 뒤 베이징에 이날을 기념하는 빠이(八一)소학교를 세우고 군 고위 장성들의 자녀 교육기관으로 삼았다. 2012년 11월 중국공산당 주석이 된 시진핑(習近平)도 이 학교를 다녔다. 현재 세력을 떨치는 중국공산당내 간부들의 자손인 태자파(太子派)들이다.[92]

제1차 국공합작으로 장제스가 교장으로 있는 황푸 군관학교 정치 부주임 교수였던 저우언라이 등 공산당 요원들은 우수한 생도들을 공산당으로 은밀히 입당시켰고 레닌의 「붉은 군대」(赤軍)를 본떠 홍군을 육성했다. 6·25 개전 초에는 중공군은 4개 야전군으로 편성되어 있고 그 중 제4야 전군이 주력 부대로 다른 야전군에 비해 월등히 많은 200만 명이나 되는 규모였다. 린뱌오가 오랫동안 사령관이었다. 중공군의 편재는 기본적으로 청(淸)나라 시대의 연대장(團長), 대대(營), 중대(連), 소대(排), 분대(班)를 따른 것으로 팔로군 시대에 와서 규모가 늘어나자 병단, 군, 사단, 그리고 간헐적으로 여단(統旅)이 생긴 것이다. 그리고 50년대 후반에는 육군을 중심으로 총 참모부, 총 정치부, 총 후근부, 총 장비부 등 4총부(四總部)와 야전군 대신 전국을 7개 관구(동북, 서북, 서남, 중남, 화동, 화북)와 총사령부 직할부대(北京軍區)로 개편했다. 그리고 한국전쟁을 계기로 보병 단일 병과가 여러 병과의 신설 등 연합작전 가능성을 열어 갔으며 현대화에 박차를 가해 해군, 공군을 발전시키고 차차 핵무기를 관장하는 미사일 부대까지 갖추게 된다.

당시 중공군의 무장은 일본 관동군이 소유하고 있던 일본제와 국부군이 소유하고 있던 미국제, 그리고 간헐적으로 취득한 소련 제품과 이들 외제 소(小)화기 등을 복제, 자체 생산한 것 등이 혼재해 있었다. 소련의 무기 원조에 따라 한국전쟁 후반에 다소간 달라졌다. 1952년 가을부터 소련의 군사원조를 대량으로 받기 시작, 현대화가 개시되었고 소련군 전문가들이 현대식 체제, 편제, 훈련, 지휘 등 질적 개선을 이뤘다. 군수 산업도 대규모로 발전의 계기를 맞았다. 미군 정보당국이 파악하고 있던 무장

---

92) 중국에는 고급 당 간부나 군인관료들의 자식문제가 간단없이 거론되고 있다. 시진핑과 마찬가지로 후진타오의 아들 하이펑이 저장성시간부로 진출한 경우 등이다. 1970년대 후 이들 2세들의 정관계 진출이 자연스럽게 증가되고 있는데, 이들은 관얼다이(官兒代), 홍얼다이(紅兒代)라고 불리며 3, 4대 문제들이 논란되고 있다.

은 1개 연대의 경우 권총 180자루, 소총 카르빈 등 400정, 기관단총 217정, 경기관총 60정, 중기관총 18정, 구경 12.7mm 대공 기관포 9문, 60mm 박격포 27정, 81~82mm 박격포 12정, 120mm 박격포 4문, 57mm 무반동총 6정, 로켓트 발사기 18개, 70mm 보병용 곡사포 4문 등의 장비가 갖춰졌으나 변동이 심한 편이었다.

1개 포병연대가 각 사단에 배치되어 있었는데 3개 포병 대대로 구성되었고 각종 화포 36문을 가지고 있었다. 이들 화포는 역시 일제, 미제 그리고 소련제들로 혼합되어 있었고 75mm 포로부터 155mm 곡사포까지 각양각색 이었다. 일개 사단은 3개 연대 및 화기 부대 등으로 구성되고 일개 연대는 평균 3,000명으로 편성되어 있었다.

기갑부대는 사실상 편성되지 않았고 단지 소련의 지원을 받은 북한 인민군이 낙동강 전선에서 다 부서지고 51년 가을 당시 고작 1개 탱크 사단이 남아 있었는데(유경수 수도경비사단) 평양 북쪽 서부 해안 쪽에 배치되어 있었다.[93]

전체적인 규모면에서는 한국전쟁 전 후를 통틀어 50년대 전반기에는 중공은 총 106개 사단의 장비를 도입하기로 하여 그 중 3개 사단 분은 무상으로 북한인민군에 제공하였고 1개 사단 분은 각 종 군사학교 및 훈련소에 배당했다. 소련군 편제에 따라 56개 사단은 소련제로 완전 무장하고 나머지 50개 사단은 소련 기술 지원을 받아 중국에서 생산한 장비를 무장시켰다. 1개 사단은 14,963명으로 구성되고 3개 보병 연대, 1개 포병 연대, 1개 전차 자주포 연대, 1개 고사포 대대, 1개 독립 57mm 대전차포 (바주카포 등) 대대가 편성되었다. 전차(탱크) 자주포연대에는 T-34 탱크

---

93) Walter G. Hermes, 앞의 책 p76~79

24량, 76mm 자주포 16량, 독립 고사포 대대는 37mm 고사포 12문, 독립대전차포 대대는 57mm 대전차포 12문, 그리고 전 보병사단의 무기 13,938건, 그 밖의 포 303문, 차량 261량, 특장차량 84량, 마차 517량, 말 1,136필 등 이다.

중공군의 대공화기는 아주 빈약했다. 30년대 화북지방 타이항산의 팔로군 시절에도 「비행기 사냥꾼 조(組) 운동」이라 하여 저공비행하는 일본군 또는 국부군 비행기에 기관총이나 소총 등 소화기를 동원하여 대공사격을 했던 수준이었다. 조선 전쟁으로 유엔군의 공군에 대항하기 위해 고사포 부대도 급조, 37mm 고사포로 장비한 101개 대대를 갖추어 그 중 53개 대대를 조선에 투입하고 나머지는 중국 내부의 대도시와 항만 등에 배치했다. 이 중 완전히 이상과 같은 소련 장비를 갖춘 부대는 조선전쟁에 3개 사단만 보냈는데 그 이유는 이들 장비가 늦게 도착한데다가 산지가 많은 조선반도에는 적합하지 않았기 때문이라 한다. 자주포와 탱크 등의 장비는 50년 11월 말부터 도착하여 상당기간 훈련이 필요했다는 것이다.[94]

게릴라 부대가 발전한 중공군의 특징은 부족한 예산을 보충하기 위해 군 자체가 다양한 사업을 벌이고 있으며, 궁핍한 물자를 확보하는 자급자족 체제가 30년대 홍군시절보다 계속 이어 오는 전통이 되고 있다는 것이다.

중공군의 계급(軍銜)은 육·해·공군 통 틀어 2~3차례 변천을 거듭했다. 일반적으로 대원수(大元帥), 원수 장관(將官-대, 상, 중, 소, 준장), 교관(敎官-대, 상, 중, 소교), 위관(尉官-대, 상, 중, 소, 준위), 군사(軍士-상, 중, 하

94) 沈志華, 앞의 책, pp273~275, 2013년에 발표된 중국국방백서에 의하면 중국인민해방군의 총 병력은 230여만 명(공군 39만 8천, 해군 23만 5천, 육군 185만 여명)이며 육군의 70% 이상이 전문 기술병으로 되어 있다. 한국일보 2013.4.17일자

사), 병(兵–상등, 열, 일등, 이등병) 등으로 되어 있다.

한 편 6·25 당시 대표적인 미군의 편제는 (한국군도 거의 비슷함) 1개 군(軍)이 2개 이상의 군단으로 편성된 약 10만 명(대장이 지휘), 1개 군단은 2개 이상의 사단으로 편성된 약 3만 명(중장급이 지휘), 그리고 1개 사단은 1만 2천 명~1만 5천 명으로 구성되어 3개 연대로 편성되었으며(소장이 지휘), 1개 연대는 포대, 기갑부대, 의무대를 포함 보병 3개 대대로 구성(대령이 지휘) 되어 있었다. 그리고 1개 대대는 화기중대와 소대를 포함 700~850명으로 되어 있고 중령 또는 소령이 지휘했다. 1개 중대는 그 아래 175~240명의 화기소대(경기관총, 소 박격포로 무장)를 포함한 4개 소대로 되어 있고(대위가 지휘), 그리고 4개 분대로 된 45명 정도의 소위나 중위가 지휘하는 소대가 있다. 무장은 카빈, M–1 소총, 경기관총, 기관총, 로켓발사기, 작은 박격포 따위로 되어 있었다. 사단에 배속된 포대나 독립 포병대는 105, 155mm 곡사포나 8인치 포, 2.36~3.5인치 로켓포나 바주카포 등으로 무장되어 있었다.

30...

땅 따먹기와 살육전의 대결
– 사창리 전투

"1951년 4월 중순 우리는 미군이 미국 내에서 병력을 차출하여 새로 1개 군(軍)을 만들어 우리 군의 측면에서 상륙할 준비를 하고 있다는 정보를 부단히 입수했다. 그 음모를 분쇄하고 지속적으로 적을 대량으로 살상하기 위해 1951년 4월 22일부터 5월 21일까지 우리 군은 방어태세에 돌입한 적에 대하여 제5차 전역(공세)을 개시했는데 1개월의 용감한 전투를 통하여 적 8만여 명을 섬멸하고 미군과 괴뢰군(한국군)이 다시 서울과 그 이남으로 퇴각하고 7월에는 휴전회담을 받아들이도록 했다. 그렇지만 제5차 전역 중 우리 군 동부전선 모 사단은 이동하는 도중 작전계획을 주도면밀하게 하지 못해 중대한 손실을 입었다."

　이상은 중공군 참모총장이었던 녜룽전이 그의 회고록에서 밝힌 5차 공세에 관한 총평이다.[95]

---

95) 자료선집 II 의 pp200~201

이 회고록을 보면 5차 공세의 목표와 성과, 그리고 작전 손실의 개요가 드러나 있다. 이들 작전의 목표는 가능하면 많은 땅을 차지하고 나서 유리한 입장에서 정전(停戰)을 유도하자는 것이었다. 그러나 항상 승승장구할 것으로 믿었던 그들이 의외로 1개 사단이 와해되는 커다란 손실을 입었다는 것을 스스로 인정하고 있는 대목이 눈길을 끈다.

중공 측은 이때 유엔군의 작전방향을 오판하고 있었다. 맥아더 장군의 해임으로 전쟁을 주도하는 미군 수뇌부의 변동이 이뤄지고 미 합참 등 트루먼 대통령의 행정부는 한국전쟁의 목표를 통일 한국의 성취라는 큰 정치적 목표에서 전쟁 이전의 상태로 복귀시키는데 국한한다는 소극적인 방향으로 축소했다. 따라서 미국은 급한 대로 평양과 원산을 잇는 한반도의 가장 짧은 횡선인 39도선까지의 진격이란 희망적인 목표를 버리고 38선 부근, 즉 임진강으로부터 철원, 금화(金化), 평강(平康)의 「철의 삼각지」를 통해 동해안의 양양에 이르는 캔자스(Kansas)선이나 이보다 조금 위쪽인 북쪽의 고성(高城)에까지 이르는 와이오밍(Wyoming)선을 고수한다는 것으로 후퇴하였던 것이다. 전선은 기본적으로 이 방어선을 고수하면서 가능한 한 많은 적을 살육하고 장비를 파괴하여 공산군의 인해전술과 그 전의(戰意)를 상실케 하자는 진지전(陣地戰)으로 전환하였다. 도쿄의 리지웨이와 한국 전선의 밴 플리트는 이 선 이상으로의 진격은 워싱턴 합참의 허가를 받아야 했다.

한편, 인천 상륙작전의 참패라는 악몽을 잊지 못하고 있던 공산 측은 남포나 원산항에 대한 미군의 기습상륙에 대한 공포와 이 해역을 봉쇄하고 있던 미국의 해군력에 지나친 신경을 쓴 나머지 이를 대비하는데 헛수고를 하고 있었다. 미군은 원산을 비롯한 청진, 흥남 등 항구에 대한 함포사격 등으로 적군을 그 곳에 묶어두고 양동작전을 펴고 있었다. 그러므로 중공 측의 정보파악이 전적으로 잘못된 것은 아니었다. 의욕적이었던 밴 플리트는 미군의 원산 상륙작전을 통해 대 부대를 후방에 투입, 화천 저 수지 동북 방면의 중공군과 인민군을 포위 섬멸시키자는 제의를 했으나 도쿄의 리지웨이는 미 합참의 작전 제한 명령에 근거하여 이 계획을 기각 시켰다. 밴 플리트는 이러한 작전 제한에 대해 그가 퇴역하기 위해 미 8군 사령관을 그만 두고 귀국한 뒤 기자 회견과 의회 증언을 통해 그를 억압 시킨 이러한 작전 제한 명령에 대해 항의하고 반박했다. 그는 "나를 좀 더 자유스럽게 내버려 두라고 외쳐 댔다"고 말했다. 이 작전 제한을 기안했 던 콜린스 미 육군 참모총장은 밴 플리트의 이런 주장을 그의 저서에서 나 름대로 길게 반박하고 있다.[96]

5차 공세 초반 중공군은 애지중지하던 각종 보급품을 미 공군의 폭격으 로 날려 보내는 큰 손실을 보았다. 마치 실패로 끝나게 될 제5차 공세의 앞날을 예고하는 흉조(凶兆) 같았다.

중공군은 평양 이동, 성천 이남 평북 강동군에 위치한 작은 철도역 삼 등(三登)에 양식, 피복, 그리고 부식품 등 721량의 화차를 위장한 채 야적 하고 제38, 12, 15, 66, 그리고 제63군에게 은밀히 배분하고 있었다. 공 교롭게도 은폐 중이던 화차와 군수품들이 미군기에 발각되어 삼등에 남 아 있던 150량 화차 분 중 90량이 폭격을 받아 날아가 버렸다. 대충 군량 260만근, 콩기름 33만근(중국 사람들에게는 음식을 튀겨먹는 식용유가 필수품이 다), 각종 군복 등 피복류 40만 8천벌이 잿더미가 되어 버렸다. 이제까지 겪은 보급품의 최대 손실이었다. (녜룽전은 이 때 80여 량의 물자와 화차를 잃 었다고 했다.) 이 때 피해로 5차 전역 때 1개 군 규모의 병사들에게 제대로

---

96) J. Lawton Collins, 「WAR IN PEACETIME」(Boston, 1969) pp.306~309 참조

원산지역의 적주요 보급지역을 B-26 Invader로 폭격하고 있다.

옷을 입히지 못했다.

펑더화이는 이런 피습보고를 받고 홍쉐즈 부사령관에게 책임자를 즉각 군법회의에 회부하라고 노발대발했으나 이미 사후약방문이었다. 하지만 이번 사고는 중공군이 원시적인 후방 군수품 보급체계를 진일보하여 현대화하는데 더욱 노력하게 만들었다. 후방지원 사령관이 된 홍쉐즈는 저우언라이 수상에게 직보하여 무엇보다도 사병들이 가지고 있던 굶주림, 탄약부족, 부상자 후송불능의 3대 공포증을 속히 해결해 주도록 대책마련을 거듭 호소하였다.[97]

4월 말에 끝난 이 제1단계 작전에서 중공군은 약30마일(약56Km)을 남

---

97) 李慶山 앞의 책, pp289~290, 洪學智, 앞의 책, pp309이하

쪽으로 진격했지만 유엔군 측 화포로 최소한 7만 명의 인명 손실을 본 것으로 유엔 측은 추산했다. 반면에 유엔군 측은 그 10분이 1인 약 7천 명을 잃었다. 이로써 5차 공세의 1단계 작전도 실패로 끝났다.[98]

조그만 마을이었던 삼등은 이때부터 전쟁이 끝날 때까지 중공군의 중요한 병참기지가 되었다. 그리고 나중에 인근 성천군 남정리에 정식으로 중공군 후군 병참 사령부가 들어섰다.

중공군의 제5차 공세(또는 춘계(春季)공세)의 제1단계 작전은 유엔군을 서울, 또는 한강과 소양(昭陽)강 이남으로 몰아붙이고 서남쪽에서 동북쪽으로 달리는 사선(斜線)형 전선을 구축하는데 있었다. 5월 1일 메이데이, 노동절을 맞아 서울을 점령, 스탈린에게 바친다는 목표를 두었다는 것이다. 그리고 미군을 수원, 양평, 홍천 부근에 묶어 두자는 것이었다. 중공군은 미군의 기계화 부대와 기동력을 갖춘 화력 등 공세를 두려워하여 5차 공세의 주 공격대상을 서울로 접근하는 평지인 추가령 지구대의 의정부 회랑을 피하고 춘천-가평-화천으로 연결되는 중동부 전선의 산악과 협곡으로 옮겼던 것이다. 그들은 돌출부의 한국군을 목표로 삼아 주로 공격하여, 제3, 제9병단을 양구, 인제 쪽으로 더욱 집중시켰으며 이렇게 중동부 전선의 주도권을 장악함으로써 제2단계 작전을 완료한다는 것이었다.

/ 영국군 부대 사수작전 /

이때의 가장 유명한 전투가 화천(華川) 부근의 사창(史倉)리, 그리고 인제 부근의 현리(縣里) 전투와 파로(破虜)호 전투이다. 중공군은 51년 4월 22일

---

98) David Rees, 앞의 책, p251

부터 쑹스룬의 제9병단 예하 제 20, 제 27, 제 26군과 제 40군 예하의 제 120사단 등 4개 사단을 동원하여 가평(加平)북방 화천의 사창리 대성산과 가평 목동(沐洞)리 등에서 미 제24사단과 한국군 제6사단을 공격했다. 이들은 예의 피리와 나팔을 불어대며 주로 박격포와 기관총으로 막대한 인원을 동원한 인해 전술을 폈고 심지어 몽고 칭기즈 칸 부대가 사용했던 말(馬) 부대를 동원하기도 했다.

6개월 전 압록강까지 진격하여 용맹을 떨쳤던 국군 제6사단이 중공군의 첫 포위 공격으로 박살났던 악몽이 작용했는지 이 부대는 사기가 떨어져 심각한 손실을 보며 많은 장비를 남겨둔 채 무질서하게 패주하였다. 이로 인해 인근 미군 부대들도 막대한 영향을 입게 되자 밴 플리트 장군이 직접 영연방군 제27여단을 투입하여 더 이상의 패전을 막고 가평으로 후퇴하여 가까스로 부대를 재편성하기에 이르렀다. 사흘간 계속된 이 전투에서 한국군 6사단은 실종자를 포함 1천 6백 명이 훨씬 넘는 손실을 보았다.

중동부 전선에서 한국군이 패주한 것과는 대조적으로 이때 서부전선에서는 영국군 제29여단 글로세스터 부대가 1개 대대병력이 전멸하거나 포로가 되는 피해를 보면서도 4~5일 동안 전선을 고수하여 중공군의 서울 침공을 막고 그들에게 막대한 타격을 입혔다. 특히 이 부대의 제1대대는 대대장 카느(Came) 중령의 지휘로 파주(坡州)군 적성(積城)면 감악(紺岳)산 고지를 사수하여 중공군 부대의 서울 침투를 저지하고 인근 아군 부대의 철수를 엄호 하였으며 끝내 6백여 명의 부대원이 대부분 전사하고 부대장 카느 중령도 포로가 되었다. 카느 중령은 휴전 후 귀국하여 영국군 최고의 영예인 빅토리아 십자훈장(VC)을 받았으며 부대는 미국 대통령 표창을 받았다. 이곳에는 영국군의 무훈을 기리는 전적비가 세워져 있다. 영국, 캐나다, 호주, 뉴질랜드, 그리고 일부 아일랜드 등 영 연방(英聯邦) 관계국들은 중공과의 관계수립에도 불구하고 10만 명 가까운 병력을 파견하여 미·영간의 전통적 유대를 확인하고 용감하게 싸웠다. 이들은 한국전선에서 모두 1,750명이 목숨을 잃었다.[99]

---

99) 이 전투에 대해서는 「국방논집 제8호」 1989.8, 洪晟大, "한국전쟁의 적 비정규전 활동분석" 참고, 「抗美援朝戰爭史②」 국방부 군사편찬연구소 역, (서울 2005), p4750이사 참조

31...
국군의 패주와 중공 1개 사단의 와해

1단계 작전이 끝난 뒤 펑더화이는 지침(standing instruction)에 따라 한국군을 주목표로 삼아 분쇄하고 미군을 분산 고립시켜 전세를 유리하게 전개시키기로 마음을 굳혔다. 그는 특히 급조된 한국군이 전투경험이 없고 장교들의 지휘능력과 장비가 미군에 비해 현저하게 뒤떨어지고 사기도 바닥인 점을 감안, 계속 한국군을 공격하기로 한 것이다.

그는 4월 28일 인민군과 상의한 뒤에 즉각 중동부 전선의 한국군 돌출지역으로 부대를 집중 이동 시켜 춘계 공세의 2단계 작전에 착수했다.

5월 16일 지원군 9병단의 제12, 27군과 동부전선에 있는 인민군 5군단을 인제군 현리(縣里)지구의 한국군 제3, 5, 9사단 (그리고 후에 제7사단)에 집중 공격토록 했다.

중공군은 일몰과 동시에 국군 7사단의 정면에 맹렬한 포격을 가했다. 그리고 제7사단 정면의 소양강을 도하하기 시작했다. 특히 요충지인 방태산 자락의 상남(上南)의 오마치(五馬峙)고개가 중공군 20군 선두부대인 60

사단의 1개 중대에 의해 점령당함으로써 이 지역을 담당한 국군 제3군단의 중요한 보급로가 차단당했다. 이 방면의 유일한 차량 출·퇴로가 막혀 수십 대의 국군차량이 뒤엉켜 진퇴양난의 혼란이 가중되었다.

유재흥(劉載興)군단장의 제3군단은 정면으로 침입하는 적에 대하여 변변한 대항도 하지 못하고 부대전체가 공황상태에 빠졌다. 그리고 제3, 제9사단은 분산 와해되고 산악지대를 따라 60km나 되는 하진부(下珍富)리 선까지 무질서하게 후퇴하였다. 심지어 통제 불능이 된 3군단은 사단장이 비행기로 사라지고 모든 지휘관들이 지휘를 포기하고 살기 위해 계급장를 떼고 무질서하게 도주하였다. 특히 중공군 포로의 심문을 통해 이 지역에 대한 대대적 공세 가능성 등 정황을 파악하고 있었음에도 속수무책으로 허망하게 당했다.[100]

이에 헬리콥터를 타고 현장에 온 밴 플리트 8군 사령관은 예비대인 미제3사단을 긴급 투입하여, 전선을 수습하고 다시 전세를 만회하였다. 결국 이 현리전투에서 한국군은 3군단 예하 제3사단과 9사단 병력 1만 9천여 명이 희생되고 병력의 40% 가량만이 살아서 복귀했다. 그리고 숱한 무기와 장비를 그대로 버리고 도주하여 나중에 미 공군기들이 중공군이 이들을 사용치 못하도록 폭격하는 일을 거듭해야 했다. 50년 12월 혹한 속에서 미 해병 1사단이 장진호에서 중공군의 포위를 뚫고 후퇴하면서도 6천여 명의 사상자를 호송하고 장비를 거두며 조직적으로 질서 있게 후퇴한 경우와 극명한 대조를 이뤘다.

이 현리 전투는 그 후 한국전쟁사상 최악의 패전의 하나로 기록되고 있으며 유재흥 군단장은 군단 해체의 수모를 당하게 되었다. 흥분한 밴 플

---

100) 국방부 군사편찬연구소, 박동구 역, 앞의 책 p502이하 참조, 洪晟大, 앞의 논문 참조

리트 장군은 패전한 얼마 뒤에 강릉에 설치한 육본전투 지휘단과 한국군의 제1군단을 제외한 모든 군단 사령부를 해체하고 일체의 작전 지휘권을 미군 장성들에게만 부여하였다 한다. 그리고 리지웨이 대장은 경무대로 사람을 보내 이승만 대통령에게 국방부 장관으로부터 군단장에 이르는 한국군 지휘계통을 일신해달라고 요구하기에 까지 이르렀다.[101]

그러나 한편으로는 미군 측에서도 고참들이 많이 소진되고 급조한 신병들로 구성된 한국군의 장비개선과 장교들의 재훈련을 통해 지휘능력을 재고시키는데 힘을 쓰게 되었다. 실제 미국 측은 한국군의 독자적 행동을 경계하고 전투능력과 운용활동 가능성을 의심하여 기갑부대와 중대포 등 중장비의 제공을 꺼리고 있었다. 미군 1개 사단은 이때 평균 18,000명의 완전 편제인 반면 한국군 사단은 미군 1개 사단의 3분지 2정도의 간이 편제로 구성되어 있었다.[102]

이때부터 미국 조지아 주의 포트베닝 보병학교에 중급 장교들을 파견, 기초 전술 및 지휘훈련도 강화했다. 그리고 휴전 후 밴 플리트 장군은 한국 육군사관학교를 육성하는데 크게 이바지 하여 "한국군 육사의 아버지"라는 칭호를 받게 된다.

/ 파로호(破虜湖)에서 중공군 180사단 무너져 /

이처럼 국군의 패전이 있었는가 하면 중공군도 정규 1개 사단이 사실 상 전멸하는 패전을 맛보게 된다.[103]

---

101) Edwin P. Hoyt, The Bloody Road to Panmunjom (New York, 1986) p205이하
102) David Rees, 앞의 책, p247
103) 李慶山, 앞의 책, p316이하

중공군 제3병단 소속 제60군은 5월 25일 새벽 북한강을 도강, 화천이남 평촌(坪村) 등지로 진출 하고 그 예하부대인 181사단은 대가마이(大加馬伊), 179사단은 마평(馬坪)리, 그리고 제180사단은 춘천 이남의 한곡(汗谷) 정병산(正屛山), 계관산(鷄冠山), 명월(明月)리 지역에 포진하고 있었다. 이들 중 특히 180사단의 제538, 539, 540 등 3개 연대는 미 제10군단의 공격에 대항하고 있었는데 여기에 한국군 6사단이 계관산 쪽으로 북진하고 우익의 미 제7사단, 좌익의 미 제24사단이 포위 공격을 해왔다. 그런데 이 부대는 미군과 한국군의 포위를 당한 중에도 중공군 부상자들약 300명을 엄호하여 후퇴하라는 중복된 명령을 받고 우왕좌왕하는 중에다른 인접부대들은 모두 후퇴해 버렸고 그 자리에 고립되었으며 유엔군들이 쳐들어 올 넓은 공간이 생긴 것을 비로소 깨닫게 되었다. 그들은 사주경비를 하던 성황당(城隍堂) 진지마저 미군에 의해 완전히 포위당했다. 이 일대를 사수하던 540연대는 거의 전멸했다. 그리고 도강작전에 실패하여 600여명의 손실도 생겼다. 한국군 6사단은 북한강의 서측에서춘천북방의 화악산 남측지점인 지암(芝岩)리를 목표로 계속 압력을 가해춘천-화천을 잇는 계곡과 저수지로 중공군을 몰아붙였고 유엔군의 탱크부대와 공군기는 쉴 사이 없이 이들에게 폭탄을 퍼부었다. 25일 부대는 사실상 해체되고 사단장(鄭其貴) 부사단장(段龍章), 정치부 주임(吳成德) 등간부들마저 가덕산 지휘소에서 긴급당위를 소집, 포위망 돌파를 결정했으나 소부대를 이끌고 도주하기에 바빴다. 5월 26일 이들은 식량과 탄약마저 떨어져 불가항력이 되었다. 대포를 이끌던 말들을 풀어주어 산 속으로 도망가게 해주었고 홍쉐즈 부사령관의 회고에 의하면 탱크들을 앞세우고 지나가는 미군 대부대를 목격한 사단장은 미군들이 자신들의 위치를 알아낼까 겁먹고 무전기를 끄고 암호문을 불태우고 각개약진하라고 하는 바람에 다른 부대와 접촉이 불가능해졌다. 지원군 사령부의 펑 사령은 행방불명이 된 부대를 찾지 못해 크게 염려하고 있었다는 것이다.[104]

펑 사령관은 홍쉐즈 부사령관에게 "60군에 문제가 생겼다. 그 예하 180사단이 철수 중이라는데 연락이 끊기고 찾을 수가 없다. 반드시 그 부대를 찾아 나에게 데려오라"고 다그쳤고 이 사실은 곧 마오쩌둥에게도 보고되었다. 그리고 마오는 5월 31일자 펑에게 보낸 전보에서 "60군 180사단의 상황은 어떠한가, 매우 걱정할 상태인가"고 묻고 있다. 어떤 소식통은 이 일로 마오쩌둥이 잠을 이루지 못했다고 전하고 있다.

어떤 기록은 이 5차 공세의 2단계 전투에 지원군 2개 군이 적에게 나뉘어 포위되어 전멸의 위험을 맞았으며 이 전역에서만 지원군 1만 7천여 명이 포로가 되었으며 이는 조선전쟁 중 지원군이 미군에 붙잡힌 포로 전체의 80% 이상을 차지한다고 밝히고 있다.[105]

이 부대 사단장은 20년대에 홍군에 참여하여 각급 지휘관을 다 지낸 노장이었으나 상급부대인 3병단의 부지휘자 왕진산의 잘못된 판단과 지휘로 인접부대와 연락두절, 그리고 사단지휘관의 후퇴 아닌 진지고수 고집 등이 복합적으로 작용하여 적절하게 대응하지 못하고 1만여 명의 손실을 입게 되었다. 이 전투로 마오쩌둥은 크게 실망했으며 펑은 자기 책임을 통감, 자신의 책임을 토로하는 자가비판을 면치 못했다. 그는 이 패배를 자신의 일생 중 4가지 군사상 실책의 하나로 여기고 자신에게 지휘책임을 물어 처벌해 달라고 요청했다. 그리고 참모장 시에팡을 본국에 보내 경위를 자세히 보고했다. 180사단의 사단장과 부사단장이 직위 해제되고 60군의

---

104) 洪學智, 앞의 책, p276이하에 작전상황이 자세히 기록되어 있다.
105) 靑石(본명은 북경대학 교수 楊奎松) "소련 비밀문서로 본 조선전쟁의 내막" 「百年潮 3期」, 1997, 자료선집 II 의 p296; 楊奎松, "中國出兵朝鮮幕後" "中國集体経齊"(2000년, I 期, p196

사령관 웨이지에(韋杰)도 처분을 받았다. 병단 사령관 천갱은 와병중이어서 면책되었다. 중공군에서 180이라는 숫자도 사라졌다.

이때의 전황에 대해 국군 6사단장 장도영(張都暎)은 "길가에 늘어진 중공군 시체를 트럭에 실어 담았으며 아군 소대병력이 적 대대 병력을 무더기로 생포하는 진풍경이 연출되었다"고 말했다. 사창리에서 중공군에 패전했던 한국군 6사단은 중공군 제20, 제 27군 등을 상대로 한 용문산 전투에 이어 이곳 화천 저수지 인근에서 5월 28일 하루 동안 중공군 포로 3만 8천 명을 생포하고 6만 2천 명 이상을 사살하거나 포로 잡는 전과를 올려 만회한 셈이다.[106]

중공군 측의 피해 집계에 의하면 180사단 피해는 대부분이 포로가 된 5,000여 명, 기아와 야채 중독 그리고 전투사망 등이 7,644명으로 되어 있다. 그리고 부상자는 사단급 간부1인을 포함, 연대급 간부9명, 대대급 간부 49명, 중대급 간부 201명, 소대급 간부 394명, 그리고 분대 이하의 병사들이 6,990명으로 되어있다.

피해를 밝히지 않는 중공군도 이 전투에서 최대 1만 5천 명 이상의 손실을 봄으로써 조선 전쟁 개입 이후 최초 최대의 손실이었으며 중공군 역사상 드문 큰 피해였음을 인정하고 있다.[107]

중공군 병력을 이곳 화천 대붕호수에 수장시킨 전공을 기려 휴전성립 후인 1955년 이승만 대통령이 친히 격전지를 방문, 오랑캐를 쳐 부셨다 하여 호수의 이름을 파로호(破虜湖)라고 개명하는 휘호를 남기고 전승비를 세웠다.

---

106) NK Vision, 2012.2, p68
107) 李慶山, 앞의 책 p323

32...

5차 공세의 실패와 정전(停戰)의 모색

/ 밴 플리트의 화력전, 철의 삼각지 /

중공군이 폈던 회심의 제5차 공격(전역)은 6월 10일 무렵 끝났다. 그러나 이 전투에서 중공군은 작전목표, 즉 가능하면 37도선까지 유엔군을 몰아붙인다는 목표는 달성하지 못하고 오히려 중동부 전선에서 철의 삼각지대를 비롯해 38선 이북으로 후퇴하였다. 그들의 인해(人海)전술도 밴 플리트 장군의 정량(定量)의 몇 배나 되는 엄청난 포탄량(Van Fleet load), 즉 「철과 불」(We expend steel and fire. ⋯not men)이란 무지막지한 화력공세에 밀려 심대한 타격을 받았다. 밴 플리트는 특히 38선 북방의 철원-평강-금화를 잇는 지역에서 인간을 희생시켜서는 안 된다면서 무차별 화력을 퍼부었고 중공군도 그들 나름의 포격전으로 응수하여 이 지역이 「철의 삼각지대」로 불리게 되었다.

펑더화이는 그의 회고록에서 "5차 전역의 규모는 매우 컸으며 적과 아(我) 쌍방의 병력은 모두 백만이었다. 미군 연대 규모의 편제를 섬멸한 것은 하나도 없었고 대대급 부대는 6, 7개를 섬멸하고 괴뢰군(한국군을 지칭) 1개 사단을 섬멸하였으며 그 외의 부대 편제 자체를 섬멸한 것은 없었다. 일반적으로 미군 한 개 연대를 포위 섬멸하는 데는 이틀이 필요한데, 우리 군의 기술 장비가 낙후되어 있고 그들의 공군과 기계화 부대가 사생결단으로 구조하려고 했기 때문이다. 지원군과 조선인민군은 공통으로 동부전선의 적을 격퇴시켰다. 한 개의 군단이 너무 멀리(37도선 근처까지) 진격하여 보급이 잘 이뤄지지 않아 양식이 부족하고 철수할 때 매우 피로했으며 60군의 한 개 사단은 이동할 때 작전계획을 주도면밀하게 하지 않아 적기와 기계화 부대의 포위공격을 당하여 3천 명을 잃었다. 이것이 제5차 전역의 2단계이며 이때 당한 손실은 항미 조선전쟁 중의 첫 번째 손실이었다."고 말하고 있다. 그리고 이처럼 작전이 소기의 성과를 이루지 못한 원인을 두고 중공군의 기술 장비의 노후, 미군의 공군 폭격과 기계화 부대의 맹렬한 화력 등을 들고 있다.[108]

또한 중국 군사과학원 군사역사연구부에서 편찬한 「항미원조전쟁사(Ⅱ)」에 의하면 "제5차 전역을 전체적으로 보면 지원군과 인민군이 비록 승리는 하였지만 아주 원만한 승리는 아니었다. 작전지도 면에서 보면, 중요한 것은 좀 급하게 타격하였고 좀 크게 타격하였으며 좀 더 멀리 타격하였다는 것이다.(이상 마오쩌둥의 지적—편역자 주석) 급하게 타격하였다는 것은 전역준비가 매우 급했다는 것을 말하고 기도가 너무 커(특히 1단계) 물지도 못하고 씹을 수도 없는 식으로 예정한 적을 섬멸하지 못했다. 멀리 타격하였다는 것은 하나는 수송보급이 따라가지 못하였다는 것이고, 두 번째는 공격을 중지한 후에는 적군의 반격에서 벗어나기가 쉽지 않다는 것"이었다.[109]

108) 자료선집 Ⅱ의 p193, 平松茂雄, 앞의 책, pp181~182
109) 抗美援朝戰爭史②, pp550~552; 李慶山, 앞의 책, p332

중공 측의 다른 기록은 "제5차 전역이 시작되고 오래지 않아 펑더화이는 전장의 상황이 매우 불리함을 발견했다. 적이 지원군의 작전규칙을 알았을 뿐만 아니라 고도의 기계화와 화력의 우세를 이용하여 서로 엄호하면서 조금씩 후퇴하여 지원군이 기동전의 장점을 발휘할 수 없게 하였기 때문에 적을 잡을 수가 없었다. 어쩔 수 없이 펑더화이는 황급히 작전목표를 수정하였다. 마오쩌둥도 펑에게 전문을 보내 (중국)해방전쟁에서 장제스와 싸웠던 방법대로 작은 규모의 승리를 누적함으로써 큰 규모의 승리를 거두도록 하라고 하고 한 번의 싸움범위를 너무 크게 하지 말고 한 개 중대정도를 섬멸하면 충분하다고 지시했다. 또한 전장의 선택에 있어서도 38선 이남의 적 방위선이 굳건하다면, 평양-원산 선을 적에게 넘기지 않는 한 북쪽에서 싸워도 무방하다"고 지시했다.[110]

펑은 누누이 야간에 적을 포위 공격했으나 밤중에는 꼼짝 않던 적이 낮에는 전차 등 우수한 장비와 공군력으로 곧 포위망을 뚫고 나와서 역공격하기 일쑤였으며 기민한 기동력으로 공방(攻防) 전환을 쉽게 하여 공격해 왔다고 변명했다. 중공군은 이제까지 성동격서나 양동작전 등 고전적 수법으로 재미를 보았으나 이를 알아챈 미군이 전술적 변화를 가져와 기동력을 이용하여 포위망을 뚫고 신속히 후퇴하여 제2의 방어선을 구축하고 도보로 행군하거나 돌격하는 중공군을 기계화 부대나 공군력으로 효과적으로 타격하는 등 살상 전에 주력하고 있다는 것을 뒤늦게 알아채게 된 것이다.

유엔군은 적군의 2단계 작전에 대해서도 탱크 등 우세한 기동력으로 중공군의 배후와 부대 간 연결을 절단하기 일쑤였고 몇 시간에 만발 이상의

---

110) 자료선집 Ⅱ의 pp296~297, 靑石 앞의 인용 논문

피아 간의 격렬한 육박전

포탄을 퍼붓거나 네이팜탄과 지뢰를 이용하여 무자비한 화공전(火攻戰)을 벌인 뒤에 보병으로 소탕하는 작전으로 응수했다. 한계령(寒溪嶺)과 홍천강 사이의 전투에서 미 제3사단은 한 개 포 대대가 몇 시간 사이에 1만발 이상을 퍼붓는 초토화전을 벌였다.

5월 19일에는 리지웨이 대장이 도쿄에서 날아와 미 10군단 지휘소에서 밴 플리트, 알몬드, 제9군단장 호게(William H. Hoge) 소장 등이 작전 회의를 열고 더 이상 후퇴는 없으며 반격을 하기로 결정했다. 이른바 토피카 (Topeka-미국 캔자스 주의 도청 소재지)선을 그어 문산에서 춘천, 인제를 경유하여 동해안의 간성이남 16km의 횡포(橫浦)리에 이르는 선 이북을 확보하도록 했다. 그리고 5월 하순에 접어들어 패주하는 적군을 몰아붙여 실지(失地)의 대부분을 회복하고 중동부 전선에서는 알몬드의 미 10군단이 38선 이북으로 시속 20km 이상의 속력으로 탱크를 몰아 전진하였다. 중공군은 미군 등 유엔군의 대규모 반격을 짐작하지 못하고 휴식에 들어

갔다가 반격을 막지 못하고 후퇴를 거듭했다. 이 때 중공군의 총 손실은 10만을 넘었다.

/ 엿 빨아먹듯 유생역량(有生力量) 소멸 /

이런 전황을 지켜보면서 스탈린은 어쩔 수 없이 마오쩌둥의 전술에 참견하였고, 마오쩌둥에게 "미군은 장제스처럼 어리석지 않기 때문에 미군과 장제스의 군대를 비교해서는 안 되며 그렇기 때문에 어떠한 경우에도 다시 북으로 후퇴하지 말아야 된다."고 지적했다. 스탈린의 생각은 평양을 잃으면 북조선의 사기에 심각한 영향을 미칠 수 있을 뿐만 아니라 전선 후방에는 굳건한 방어진지가 없었기 때문에 미군들은 중국의 계획을 간파하고 북진하면서 자신의 방어선을 구축할 것인데 그렇게 되면 중공군이 공세로 전환할 때 많은 희생을 당할 것이라는 의견을 중국 측에 개진했다는 것이다.

　스탈린의 의견이 사리에 맞다고 판단한 마오는 조선 전장의 장수들인 천겅과 시에팡에게 말한 대로 펑더화이에게 전문을 보내 제5차 공세 개시 때의 방어선을 지키는 것을 기초로 하여 소규모의 섬멸전을 수행하며 그의 표현을 빌리면 "엿을 조금씩 빨아 먹는 식으로"(零敵牛皮糖), 그 방위선 이북에 제2의 방어진지를 구축하여 만일의 사태에 대비하도록 했다. 그리고 부대를 2중 3중으로 종심(縱深) 배치하여 적군의 기동력에 대항하고 전중후경(前重後輕)의 화력배분원칙과 전경후중(前輕後重)의 병력배치원칙을 적용하고 진지전으로 전환하게 하였다. 즉, 5월 26일자로 마오는 "이전에는 미군 1개 사단을 크게 우회 포위하여 작전했으나 심지어 1개 연대도 섬멸하기 어려웠다. 이후에는 매 작전에 이렇게 큰 야심을 가지지 말고 우리 1개 군이 한번 싸우는데 미, 영, 터키 군 1개 대대 내지 많으면 2개 대대로 섬멸해도 충분하다. 과거 우리는 장제스의 군대인 신(新) 1군, 신 6군, 5군, 18군과 광시계 제7군을 소단위로 섬멸하여 점차 크게 섬멸시키는 과정을 밟았다."고 말하고 "북조선에서 싸우는 게 좋다."고 펑에게 지시했다.[111]

마오나 밴 플리트나 피아(彼我) 모두 땅 보다는 적군의 인명 피해에 치중키로 방침을 바꿨다.

중공 측은 제5차 전역이 끝나기 전 5월 하순에 중앙군사위원회를 열어 전선형세에 대한 토론을 벌였는데 조선에 개입한 초기와는 달리 그들의 우세가 더 이상 존재하지 않는다는 데 주목했다. 원래 많은 병력을 이용하여 승리를 얻으려고 했지만 연 130만의 지원군이 조선에 들어간 후 실제 작전 능력이 강화되지 않았을 뿐만 아니라 도리어 보급이 더욱 어려워졌고 전장의 폭이 점점 더 축소되고 도로도 좁아져서 그렇게 많은 부대가 필요 없으며 병력이 서로 엉켜서 적군기와 대포의 표적이 되었다고 판단했다. 결국 더 싸운다고 해도 조선반도에서 미군을 몰아내는 등 단기간 내에 바라는 대로 해결될 것 같지 않아 장기적인 관점에서 재정 부담을 고려하여 전쟁을 끝내는 쪽으로 의견이 모아졌다. 따라서 마오 등은 전쟁을 종식시키는 것은 땅을 더 차지하는 것 보다 적의 병력, 즉 유생역량(有生力量)을 소모시키는 것임을 깨닫고 다음과 같이 지시했다. "우리는 꼭 진지를 지키지 않아도 되지만, 적의 인적 역량을 소멸 또는 감소시키지 않으면 안 된다."

"마오쩌둥이 주재한 이 회의에서 대부분의 참석자들은 38선 부근에

---

111) 沈志華, 앞의 책, p266

서 정지하는 게 마땅하며 대화하면서 싸우고 담판으로 문제를 해결해야
한다. 이미 정치적 목표는 달성했다. 모든 부문에서 이런 것을 좋아했다."
고 녜룽전은 회고했다.

　6월 10일 중공군이 철원, 금화를 철수하고 유엔군이 38선 부근의 문산,
연천의 고랑포(高浪浦), 철원, 금화, 양구 그리고 고성의 명파(明波)리 일
선에서 진격을 정지함으로써 양쪽은 방어전으로 전환하고 휴식에 들어갔
다. 마침내 중공군의 제 5차 공세로 인한 치열한 전투는 종말을 고하게 되
었다. 연 초에 콜린스 등 미 육참의 견해가 정 불리하면 미군을 한국에서
철수 시킬 것을 고려하고 있다는 정보를 근거로 5차 공세에서 총력전을
펼쳐 미군을 몰아내자는 생각이 부질없는 희망적 견해였고 불가능하다는
것을 마오쩌둥 등 중국 고위층이 인식한 것이다.

33...

마오, 정전회담과 지구전 방침 내비쳐

/ 욕속부달(欲速不達), 지구전(持久戰) 전환 /

5차 공세를 마친 펑더화이는 180사단을 잃은 것을 못내 가슴아파하며 이번 공세에서 성과를 다 이루지 못한 것을 아쉬워했다. 그래서 부사령관이며 동북지구에 오래 있었던 덩화를 베이징으로 보내 마오쩌둥에게 직보하고 그의 기분을 살피도록 했다. 그리고 조선지원군 당 대회를 열어 분위기를 쇄신할 계획과 일정 등을 상의하도록 했다.

6월17일 베이징에 도착한 덩화는 중난하이의 펑쩌웬(豊澤園)의 국향(菊香)실에서 마오를 만났다.

덩화는 오래간만에 마오쩌둥과 대면했다.

조선 전장에 나와 있고 주로 동북지방에서 근무하여 수령 마오와 대담할 기회가 많지 않았다. 앞서 간략하게 소개한 바 있지만 그는 20수년 전 홍군에 가입한 이래 유명한 구티엔(古田)회의에 출석한 일이 있고 항일 전쟁이 시작된 1938년에는 허베이(河北)성 동북 항일 근거지를 개척하는 사업에 참여한 용사로서 중공 2차 전국대표 대회에도 참여한 바 있었다. 그리고 랴오선(遼瀋)작전, 핑진(平津)작전에도 참전했으며 제 4야전군 15병단 사령으로서 광저우, 하이난도 남방 전투에도 참가한 바 있으며 그 후 동북지방에 계속 거주하다가 제 13병단을 이끌고 조선 전쟁에 참전, 펑의 부사령관으로 곁에서 보조해 온 처지였다.

마오 – "조선까지 원정하여 국가를 보위하는데 수고가 많았네." 부드럽고 상냥한 목소리와 태도로 덩화를 맞았다.

덩화 – "주석께서는 국내·국제문제를 다 총괄하여 처리하시는데 저희들은 단순히 싸움을 하는 한 가지 일에만 매달리고 있습니다. 저희들보다도 훨씬 수고가 많으십니다." 하고 머리를 조아렸다.

마오 – "전쟁하는 게 단순한 일이 아니지. 특히 조선에서 미군과 싸우는 것은 국제전쟁일세"라고 응수하며 앉으라고 권하며 담배 한 대를 꺼내 태우도록 하고 자신도 입에 물었다. 그는 마오 앞에 이렇게 마주 앉아 전황을 상세히 보고 하는데 감격하여 가슴이 메었다. 그리고 앞으로의 대책 등을 자세히 보고했다.

마오는 5월 하순에 베이징을 방문한 시에팡 지원군 참모장으로부터 180사단의 괴멸 등 전황을 벌써 다 들었다면서 한꺼번에 적 1개 사단을 다 먹어치울 수는 없다는 점을 이미 상기시켰다고 말했다. 그리고 덩화에게 앞으로 어떻게 하면 되는가하고 물었다.

덩화 – "적과 우리의 역량을 살펴볼 때 전쟁은 장기전이 될 가능성이 아주 큽니다. 장기작전에 관해 주석께서 이미 전보로 지시해주셨는데 우리가 이를 잘 깨닫지 못하고 입을 너무 크게 벌리고 적을 크게 섬멸시키려다가 오히려 적에게 반격을 …" 하고 말을 얼버무렸다.

"일을 너무 서두르면 도리어 이루지 못한다(欲速不達)고 지구전(持久戰)이라고 말했던가" 하고 마오가 되물었다. 덩화가 그렇다고 고개를 끄덕

거리자 그는 지구전을 설명했다. 여기서 마오가 논어에 나오는 말(欲速則不達, 見小利則大事不成)을 두고 인용했는지는 분명치 않다.

"지구전은 일본 침략군에게 승리할 수 있었던 우리의 비상한 보물(法寶)이었지, 우리의 장점을 살리고 단점을 피할 수 있는 길이었고 적군을 소모시키고 돌아가며 야금야금 엿을 조금씩 먹듯이 적을 먹어 치우는 – 우리 일개 군이 매번 적 1개 대대를 철저히 섬멸하는 것을 목표로 하여 조금씩 적을 섬멸하여 결국에는 …"

그리고 그는 중요한 말을 내뱉었다.

"부대에 장기작전의 사상을 교육시키고 전투하면서 대화하고(邊打邊談) –"

덩화는 귀가 번쩍 뜨였다. "싸우면서 대화한다고요--?"

"그럼, 미국은 지난 5월 말에 소련외교관 말리크(A. Malik)와 접촉을 통해 우리와 만나 전쟁을 끝내는 문제를 토론하자고 했고, 며칠 전 김일성이 베이징에 와서 저우언라이와 내가 조선 문제에 관해 토론을 했지. 우리는 적을 많이 섬멸시키고 대화를 하는 게 좋다고 … 우리가 조선 문제의 평화적 해결을 오래 주장해 왔고 … 점차 외국군대를 철수시키고 조선 문제의 앞날을 포괄적으로 해결하고 …" 마오는 설명을 이어갔다. "이런 조건이 성숙 되도록 담판을 짓는 것을 우리가 피할 수 없고 중앙도 이 문제로 회의를 열었는데 다수의 동지들이 우리 군대가 38선 부근에서 정지하여 전전상태를 회복하도록 하여 남북조선이 다시 38선을 경계로 하고, 우리는 적을 북조선으로부터 축출하는데 이미 성공했으므로 한편으로 싸우면서 다른 한편으로 대화하는 것이 체면을 잃지 않는 일이라는데 동의했다"라고 말했다. 펑더화이가 한 때 남진을 멈추고 부대를 쉬게하자는 건의를 묵살했던 마오였다.

"우리가 전쟁을 계속하면 비록 장비를 개선하고 역량을 증가할 수 있다고 해도 우리와 적군의 역량을 대비해볼 때 곤란이 아직도 적지 않다. 미국이 이런 담판을 희망하는 것은 그들이 전투를 늦춰 숨을 돌리거나 국제여론을 타려는 계략이 없지 않다 해도, 우리도 장기작전을 준비하면서 싸우며 대화에 응하는 것…"이라고 이어 갔다.

이쯤해서 덩화는 "중앙의 결정은 정확합니다."라고 고개를 끄덕이며 "우리는 곧장 싸우며 장기 작전을 준비하고 싸우면서 담판을 쟁취하여 문제를 해결해야 합니다."라고 응수했다.

"자네가 말한 장비개선 문제는 우리가 소련에 구매한 100개 사단의 장비 대부분이 이미 도달했고, 고사포 부대는 지금 훈련 중이며 머지않아 조선에 들어갈 것이네. 지원군의 후방 보급문제는 몇 천 대의 차량을 구입했고 교통도 개변되었으며, 공급도 잘 될 것이네. 윤번제 작전문제는 내가 이어 생각해 오던 바 현재 양청우(楊成武)의 20병단이 조선에 들어가고…"라며 말끝을 흐렸다.

"중앙의 지원이 지속되면 우리는 승리할 것을 더욱 결심합니다."라고 덩은 힘주어 말했다.

마오가 같이 온 일행들이 있는지 묻자 덩화는 13병단의 각 군 사령관들과 함께 왔으며 저우언라이 총리가 각자 200위안씩을 주어 선물도 사고 대접을 받았다고 말했다. 그러자 마오쩌둥이 자신도 이들을 초청하여 대접하겠다고 말했다. 이들은 조선전쟁에 최초로 참전하여 지금까지 전선에 매달려 왔던 13병단의 장군들, 38군의 량싱추, 39군의 우신추안, 40군의 온위청, 42군의 우루이린 등이었다.

"그들의 전투경험을 들으면서 우리 집 수수한 음식, 사채일탕(四菜一湯)을 함께 하자"고 제의했다. 진수성찬식 차림이 낭비라 하여 4가지 요리와 국물 하나로 간소화시킨 당의 방침에 따른 것이다. 덩화는 "그들이 주석

께서 초대했다는 말을 들으면 흥분해서 잠을 이루지 못할 것입니다."고 말하면서 중난하이를 떠났다.[112]

중국공산당은 중앙 위원회를 열어 마오의 "일면타격, 일면회담" 방침 아래 장기 지구전 방어 전략을 구체화하여 일선부대에 방어진지를 확고히 구축하고 훈련을 강화하라는 방침을 시달했다.

/ 한강, 소양강은 넘지 마라 /

조선지원군 당위원회는 펑 사령의 주재 아래 6월 25일부터 27일까지 회의를 열어 마오 주석과 중앙당 위원회의 이 같은 방침에 따른 실천방안을 다시 논의했다.

이 회의에는 지원군 각 병단 사령관, 각 군 사령관 그리고 정치위원 등이 참석했고 북한 측에서는 박일우를 보내 참관케 했다.

펑더화이는 중요한 연설을 했고 덩화는 본토에 갔다 온 보고를 했으며 중앙당 위원회의 지원군 작전에 관한 지도방침과 주요결정을 전달했다. 정전 회담문제에 대해서는 중앙에서 직접 관여하고 지도하게 되어 있어 주로 지구전에 대해 준비했다. 다시 말해 ① 적 정면에서 병력을 늘리지 않고 측 후방에서 적이 상륙작전을 전개하지 않는 상황에서는 반드시 38선에서 38.5도선을 고수한다. 이 지역을 고수하면 북한의 진지를 유지할수 있을 뿐만 아니라 지원군이 병력을 집중시키고 기동성을 발휘하는데도 유리하다. 이 지역은 산이 높고 많은 곳이 하천의 상류로 지형이 우리에게 유리하다. 또한 수송선이 짧아 보급의 곤란을 감소시킬 수 있다.

---

112) 李慶山, 앞의 책, pp335~338

보급능력의 한계로 전선을 멀리까지 늘리는 것은 좋지 않다. 특히 마오쩌둥은 "38도선까지 진격하고 남한강과 소양강을 넘어 자신의 어려움을 증가시키지 말라. 반격은 안정적으로 해야 하며 한 번에 안 되면 두 번 진행하고 계속해서 공고히 한 다음 준비가 되면 다시 공격하라. 한 번에 너무 멀리까지 공격해서 적이 바로 반격해 오지 않게 하라"고 지시했다. 38도선까지만 진격하면 보급에도 유리할 뿐만 아니라 정치적으로도 유리하다. 평화의 기치를 내걸고 적군 진영을 분열시키고 긴장을 늦추게 하라.

② 병력의 배치와 운용 면에서 조선반도는 전장의 폭이 좁고 해안선이 길기 때문에 병력이 적으면 운용하기 부족하고 병력이 많으면 배치할 수 없으며 보급이 어려워진다. 따라서 작전의 필요와 수송보급 능력을 감안해서 특수병과 외에 18개 군(단)을 둘로 나누어 교대로 작전을 전개한다. 제1선에는 9개 군을 배치해 정면에서 작전토록하고 제2선에는 9개 군(단)을 배치해서 해안방어와 기동 임무를 담당하게 한다. 그 밖에 2개 군을 동북(만주) 지역에 배치하여 지원군의 총 예비부대로 한다. 제1선과 제2선의 부대는 3개월 정도에 한 차례씩 교대한다. 각 군은 3,000명 정도의 보충연대를 유지하고 국내에서 동원된 신병을 훈련시킨다. 각 사단은 하나의 교도대를 유지하여 소대와 분대의 우수 인력을 집중적으로 훈련시켜 보충 병력으로 운영하여 부대가 힘을 잃지 않도록 한다.

③ 금후의 작전방식은 기동방어와 반격을 서로 결합시킨 공방전이 될 것이고 이것은 바로 적극적인 방어와 반격을 서로 결합시킨 공방전이 될 것이다. 톱날형 혹은 번개형의 종심배치를 채택하고 유리한 지형을 이용해서 견고한 구축물을 만들어 소수의 병력으로 최전선의 진지를 방어한다. 적군이 진격할 때 우리 군은 주도적으로 퇴각하여 진지와 생

사를 같이 하지 말고 반 돌격과 반격을 이용하여 적군을 격퇴하고 잃었던 진지를 되찾는다. 이렇게 적군과 공방을 벌이면서 적군이 일정 수준으로 쇠약해지면 적의 돌출부 혹은 취약지점을 향해 공격해 적군을 섬멸한다.

④ 끊임없이 교대하여 적을 격퇴한다. 공방을 반복하여 적군의 인적 전력을 점진적으로 약화시킨다. 필요한 준비를 갖추어 다시 싸우고 준비 없이 창졸간에 진행되는 전투는 하지 않는다. 소규모로 진행하면서 소규모 섬멸전을 펼쳐 점차 대규모 섬멸전으로 발전시킨다. 전략적으로 지구전을 전개하는 것이고 방어전투에서도 마찬가지로 지구전이다. 반드시 속전속결로 진행해야 한다. 적 후방에서 유격전을 전개할 때는 정면의 작전과 맞추어 진행한다. 적군에 대한 선전 작업을 통해 적군을 와해시킨다.

⑤ 새로 참전한 부대는 반드시 먼저 일정한 방어임무를 수행하고 상황파악이 이뤄진 후에 반격의 돌격대 임무를 맡는다. 미군에 대한 작전은 더욱 철저한 준비가 필요하다. 조급하게 작전에 임해서는 안 된다. 각 군(단)은 미군과 영국군 1~2개 대대, 혹은 한국군 1~2개 연대를 섬멸하는 것을 원칙으로 한다.

⑥ 공격할 때는 반드시 보급능력을 고려하여 너무 멀리 들어가지 않도록 하고, 가급적이면 적이 우리 쪽으로 오게 하고 우리에게 유리한 지역으로 유도하여 섬멸한다.

⑦ 일반적인 공격에 있어서는 미군을 견제하고 한국군을 섬멸하는 것을 원칙으로 하며 먼저 한국군 진지를 공격해 돌파구로 삼고 다시 미군의 측후방을 돌아 미군을 섬멸하며 미군과의 전투에서는 가급적 정면 돌파를 하지 않도록 한다.

⑧ 보병과 포병의 긴밀한 협조를 강조한다. 포병이 보병을 바짝 따를 수 있도록 조건을 만들어 주고 포병의 화력 지원은 전투가 끝날 때까지 계속되어야 한다는 등이었다.[113]

지원군 당 회의는 중앙당의 휴전회담에 관한 입장을 전달하고 유엔군의 간교한 계책에 넘어가지 않도록 경계를 철저히 하고 비로소 휴전을 성립시키고 승리할 수 있도록 만전을 기한다는 다짐을 하고 폐회 되었다.

/ 중공군 전술상의 특징(요약) /

중공군의 전법을 총괄 요약하면 1938년 마오쩌둥이 쓴 「지구전을 논한다(論持久戰)」에서 반문반답(反問反答) 식으로 피력한 철수도 일종의 변화무쌍한 전술이라는 것을 비롯, 敵進我退(적군이 진격하면 아군은 후퇴하고), 敵駐我擾(적군이 주둔하면 아군은 교란시키며), 敵疲我打(적군이 지치면 아군은 공격하고), 敵退我進(혹은 敵退我追)(적군이 후퇴하면 아군은 추격한다) 등 소위 십육자(十六字) 게릴라 전법이었다. 여기에다 "적의 적은 동지이다."라는 심리전법을 가미했다. 마오는 북한의 험준한 지형과 기온, 때마침 산간지대 영하 30도의 매서운 동장군을 이용할 수 있었다. 즉 지리와 천시를 적절히 탈 수 있었다. 그리고 횡적인 전개보다는 포위로 종심전(縱心戰)을 신속히 전개하고 소나 말 등 원시적인 수단을 이용하면서도 수수께끼 같은 산악보도 행군과 위장술이 뛰어났다. 소부대 단위의 정찰요령도 탁월했고 이 같은 3대 요소를 활용, 유엔군의 화력과 기동력을 피할 수 있었다. 방어전에 있어서 인력을 동원한 지하 갱도나 축성(築城)의 수법도 뛰

---

113) 「抗美援朝戰爭史③」. pp34~37

어났다. 각종 기재와 탄약을 나르는 노무자 등 풍부한 노동력이 있어 활용 가능했다. 유엔군 종군기자들이 '인해전술'이라는 용어를 만들어 야유했지만 그는 아랑곳하지 않았다. 특히 야간 전투의 능력이 탁월했는데 항일전쟁이나 중국의 내전에서 단련된 홍군만의 뛰어난 수법이었다. 역전의 노병들과 신참, 신병들의 조화로운 교육 훈련도 지휘력 향상에 도움을 주었다.

이때까지의 중공 지원군에 대한 마오쩌둥이나 저우언라이 등 중공 중앙의 전보지시의 특징은 군대의 명령이지만 강압적인 것이었다. 대개 문장의 끝이 "해서는 안 된다.", "~책임져야 한다.", "~해야 한다.", "~하지 않도록 한다." 등으로 몇 가지 예를 들면 다음과 같은 것들이었다.

"~지사(支司), 병단(兵團)의 명령 없이 포기해서는 안 된다.", "~사령(상급)의 지시(명령) 없이 철수해서는 안 된다.", "~을 잃게 된다면 지휘관(여러분)이 책임을 져야 한다.", "절대 마음대로 철수하여 전국(全局)에 영향을 주어서는 안 된다.", "~임을 확실히 알아야 한다.", "~을 아끼지 말고 적의 공세를 봉쇄하라."

그리고 독려하는 문구도 즐겨썼다. 가령 "~용감하게 중책에 도전하라.", "악전고투(一場惡戰苦鬪)함을 힘들다고 (생각)하지 마라.", "외롭게 작전하는 것을 두려워하지 말라.", "~못을 박은 것처럼 진지를 고수하라.", "기지를 발휘하여 용감하게 사수하라(勇敢機智死守).", "살아남도록 전투하라.", "~년만 고전을 결심하라(大家決心苦戰○年)."고 했다.

/ 치약 한 통과 신혼의 꿈 /

그렇다고 중공군 장병들이 모두 신나게 싸우거나 명령에 순종한 것만도 아니었다. 이들 사이에는 치약 한 통 달라는 말이 유행했다. 즉 전투에 지치고 두려웠던 병사들 간에는 조선반도처럼 길쭉한 땅에서 치약을 짜내듯이 빨리 미군을 쫓아내거나 전쟁이 끝나기를 바라는 은어로 「약한 통 주의」(一瓶牙膏主義)라는 은어들이 오갔다. 그런가하면 해방(중공정권 수립)을 맞아 모처럼 신혼살림을 꾸렸던 노 병사들이나 신병들 사이에는 오랜 이별을 끝내고 빨리 귀국하고 싶은 열풍(久別勝新婚)이 간단없이 일어났다. 전쟁이 장기전으로 들어가면서 중공군은 부대나 장교들을 교대로 만주 등 본국으로 보내 소련군 장교들이 펼치는 현대전 교육을 받게 했다. 장교들은 모두가 이 재교육에 포함되기를 바랐다. 특히 지원군 내부에는 내전 중에 부대의 머리들(지휘관)이 사단이나 연대 등을 통째로 이끌고 중공홍군에 투항하는 바람에 본의 아니게 포로가 되어 공산군에 편입된 사람들이 부지기수였다. 이들로서는 원치 않는 전쟁에 끌려와 맥없이 죽어가는 것이 원통하였던 것이다. 또 유엔군의 전단 살포 등 선무공작이 성과를 거둬 전장 이탈 등 탈영이나 포로가 속출했다.

34...

정전에 대해 미·소간 접촉개시

/ 북경에서 김일성과 정전 논의 /

제4차 공세에 이은 제5차 공세에서 중공군의 손실은 그들이 조선에서 미군을 쫓아내고 조선의 적화통일계획을 실현할 수 있기에는 힘이 미치지 못한다는 것을 분명하게 보여주었다. 중공 당내의 적잖은 사람들이 이제 전투는 마땅히 38선에서 멈춰야 한다는 의견을 내비치기 시작했으며 장기화된다면 재정이 견딜 수 없을 것이 확실하다고 생각하기에 이르렀다.

6월 2일 마오쩌둥이 받은 통보에 의하면 미국의 소련문제 전문가인 케난(George Kennan)이 5월 31일 개인자격으로 소련의 유엔대표 말리크(Yakov Malik)와 회담하고 미국은 유엔 또는 기타의 방법으로 중공 및 북한과 한국전쟁을 종결짓기를 논의하고 싶으며 소련이 그 중재역할을 해줄 것을 요청했다는 것이다.[114]

마오쩌둥으로서는 군사적 대치국면과 조선전쟁의 종결을 원하는 상황

---

114) 이들의 접촉에 대해서는 Desn Acheson, 「Present at the Creation」 (New York, 1969); George F. Kennan, 「Memoirs」 (New York, 1967); 柴成文, 趙勇田, 앞의 책 등을 참조할 것

의 변전을 의식하지 않을 수 없었다. 그래서 마오는 6월 4일 스탈린에게 보낸 전문에서 조선에서 정전(停戰)을 고려해야 하는가에 대하여 명시적으로 제기하지는 않았지만 5차 공세의 불리한 상황과 화력 등 약점을 설명한 후 현재의 상황에서 조선전쟁의 속전속결은 불가능하며 장기적인 소모전을 대비해야만 할 것 같다고 완곡하게 표현했다는 것이다. 그는 펑더화이가 보내온 전문의 사본을 암호화하여 스탈린에게 보낸 이 날짜의 전문 제20406호 및 20412호에 포함시켰다. 펑이 마오에게 보낸 전문은 중공군의 침체된 분위기를 전하고 있었다.

"현재 적군은 대량의 화기, 전차, 그리고 항공기를 사용하고 있으며 우리에게는 견고한 방어진지도 없음. … 우리는 게릴라 투쟁을 적극 전개해야 할 것이며 만약 적군이 대규모 병력을 증강하지 않는다면 그리고 우리 측이 예측할 수 없는 실수만 범하지 않는다면, 원산 – 평양선 남쪽의 유리한 지역을 계속 장악하게 될 것이며 전선이 너무 길어져 수송수단의 부족 현상이 발생되고 있으며 군량과 탄약 보급에 어려움을 겪고 있음. 아군은 매우 지쳐있으며 남쪽으로 진격한다는 것이 극히 어려운 실정임. 그것이 바로 계획된 시기 이전에 제5차 전역의 2단계를 종결하고 병력을 제5차 작전의 1단계를 시작했던 지점으로 철수시키기로 결정한 이유이며 그곳에서 부대를 재편하고 증강하며 새로운 전투에 대치한 훈련을 실시하는데 40~60일이 소요될 것입니다. 현재 아군 내에 존재하고 있는 매우 심각한 우파분위기를 청산할 … 6, 7일간 전진한 후에 아군은 식량과 탄약 부족을 느끼기 시작했으며 지친 상태에 있고 … 대규모 기계화 부대를 미리 준비한 적군은 이를 아군의 공세와 철수를 방해하는데 활용하고 있고 아군은 이와 같은 상황에 대응하지 못하고 있음. 도보로 움직이는 아군은 전진하는 적군의 기동부대로부터 공세를 당하고 있으며 그것이 바로 적극적인 기동방어 전술을 구사하는 한편 제 1방어선뿐만 아니라 제 2 및 제 3의 방어선을 구축하는 이유임. 그럼으로써 제 1방어선의 전황이 최악의 상황에 처하는 경우, 제 2 및 제 3방어선에서 적을 억지 할 수 있을 것이며 … 새로이 조선에 도착한 아군 부대들은 기술적 측면에서 잘 무장된 적군을 상대로 하는 전쟁경험, 특히 방어전 경험을 갖고 있지 않으며 하위 지휘관들의 자질이 매우 좋지 않습니다."[115]

스탈린은 중국인들이 미국인을 이길 수 있다는 신념을 잃는 것을 원치 않았다. 그래서 다음 날(6월 5일) 마오에게 보낸 답신에서 "우리도 당신과 마찬가지로 조선전쟁을 가속화하는 것을 원하지 않는데, 지구전은 첫째 중국군대가 실전 중에 현대전을 익힐 수 있도록 하며 둘째 미국 트루먼 정부를 동요시켜 영·미 군대의 군사신화를 무너뜨릴 수 있기 때문이다."고 말했다.

그리고 이어 중국이 당면한 문제는 그렇게 심각한 문제가 아니며, 현재의 계획에 따라서 전방근처의 후면에 강력한 방어진지를 구축하고 적 후방에 유격대 활동을 강화하고 새로운 대포와 무기를 구비하면 상황이 개선 될 것이라고 말하며 신형 대포와 탱크에 대한 방어 무기 등을 보낼 수 있다고 달랬다는 것이다.[116]

마오는 이런 스탈린의 전보를 받음과 동시에 주 평양 대사관의 차이청원 참사의 안내로 베이징에 와있던 김일성과 회담을 가졌다. 김일성도 이때 미국 측이 정전 회담을 할 의사가 있다는 징후를 파악하고 있었다 한

---

115) 에프게니 바자노프 등 앞의 책, pp154~155
116) 青石, 앞의 논문 자료선집 II의 p297

다. 김일성도 정전에 찬성하거나 찬성하는 쪽 이었다고 중국 측 문헌은(칭스, 차이청원 등) 암시하거나 전하고 있다. 6월 3일 마오는 저우언라이가 배석한 가운데 김일성과 회담하며 휴전 문제를 심각하게 논의했다. 그러나 김일성이나 박헌영이 이 시점에 정전회담에 찬성했는가는 확실치 않다는 것이 일본의 좌파 한국 전쟁 전문가 와다 하루키의 주장이다. 김은 정전을 원치 않는 스탈린의 비위를 맞춰 본인의 의사와는 관계없이 정전을 미루지 않을 수 없었을 것이라고 보기도 했다.

와다는 김일성이 베이징에서는 정전교섭에 분명히 동의하기에 이르지는 않았을 것이기 때문에 마오는 동북군구(만주) 사령관이며 정치 책임자인 까오강을 불러 김일성과 같이 모스크바에 가서 스탈린으로 하여금 김일성을 설득하려 한 것 같다고 주장하고 있다.[117]

까오강은 스탈린의 총애를 받던 존재로 알려져 있었다. 그리고 김일성과도 가까운 사이였다. 그는 소련에서 교육을 받은 바 있었다. 그는 한국 정전 성립 후 마오쩌둥의 미움을 사서 자살하는 기구한 운명을 가진 자였다. 까오는 만주에 중공이 최초로 동북 인민정부(일종의 소비에트)를 세웠을 때, 그 곳의 주석이 되었으며 지역의 군벌처럼 되어있었다. 한때 그곳에서는 마오쩌둥은 모르지만 까오강을 아는 사람이 많았다. 마오는 그를 동북왕이라 불러 야유하곤 했다. 어쨌든 이 때 김일성은 북한에 대한 유엔군 공군기들의 초토화 공습을 견디기 어려워 정전을 원했을 것이라는 것이 중국 관측통들의 견해이기도 했다.

마오는 6월 5일자 스탈린에게 보낸 또 다른 전문에서 조선에서 전쟁을 수행하는 과정에서 재정문제, 군사작전 문제, 적군이 후방의 해안에 상륙

---

117) 和田春樹, 앞의 책, pp220~221

을 시도할 위험성 등 심각한 문제들을 보고하고 지침을 받기 위해 까오강을 모스크바에 보낼까 하며 김일성도 같이 가기를 희망하고 있다며 동의를 구했다. 그리고 이어 9일자 전문에서 까오강이 「전쟁과 평화에 대한 문제」에 대하여 중공 측의 관점을 보고 하려 한다고 정전의향을 암시했다 한다.[118]

/ 협상에 대한 마오의 전략적 관심 /

마오에게 보낸 6월 13일자 전문에서 스탈린은 김일성과 까오강을 만난 사실을 밝히고 "정전이 현시점에서 유익한 것으로 판단된다."고 말했다. 그리고 소련 군사 고문관의 증파문제, 60개 사단 무기 공급 및 중공군의 공군양성에 관한 문제 등을 길게 언급했다. 스탈린은 중공 측의 38선에서의 정전의향을 처음 접했을 때 놀라며 약간 흥분한 반응을 보였다 한다. 칭스의 앞 논문에 의하면 스탈린은 "당신들이 지금 잘 싸우고 있는데 왜 정전을 하려고 하는가? 계속 싸우는 것을 두려워하는 것은 당신들이 아니라 미국인이다. 나는 미국인의 심리를 이해하고 있는데 당신들이 미국 병사들을 한 명이라도 더 죽여, 그들이 국내로 관을 한 개라도 더 보내게 하면, 국내에서 이 전쟁에 대한 반대 압력이 점점 더 커져 끝내는 정전을 하고자 하는 것은 미국인일 것이다."라고하며 매우 불안한 모습을 보였다는 것이다.

　까오강과 김일성이 중국과 조선의 어려움을 여러 차례 되풀이 한 후에야 스탈린이 양보하여 당신들이 정하겠다면 한 번 시험해 보는 것도 괜찮

---

118) 자료선집 II 의 p298

을 것이라는 선으로 후퇴했다는 것이다. 그리고 스탈린은 마오쩌둥에게 보낸 앞의 13일자 전문에서 "정전은 현시점에서 유익한 일이다"라고 간단히 한마디만 했을 뿐이라는 이야기이다.[119]

스탈린의 동의로 마오는 재빨리 결심을 했다. 그는 전문을 받은 바로 그날 까오강과 김일성에게 아래와 같은 전문을 보내 스탈린과 정전의 방법에 대해 협상하도록 요청했다. 즉, 마오는 "정전문제를 어떻게 제기할 것인가에 대해서는 조선인민군과 아군이 최근 수세로 몰려 있어 우리가 먼저 휴전을 제의하는 것은 마땅치 않다. 제일 좋은 모양새는 ① 적측에서 제의토록 기다리고 ② 소련 정부가 케난의 탐색에 부응하여 미국 정부에 정전을 시험 탐문하는 것이다. 이 두 가지 방법을 동시에 시도해 보되 만일 적이 정전문제를 제출하면 조선과 중국이 동의를 표시한다. 당신들이 이 문제를 검토하고 필리포프(Philippov-스탈린의 비밀호칭) 동지와 의견을 나눠 해결토록 하라. ③ 정전의 조선은 38선 경계선을 회복하고 그렇게 넓지 않은 중립지대를 설치하되 절대 북조선 영토 안에서 긋는 일은 없어야 한다. 남·북조선이 피차 교착되도록 한다. 중국의 유엔가입 문제는 이미 유엔이 침략도구로 변한 이상 당장 중국이 이 기구에 들어가는 데 특별한 의미를 두지 않는다. 응당 고려할 것은 타이완 문제를 제기할 것인가인데, 미국이 이 문제를 독립적인 별도의 문제로 고려하고 있는 현실에서 우리는 장차 상응한 양보를 할 수 있을 것이다."라고 말했다. 그리고 7월 초 보낸 전보에서 스탈린에게 정전의 필요성을 다시 강조했다.

"우리의 무장역량은 적을 북조선에서 몰아 낼 수는 있지만 남조선에서 몰아 낼 수는 없는 상황이다. 전쟁이 계속되면 적에게 큰 소모를 하게 할

---

119) 靑石, 앞의 글 자료선집 II 의 p298

것이지만 우리에게도 재정적으로 커다란 위기를 조성할 것이며 국방건설도 성장하기 어려울 것이다. 다시 일정시기 더 지속하여, 가령 반년 내지 일 년에 적을 남조선에서 몰아 낼 수 있다면 우리는 그러한 위기를 초래할 수 있는 대가를 치를 수 있지만, 현재의 상황에서 그러한 가능성은 없는 듯하다.”[120]

마오쩌둥은 전에 협상도 혁명이라고 말한 적이 있었다. 혁명이 곧 타협이요, 타협이 곧 혁명일 수도 있다(革命不忘妥協, 妥協不忘革命). 대화가 대결이고 만남이 맞섬일 수도 있다. 그는 협상에는 우호적 협상과 대결적 협상이 있는데 우호적 협상은 서로 이득이 되는 양보가 있어 서로 도움이 되는 방향으로 나아가지만 대결적 협상은 적대적 협상으로서 결국 한쪽이 손해 보거나 결국은 파기되는 것을 예상하는 협상이다. 다만 대결과 파국을 잠시 모면하려는 방편일 뿐이다. 어떤 쪽이 되든 담판이 됐든 협상 또는 타협이 됐든 대결과 맞섬의 한 방법으로 어떻게 수단으로 잘 써서 목적을 달성하느냐 하는 것에 달렸다고 본 것이다. 그는 장제스와의 협상에서 손해 보지 않고 살아남은 경험을 살려보려 한 것이다.

괴멸 직전에 있던 마오쩌둥의 중국 공산당이 숨통을 트게 된 것이 바로 시안사변 후에 있었던 협상이며 이 협상으로 중국의 현대사가 바뀌게 된 것이다. 이 협상을 진행했던 마오의 외교 보좌역 저우언라이도 “싸우면서 연합할 방법을 모색하고, 연합한 상태에서 싸울 날을 대비하는 것이 외교”라고 했다.[121] 즉 대화하며 싸우는 담담타타(談談打打) 전술을 중요시한 것이다.

---

120) 앞의 자료, p332
121) 金明豪, 「중국인 이야기」 (서울, 2012) p267

35...

정전 부정적인 스탈린 설득작전

정전을 모색하려 모스크바에 파견된 까오강과 김일성은 스탈린으로부터 용어 해석부터 정전이 미칠 영향을 구체적으로 지도받았다.

이 때 김일성, 까오강과 함께 모스크바를 방문한 저우언라이의 비서 겸 소련어 통역가였던 쓰저(師哲)의 회고록을 옮겨 본다.

"6월 중순 모스크바에 도착한 후 중국 동지들은 오스트로프스카야가 8층에 있는 아파트에 묵고 조선 동지들은 다른 곳에 묵었다. 스탈린은 즉각 김일성과 까오강을 접견하고 우선 조선 전선의 실제 상황에 대해 관심을 보이면서 몇 가지 문제를 분명히 알고 싶어 했다.

① 전선의 실제 상황이 어떠하며 전투가 계속되고 있는가의 여부 ② 남북 쌍방의 군대가 점령하고 있는 진지의 위치, 전략적 거점의 우열비교와 조선과 중국지원군의 진지가 흔들림 없이 지켜질 수 있는지 여부 ③ 적의 반격능력과 만일 적이 반격할 때 그것을 막을 수 있는지 여부 ④ 조선과 중국 군대가 즉시 정전하는 게 좋은지 계속 싸우다 전선의 위치를 수

정한 후에 다시 정전회담을 하는 것이 좋은지 등을 물었다.

이 때 우리들 조·중 인사들은 무력사용 중지, 정전, 강화, 휴전, 평화협정 등 각종 용어를 혼란스럽게 사용했다. 그래서 스탈린은 우선 각종 개념의 함의(含意)를 분명하게 하도록 요구하면서 개념이 불분명하면 우리가 달성하려고 하는 목적을 분명하게 할 수 없다고 말했다.

스탈린은 다음과 같이 지적했다.

당신들은 이번 논의에서 서로 완전히 다른 의미를 지닌 단어를 혼용하여 듣는 사람으로 하여금 당신들의 의사를 이해할 수 없도록 했고, 당신들의 의도와 요구가 무엇인지를 정확히 짐작할 수 없게 했다. 당신들이 이번에 사용한 몇 가지 단어로 이야기 하면, 정전, 무력 사용중지, 휴전, 강화, 평화조약 등의 용어들은 그 의미의 차이가 매우 크다.

무력 사용중지는 전투 도중에 전선에서 어떤 이유로 인해 잠시 무력사용을 중지하는 것이다. (몇 시간 혹은 하루 이틀 시한이 지나면 다시 계속 교전상태에 들어간다.)

정전 또는 휴전은 비교적 긴 시간 동안 군사 행동을 중지하는 것이지만 쌍방은 여전히 교전상태 중으로 전쟁은 결코 종결되지 않은 것으로 수시로 다시 전투가 되풀이 될 수 있기 때문에 결코 평화국면이라고 할 수는 없다. 강화는 즉 평화회담과 화해로 교전 쌍방이 장기간의 긴장 완화와 일정 수준의 평화를 달성하는 것으로 협상을 통하여 정전과 긴장 완화 상태 혹은 평화를 달성했지만 아직 평화국면이 공고화 되지는 못한 것을 말한다.

이른바 평화협약(평화협정,조약)은 무력사용 중지와 정전, 타협, 강화 즉 임시적인 화해가 아니라 군사행동을 완전히 중지하고 적대상태를 제거하여 평화공존상태로 전환하는 것으로, 결국 모든 전쟁의 흔적과 전시

능선을 타고 가는 유엔군

의 영향과 상흔을 제거하는 것을 말한다.

내가 묻고자 분명히 하고 싶은 것은 우리가 오늘 논의할 것, 즉 당신들이 바라는 것과 달성하려는 목적이 도대체 무엇인가 하는 것이다. 우리가 지금 논의하는 것이 어떤 범주의 문제인지, 그것에 대하여 명확하고 정확한 개념을 사용해야 하며 그렇지 않고 당신들처럼 논의 중에 여러 가지 서로 다른 개념을 혼용하면 듣는 사람이 들을수록 헷갈리게 된다. 당신들이 정확한 개념을 사용하여 당신들의 의도를 표현해야만 상대방과 교섭을 잘 할 수 있다. 어쨌든 우리 자신이 우선 정확한 개념을 사용하여 우리 자신의 의도를 표현해야만 한다. 그럼 당신들의 의도와 바람과 요구는 무엇인가?

우리는(중·조 대표들은) 정전이라고 대답했다.

스탈린이 다시 물었다. 현 상태에서의 정전인가 아니면 쌍방이 조정을 한 후(방어선의 조정 혹은 지리, 지형에 따른 조정) 정전할 것을 요구하는가? 어느 쪽에서 포위된 부대 혹은 지역이 있는가?

이 문제에 대하여는 누구도 명확하게 대답할 수 없었으며 중·조 측이 제공한 지도의 표시는 이미 지난 것이었다. 스탈린은 소련군 총참모부의 장군에게 군용지도를 가지고 오게 해서 조선전선의 상황을 설명케 했다. 이때 김일성과 까오강은 요컨대 강화를 맺을 의도는 없지만 정전이라면 받아 들여도 좋다는 점에서 합의한다는 것이었다.

스탈린은 또 며칠 몇 시를 정전일시로 해야 하는가도 물었다. 그리고 회담이 끝나고 모두들 휴게실로 들어가려고 할 때 다시 몇 가지를 관심 있게 물었다.

정전 후에 어떻게 할 것인가. 조선을 어떻게 안정시키고 복구와 경제 건설을 할 것인가? 그리고는 화제를 돌려 중국의 하이난도(海南島)와 레이저우(雷州)반도, 광저우(廣州) 부근에 고무나무를 재배할 수 있는지 물었다.

그는 고무는 전략물자이며 중요한 전략물자로 중국이 잘 고려해보도록 강조하면서 소련 측이 고무나무를 심는 것을 도와줄 용의가 있다고 말했다.[122]

까오강과 김일성이 각각 귀국한 후인 6월 21일 마오쩌둥은 스탈린에게 보낸 전문에서 이들로부터 스탈린의 올바른 방침과 지도를 잘 들었다고 말하고 시급히 요청되는 군수물자의 제공을 거듭 요청했다.

---

122) 師哲, 앞의 글, 자료 선집 II 의 pp269~271; 和田春樹, 앞의 책 p221. 소련은 전략물자로 생고무가 필요했기 때문에 계속 중국과 합작회사를 설립하여 고무를 생산하자고 요구했으나 중국은 소련이 기술과 자금을 제공하여 중국이 독자적으로 생산해 소련의 차관을 갚는데 고무수출을 활용하겠다고 응수했다. 52년 9월 저우언라이가 모스크바에 가서 이 문제에 관한 협정을 맺었다.

/ 평화의 대가 방송 /

6월 23일 유엔주재 소련대표 말리크는 유엔이 제공한 라디오 방송을 통해 「평화의 대가」라는 연설을 했다. 그는 조선전쟁에 대한 평화적 해결을 건의 한다면서 "첫 걸음은 교전 쌍방이 회담을 통하여 무력사용 중지와 정전을 하고 쌍방이 군대를 38선으로 철수시키는 것"이라고 했다. 그리고 그는 이어서 "내 생각에는 조선의 평화를 확보하기 위한 이만한 대가를 결코 크다고 할 수 없다."고 했다. 휴전을 주저하던 스탈린이 태도를 바꿨다는 확실한 신호였다. 일설에는 소련 유엔 대표부의 부대표 차라프킨(Tsarapkin)이 5월 초 미국 측과 비밀리에 접촉, 소련이 정전문제를 진전시킬 의사가 있음을 내비쳤고 이 기미를 알아차린 미국 측이 당시 프린스턴 대학교 연구진에 있던 전 국무성 출신 케난을 동원했다고 한다.

이 방송이 있고난 후 중공은 6월 25일과 7월 3일 인민일보의 장문의 사설을 통해 중국인민은 평화를 애호한다면서 "중국인민들은 이 연설에 완전히 찬동한다. 이 연설은 인민들에게 기왕의 교훈을 받아들일 것인가, 그리고 조선 문제를 평화적으로 해결하기를 원하는지 여부에 대한 시험을 던진 것"이라며 "조금도 의심할 것 없이 조선 문제의 평화적 해결을 위한 제 일보로 말리크의 제의가 공평하고 합리적인 것"이라고 뒷받침했다.

36...

중공과 북한 측의 회담준비

/ 스탈린, 회담진행 마오에 일임 /

5차에 걸쳐 대공세를 편 그들은 소기의 성과를 달성하지 못했다. 중공군의 최정예부대로 그들이 스스로 「철(鐵)의 부대」라고 불렀던 제4야전군 소속이었던 38군과 40군에다 포병단, 고사포 부대, 그리고 공병단을 더 보태 제13병단으로 재편성하여 조선전쟁에 투입, 최전선을 맡게 했던 바 이들이 거의 소진되어 버렸다. 계속 많은 군대를 투입했으나 전투의 양상은 인해전술이 되었고 전투 경험이 많은 팔로군 출신의 백전노장들(老八路)도 잃었다.

피아(彼我)간에 기고상당(旗鼓相當)의 형세가 되고 전투의 양상은 지루한 진지(陣地)전으로 변모했다. 무엇보다도 마오쩌둥은 연초 미국이 절망적으로 패색이 짙어진 가운데 인도 등 아아(亞阿)그룹을 내세워 유엔을 통해 제안한 정전제의를 박차버린 아쉬움이 컸다. 이때는 중공군이 한강이남 37도선에 육박했을 정도여서 그들에게 가장 유리한 정전의 기회였던 것을 마오는 놓쳐버렸던 것이다.

6월 30일 마오는 그들의 멘토인 스탈린에게 보낸 전보에서 "유엔 주재 소련대표인 말리크의 연설로 우리는 조선 문제의 평화적 해결 노력에서 주도권을 쥐게 되었으며 양측이 협상대표로 정부관리가 아닌 군 지휘관을 파견하도록 제안하였는데 본인은 그 제안이 전적으로 옳다고 생각한다."고 말하고 "김일성 동무가 리지웨이가 협상을 요구할 경우에 대비하여 협상대표를 선정, 파견할 준비를 하고 이 문제를 「필리포프」동무의 견해를 알아보도록" 김일성과 펑더화이에게 지시했음을 밝혔다. 마지막으로 마오는 협상이 시작되면 공산 측이 어색한 입장에 빠지지 않도록 스탈린이 모든 책임을 직접지고 지도해주기 바란다고 했다.

그리고 때를 같이하여 김일성도 별도로 리지웨이가 미국 국방부의 지시로 공산 쪽 사령부와 협상을 시작할 것으로 알려졌는데 어떻게 대응할 것인지를 스탈린에게 묻는 전보를 보냈다.[123]

한편, 23일 말리크의 연설이 있자 6월 25일 트루먼 미국 대통령은 테네시 주의 툴라호마(Tullahoma)에서 발표한 정책연설에서 한국문제의 평화적 해결에 참가하겠다고 표명하였다. 그리고 미국정부는 주 소련 미국대사 커크(Alan G. Kirk)로 하여금 소련 외교부를 찾아 말리크의 연설 의도를 확인토록 하였다. 27일 커크를 만난 소련 외무차관 그로미코(Andrei A. Gromyko)는 "야전 지휘관들에 의한 정전협상이 돼야 하며 이 협상은 여하한 정치 또는 영토상에 관련 됨 없이 엄격한 군사적인 문제에 국한되어야 한다"는 입장을 밝히고 군사 대표들의 교섭보장 등이 토의될 것이라고 했다. 그리고 이틀 뒤인 29일 미국 안보회의는 리지웨이 장군에게 곧

---

123) 에프게니 바자노프 등 앞의 책 아나똘리 또르그노프 저, 허남성 이종판 옮김, 「韓國戰爭의 眞實」(서울, 2002) 제1장 참조

장 다음과 같은 전문을 김일성에게 보내도록 지시하였다.[124]

"본인은 유엔군 총사령관의 자격으로 명에 의하여 귀 군대에게 다음 사항을 통고한다. 본인은 한국에서 적대 행위와 일체 무력행동을 중지할 것을 규정하는 정전과 아울러 그러한 정전을 유지하는 데 대한 적절한 보장을 논의할 회합을 가질 것을 귀측이 희망하고 있다는 것을 알고 있다. 본인은 그와 같은 회합을 원한다는 귀측의 화답을 접수하면 우리 측 대표를 지명할 것이다. 동시에 귀측 대표와 만나는 날짜를 제시할 것이다. 본인은 이 회의는 원산(元山)항에 있는 덴마크 병원선상에서 거행할 것을 제의한다."

6월 30일 아침 8시 도쿄에서 방송된 리지웨이의 서한 내용에 대해 마오쩌둥은 즉각 스탈린에게 전문을 보내 지시를 요청했다.

그는 이 암호전문(제21340호)에서 리지웨이가 협상을 제의해 왔음을 공식으로 알리고 자신의 견해를 아래와 같이 알렸다.

① 김일성은 대략 7월 2~3일에 리지웨이에게 회신해야 할 것이며 이 회신에서 정전협상에 동의를 표시하고 회담의 시기, 장소, 참석인원 등을 제안해야 할 것이며

② 적 측이 원산항을 회담 장소로 제안했으나 원산은 (북)조선이 적군의 상륙을 대비하여 강화한 군사기지이므로 적절하지 않다고 보며 38선상의 개성을 협상 장소로 역제안하면 어떤지, 그리고

③ 7월 15일 무렵에나 회담을 시작하고 이처럼 긴박한 회담의 일정과 중요성에 비추어 스탈린 동무가 김일성과 직접 접촉하여 지시하고 그 사

---

124) 유엔군 사령관의 자격으로 정전회담에 임하는 법률적인 문제에 대해 미 국무성은 유엔사무처 법률담당자들과 협의를 거친 결과 순전히 군사적인 정(휴)전 문제라면 사후에 유엔 안보리에 보고하는 것으로 미국의 책임은 끝난다는 언질을 받았다 한다.

항을 알려주기 바란다.

이에 스탈린도 즉시 마오쩌둥에게 회신(6월 30일자 제3917호)을 보냈다. "라디오를 통해 리지웨이에게 회답하되 김일성과 펑더화이의 명의로 방송하고 38도 선상의 개성을 회담 장소로 주장하고 조선 측 대표만 서명하고 중국 의용군 사령관이 서명하지 않으면 미국은 관심을 기울이지 않을 것이다. 개성을 회담장소로 고집하여 우리가 회담의 주도자임을 과시하고 미국이 양보토록 할 것"을 지시했다. 그리고 "동무는 모스크바에서 정전회담을 지시해야 한다고 말하나 이는 생각할 필요도 없는 것으로 협상을 지시해야 할 사람은 바로 마오쩌둥 당신이며 우리는 기껏해야 일부 문제들에 대해 조언할 수 있을 뿐이고 또한 우리가 김일성과 접촉할 수 없으며 마오 동무가 직접 그와 접촉해야 한다"고 했다. 마오의 기대와는 달리 이처럼 스탈린은 한국전쟁과 정전문제 등에서 직접 책임지지 않으려고 하는 태도를 보였다. 스탈린은 마오쩌둥이 누차에 걸쳐서 소련 무기를 사용하게 될 중국지원군을 지도하기 위해 병단이나 군 단위에까지 소련 고문관을 지원해 달라는 요청을 했지만 내심 소련 장교가 미군 포로가 되는 것을 두려워하여 응하지 않았던 것이다. 이때 스탈린이 끝까지 중공이 미국과 싸움을 계속해서 그가 불신해 마지않는 마오와 마오의 중국이 미국과 함께 기진맥진해지기를 바라고 있었는지는 확신할 수 없었다. 다만 그들은 공산주의자이기 전에 다른 종족에 대한 공포증에 시달려온 협소한 민족주의자들이었다. 그러나 마오는 스탈린이 말로는 자신에게 일임했지만 중요한 것은 그의 의견이나 지시를 받아서 행하는 것이 당시로서는 편하다고 생각했다.

조선전선의 펑더화이도 7월 1일 마오쩌둥에게 "충분히 준비하고 지구전을 펼쳐 화평교섭을 쟁취하면서 전쟁을 종결시키기에 이른다. 본인이 화평의 깃발을 쥐는 것은 조선인민에게도 중국인민에게도 똑같이 유리하다. 38도선을 경계로 하는 것을 견지하면 쌍방이 모두 참을 수 있을 것이다.”는 요지의 전보를 보냈다.

/ 리커농(李克農) 등 협상 선전 전문가로 팀 구성 /

상황이 전개되면서 베이징의 저우언라이 수상은 더욱 바빠졌다. 그는 서둘러 인선에 착수했는데 우선 생각한 사람이 리커농 이었다. 리는 1930년 대 저우의 조수로서 시안(西安)사변 때 장쉐량과 협상에 참여했으며 장제스와의 국공협상 때도 한 역할을 했다. 그는 장제스의 육·해·공군 사령부에 드나들면서 정탐한 것들을 저우에게 보고하는 밀정이기도 했다. 인공 수립 후에는 외교부 제 1부 부장 겸 군사위원회 정보부장을 맡고 있었다. 그리고 이어 국제문제에 조예가 깊고 문필에도 능한 외교부 정책위원회 부회장 겸 국제 보도부장을 하고 있던 *차오관화(喬冠華)를 선정하여 이 두 사람을 마오쩌둥에게 보냈다. 차오는 한 때 리커농의 비서여서 두 사람의 호흡이 잘 맞을 것 같았다. 마오는 이 두 사람과 조선 전쟁의 정전회담에 관한 기술적인 문제들을 검토한 후에 공작반을 구성하기로 하고 유엔 안보리에 나갔던 우슈취안 대표의 보좌관 하버드 대학 출신 경제학 박사인 푸산(浦山), 신화사(新華社) 통신사의 딩밍(丁明), 선젠투(沈鍵圖), 그리고 평양 대사관의 차이청원, 지원군 쪽에서 덩화와 시에팡으로 정했다. 조선인민군 측에서는 소련출신으로 2차 대전에 대위로 참전한 적이 있는 남일(南日)을 수석대표로 정하고 만주에서 활약했던 이상조 소장, 장춘산(張春山)으로 개명한 김창만 인민군 동원국장을 소장에서 대령으로 위장 강등시켜 연락관으로 지명했다. 당초에 김일성은 정전회담 대표로 평더화이 사령관을 희망했으나 중공 측이 총사령관을 적 앞에 내세울 수는 없다고 하여 그 대신 펑이 추천한 덩화 등을 중국 군사대표로 정했다. 이들은 모두 지하운동 시절의 공산당 관습에 따라 위장된 이름을 쓰기로 했다. 깡마르고 날카로운 지원군 참모장도 시에페이란(沛然) 본명을 시에팡(解方)으로 고치고 중국 대사관 측의 차이청원도 본명은 차이쥔우(柴軍武)였으나 이 때 소장급에서 중령으로 강등 위장하고 개명했다. 그리고 중·소 양국의 연락관으로 비지룽(畢季龍), 두유하오(都郁浩)를 임명했다. 이 밖에도 중공은 수많은 보조원을 따라 보냈는데 이 중에는 외교부의 선전통인 차오관화의 부인 궁펑과 국제회의 전문인 영어 속기사 궈자딩(過家鼎)도 끼어 있었다. 궈는 미군포로 심문관이기도 했다. 시에팡의 후임으로는 장원저우(張文舟)가 참모장이 되었다.

남일은 타슈켄트 사범학교에서 교육학을 전공하고 나중에 군사학도 공부했으며 해방 후 북한에 들어가 교육국장 자리에 있다가 인민군 참모총장 강건이 전사하자 육군 대장으로 승진, 그 자리를 이었던 사람이다. 영어 통역은 미국 유학한 적이 있는 월북 작가 *설정식(薛貞植)을, 중국어 통역은 유창한 베이징 말을 쓰는 조선여자 안효상(安孝相)으로 정했다.

이들 공산 측 대표들의 선정과정에서 특이한 사실이 노정되었다. 저우 수상으로부터 지명을 받은 팔자수염을 한 리커농은 마오 주석을 만났을 때 칭병하여 한사코 사양했으나 마오는 그의 공작 능력을 인정해 고집했다. 이 때 리는 심한 천식을 앓고 있었다. 이 당시 중공의 많은 혁명 노병들이 육체적, 정신적으로 앓고 있었다. 그것은 20~30년 쌓였던 긴장과 공포감이 중국 대륙의 석권과 해방으로 일시에 해소되고 기쁨과 환희의 격정에 휩싸이게 되자 그 충격을 이겨내지 못한 탓이었다는 것이다. 리 역시 이런 증상에 빠져 있었다.

조선 측 대표로 명목상 수석이 된 남일과 연락관 김일파(金一波)(일명 김파)는 소련계이고 땅딸막하고 무뚝뚝해 보이는 장춘산, 이상조 그리고 대표로 추가된 *장평산(張平山)은 연안파로서 특히 이들 3인은 모두 중국어 소통이 가능했다. 공산 측 대표들은 모두 정치 협상이나 선전에 경험 많은 전문팀 같았다.

전장터에서처럼 회담 과정에도 실권은 중공 측에 있었다. 남일이나 덩화의 연설문도 일일이 리커눙이나 그를 통해 베이징의 검열과 허가를 받아야 했다. 특히 정세분석과 정보에 밝은 리커눙은 중공이 자랑하던 정보 3걸 중 하나로 마오쩌둥은 김일성에게 특전을 보내 회담의 주관은 리커눙이 한다고 통지할 정도였다.

이들 공산 측 협상팀은 3단계로 이뤄졌는데 유엔군 측 대표를 대면하는 협상 테이블에 나오는 남일이나 덩화가 제1선이였고 제2선은 정보 외교통인 차오관화가 그리고 현장에서의 즉결(卽決)이나 베이징, 평양과의 연락은 제3선인 리커눙을 통해 이뤄졌다. 차오관화는 「차오 어르신」 또는 「차오 지도원」이라고 불렸고 「리 대장」 혹은 「리 어르신」이라고 호칭된 리커눙의 지휘를 받았다. 이들은 회담장에서 조금 떨어진 송악(松岳)산 기슭의 조그만 별장같은 아지트에서 매일 밤 전략 회의를 갖고 유엔 측에 대한 협상 전략 전술을 숙의했다. 리커눙은 이 아지트에서 첫 발언을 통해 미국과 회담하는 것은 쉬운 일이 아니므로 침착할 것을 당부했다. 그는 "대국을 보고 자기가 한 말은 책임져야 한다. 뱉은 말은 주워 담을 수 없다. 후회하거나 하루를 늦추더라도 소홀히 덤벼들어서는 안 된다. 서둘러서는 안 되고 차라리 휴회를 시키고(우리끼리) 상의하는 편이 낫다."고 했다. 그리고 전투가 진행되고 있는 만큼 상대방이 신경을 건드려도 격해서는 안 된다고 충고했다. 그리고 회담 진행에 영향을 미칠 전황에 대해서는 지원군 참모장이었던 시에팡이 즉각즉각 파악해서 보고 하라고 임무를 부여했다.

　최고 결정권자는 두 말 할 것도 없이 베이징의 저우언라이나 마오쩌둥이었다. 그러나 마오도 중요한 결정은 스탈린과 상의하는 것을 잊지 않았다.

　리커농은 이 정전회담을 잘 치루고 일 년 후에 제네바에서 열리는 한국과 월남에 관한 국제회의에 저우언라이를 수행하여 참가하는 등 중공의 외교 책략 수립의 요인으로 지위를 굳힌다.[125]

---

125) 洪學智, 앞의 책 p321; 李慶山, 앞의 책 pp346~347; 柴成文, 趙勇田 등, 앞의 책 p144; Walter G. Hermes, 「Truce Tent and Fighting Front」 p19

37...

협상 대응 그리고 전력강화

유엔군 사령관 리지웨이의 성명에 대해 공산측은 7월 1일자로 김일성과 펑더화이의 명의로 다음과 같은 회전을 보냈다.

"유엔군 사령관 리지웨이 장군,

귀하의 6월 30일자 평화회담에 관한 성명은 받았다. 본인들은 권한을 위임받아 귀하에게 성명한다. 우리들은 군사행동정지와 평화수립(建立) 회담을 위해 귀측 대표와 만나는데 동의하고 만나는 장소는 38선상의 개성 지구를 제의(建議)한다. 만일 귀하가 동의한다면 우리 대표는 1951년 7월 10일~15일 귀 대표와 만날 준비를 하겠다. 조선인민군총사령 김일성 중 국인민지원군 사령원 펑더화이."

공산 측은 덴마크 병원선이 자기들에게 유리한 편이 아니라고 생각하여 그들의 점령 하에 있는 개성을 제의했고 유엔군 측도 이를 불리하다고 생각했으나 결국 받아들이기로 했다. 여러 차례의 전문내왕이 있었는데 7월 1일과 4일자는 베이징에서 기초하였고 후의 몇 번은 평양에서 기초했다. 그래서 김일성의 호칭이 일치하지 않았다는 것이다. 처음에는 조선인민군 총사령, 후에는 조선인민군 최고사령관으로 되어 있었다. 그리고 미국 측을 의아스럽게 한 것은 국가원수인 김일성의 서명이 들어있는 서한의 문안에 "…권한을 위임 받아"라는 말이 들어 있었다. 김일성이 스탈린이나 마오쩌둥으로부터 권한을 위임받았다는 말인가?

전문 교환을 통해 다음과 같은 합의가 순조롭게 타결되었다.

① 회담지점은 38선상의 개성으로 정하고 ② 회담은 51년 7월 10일부터 시작하며 ③ 쌍방대표의 첫날 회의 세부절차를 준비 결정하기 위해 각각 연락관 3명, 통역 2명을 7월 8일 오전 9시에 파견하여 개성에서 예비접촉을 하고 ④ 상대방의 요구에 따라 공산 측은 상대방의 연락관과 수행원이 공산 측 제압지구에 들어온 후의 행동안전을 보장할 책임을 지며 ⑤ 쌍방대표단의 차량이 개성으로 향할 때 차량마다 백기를 걸어 식별하기에 편리하도록 한다는 것 등이었다.

전투현장에서는 결사적으로 싸우고 있는 가운데 이제 회담이 시작되게 되니 쌍방은 서로 극도로 경계의 시선을 품고 대비한 것은 당연했다.

공산 측은 5차 공세가 끝나고 6월 초 마오쩌둥과 김일성이 베이징에서 만났을 때 유엔군이 상륙작전 등 강력한 반격을 해오지 않는 한 6, 7월 두 달 동안은 적극적인 전투를 하지 않고 휴식하며 부대를 정비 보완하기로 이미 합의한 바 있었다.

마오는 김일성과 만난 뒤 6월 11일자 전문을 통해 (갑) – 적극적인 방어 방법으로 철원, 평강, 이천(伊川) 3도의 방어선을 견고히 지켜 적군이 이천전선을 넘지 않도록 해야 하고 (을) – 3병단 및 19병단은 매 군에 4만

5천 명을 신속히 보충하고 상당한 수준으로 훈련을 시킨다. (병)－13병단의 각 군은 휴식과 정돈을 마쳐야 하며 (정)－군 예하 사단의 화력을 증강시킨다. 특히 탱크 및 공군기에 대한 포화장비를 증강시켜야 하며 (무)－(북조선의) 회천에서 영원과 덕천에 이르는 도로를 적어도 1개, 가장 좋게는 2개를 신속히 보수하여 개통시켜야 하고 회천, 덕천, 맹산지구에 많은 양식을 저장하여 만일의 경우에 대비, 은폐된 창고를 많이 건설하라고 펑더화이에게 명령했다.[126]

/ 회담빙자, 부대정비, 무장 강화 /

중공은 이 기간 동안에 포병, 장갑병 등 기술 장비를 보강하고 특히 공군 건설에 박차를 가하여 9월 무렵에는 출동할 수 있도록 서둘렀다. 그리고 후방 건설에도 박차를 가해 차츰 후방에 도로보수는 물론 철도 보강 등 수송 능력을 개선하고 방어적인 지구전을 위한 진지구축에 힘썼다.

그리고 후방보급 수송의 통일적 관리를 위해 만주 선양에 연합철도 사령부를 설치하고 사령관은 허진녠 중국 동북군구 부사령관이 겸임하도록 하고 부사령관은 조선 측에서 남학룡(南學龍)이 맡았다. 이들은 철도의 수송관리, 철도의 복구 보호 등 일체의 업무를 관장했다.

지원군사령부는 유엔군의 반격 특징에 따른 저지 작전을 위한 전술 지시를 특별히 하달하기도 했다. 첫째, 적군의 '특수임무부대(special task force)'를 굳게 저지한다. 아울러 항시 도로 양측을 따라 전진하는 적군 부대를 섬멸할 준비를 한다. 이를 위해서는 반드시 대전차 화기와 각종 화

---

126) 자료선집 II 의 pp129~130

포를 은폐 하에 주밀(周密)하게 집중 사용하고, 진지 구축을 잘하고, 화망(火網)을 구성한다. 아울러 도로를 파괴하고, 대전차 지뢰지대를 설치하여 적군 전차에 대처하고, 공격하는 적을 기습 반격한다. 둘째, 우리의 양 다리로는 적 차량을 따라 갈 수 없다. 따라서 기동방어전을 위한 배치를 할 때 제 1선 배치뿐만 아니라 제 2선, 심지어 제 3선까지 종심 배치를 해야 한다. 부대와 인접 부대가 이동을 완료하지 못했을 때는 적 '특수임무부대'가 종심으로 돌입하여 아군 배치를 혼란하게 하는 것을 방지하기 위해 반드시 일정 부대로 어떤 대가도 아끼지 말고, 부분적인 적을 저지 섬멸하도록 하고, 본대와 인접부대가 질서 있게 예정작전지구로 진입할 수 있도록 보장한다. 셋째, 각급 지휘원은 반드시 전중후경(前重後輕)의 화력배비원칙과 전경후중(前輕後重)의 병력배치원칙을 정확하게 이해하고, 두 가지를 잘 결합한다. 넷째, 각급 지휘원은, 특히 중·고급 지휘원은 반드시 상급 작전의도를 명확하게 이해하고, 정면의 구체적 상황을 자세하게 검토하라는 것들이었다.[127]

중공군은 5월 말에서 6월 초에 이르는 기간에 그들이 점령한 38선에서 38.5도선에 이르는 지역에 3개의 방어선을 구축하고 구조물을 건설했다. 철원과 금화와 문등(文登)리 이하의 지역에 제 1방어선을 두고 평강에서 고성, 금천(金川), 안협(安峽) 남쪽에 이르는 지역에 제 2방어선을, 그리고 통천, 회양(淮陽), 이천, 해주 이하로 제 3 방어선을 그어 중공군과 인민군 작전의 근거지로 삼아 야전 구조물을 강화했다. 특히 중공 중앙은 이 기간 동안 둥치우(董其武) 사령관과 까오커린(高克林) 정치위원이 인솔하는 제23병단(제36,37군과 공히 4개 사단)과 제 50군 및 예하 149사단을 추

---

127) 「抗美援朝戰爭史(2)」, p491 참조

가로 조선에 보내고 6월 초에는 양청우 사령관이 이끄는 제20병단(예하 67군과 68군)도 조선에 들여보냈다.

마오쩌둥은 "빗자루로 쓸지 않으면 먼지가 그냥 없어지지 않는다." (掃?不到, 灰塵照例不會自己?掉)고 했다. 즉 마오가 협상과 관련해 늘상 주장해 온 군사적 우세야말로 협상 탁상에서 최상의 패(牌)라는 점, 강자의 입장에 서야 함을 강조한 것이다.[128]

마오는 정전회담을 유리하게 이끌기 위해 7월 초에 제6차 공격(전역)을 준비하도록 했다. 그는 정전회담 기간에 유엔군이 한번 대대적으로 공격해 오고, 후방에 대규모 폭격을 가하여 우리를 항복해 오도록 만들 가능성이 있다며 만일에 적이 대거 공격해 오면 우리는 적극 반격해 때려 부셔야 한다고 했다. 펑더화이도 전쟁은 전쟁대로 단호히 수행하고 회담은 회담대로 진행시켜야 한다고 호응했다.[129]

/ 공산군의 기만전술 경계 강조 /

마찬가지로 유엔군은 유엔군대로 리지웨이의 특별지시를 통해 유엔 측 장병들에게 비슷한 경고를 게을리 하지 않았다. 리지웨이는 "세상 사람들이 다 아는 바와 같이 소련의 2중성과 기만성에 주의해야 되고 둘째로는 유엔의 안보리 같은 국제기구가 결정적 조치를 취하려면 장시간이 걸린다는 것을 주의해야 한다. 따라서 전선의 모든 장병들은 계속 투지를 잃지 말고 절대로 긴장을 풀어서는 안 된다"고 강조했다. 그리고 공산 측 대표들이 자기들 나름대로 침착할 것을 강조했던 것처럼 리지웨이도 유엔

---

128) 王樹增, 앞의 책, p595
129) 李慶山, 앞의 책, p341

군 측 대표들에게 공산 측 대표들이 지루하고 선전일색의 장광설을 늘어놓아도 인내심을 가지고 침착하게 대응할 것을 당부했다. 기실 리지웨이는 자신이 지난 몇 달간 구축한 승기(勝機)를 정전회담으로 놓치게 되는 것을 못마땅하게 여겼으나 워싱턴의 압력으로 어쩔 수 없었다는 것이다.

전선이 고착되고 잠정적 소강상태를 유지하게 되자 유엔군 측은 한국군 사단 일부를 전선에서 빼돌려 후방의 공비 토벌에 나섰다. 지리산(智異山) 일대 등 산간에서 인민군 패잔병들이 지역 공산분자들과 빨치산이되어 후방을 교란시키던 것을 소탕케 하여 상당한 성과를 보았다.

한편, 유엔군 측은 먼저, 연락관으로 미 공군 대령 앤드류 키니(Andrew J. Kinny), 해병대 대령 제임스 머레이(James C. Murray), 한국군의 이수영(李壽榮) 중령을 정하고 통역관에는 영어는 연세대학을 세운 가문 출신의 언더우드(Underwood) 형제, 중국어 통역은 미국 국적의 중국인 케네드 우(禹)(Kenneth Wu)였다. 정식대표로는 인천 상륙작전의 실무책임자였던 미 극동해군 사령관 *터너 조이(Tunner Joy) 해군중장, 그의 부참모장 알레이 버크(Arleigh A. Burke) 해군소장, 미 극동 공군 부사령관 로렌스 크라이지(Laurence C. Craigie) 소장, 미 8군 부참모장 헨리 호지스(Henry I. Hodes) 소장, 그리고 한국군 제1군단장 백선엽 소장을 임명했다. 공산군 측 협상 대표들과 달리 유엔 측 대표들은 거의가 다 협상 경험이 없는 순수 군인들로 구성된 것이 대조적이었다.

리제웨이 유엔군 사령관은 공산군 대표와 대결하기 위해서는 체력과 인내력이 필요하다고 보고 2차 대전의 악전고투한 경력자들을 골랐다. 이들을 임명한 뒤 유엔 측 협상팀을 지원하기 위해 정치 협상에 노련한 외교관들인 무치오(John J. Muccio) 주한미국대사와 도쿄에서 대일강화 조약 등 일본 정부를 상대로 일하고 있던 점령군 사령부의 시볼드(William J.

Sebald) 대사 등을 선정, 문산 부근에 천막을 치고 준비한 협상 지원팀에 파견했다. 그러나 얼마 지나지 않아 워싱턴의 장군들은 이들 외교관들의 존재가 알려지면 군사적인 문제를 떠나 정치적인 것으로 비화하여 대일 강화조약 체결 등에 공산 측이 새로운 트집거리로 만들지 모른다는 우려로 이들을 퇴거시키라고 압력을 가했다. 결국 이들 외교관들은 개성 송악산에 머물고 있던 중공 측 외교전문가들과는 달리 일을 손대지도 못하고 각각 부산과 도쿄로 떠났다. 정전회담 유엔 측 대표단에 영국 군인이 한 사람도 끼지 못하여 영국 측이 가벼운 불만을 터트렸다.[130]

---

130) Walter G. Hermes, 앞의 책, p19~20; 아나톨리 또르가노프, 앞의 책 같은 장 참조

38...

신경전으로 시작된 양측 첫 접촉

/ 상석(上席), 첫 발언 차지하려 다퉈 /

공산군 측은 회담 장소가 개성이 됨에 따라 주최 측, 초청자의 입장이 되었다. 인민들을 동원하여 회담장 주변을 깨끗이 정돈했는데 주민들은 정전 가능성에 기대를 품고 밝은 표정들이었다고 차이청원은 그의 회고록에서 상기하고 있다.[131]

7월 10일 이 날은 여름 날씨지만 보기 드물게 좋은 날씨였다. 조선 인민군과 중공 지원군 대표들은 붉은 천 조각에다 한국어와 중국어로 정전회담 대표단이라는 표찰을 만들어 가슴에 붙이고 유엔군 측 대표단을 맞이했다.

한편, 유엔군 측 대표단도 상오 8시 짚차와 군 트럭으로 문산을 출발하여 지정한 코스를 따라 임진강을 건너 판문점(板門店)으로 와서 공산 측 안내를 받아 개성으로 들어갔다. 수석대표 조이 중장과 일부 인원은 두 대

---

131) 柴成文 등, 앞의 책, p152이하; Walter G. Hermes, 앞의 책, p210이하; T. Joy, 「How Communists Negotiate」(New York, 1955) p40이하

의 헬리콥터를 타고 미리 준비해 놓은 착륙장에 내려 위용을 과시했다.

공산 측 안내원들은 이들 유엔군 측 대표들에게 경례했는데 이들은 아랑곳 하지 않는 다는 듯이 긴장하고 무표정한 얼굴로 답례하고 회담장으로 가는 짚차에 올라탔다.

정작 10시 회의가 시작되었을 때 공산 측 수석대표 남일은 장방형 탁자의 중앙에 자리를 잡고 있었다. 탁자 건너편 남쪽에는 유엔군 측 수석인 조이 중장이 착석했는데 이틀 전 연락관 회의 때의 첫 접촉과는 다른 풍경이었다.

7월 8일 오전 연락관들이 처음으로 같은 장소에서 준비회의가 열렸을 때 유엔군 측 연락단장 키니 공군 대령은 북쪽 자리를 선점하였던 것이다. 이런 좌석 배치까지 신경을 쓰지 않았으니 순전히 우연이었으나 유엔 측에 자리를 빼앗기자 공산 측은 적이 당황하였다. 공산 측은 키니 대령에게 그 쪽은 안 된다고 말렸으나 키니는 여기가 편하다며 시침 떼고 그들의 요구를 묵살했다.

회담장에는 동서로 긴 장방형 탁자가 놓여 있고 양측이 남북으로 대좌하게 되어 있었다. 그런데 동양의 전통으로는 북쪽은 상석(上席)을 의미했고 정복자나 상관이 정좌하고 항복자나 아랫사람은 남쪽에 자리 잡게 되어 있었던 것이다.

이처럼 첫 접촉에 허를 찔린 공산 측은 본회담에는 일찌감치 남일이 북쪽에 자리 잡고 있었으며 남일의 의자가 남쪽에 있는 상대편보다 조금 더 높은 큰 의자였다. 그리고 남일은 담배를 피워 물고 그보다 낮은 의자에 앉을 수밖에 없었던 조이 제독을 내려다보며 담배 연기를 품어대며 마치 정복자가 항복을 받아내는 모습을 연출했다. 미리 대기시켜 놓았던 공산 측 카메라들이 이 장면을 놓칠 리가 없었다.

유엔군 측이 탁상에 유엔 깃발을 꽂아 놓자 북한 측은 휴식시간을 이용하여 유엔 깃봉 보다 더 높고 큰 깃봉을 가져다가 공산 측 깃발을 세워 놓았다.

정식 회담에도 초청자 격인 공산 측이 먼저 발언을 하는 게 관례지만 이번에는 유엔 측 조이 제독이 신임장 확인 등 상호 신원확인 절차가 끝나고 자리에 앉자마자 불쑥 일어나 먼저 발언을 시작했다. 조이는 정전회담의 중요성을 강조한 다음 "정전 협정이 발효될 때 까지는 전쟁은 그대로 진행될 것이다. 협의 성립이 지연되면 전투도 계속될 것이니 사상자도 그만큼 늘어날 것" 이라고 말했다. 비록 상식적인 말이지만 공산군 측은 매우 위협적인 언사로 받아들였다. 조이는 말을 맺으면서 "이 회담의 토론 범위는 한국 경내의 순수한 군사문제에 국한되어야 한다. 만일 이에 동의한다면 서명하여 제 1합의 사항으로 하자." 고 못을 박았다.

공산측은 남일이 대표발언을 했다. 그는 "조선인민이 계속 주장해 온 것은 조선에서 전쟁을 끝내야 한다는 것이다." 고 전제하고 그래서 소련 유엔대표 말리크가 6월 23일 제출한 제의, 즉 교전 쌍방은 전쟁을 정지하고 38선에서 군대를 철수해야 한다는 주장을 찬성하고 있다면서 정전회담 개시의 공(功)을 소련으로 돌렸다. 그리고 ① 상호합의에 의하여 쌍방이 동시에 일체의 군사행동을 정지하는 명령을 내리고 ② 38선을 군사분계선으로 확정하고 쌍방 무장부대가 동시에 38선에서 10km씩 후퇴하고 이 지구를 비무장지대로 하며 민정을 1950년 6월 25일 이전의 상태로 원상복구하고 포로 교환 토의에 들어가며 ③ 가능한 단시일 내에 외국 군대를 철수시킨다는 등 3개 항을 논의하자고 제안 했다.

공산 측은 이미 내부적으로 회담전략을 상의하면서 회담의 주도적 발언은 남일이 하여 인민군의 체면을 살려주고 중국 대표는 지켜보기로 했

개성의 정전회담 장소로 이동하는 북한군 대표들

으나 첫날인 만큼 미군 측의 우려를 배제하고 중국대표의 체면도 고려하여 지원군 측의 덩화도 발언에 나섰다. 이날 회의는 토의 진행에 대한 의사일정에 합의하는 등 순조롭게 진행되었다. 본질적인 문제에 대한 줄다리기가 없었기 때문이다. 회담의 언어는 한국어, 영어 그리고 중국어로 진행되었다.

공산 측에서는 언더우드의 한국말이나 케네 우의 중국말이 모두 신통치 않아 주요한 대목은 모두 영어로 속기했는데 유엔군 측은 속기 기계를 사용했으나 공산 측은 말을 받아 써 나갔기 때문에 매우 더뎠다.

/ 매일 밤 공산 측 아지트서 전략회의 /

송악산 기슭의 안가에 마련된 공산 측 아지트에서는 매일 밤 회담 전략을 논의했고 세계 유수의 통신사 기사를 받아보는 시설을 갖추는 등 세계 여론의 추이에도 비상한 주의를 기울였다.

휴전회담의 전략수립, 진행 사항에 대해서도 역시 협상경험이 많은 저우언라이가 주도해 나갔다. 저우의 비서였던 동샤오펑은 이때의 상황을 대충 이렇게 회고했다.

"헛라인을 통해 리커농의 보고를 받으면 베이징에서는 그날로 다음날의 발언과 투쟁전략에 대해 연구했는데 정무원 총리 사무실에서 발언 원고를 기초하여 저우언라이에게 주면 밤을 새 검토한 후 마오쩌둥이 확정한 후에 개성으로 보냈다. 이치를 따져 힘으로 투쟁하거나, 타협하고 양보할 것 등은 저우의 지시로 이뤄졌다. 저우 총리는 항상 제 일선과 전화로 연락하여 최신 상황을 이해하여 새로운 지시를 내렸다. 전화 감청이 매우 어려워 그는 목이 찢어져라 고함을 질러 매번 전화를 하고 나면 온 몸이 땀에 젖었다. 저우언라이는 항미 원조전쟁의 총 참모장이었으며 총 후근부장이었으며 회담을 지도하는 결정자였음이 과장이 아니다. 저우 총리가 과로로 병을 앓았다는 소식을 마오쩌둥 주석이 듣고 베이징을 떠나 일정 기간 휴식을 취하라 해서 그는 다롄(大連)에 가서 잠시 쉬었다. … 항일 전쟁에 조선혁명 동지들이 우리 공산당원들과 어깨를 나란히 하여 함께 싸웠으며 중공의 오성홍(五星紅)기에 조선 혁명 열사의 선혈이 얼룩져 있다고 말하며 적극 지원해야 한다고 말한 것도 그였다."[132]

전선에서는 격렬한 전투가 여전히 계속되는 가운데 회담을 위해 적수들이 처음으로 대면 접촉을 한 탓에 양 측은 피차 신경이 날카로웠다. 처음 연락관 접촉 때 유엔군 측의 키가 큰 이수영 중령은 뒤에 의자가 없는

---

132) 童小鵬, 「抗美援朝의 후방 총 지휘」, 자료선집 II의 p2760이하

것을 모르고 주저앉아 털썩 나가 떨어져 엉겁결에 엉덩방아를 찧기까지 했다. 이를 지켜 본 중국대사관 쪽의 차이청원은 큰 소리로 재미있다는 듯이 웃었으나 조선인민군의 키가 작고 뚱뚱한 장춘산은 긴장한 채 근엄한 표정만 짓고 있었다. 공산 측은 유엔군 측 대표단을 개성에 묵도록 권유했으나 중무장을 한 공산초병들이 산재한 중압된 분위기에 이들이 묵을 리 없었다. 공산 측이 마련한 휴게소에도 도청장치가 있을 위험이 있어 유엔 측은 이용하지 않았고 점심식사도 공산 측이 마련한 음식을 사양하고 문산에서 헬리콥터로 날라다 먹었다. 유엔 측 대표들에게 시에팡은 신경질적이며 날카로운 시선으로 회의장을 둘러보며 분위기를 압도하는 것 같았으며 남일은 원고를 읽으면서 시에팡의 눈치를 살펴보곤 했다. 장평산과 점잖아 보이는 차이청원이 더 중요한 인물로 느껴졌다. 지원군의 고위 장성인 덩화는 별 말없이 지켜보고만 있었다.

유엔군 측은 쌍방 대표단이 있는 곳에서 개성에 이르는 통로를 선을 긋고 중립지대로 하자고 요구했으나 공산 측이 대표단의 안전을 충분히 보장한다는 선에서 합의하는 등 첫날의 대면은 무리 없이 끝났다.

39....

유엔군 측의 제안

조이 제독은 기선을 잡아 발언을 하고나서 일견 상식적인 다음과 같은 9 개 항의 의사일정을 제시하였다.

① 의사일정의 채택 ② 포로수용소 지정, 국제 적십자사 대표의 방문 허용 ③ 토론 범위는 한국에서의 순수한 군사문제에 국한 할 것 ④ 무장부대의 적대적인 군사행동의 정지와 재발 방지 조항의 검토 ⑤ 비무장지대의 설정문제 ⑥ 정전 감시 위원회의 직분, 조직, 권한 등 토의 ⑦ 군사시찰소조(小組)의 행동원칙, 정전 감시위원회 휘하에 둘지 여부 ⑧ 이상 소조의 조직과 직분 ⑨ 포로의 처리문제.

공산측은 점심시간에 휴식을 취하며 제안내용을 검토했다. 차이청원의 견해로는 이들 제안 중에 타이완 문제, 중국의 유엔 의석 문제 등을 언급하지 않은 것은 한국 밖의 문제로 군사 문제가 아닌 정치적 고려의 대상이 될 수 있음을 주장하려는 것이고 국제 적십자사를 동원하여 공산 측에 억류되어 있는 유엔군의 포로에 대한 대우, 인권문제 등을 내세워 시비를 걸자는 것으로 보였다. 그리고 비무장 지대를 어디에 어떻게 둘 지에 대한 언급이 없어서 핵심 사항이 빠져있는 것으로 보였다. 그리고 외국 군대의 철수 문제와 38선을 중심으로 군사 행동을 중지하고 경계선을 삼자는 공산 측 제의에도 아무런 말도 하지 않은 점을 주목했다. 이것은 분명히 유엔군 측이 당초와는 달리 정전에 시급히 매달리지 않고 느긋한 태도를 취하는 중대한 입장의 변화로 해석되었다.

조이 제독이 기선을 잡아 발언을 처음 했기 때문에 오후에는 공산 측이 의제를 제시했는데 핵심문제는 38선을 기점으로 하자는 경계선 확정과 외국군대 철수 등이었다. 그런데 기자들의 보도 태도에 유엔군 측은 큰 불만을 제기했다. 특히 공산 측 기자들이 조이 유엔군 측 수석대표가 "백기(白旗)를 들고 항복하러 왔다."는 식으로 보도한 것이다.

차이의 눈에도 이런 보도 태도는 세계 최강국의 장군 군관들로서는 참기 어려운 모독으로 보일 수 있었다. 공산 측 사진 기자들만이 허용되고 그들이 선전용으로 촬영한 대목이 미국 국내에서 큰 반향을 일으킨 것이었다. 언론의 자유와 중요성에 대한 자유 민주 진영과 공산 측의 인식, 관행 차이가 컸다. 그리고 회담장 주변과 휴게실 등의 삼엄한 경비도 미군 측을 자극했다. 조이는 실질 문제에 들어가기 전에 이런 절차적 문제를 가지고 시비를 걸었다. 그는 기자 숫자를 20명 수준으로 확대할 것도 요구하여 관철 시켰다. 이런 문제들로 인해 처음부터 휴회가 생기는 등 신경전이 더욱 치열했다.

언론 문제의 민감성을 알고 있던 저우언라이는 사소한 것 같지만 이런 문제들에 자신들이 조금 소홀했음을 인정했다.[133]

---

133) 柴成文 등, 앞의 책 pp162~165

문제의 초점은 당연히 외국군대의 철수와 38선 경계문제였다. 첫 번째 문제는 유엔군 측 보기에 전쟁의 발발에서부터 진행경과 그리고 장래를 고려하면 태평양을 건너 한반도에 지원한 미국 등 유엔 참전국들의 입장과 강 하나를 경계로 즉각 건너올 수 있는 중국(과 소련)의 입장은 다른 것이었다. 유엔 측에서는 "2차 대전 후 한반도에서 미·소 양국 군대가 철수하자 북한 공산 측이 전쟁준비를 하고 곧 전쟁을 일으킨 것이며 이 문제는 정치적 사안으로 군 사령관들이 왈가왈부 논의할 사항이 아니다." 라고 응수했다. 그리고 워싱턴에서 애치슨 국무장관이 한 단계 더 높은 평화 조약이 체결되어 평화가 확실히 정착 될 때까지는 그렇게 할 수 없다고 발표했다. 몇 달 전인 2월 초 유엔 총회는 중공을 「침략자」로 이미 규정, 규탄한 바 있었다. 그러나 외국군대 철수문제를 중요시 한 북한 측은 남일의 발언을 통해 "외국군대가 조선 땅에 관광하러 놀러 왔느냐" 라면서 "외국군대가 있는 한 전쟁은 어느 때고 재발 할 수 있는 것이다." 며 한사코 이 문제를 물고 늘어졌다. 북한 측이 겨냥한 미군철수 주장의 첫 단추인 셈이다. 이 단추를 꼭 끼워야 한다고 생각했다. 38선 경계선 확정도 유엔 측으로서는 받아 드릴 수 없었다. 공산 측은 전쟁발발 직후 미국이나 유엔이 전쟁 이전의 상태로 현상유지를 촉구해 온 전례를 비추어 유엔군 측이 받아드릴 수 있다고 생각하기도 했다. 이 때 양 측의 선은 서부 전선에서 개성 등 옹진반도가 공산 측에 넘어갔으나 유엔 군 등 한국 측은 중동부 전선에서 훨씬 더 38선 이북으로 진출해 있는 형국이었다. 특히 한국의 이승만 대통령으로서는 전쟁을 일으킨 당사자들이 손해를 보게 되자 이제 원상복구 하여 없었던 일로 치부하려는 것은 도저히 용납할 수 없는 일이었다.

개성 정전 회담 장소의 외곽

/ 김일성, 외군 철수문제 후퇴키로 /

2주일 넘게 이 문제들로 격론을 벌인 끝에 7월 25일 양 측은 적대행위 금지의 군사분계선 확정 및 비무장 지대 설치, 정전 감시 기구의 설치와 운용, 전쟁포로에 관한 문제로 압축하여 의제를 채택키로 하고 그 밖의 문제들은 「양측 정부에 건의할 사항」으로 미뤄두기로 합의했다.

회담이 의제도 정하지 못하고 지체되자 다급해진 김일성이 리커농에게 핵심적인 문제는 38선을 분계선으로 정전하는 것이다. 이 문제가 해결되면 외국군대의 철수 문제는 정전 후에 다시 논의해도 된다고 양보 의사를 내비쳤다. 리커농은 말리크와 회담할 때에 비해 적 측이 그렇게 급한 건 아니라고 생각하고 있는 것처럼 보인다고 베이징에 보고했다. 마오쩌둥도 유엔군 측이 미동도 하지 않는 철군 문제로 회담이 장기화되는 것보다 외국군대 철군 문제를 정전회담에서 즉각 해결해야 한다는 전제조건으로 삼지 않는 게 더 좋다고 동의하였다. 7월 20일 저우언라이가 기초하고 마오쩌둥 명의로 스탈린에게 보낸 전문을 보고 필리포프 역시 좋다고 하여 철군 문제는 계속 선전용으로 당장 논의 밖에 남겨 두고 의제에 포함 시키지 않는 것을 묵인하고 합의해 주기로 하였던 것이다. 그리고 기자문제도 유엔 측 주장대로 20명으로 늘리기로 했다. [134]

비록 의제는 정해졌지만 전선에서는 치열한 전투가 계속되고 유엔 공군기의 북한 지역에 대한 무차별 폭격과 함포사격이 더욱 기세를 부리고 있는 상황에서 정전회담이 순풍에 돛 달듯 순항할 수는 없는 것이다. 회담장 인근에서도 경미한 충돌과 사고로 인명사고가 잇따랐고 양측은 계속 가시 돋친 설전으로 팽팽하게 맞섰다.

한편 정전 회담이 진전되어 한국의 분단이 지속될 것을 우려한 이승만 대통령은 중공 측 주장대로 「천만가지 방책(千方百計)」을 다 써가며 방해하기 시작했다. 그는 7월 27일 발표한 성명을 통해 "가공할 전쟁의 서곡이 될 어떠한 정전 방안도 받아 드릴 수 없다."고 밝히고 다시 사흘 뒤에 ① 중공군의 전면적인 철수 ② 북한 공산군의 무장해제 ③ 유엔 등 연합국은 제3국이 북한을 원조하는 것을 막아야 하며 ④ 한국문제에 관한 향후 국제회의에 한국대표의 초청 등을 요구했다. 그리고 한국의 주권이나 영토상 침해가 되는 어떤 획책이나 결정도 단호히 반대한다고 천명했다.

---

134) 「抗美援朝戰爭史③」, pp94~95

40...

38선 경계 두고 줄다리기 시작

회담이 가까스로 의제 채택에 이르자 다음 날 7월 26일 공산 측은 38도 선을 군사분계선으로 하고 쌍방이 각각 5km씩 후퇴하여 10km의 비 군사지구를 만들자는 안을 다시 구체적으로 제시하였다.

당시의 전황은 중공군의 5차 공세 이후로 양측은 대체로 38선을 두고 교착상태에 빠져들고 있었다.

이 때 유엔 측은 뜻밖의 반대 제의를 제기했다. 이 반대 제의란 군사분계선을 공산군 진지에서 깊숙이 떨어져 있는 후방, 즉 중공군과 인민군 부대를 임진(臨津)강 동쪽은 현진지에서 38~53km 후퇴시키고 임진강 서쪽은 약 68km 후퇴한 선에서 설치하자는 것이었다. 말하자면 현재의 대치선에서 약 20km를 북쪽으로 더 물러나 군사분계선을 그어야 한다는 것이었다. 공산 측이 보기에는 1만 2천 평방킬로미터의 땅을 싸우지 않고 차지하려는 것이었다. 조이 제독은 현재의 전투선을 내세우면서 "38선은 양측이 전투를 통해서 4번이나 서로 넘어섰고 아무런 자연적 분계선도 아니다."고 말했다. 정치적인 의미는 있을지 몰라도 군사적으로는 현실적이지 못하다는 것이었다. 조이는 또 "전투행위는 육·해·공 간에 이뤄지기 때문에 사실 상 3개의 경계선이 있으며 육상은 양쪽의 군대가 대치하고 접촉하고 있지만 공중과 바다는 유엔군이 다 지배(사실상 통제)하고 있는데 이들을 어떻게 할 것인가."라고 물으며 "이 부분(제공권과 제해권)을 제한하게 되면 공산군은 육지에서 무엇이든지(해·공군의 공격 없이) 마음대로 다 할 수 있을 것이다."고 말했다. 따라서 공산 측은 이 부분에 대한 보상이나 양보를 해야 한다고 주장했다. 그는 "해군과 공군의 효력과 지상군의 효력을 같이 고려하면 이들 셋은 모두 비무장 지대에 대해 실제적인 영향을 미친다. 다시 말하면 지상의 비무장 지대는 반드시 해군과 공군의 역량이 미치는 실제적인 군사 지역을 함께 감안하여 결정해야 한다."고 했다. 그리고 실제 육상에서의 대치선보다 20km나 더 북쪽으로 선을 그은 지도를 제시했다. 다시 말해 전투 현장의 실세(實勢)는 지상(地上)전선 이외에도 바다와 하늘의 전선도 감안해야 한다는 주장이었다. 지상 전선은 다만 쌍방의 지상부대의 역량을 반영하는데 지나지 않으며 분계선을 확정하는데 있어서 지·해·공 3전선의 역량을 종합해서 반영해야 한다는 것이었다. 즉 유엔군 측의 해군과 공군의 우세함도 반영해야 한다는 것이다. 해군 제독인 조이 자신이나 미 극동 공군 부사령관 크라이지 소장을 대표로 선정할 때부터 이런 생각을 가졌는지는 알 수 없었다.

공산 측의 남일은 깜짝 놀라 "말도 안 되는 소리"라고 일축하고 현재 양측의 육상 대칭선이 전투력의 총화(總和)라고 항의했다. 차이청원의 생각으로는 "당시 조선전투의 현장은 지상 전선이 양쪽 군대의 역량을 그대로 나타낸 결과를 말하는 것이며 설사 해·공군이 있다 해도 … 만일 해·공군의 우세가 없었더라면 지상에 벌써 상대방(유엔군)은 존재하지도 않았을 것이다. 더군다나 지상부대는 우리가 절대 우세하였다는 것을 상대방도 부인하지 못할 것이다. 만일 해·공군의 우세를 고려한다면 지상부대의 우세도 계산에 넣어야 하지 않겠는가.”라는 것 이었다.[135]

공산 측의 반론에 조이 대표는 “미군은 일본 본토에 단 한 발짝도 상륙하지 않았지만 일본이 항복한 사실을 모르는가.”라고 물었는데 남일은 미군이 3년이나 싸웠지만 결국 중국인민과 조선민족, 그리고 위대한 소련의 힘 앞에 일본이 무릎을 꿇었다고 응수했다.

이 경계선과 비무장 설치 문제는 가장 핵심적인 문제의 하나였기 때문에 양 측은 이 문제를 둘러싸고 격론을 벌임으로써 매일 매일 회의시간을 흘러 보내고 있었다. 개성 정전회담은 변덕이 심한 심술쟁이처럼 가까스로 의안이 합의되거나 접근하면 또 다른 일이 터져서 한 치의 양보도 없는 대치 상태가 계속되곤 했다. 이러는 사이에 8월 5일 공산군 경비부대가 5km의 회의장 구역에 들어오는 사건이 일어났다. 개성 일대는 중공군 47군 139사단의 작전지구였는데 이 날 하오 1시 무장을 한 1개 중대가 회담장 중립지대에 들어왔다. 이것은 5마일의 회의장 구역에는 소수의 군사경찰, 즉 헌병들만이 있어야 한다는 규정을 공산 측이 위반한 것이었다. 이에 리제웨이 유엔군 사령관은 즉각 김일성과 펑더화이에게 서신을 보내 항의, 이 사건에 대해 책임자를 처벌하고 만족할 만한 해명과 재발 방지를 보장해야 회의에 임할 수 있다고 통고했다. 중공 측은 사실조사 끝에 위반 사실을 인정하고 책임자는 문책할 것임을 유엔군 측에 통고했다. 그러나 리지웨이는 7일 서신을 보내 “이 사건은 작은 일도 아니며 지엽적인 사건으로 볼 수도 없다.”고 말하고 개선을 거듭 촉구했다. 역시 김일

---

135) 柴成文, 앞의 책, p196~198; Walter G. Hermes, 앞의 책 p350이하

성과 펑더화이는 다시 회신을 보내 자신들은 합의사항을 이행하지 않으려는 의사가 없음을 표명했다. 결국 8월 10일 유엔 측은 회담 재개를 선언, 정전회담 본 회의는 곧 속개되었다.

공산 측 수석대표 남일은 다시 38선 경계선 문제를 끄집어 내 38선을 분계선으로 하지 못하겠다는 유엔군 측의 주장을 논박한 다음 38선을 분계선으로 하자는 설명을 길게 이어 나갔다. 그는 진실은 아무리 길게 말하고 강조해도 된다는 식으로 장광설을 늘어놓았다. 그러자 이때부터 양 측은 말없는 침묵의 인내심 경쟁에 들어갔다.

/ 양측 2시간 넘게 기세 싸움 /

유엔군 측의 조이대표는 남일의 주장에 대해 가타부타 일체 언급을 하지 않았다. 공산 측의 주장에 의하면 조이가 발언하기를 거부하여 회의장은 침묵 상태에 들어가 시간만 헛되이 보내게 되었다. 그러나 유엔 측의 기록은 침묵시위로 인내력 경쟁을 시작한 것은 공산 측이었다고 주장했다.

이 날의 회의 장면을 공산 측 대표의 한 사람이었던 차이청원은 이렇게 기술하고 있다. "남일 장군은 젊고 성미가 급해 그의 독특한 상아 담배대를 입에 물고 분노를 참지 못해 눈을 부릅뜨고 조이를 노려보는 것이었다. 조이는 두 손으로 턱을 받치기도 하고 연필을 만지작거리기도 하고 남일과 어쩌다 눈이 마주치면 시선을 피해 머리를 숙이고 담배를 꺼내 피우며 가느다란 연기를 뽑기도 했다. 그러나 여전히 입을 떼지 않았다. 이것은 조이가 준비한 일종의 전술로 그들의 완강한 결의를 표시하기 위한 것이었다. 그의 조수들도 담배를 피우든가 펜으로 뭔가 긁적거리고 어떤 사람은 머리를 들어 우리 측을 바라보며 '그래 어떻게 할 것인가' 라는 표정

유엔군 측의 머레이 대령(좌)과 인민군의 장춘산이
지도 위에 군사분계선을 표시하고 있다.

을 짓기도 했다. 우리 대표들은 침착한 태도였고 덩화, 시에팡, 장평산 모두 담배를 안 태워서 그저 조용히 앉아 있었고 이상조는 머리를 숙이고 빨간 연필로 뭔가 그리고 있었다."[136]

침묵이 한 시간 쯤 계속되었을 때 대표들의 뒷자리 참모석에 앉아 있던 차이청원이 살짝 자리를 떠서 회의장에서 100m쯤 떨어진 곳에 자리 잡은 공산 측 공작대의 전방지휘소(여기는 그 때 그 때의 회의장 상황을 알기 위해 임시로 마련된 민간 가옥)에 가서 리커눙 단장에게 보고하였다. 이곳에는 차오관화와 중국어 통역을 하는 조선여자 안효상이 함께 있었다. 리는 그대

136) 앞의 책, 같은 면

로 잠자코 앉아 있으라고 지시했다. 다시 회의장에 돌아온 차이는 "그대로 앉아 있으라."고 쪽지를 써서 시에팡에게 건네주었고 덩화, 남일, 이상조, 그리고 장평산이 건네받아 회람하였다. 마침내 조이가 침묵을 깨고 다음날 만나자고 제의하여 2시간 13분 동안 계속된 침묵의 신경전은 끝이 났다.

공산 측에서는 당초 케난과 말리크가 이야기를 나눌 때 전전(戰前) 상태를 회복하자고 했으니 이것은 38도선을 의미하는 것이라는 말이라고 주장하며 일종의 국제적 약속이라는 생각을 폈다.

공산 측은 38선 경계선 문제에 대하여 유엔 측이 완강하게 반대 태도를 굽히지 않을 것으로 보이자 그들 나름의 검토를 계속했다. 우선 38선을 경계로 하는 것과 실제 대치하고 있는 선을 군사분계선으로 하는 것의 차이는 도대체 얼마나 되는 것인가. 이것저것 계산해 본 결과 동부전선에서 적(유엔군)의 38선 이북 점령지역이 서부전선에서 아군(공산군)이 점하고 있는 면적에 비해 다소 많기는 하지만 거기는 산악지대여서 교통이 불편하고 인구가 적고 농경지도 적은 반면 공산 측이 점령하고 있는 서부 지역은 경제 면적에서 평야가 많고 교통이 편하며 인구도 많고 곡식 생산량도 많으며 개성 인삼이 있었다. 면적으로 보면 옹진반도에다 연해도서를 합쳐도 동부 전선보다 작지만 당장 회담을 진행하고 있는 역사적 고도인 개성도 빼앗았다. 정치적으로 보더라도 만일 38선을 정전(停戰) 분계선으로 한다면 정전 후 개성에서 다시 군대를 철수시켜야 하고 개성 사람들에게 주는 심리적 영향을 분석해도 불리하다. 그러면 실제 군사 대치선을 분계선으로 해도 자신들(공산 측)이 결코 불리하지 않다는 계산이 나왔다. 특히 덩화는 개성을 점령함으로써 서울이 가까워 적에게 얼마든지 서울을 위협할 수 있는 전략적 이점이 있다고 내다보았다. 그런데 (8월) 14일 리지웨이가 미군은 방어상 현재 전선에 따라 군사분계선을 설정할 것을 주장한다는 발표를 한 사실이 알려졌다. 그의 성명대로라면 공산 측이 38선 주장에서 물러나 미군 측 안을 받아드린다면 상대방이 응할 가능성이 있어 공산 측 대표단 공작반은 이렇게 하기로 내정하고 그 뜻을 마오쩌둥에게 보고했다.

41...

중공군의 6차 공격 변경과
유엔군의 반격

정전회담이 시작되자 전선의 전투는 소강상태를 유지하면서 피아간에는 마치 회담장에서의 말씨름처럼 작은 규모의 충돌이 그치지 않았다.

회담장 주변에서는 중공군 무장병의 중립지역 침범을 비롯해 한국군 또는 미상의 유격부대에 의한 중공군 장병의 살상, 미 공군기의 오폭에 의한 조선민간인의 살상 등이 계속하여 일어났다. 사건 자체의 진위를 떠나 상대방 신경을 건드리고 선전효과를 노린 조그만 게임들이었다. 8월 중순까지 공산 측은 중립지대에 대한 침투, 폭격, 그리고 공격 등 13개의 위반사항을 열거했지만 유엔군 측은 단 3가지만 인정했다. 개성회담 부근 반경 8km 내에는 일체의 적대행위를 하지 않고 권총이나 단검 등 극소의 개인화기와 헌병만 허용되고 회담장 바로 주변에는 어떤 무기도 휴대하거나 반입하지 못하도록 양 측은 합의한 바 있었다.

더욱 유엔군 측을 자극한 것은 남일의 발언내용과 용어의 구사였다. 공식회담의 수석대표답지 않게 남일은 매우 전투적이고 살벌한 공격적인 낱

말들을 사용했다. 특히 「살인자 이승만 도당」, 「뻔뻔하고 몰염치한 억지 주장」 등 상투적인 낱말을 거침없이 썼고 걸핏하면 조선, 조선하고 말하며 유엔 군 측의 한국이란 말을 허용하지 않으려는 태도도 보였다. 따라서 회담장의 분위기는 비난의 정도에 따라 개었다 흐렸다, 정회와 휴회 등이 간단없이 계속되었다.

펑더화이는 유엔군 측이 공군과 해군의 전력에 대한 보상적 의미로 경계선을 38선 훨씬 이북에 그어야 한다고 요구하는 소리를 전해 듣고 더욱 분개했다. 그는 군사적 압력을 가하는 수밖에 없다며 기왕에 준비하고 있던 제6차 공격(전역)을 8월에 강력히 실시하자고 마오쩌둥에게 건의했다. 그는 결정적인 어조로 "미국 사람들은 위통이 매우 큰 모양이지(美國人好大的胃口), 전장에서 먹어 치우지 못한 것을 회담장의 탁자 위에서 한꺼번에 집어 먹겠다고? 먹을 것을 다 토해내도록 해주겠다."고 소리쳤다.

마오쩌둥도 "말로 하자면 말로 하고 싸워 보자면 얼마든지 싸워보자."고 베이징에서 맞장구를 쳤다.

펑은 베이징의 중앙군사위원회에 전보를 보내서 6차 공세를 펴서 38선 이남으로 일단 진출한 뒤 다시 자신들의 부대가 38선 이북으로 물러나 양보하고 38선을 군사분계선으로 하자고 하면 어떨지도 문의했다. 그만큼 공산 측은 38선에 정치적 의미를 부여하고 있었다. 38선이 국제적으로 공인된 남북의 경계선이며 무엇보다도 내면적으로는 전쟁을 일으킨 당사자가 손해득실 면에서 오히려 손해를 보았다는 결과가 나오게 되면 책임 추궁을 면할 수 없는 처지가 될 수도 있기 때문이었다. 김일성으로서는 민감한 문제였다.

6차 공세 계획을 펑더화이가 베이징에 건의하고 나서 자신의 부사령관과 막료들에게 이것을 알려주자 우선 덩화부터 반론을 제기했다. 덩화는 최일선에서 망원경을 통해 미군 등 유엔군 측의 진지를 세밀히 관찰한 바 있어서 유엔군 진지가 철골 등 구조물로 견고히 구축된 방어진지로 보였고 전면적인 공세를 취한다고 해도 꼭 승산이 있는 것도 아니며 중공군 측의 인명과 물자의 손실도 적지 않을 것임을 지적했다. 그리고 중공지원군 등 자신들의 진지가 그처럼 견고하지 않아 적의 반격을 받았을 때 도리어 그 피해가 만만치 않을 것임도 염려되었다. 그는 중공군이 치러야할 대가가 적지 않음을 거듭 강조하며 반대하였다.

마오는 일선으로부터 상반된 보고를 받고 이들 문제를 재삼 숙고한 끝에 저우언라이와 녜룽전 등 중앙군사위원회가 더 분석 검토하라고 일렀다. 중앙군위 역시 8월 중국인민해방군 창건 기념일을 맞이하여 벌리는 작전은 더욱 신중해야 한다고 생각했다. 중공군은 유격전 등 산악 야전 전투에는 능하나 진지전을 오래 펼치는 데는 경험이 미숙함을 직시하고 이와 같은 작전을 더 훈련하고 준비해 9월 또는 10월에나 하도록 연기할 것을 건의했다. 즉 중앙군사위는 "지금 한반도가 장마철임을 감안하면 9월에 철도와 교량과 도로가 모두 완전하게 수리된다고 보장할 수 없으며 9월분 식량 전부가 압록강을 건넌다 해도 모두 청천강을 넘어 전선에 배달 될 수 있을지 불문명하고 습기가 많아 탄약 손실이 많을 것이고 무엇보다 22개단(연대급)으로 계획하고 있는 공군의 출정이 확실치 않다"는 것이었다. 그리고 이런 상황에서 20일에서 1개월에 이르는 대 작전은 대승을 거두지 못하면 오히려 회담에 더 불리하게 작용할 우려가 있으므로 국지적인 소규모 작전을 계속하며 자기들의 공군이 완전히 출전 가능할 것으로 보이는 10월 말이나 11월로 미루는 것이 좋겠다는 것이었다.

마오쩌둥은 이러한 건의를 바탕으로 8월 19일 펑더화이에게 전문을 보내 "…이러한 점들을 감안하여 당신(펑더화이)은 9월 전역(공세)에 대

미 해병대 1사단장과 한국 해병 장교의 안내로 한미 해병대를 시찰하고 있는 이승만 대통령

하여 다시 한 번 고려하기를 바란다. 계획을 준비하는 것은 강화하되 진행하지 않는 방향으로 수정이 가능하다면, 적들의 도발과 회담의 결렬을 예방할 수 있고 또한 전선의 훈련과 후방보급의 준비를 강화할 수 있다."고 했다.

펑은 마오로부터 연기 지시를 받고 이미 대기시켰던 지원군 13개 군과 조선인민군 4개 군단, 그리고 항공병(공군) 22개 연대에 내릴 작전대기 명령을 거둬들이고 그 대신 전선에서 돌출해 나온 한국군에 대한 부분적 공격만 하도록 했다.

이때(7월말) 인민군은 7개 군단이 있었는데 서부 전선에 3개, 동부전선에 4개가 배치되어 있었고 일부는 양쪽 해안선의 상륙전을 대비했다. 인민군 1개 군단은 미군 2개 사단 병력에 맞먹거나 조금 부족한 형편이었고 이들 숫자마저 가변적이었다. 유일한 탱크부대(유경수 사단)는 평양 방어를 위해 평양 서북쪽 해안선 부근에 있었다. 병력 숫자보다도 이들의 장비는 보잘것없어 주로 75mm포나 약간의 105 또는 122mm포가 있고 150mm 곡사포도 드문드문 있는 정도였다.

이처럼 중공군의 6차 공세는 계획으로 그치고 뒷날로 미뤄졌다. 다만 특징은 회담의 경과와 필요성에 의해 전투의 크기와 양상이 좌우되는 것이 이전과 달랐다. 이제 자기주장을 뒷받침하고 한 치의 땅이라도 더 차지하려는 소규모 작전이 더 치열해지고 있었다. 거의 매일 개성의 리커농으로부터 회담의 진행과 전략을 보고받고 있었기 때문에 베이징의 중앙군사위원회는 한국전선의 전황과 회담 분위기를 잘 파악하고 있었다.

펑더화이가 마오 등 중앙의 결정에 대해 9월 6차 공격은 미루고 돌출한 한국군을 상대로 소규모 작전을 하겠다고 수긍함에 따라 중앙이나 일선이나 모두에게는 뜻밖의 희소식(喜出望外)으로 들렸다. 그러나 소규모 반격에 나선 것은 공산 측이 아니라 유엔군 측의 여름 공세였다.

/ 펀치보울 반격 작전시작 /

리지웨이와 밴 플리트는 서쪽 임진강 하구에서 문산 북방을 지나 철원, 화천 이북과 동쪽의 양양 이북, 간성 대포리까지 연결되는 칸자스 – 와이오밍 선을 공고히 하며 유엔군 사병들의 휴전 분위기로 인한 해이됨을 방지하고 효과적인 정찰과 국부적 공격으로 휴전회담에서의 유리한 고지를 차지하도록 지원하자는 목적으로 반격 작전을 폈다. 8월 23일 공산 측이 개성 공산군 대표단 숙소 부근에 공중 폭격을 했다하여 회담의 중단을 선언하자 그 틈을 이용한 것이다. 또한 정전회담의 분위기를 이용하여 전투가 소강상태에 빠지는 틈을 타서 중공군과 인민군이 전력을 보강하기 위해 전쟁 물자의 수송과 보급을 증대 시키는 것을 허용할 수 없었다. 기상조건이 완화되면서 평양부근에 대한 공중폭격도 강화되었다. 밴 플리트의 야심은 통천(通川)을 지나 원산까지 치고 올라가 최종 목표인 평양 – 원산선까지 점령해 보겠다는 것이었다. 그러나 도쿄의 리지웨이와 워싱턴의 상급자들이 이를 허용치 않았다. 더군다나 정전회담이 열리고 있는 개성 이북은 진격하지 못하게 했다.

8월 중순까지 한반도에 있던 미군 7개 사단 중에서 6개 사단과 한국군 10개 사단 중에서 이미 3개 사단이 휴식과 정비를 마쳤고 미군 제 2사단은 7월 말 펀치보울(Punchbowl) 분지에서 양구(楊口) 이북의 해안(亥安)면 대우산 가칠봉 등의 진지(1179고지)를 공격, 점령하여 주요한 거점을 확보하고 있었다. 밴 플리트는 이때 미 8군 고유병력 22만 9천 명에다 영국, 캐나다, 터키, 태국, 필리핀 등 종합병력, 그리고 30여 만의 한국군 등 가용 병력이 58만 6천여 명에 달했으며 미 8군 사령부도 대구에서 서울로 전진 배치되어 있었다. 그의 요청대로 48일간 사용하기에 충분한 탄약도 확보되었다. 때마침 정전회담은 군사분계선을 두고 양쪽의 주장이 맞서 교착 상태에 빠져 있었다.

장마철의 폭우가 40년 만의 대홍수로 크게 번져 피아간에 피해가 컸다. 이제 기상조선이 완화되면서 유엔군의 지상과 공중, 그리고 바다의 합동 연계작전이 가능해 졌다. 전투는 주로 동부전선의 펀치보울(Punchbowl) 분지를 둘러싸고 고도 900m가 넘는 산지의 고지 쟁탈전으로 한국군 주력에다 약간의 미군이 참여한 유엔군과 인민군 사이에 벌어졌다.

서울의 수자원(水資源)과 전력 확보를 위해 화천 저수지(나중에 破虜湖로 명명됨)와 소양강 지역의 아군 수송로도 확보해 한 치의 땅이라도 더 차지해야 정전회담에서 실제 군사분계선을 주장하는 유엔 측의 입장을 뒷받침 할 수 있었다.

한국군 백선엽의 1군단 예하, 수도 사단, 8사단, 11사단이 주력부대였고 미 해병대 제 1사단과 미 제 2사단, 그리고 한국군 해병대 5사단 일부 등이 단장의 능선(Heartbreak ridge), 피의 능선(Bloody ridge) 등에서 한 달이 넘는 혈투를 벌였다. 중공 측은 이 때 미 공군과 해군의 함재기 등이 매일 96차례의 지원 출격을 했으며 막대한 인명 피해를 보면서 고작 179평방 킬로미터를 밀고 들어오는데 그쳤다고 문자 그대로 낮과 밤사이에 주인이 연거푸 바뀌는 주실야반의 쟁탈전이었다고 절하했다. 이 전투에서 북한군의 탄막사격과 완강한 저항으로 특히 미군이 많은 사상자를 냈다.[137]

유엔군 측은 비록 제한적이었지만 8월 중순에서 9월 까지 한 달이 넘는 이번 공세로 공산 측으로 하여금 38선 안을 거둬들이고 실제 대치점을 중심으로 군사분계선을 정하고 또 회담 장소도 개성에서 판문점(板門店)으로 옮기게 하는데 동의하도록 했다고 평가했다. 고지쟁탈전에서 처음으로 미군 헬리콥터가 동원되어 보병을 지원했다. 이 펀치보울 전투의 후일담으로 한국군 포병장교 최극(崔極) 대위, 미군 사병 데이비드 비티(David Beatti)가 전쟁고아 백성학을 도와 그가 훗날 영안모자 회사로 성공하는 등 아름다운 휴먼 스토리가 생겨났고 전후에 30년 만에 널리 알려졌다.

---

137) 「抗美援朝戰爭史③」, p1260이하, David Rees, 앞의 책 p298이하

42...

판문점으로 회담장 바꿔야

/ 오폭인정하며 장소변경 고집 /

정전회담 장소 및 부근에 대한 비무장 중립 침범문제로 시비가 거듭되자 리지웨이는 개성을 너무 쉽게 회담장소로 인정해준 것을 크게 후회했다. 개성이 적의 점령지대에 속해있고 평양으로부터 남쪽 전선으로 바로 연결되는 지점인 점을 고려하면 이 부근에 대한 유엔 공군기들의 작전에 적잖은 장애가 되었다. 기상조건 악화 등이 겹쳐 유엔 공군기의 개성상공 침범이나 기총소사 같은 사고가 잇달아 일어났기 때문이다.

51년 9월 10일 새벽 1시 35분 미군 항공기 한 대가 개성 중립지역 상공을 침범해 기총소사를 가해 정전(휴전) 회담장 부근 만월리(滿月)의 민가를 파괴했다. 양측 연락관으로 구성된 조사단이 현장 조사를 하는 중에도 B-29, B-26의 폭격기들이 고공비행을 하고 이어서 중형 폭격기가 편대를 지어 선회를 하고 무스탕 전투기 4대가 경호비행을 하는 일이 재현되었다. 결국 이날 밤 유엔군 총사령부 방송은 이 사건이 유엔군 비행기의 오폭이었음을 시인하고 다음날 조이 대표가 정식으로 공산 측 남일에게 서한을 보내 유감의 뜻을 밝혔다. 유엔군 측이 정전회담 시작 이래 처음으로 위반사항을 인정한 것이었다. 그리고 9월 19일 리지웨이 사령관이 김일성과 펑더화이에게 서신을 보내 다시 공식적으로 유감의 뜻을 표명했다.

유엔군 측의 한국군 대표가 백선엽에서 이형근(李亨根) 장군으로 교체되었다. 이것은 유엔군 측이 다시 정전회담을 계속할 뜻을 내비친 것으로 공산측은 이해했다. 따라서 김일성과 펑더화이는 같은 달 19일 리지웨이에게 회담을 속개할 것을 제의했다.

이 때 리지웨이는 회담 속개를 받아들이면서 회담장소를 변경할 것을 제의했다. 그러나 공산 측은 일단 제의를 거부하기로 했다. 양측 연락관들은 남쪽에서 개성으로 가는 중간지점인 판문점(板門店)에서 만났다. 판문점의 길가에는 초가집이 한 채 있을 뿐이어서 양측 연락관들은 그곳에서 만났다. 그리고 공산 측 연락관은 상부의 지시대로 대표들이 우선 개성에 와서 만날 것과 그 일시를 정하자고 제의했다. 이것은 저우언라이가 마오쩌둥을 대신해서 보낸 전문에서 "조이의 표현은 적이 이미 생각을 바꾸었다는 것을 보여준다. 상대방이 금후에 회담장 변경을 다시 요구하는 것과 관계없이 우리 측은 주도권을 확보하고 개성에서의 회담재개를 제안하거나, 동의하라."고 리커농에게 지시한데 따른 것이다. 그렇지만 유엔군 측은 회담장소의 변경을 정전회담 재개의 조건으로 강하게 고집했다. 당초 회담에 불만을 가진 리지웨이의 거듭된 요청을 묵살하던 미 합참은 한국을 방문한 국무성 고위 소련문제 전문가 볼렌(Charles E. Bohlen)과 브레들리(Omar N. Bradley) 합참의장이 유엔군의 사기를 제고 리지웨이를 지지하게 되자 결국 장소변경을 세게 밀어붙이기로 한 것이다. 이에 앞서 커크 주소미국대사는 소련외상 비신스키(Andrei Y. Vishinsky)에게도 정

휴전 직전 중공군의 최후공세에도 수도고지를 고수한 국군 수도사단 용사들

전회담 장소를 바꾸도록 영향력을 행사해 주길 요청한 바 있었다. 특히 리지웨이는 워싱턴의 애치슨 국무장관이 현지의 군사적 형편을 고려함이 없이 정전경계선을 38선으로 언급하고 임진강 하구 등 개성지역을 사실상 포기하게 한 데 대한 불만이 컸던 것이다. 그러나 그는 한국전에 비관적이었던 콜린스 미 육군참모총장의 말처럼 불만을 언론에 터뜨리지 않고 꾹꾹 잘 참아 콜린스의 미움을 사지 않았던 것이다.

9월 27일 리지웨이가 직접 김과 펑에게 서한을 보내 "쌍방 대표단이 가급적 빨리 판문점 동쪽 송현리(松峴) 교외의 양 측 전선 사이 거리가 비슷한 곳에서 만나 회담을 갖자."고 촉구했다. 또 한 차례 공산 측은 개성을 고집하는 서신을 보냈다. 그러자 이번에는 리지웨이가 한 발 물러나 약간 누그러진 태도로 "비록 당신들이 송현리에서 회담을 열자는 우리의 제의를 거절했지만 나는 우리 대표단이 당신들이 선택하고 우리가 받아들일 수 있는 대체적으로 쌍방의 중간 지점에서 만날 수 있다."며 수정 제의했다. 몇 차례 밀고 당긴 끝에 공산 측은 "미국 측이 개성 중립지역 침범 혐의를 받고 있는 사건의 책임은 회담장소를 바꿈으로써 피할 수 있는 것은 아니나 회담재개를 위해서 휴전회담 지역의 중립범위는 당연히 확대해서 개성과 문산(汶山)을 모두 포함한 긴 지역으로 정하고 회담장소를 판문점으로 옮기며 쌍방이 모두 책임지고 이 회담장소를 보호하자."고 재수정 제의를 해왔다. 결국 서로 체면을 챙기면서 10월 8일 유엔 측이 주장한 회담장소 변경이 판문점으로 정해져 10월 10일 연락관 회의가 열리고 본 회담 개최문제를 논의하게 되었다.[138]

/ 38선 고집에서 군사대치선으로 접근 /

베이징 중앙은 유엔군 측이 장소변경을 고집하는 이유를 분석하여 참고하도록 리커농에게 전문을 보냈다. 물론 관례대로 이 전문은 복사되어 평양의 김일성과 일선의 펑더화이에게도 발송되었다.

"미국 측은 문산이 개성과 같은 크기의 중립지역으로 설정되어 서울의 진입로가 개방되고 개성 중립지역 협의가 그들의 공군 행동을 속박하거나 규칙을 위반하게 될 것을 두려워하고 있다. 그렇기 때문에 미국 측은 회담 재개 조건에 대해서 고집하고 있고 그 핵심은 바로 개성과 문산지역의 범위를 축소하려는 것 – 중립지역이라고 명명하지 않고 단지 어떠한 무장행위도 진행하지 않는다고 규정하려 한다. 이렇게 되면 개성 중립지역

---

138) 「抗美援朝戰爭史③」, p195이하; 柴成文 등 앞의 책 p186이하

협의를 취소(무시)할 수 있게 된다. 이것은 분명히 계속 필요할 때 파괴(공격) 행위를 하겠다는 것이며 이를 통해 위협을 계속하겠다는 것이다."고 지적했다.

저우는 이어 "반드시 문산과 개성이 동등한 지위를 가져야 할 의무를 설명하라."고 말하고 ① 쌍방의 주둔지와 판문점 사이의 통로범위를 절대로 도로에 한정시키지 말고 반드시 도로 양편으로 일정 범위를 설정, 확대하며 어떤 적대적인 게릴라 활동도 모두 중단하게 하라. ② 회담장소를 판문점으로 변경한 것은 쌍방이 책임지고 이를 보호하고 중립지역을 문산까지 확대한다는 것인데 적은 자신들에게는 전혀 이익이 없고 오히려 속박이 더 커져 문산 상공에 항공기도 넘어 올 수 없게 된다고 판단하는 것 같다고 분석했다. 즉 공산 측은 유엔군 공군의 공격으로부터 면제되는 지역을 더 넓게 하려고 했고 유엔군은 공군 활동지역의 축소를 가능한 피하려 한 것이다. 여러 차례 연락관 회의가 진행된 가운데 양 측은 드디어 회담장소를 판문점으로 변경하기로 합의했다.

22일 연락관 회의는 「쌍방 대표단의 회담 재개에 관한 협정」(關於 雙方 代表團 復會 事宜的 協議)과 쌍방 연락관의 공동 양해각서를 체결했다. 즉 정전회담 지역은 판문점으로 하고 회담장을 중심으로 반경 1,000야드의 원형지역에서는 육·해·공군 일체의 정규, 비정규 부대의 무장인력을 포함한 어떠한 적대행위도 할 수 없도록 했다. 이러한 임무를 진행하고 감시하기 위해 회담이 열릴 경우 쌍방은 각각 2명의 장교와 15명의 사병을, 열리지 않을 경우는 장교 1명과 사병 5명을 각각 파견해 군사경찰대를 조직하고 협조한다. 군사경찰(헌병)이 소지하는 무기는 권총, 소총(키빈총 등)으로 한정하며 또한 개성주변 3마일 보호구역을 줄이려 하는 유엔 측의 주장에 공산 측이 한사코 반대하여 문산도 3마일 반경과 개성 – 판문점 – 문산을 잇는 통로는 양편으로 200m씩 비무장지대로 하여 일체의 무장 병력의 적대행위를 금지키로 조정했다.

판문점 휴전회담 장소는 공산 측이 천막 등 시설을, 닥쳐 올 겨울에 대한 석유난로와 연료, 전기불 등 일체는 유엔군 측이 부담하고 책임지기로 했다. 비용 면에서 절약되어 공산 측이 이득을 보게 되었다고 차이청원은 술회하고 있다.

/ 공산 측 38선 후퇴 군사분계선 안 접근 /

이로써 10월 25일 회담이 중단된 지 63일 만에 회의장소를 개성에서 판문점으로 옮겨 대표들의 회담이 열리게 되었다. 이때 양측의 대표들 간에 약간의 변동이 있었다. 유엔군 측에서는 한국군 야전전투교육사령관 이형근(李亨根) 소장이 새로 맡게 되고 공산 측에서는 덩화 대신에 23병단 부사령관 피엔장우(便章五) 상장을, 장평산 대신에 정두환(鄭斗煥) 소장으로 바꿨다. 여기 중공군 대표 피엔은 당년 51세의 통통한 몸집으로 일찍이 바오딩(保定) 군관학교를 나와 30년대 초반에 공산 활동에 참가하였다. 그리고 곧 노농적군에 가담하여 옌안 북쪽의 서북군 제 26로군 사단참모장을 지내고 항일전 때는 공산당 중앙군사위 실무자로서 저우언라이, 예젠잉을 따라 장제스 통치지역에서 통일전선 공작에 종사하였고 주 소련 대사관에서도 근무한 적이 있어 역시 협상공작에 경험을 쌓은 자였다. 그리고 덩화는 다시 지원군 사령부로 복귀하여 펑더화이를 돕게 되었다.

본 회담의 논쟁거리는 외군철수문제를 공산 측이 일단 거둬들임으로써 당연히 어떤 선에서 어떻게 전투행위를 중단할 것인가 하는 군사분계선으로 모아졌다. 그러나 서로 상대방의 전략과 눈치를 알아보기 위해서 이번에는 양측 모두 첫 발언을 사양했다.

이런 전술은 하위단계인 소위원회 회의에서도 그대로 나타났다. 양측은 먼저 의제 제 2항인 군사분계선과 비무장지대 설정의 기술적 문제를 사전에 논의하기로 소위원회를 구성했는데 유엔 측은 호지스 장군과 버크 제독을, 공산측은 이상조와 시에팡을 소위원으로 임명했다.

유엔 측이 밝힌 소위원회의 속기록의 일부는 이렇게 되어 있다.

▲ 이상조 : 군사분계선에 관한 의견이 있는가.

▲ 호지스 : 지난 번 회의에서 우리가 귀측의 의견을 물었는데 바로 끝났다. 어떤 안이 있는가?

▲ 이상조 : 귀측 의견을 먼저 듣고 싶다.

▲ 호지스 : 우리의 안은 여러 차례 제시된 바 있다. 그리고 그에 대한 귀측의 의견을 물었는데… 들어보자.

▲ 이상조 : 우리는 귀측이 새 제안을 가지고 있는 것으로 들었는데, 협상의 교착상태를 타개할 어떤 새로운 안도 듣지 못했다.

▲ 호지스 : 그렇다. 당신들도 없다.

▲ 이상조 : 우리는 교착상태를 타개하기 위해 소위원회를 구성했다. 이런 정돈 상태를 깨뜨리기 위해서는 우리가 서로 만족할 만한 새로운 안을 가지고 있어야 한다.

▲ 호지스 : 맞다. 이 정돈 상태를 깨뜨릴 만한 당신들의 새로운 제안은 무엇인가…[139]

서로 속내를 들어 내지 않고 약간의 휴식을 끝냈다. 결국 유엔 측이 새로운 안을 내놓았다.

---

139) Walter G. Hermes, 앞의 책, p113

중공군과 인민군 측 대표들은 전날 밤에 제2항, 즉 분계선 문제에 상대방이 먼저 절충방안을 내놓도록 하고 만약 유엔 측이 원래의 방안을 고집하고 새 안을 내놓지 않으면 그들도 다시 38선 조정안을 내놓고 나중에 상황을 봐서 군사분계선 휴전안을 제시하기로 했다. 그리고 23일 베이징에 문의한 결과 다음날 마오쩌둥은 상대방이 당초의 안을 고집하면 양 측이 하나씩 새로운 대안을 내놓고 그 안들을 가지고 현실적 기초에 입각하여 군사분계선을 논의해 보라고 리커농에게 지시했다.[140]

---
140) 「抗美援朝戰爭史③」, p201

43...

개성을 두고 벌인 밀고 당기기

/ 유엔군 측 집요하게 개성(開城) 후퇴 요구 /

공산 측이 당초 고집하던 38도선을 포기하자 양 측은 활기를 띠고 군사분계선을 두고 거래를 시작하였다. 며칠 동안 탐색을 한 후 10월 31일 공산 측은 "지금 있는 자리에서 정전하고 약간 조정을 가해 군사분계선을 확정하자."고 제의했다.

유엔 측이 공군, 해군 우세론에 따른 북한 지역의 보상조건을 더 이상 언급하지 않고서 지도를 가져와서 현실적인 대안으로 분계선을 제시하자 공산 측이 응한 것이었다. 소위원회에서 호지스 유엔군 측 대표는 이 군사분계선은 양 측이 대적하고 있는 실제 전선을 반영한 것으로 다만 양측이 피차 방어를 하는데 불편을 없애기 위하여 유엔군 측이 동부전선에서 조금 후퇴하고 공산 측이 개성지역에서 후퇴하여 동서 간에 돌출부 없는 선을 긋자고 제시했다. 그러자 다음날 공산 측은 예상한 대로 그들의 입맛에 맞는 선을 그린 지도를 제시했다.

그들의 조정안은 펀치 볼, 피의 능선, 그리고 단장의 능선 등을 포함하여 금화, 철원 지구를 그들 편에 편입시키고 방어하기 어려운 옹진과 연안의 해안을 유엔군 측으로 넣은 지도를 가져왔다.

이상조는 "우리는 장사꾼 같은 흥정은 모른다. 혁명 정신으로 무장한 군인들일 따름"이라며, 호지스 대표가 협상의 여지가 있는가를 묻자 없는 게 당연하다는 듯이 그렇게 대답했다. 논의의 초점은 개성이었다.

유엔군 측의 호지스는 개성은 서울을 보호하는데 중요한 지점이며 만일 그곳이 회담장소로 지정되지 않았다면 벌써 유엔군이 점령했을 것이라며 유엔군 측이 중·동부 전선에서 물러나는 대신 개성일대를 양보하라고 단도직입적으로 요구했다. 그리고 북한 공산군 점령지역 해안에 근접해 있는 섬들도 그 대신 양보할 용의가 있어 개성을 포기하는 데 대한 충분한 보상이 될 것이라고 주장했다. 특히 한국정부는 전쟁 이전 38선 이남에 있었던 개성이 차지하는 정치적 상징성으로 미뤄 반드시 이 도시를 확보해야 한다고 유엔군 측에 요구하고 있었던 것이다.

공산측은 철원과 금성을 포함한 중·동부 지역에서 미군이 후퇴할 뜻을 비치자 이 거래에 솔깃해 하는 듯 보였으나 유엔군 측이 보다 강력하게 개성에 집착하는 듯하자 태도를 바꿔 완강히 거부하는 모습으로 변했다. 그리고 그들은 4km 넓이의 비무장지대 안을 들고 나왔다.

리지웨이 장군은 당초 유엔군 안을 강력히 고집했으나 워싱턴의 높은 사람들은 이보다 좀 물러난 칸자스 선을 유지하기만 하면 된다는 식으로 종용하여 결국 리지웨이는 당초 안에서 다소 후퇴한 선으로 물러서게 되었다. 그러나 유엔 측이 개성문제를 포기한다는 점을 분명히 하지 않고 군사분계선 문제를 확정짓지 않고 다음 의제인 포로송환 문제로 건너 뛰려하자 공산 측은 당장 이 분계선 문제를 가조인하고 확정한 뒤에 다음 의제로 넘어가야 한다고 버텼다.

워싱턴의 상급자들은 유엔군 측이 너무 개성문제에 매달려 정전회담이 진전되지 않으면 이 개성문제의 중요성이 부각되어 이 문제를 관철시키지 못할 경우에 국내외의 여론에서 크게 불리하게 되며 서둘러 공산 측에 무릎을 꿇는 모양세가 될 것이라고 우려했다. 기왕에 공산 측이 38선 안을 후퇴시켰으니 이제 적당한 선에서 타결 짓도록 방침을 바꾸라고 리지웨이에게 압력을 가했다.

빨리 분계선 문제를 매듭지으려는 공산 측과 이를 망설이며 어물쩍 넘어가려는 유엔 측은 감정 대결이 심해져 시에팡은 중국말로 매우 비속한 욕지거리인 「O팔놈(王八蛋)」을 지껄였고 유엔 측은 그들 나름대로 「이 악당들」이라는 표현을 써가며 대치하기도 했다.[141]

/ 연안 특수부대 공격과 분계선 확정 /

11월 5일 밤 리커농과 시에팡은 마오쩌둥에게 전문을 보내 미국 측이 지연책을 쓰는 것은 개성지역에 공격을 가해서 그 곳을 점령하거나 양보 받으려 하는 것 같다고 보고하고 지시를 바랐다. 다음 날 마오는 이들의 견해에 동의하고 만반의 대비태세를 강화하라고 지시했다. 펑더화이는 양더즈, 리즈민에게 전문을 보내 개성을 지키기 위해 제 64군의 일부로 판문점 서쪽의 제 65군 예하 194사단 1개 연대의 방어 임무를 대신하게 하고, 제 194사단을 개성 북쪽에 배치해 2선 부대로 삼고 개성 남쪽과 동쪽 일부는 제 65군의 일부(2~3개 연대) 그리고 제 40군의 119사단 등과 인민군 1개 연대에게 반격임무를 맡겨 천덕산 부근의 거점을 강화하도록

---

141) Walter G. Hermes, 앞의 책, pp117~119

지시했다. 즉 양더즈의 제 19병단 주력을 모두 개성방어에 투입한 셈이었다. 특히 대전차와 방공 작전 준비를 강화하고 기왕의 진지 보수를 서두르고 식량과 탄약, 식수 등을 충분히 준비시켰다. 그리고 미군을 탐색하듯 장단(長湍) 북쪽 지역에 작은 규모의 국부적인 공격도 가했다.

중공군은 아울러 유엔군 측이 회담에서 자신들이 점령하고 있는 연안도서를 개성과 교환하는 조건의 일부로 양보할 뜻을 보인 데 대해 제50군을 동원해 이들 섬을 점령키로 작전을 세웠다.

유엔군 측은 해군과 공군의 우세를 이용하여 압록강 하구로부터 평남·북과 황해도 해안의 서해에 있는 모든 도서들을 장악하고 있었다. 특히 이 지역에는 연안에 있던 반공 청장년들과 부녀자들이 미군과 국군의 급속한 후퇴로 피난가지 못하고 남게 되자 자발적으로 반공 유격대를 조직, 일부는 인근 묘향산이나 구월산(九月山)으로 들어가 유격활동을 벌이고 있었다. 일부가 부근 도서지방으로 피난해 역시 미군의 지원을 받아 공산군을 괴롭히는 유엔군 측 빨치산 활동을 벌여 상당한 성과를 올리고 있었다. 이들 반공 유격대들은 51년 7월 하순부터 8240부대라는 명칭으로 본격적인 특수부대로 편성되었다. 이들은 일명 「한국군 연락부대」, 「KLO특전대」, 「백마부대」, 「당나귀(donkey)부대」 등으로도 불리며 각 도서에서 미 극동군 사령부의 직할부대의 성격으로 미군 특수 정보부대의 지도를 받아가며 레이더와 대공정보, 도청, 미 공군기들의 유도 등 미 해군과 공군의 작전을 돕고 있었다. 지역 사정에 밝은이들은 수시로 해안에 침투하여 적 후방을 교란시키고 수송로의 파괴, 적군의 동태파악 등 첩보 수집도 벌이고 있었다. 이들은 압록강 하구의 형제 섬 단도(島)에서부터 평남·북 연안 남포 목전의 예도(艾島), 탄도(炭島), 대화도(大和), 소화도(小和), 우리도(牛里), 신천(信川) 앞바다의 기린도(麒麟), 초도(椒島)

등 10 수개의 섬에 산재해 있었다. 한때 유엔군 측은 이들 도서지역에서 10만 대군을 양성하고 있다는 소문을 퍼뜨려 이들 연안지역에 중공군 2개 사단을 묶어두는 효과를 보고 있었다. 군번 없는 이들의 활동에 크게 고무된 이승만 대통령은 그들 지도자 중의 하나인 박상준(朴祥俊) 대령을 초치하여 정규군대도 아닌 이들을 격려하기도 했었다. 또한 이들 섬 지역에는 미 극동군 사령부와는 관련 없이 미국 중앙정보부(CIA)가 훈련한 특별부대가 있었다. 이들은 북한 출신 피난민들과 공산군 포로들 중 반공포로들을 차출하여 부산 영도에서 훈련시킨 부대로 주로 공산군 통신시설의 파괴와 감청 등을 하고 나중에는 추락한 미 공군기 조종사들을 구조하는 특수임무를 수행하고 있었다.

이들은 51년 9월과 10월 유엔군의 가을 공세를 계기로 더욱 활발한 작전을 시작, 한층 더 공산군을 괴롭히고 있었다.

51년 10월 말에 접어들어 정전회담으로 주 전선이 소강(小康) 상태를 보이자 공산군은 구월산과 인근 도서지방에서 활동하는 이들을 토벌하기로 작심하게 되었다. 펑더화이는 동북군구에 이들을 공격할 방안을 연구토록 의뢰했다. 그리고 여기에는 중공군의 공군과 해군 일부도 참여시키기로 한 것이다. 공격부대는 한센추 지휘의 제50군을 중심으로 "가까운 곳에서 먼 곳으로, 하나씩 하나씩"(由近而遠 逐島) 작전으로 11월 5일부터 월말에 이르기까지 4차에 걸쳐 바다를 건너 단도, 예도, 대화도 등 이들 도서를 공격, 특수무장 병력 500여 명을 섬멸했다고 주장했다. 그리고 곧이어 선천(宣川) 남부의 신미도(身彌), 철산반도 동남쪽의 대가차도(大加次), 소가차도, 접도(蝶)의 특수공작원들을 공격했다. [142]

그러나 유엔군 측은 간조(干潮) 때에 맞춰 이들 특수부대원들을 인근 연안으로 유도하고 적군에 함포사격을 가해 유격대원들을 많이 구조했다.

이들 섬 지역은 영국 해군이 서해를 작전해역으로 하고 동해는 미 해군이 맡는 바람에 약간의 영국 군인들이 포로로 잡힌 것으로 알려졌다. 한국인으로 구성된 최희화 등 8240 부대원들이 백령도 보다 훨씬 이북의 황해도 해안에서 1.5km 떨어진 오작도 등을 다시 점령했으나 휴전 성립 후인 1954년 해상 충돌을 막기 위해 한국 부대를 철수 시키고 유엔 측이 일방적으로 북방한계선 NLL을 그어 통제했다.

다시 판문점 회담장으로 돌아오면 유엔군 측은 결국 30일 기한부로 공산 측이 주장한 군사분계선을 다소 수정한 선을 받아들이게 되었다. 리지웨이는 공산 측에 더 압력을 가해 유리한 협상을 시도하려 했으나 애치슨 등 국무성의 유화파가 압력을 넣어 양보에 가까운 합의를 해줄 수밖에 없었다. 협상 테이블에 참가하지 못한 영국 등 참전 16개국을 달래기 위해 미 국무성은 워싱턴에서 이들 참전국 대사들과 주기적인 모임을 갖고 러스크 국무차관보가 회담의 진행을 설명했으며 대사들은 조속한 휴전을 촉구하는 분위기였다.

이런 합의를 기반으로 양 측 실무진은 몇 명씩 보조원을 동원하여 5만분의 1 군사지도에 선을 긋기 시작했다. 유엔 측에서는 키니 대령, 머레이 대령, 비틀러, 언더우드, 팀, 그리고 속기사 2명이, 공산 측에서는 장춘산, 차이청원, 비지룽, 김선관, 오국창, 전진이 등이 참여했다. 선을 긋는 작업을 구체적으로 하게 되어 있어서 이들은 1평방km, 1평방리(里)를 둘러싸고 일일이 다투며 신중하고 조심스럽게 작업을 진행해 나갔다. 사흘 반나절의 시간을 지낸 뒤에야 겨우 쌍방이 지도상에 양측이 인정하는

---

142) 앞에서 인용한 박 대령 인터뷰, mimeograph 및 e-mail: rhiwhachang@hanmail.net 참조; Joseph C. Goulden, Korea, the Untold Story of the War (New York, 1982). p4680이하 그리고 抗美援朝戰爭史③, pp210~215

실제 대치선을 설정하였다.

　11월 27일 양 측 대표단은 소위원회에서 작성한 현재의 대치선을 중심으로 작성된 군사분계선과 양측 남북으로 2km씩 후퇴하여 설정한 비무장지대 등 의사일정 2항에 합의하고 다음 항목인 포로 송환문제를 논의하기로 했다. 4개월 만에 일단 눈에 보이는 성과를 보인 셈이었다.[143]

　4개월여의 교착상태에 대하여 훗날 미국 국무장관이 된 키신저는 중국인들과의 협상방법을 덧붙여 이렇게 술회하였다. "중국인들은 교착상태를 감정적으로 어렵게 느끼지 않으며 그것을 외교의 불가피한 메커니즘으로 생각한다. 또 친선과 호의의 몸짓이나 태도를 뚜렷이 규정할 수 있는 목적이나 전략이 도움이 될 때만 소중하게 생각한다. 그들은 성급한 대화나 상대방을 만나도 참을성 있게 장기적인 견해를 지님으로써 시간을 그들에게 유리한 친구로 만든다."

---

143) 柴成文 등 앞의 책, p206이하 참조. 이 군사분계선은 2년 뒤 정식 조인 때까지 3차례나 남쪽으로 밀려났고 차이청원의 말따나 전장에서 얻지 못한 것을 회의장에서 얻어낼 수는 없었다. 더군다나 군사회담에서는 힘이 철칙이었다; H. Kissinger, 앞의 책

44...

중·소 공군기 출격과 교살(絞殺)작전

/ 서둘러 양성한 공군기량 시험 /

정전회담이 교착상태에 빠지자 공산군은 유엔군이 장악하고 있던 연안도서 상륙작전을 시도했는데 그 특징은 비록 소규모적이지만 육·해·공군이 합동작전을 폈다는 것이다. 그리고 처음으로 소련제 미그(MIG)-5 제트전투기가 북한 상공에 출현한 것이었다.

이제까지 완전히 제공권을 가지고 북한 하늘을 마음대로 누비고 다니던 유엔군의 즐거운 시절은 이제 옛 이야기로 돌아가는 형국이 되고 있었다. 미국 극동공군을 비롯하여 영국, 호주 그리고 남아(南阿) 연방 등 공군을 파견한 유엔 측 공군은 긴장하지 않을 수 없었다.

중공 군사 역사가들의 표현처럼 중공군의 공군이 눈덩이 굴려 공처럼 불어나듯(滾雪球) 그처럼 신속히 성장했다는 것이다.

마오쩌둥이 바로 일 년 전 한국전쟁에 개입을 결심하던 순간 그를 실망시키고 주저하게 한 일이 스탈린의 즉각적인 공군 지원 약속의 파기였다. 펑더화이 지원군 사령관에게도 세계에서 가장 강력한 공군을 가진 미군과 일전을 겨룬다는 것이 가장 큰 걱정거리였던 것이다.

염려하던 미 공군의 위력은 즉각 나타났다. 중공군이 압록강을 건너 한 국전쟁에 개입한 초기에 운용할 수 있었던 차량은 1,300여대였는데 불과 20여일 만에 미 공군기에 의해 거의 반절이 파괴를 당하는 등 군수품의 수송과 작전에 낭패를 당하면서 공군의 위력을 절감하게 되었다.

펑 사령은 줄곧 중앙군사위에 공군의 조속한 지원을 촉구하고 있었다.

이런 판국에 그 해 10월 말경 마오쩌둥은 이름뿐인 중공군 공군 사령관 류야러우(劉亞樓)를 중난하이 그의 집무실로 불렀다. 그는 류 사령에게 "미군은 육·해·공군이 합동작전을 하는데 제공권도 미군의 손 안에 있어서 지원군의 전투에 매우 불리하다. 펑 사령관이 크게 염려하고 있다. 김일성으로부터 온 전보를 보더라도 그들 역시 미 공군으로부터 큰 피해를 받고 있다고 하는데 시급히 공군을 보강하여 육상의 지원군을 도와야 한다."고 지시했다. 이러한 지시를 받은 류야러우는 수중에 있던 공군 제 4혼성여단을 몇 달 만에 4개 여단, 4개 연대를 늘려 공군 제 2, 4, 5, 8, 10사단으로 확대 편성했고 각 군구도 그에 상응하는 항공병 양성을 하도록 했다. 그리고 비행사 훈련 학교도 4급 훈련체제를 3급 체제로 줄이고 고급 훈련 단계도 한 단계 낮춰 비행요원들을 속성으로 양성하여 전투에 참가할 수 있도록 했다는 것이다.

사실 중공군의 공군은 항일 전쟁 시 신장(新疆·위구르)에서 자체 조종사를 양성한 적이 있다고 전해졌으나 말 뿐이었고 다만 장제스의 국부군만이 미군의 지원으로 공군을 가지고 있었다. 1949년 8월 중앙군사위가 제 4야전군 제 14병단을 기초로 하여 공군사령부를 창설키로 했다. 그리고 곧 북평(北平-베이징)에서 구식 미국제 전투기 10여대를 가지고 출범했다. 그러다가 한국 전쟁이 터지고 소련 측이 망설이다가 자체 공군을 보

내면서 본격적으로 중공의 공군 육성을 지원하게 되었다. [144]

/ 중공이 의탁할 곳은 소련뿐이었다. /

중공은 이미 50년 7월 초 한국전쟁이 발발하자 서둘러 공군 양성을 소련 측에게 요청하고 있었다. 저우언라이는 베이징 주제 소련대사 로신을 불러 이 같은 요청을 했고 그로부터 본 국에 보고하여 적극 돕도록 하겠다는 답변을 받은 바 있었다. 저우는 이어 8월 하순에서 9월 초까지 여러 차례 중앙군사위원회를 열어 변방군 강화계획을 세워서 마오쩌둥과 류사오치에게 보고했다. 그 보고 중에 공군관계를 요약하면 다음과 같았다.

"로케트포(카츄사) 2개 사단, 고사포 연대 26개를 새로 만들고 당시 가지고 있던 소련식 고사포 연대 10개를 합쳐 모두 36개를 전 후방에 배치하고 … 공군도 원래 계획에 따라 51년 1월 말까지 11개 연대를 만들고 … 제트식 전투기 5개 연대, 비행기 330대를 구성하기로 했으며 같은 해 7월 이후 22개 연대로 늘릴 수 있으며 제트기 연대 3개를 증가시켜 비행기 수가 총 810대에 달할 수 있도록 한다. 1952년 봄에 다시 9개 연대를 증설하고 여름까지 22개 연대를 추가하여 총 54개 연대, 1,560대의 공군기를 보유토록 한다. 그리고 공군 예비학교는 노동자, 학생 가운데 당(공산당) 또는 단(공산청년단)원을 선발, 9,000명까지 늘리고, 학교를 창춘, 청두(成都), 항저우에 그대로 둘 것이다. 비행장은 동북지역(만주)에 15개를 건설하고 관내(山海關內)에는 텐진(天津), 칭다오(靑島)에 20여 곳을

---

144) 洪學智, 앞의 책, p370~371; 李慶山, 앞의 책, pp468~469 및 平松茂雄의 앞의 책, p126 한국전쟁과 중국공군, 참조

세우기로 하고 공군사령부가 구체적 계획을 세우도록 한다."[145]

이제 달걀에서 막 깨어난 병아리 같은 중공 공군은 2개 항공병사단, 1개 폭격기연대, 1개 강 전투기연대 등 도합 각종 항공기 117대를 가지고 한국전쟁에 뛰어들게 되었다. 조종사들은 세계적 관례가 제트기의 경우 300시간 이상의 비행기록을 가지고 있어야 했으나 이 보다 적은 시간, 미숙한 수준에서 전투기를 조종해야 했다. 류야러우는 홍군 시절부터 장정에 참가하고 팔로군 연대 정치부 주임과 여단장을 지내고 마침 중남군구 공군사령으로 임명된 류진(劉震)을 우한(武漢)에서 베이징으로 불렀다. 그리고 그를 동북에 보내 지원군 공군 사령관으로 책임을 맡겼다. 마침내 50년 12월 15일 중앙군사위는 지원군 소속 공군의 출전을 인정하고 공군의 유일한 전투기 조종사 리한(李漢) 대대장이 인솔하는 비행기로 하여금 본격적인 작전에 참여하도록 했다.

/ 소련 측의 공군 지원 경과 /

중공 측의 성화에 따라 소련은 50년 8월 중순부터 중국의 동북지방을 위시하여 중원의 북구(華北)와 동부(華東), 그리고 중남부에 소련 극동공군의 일정 부대들을 파견, 주둔시켰다. 이들 소련 공군은 벨로프 소장 지휘의 소련 제 64 공군 독립부대 소속 제 15, 303 및 324사단과 제 82, 9-R 고사포 및 자주포 사단, 1개 항공 수송단, 2개 탐조등 연대 그리고 2개의 의료지원단으로 구성되어 있었다. 이들의 본부는 동북지방의 중심인 선양에 두었다. 51년 11월부터 한만국경 지대에 모습을 보인 전투기는 소련

---

145) 자료선집 II, pp309~310, 南湘,「抗美援朝的 出兵決策」

조종사가 조종하는 것으로 MIG-15기 8대가 첫 모습을 보였다. 이 전투 사단은 압록강 변에서 활동하다가 나중에는 북한 쪽 75km 상공까지 작전 범위를 넓혀 대담하게 남하했는데 주로 한·만 국경의 교량과 발전소 등 산업시설을 보호하는 임무를 띠고 있었다. 북한 인민군의 공군기는 구식 야크 기종으로 20여대가 남아 있었고 그 중 6대가 한 때 안주(安州) 상공으로 나가 미 공군 전략폭격기 B-29 2대, 프로펠라 엄호전투기 1대와 공중전을 벌여 모두 격추시키고 자신들도 2대가 격추당하는 전과를 올렸다고 주장하기도 했다. 그러나 북한 공군은 사실상 괴멸상태여서 그 후 모습을 드러내지 않았다.

51년 2월 한반도에서 중공군의 4차 공세가 진행되던 때 베이징을 비밀리에 방문한 펑더화이가 사하로프 소련군사 고문단장을 방문, 공군지원을 거듭 요청했으나 거절당한 일이 있은 후 마오쩌둥은 스탈린에게 소련 공군의 지원 없이는 더 이상 작전을 벌일 수 없다고 으름장을 놓았다. 마오는 3월 1일자 전문에서 펑더화이의 의견을 빌어 그동안 공군의 협력이 없어 지원군 군사물자의 30~40% 손실이 있었고 탱크 등 중화기의 운송 이동도 어려우며 북한에 비행장을 건설하기는 더욱 더 어렵다고 통사정했다.

스탈린은 이에 대해 중국 항공대가 자국 내의 단둥(옛 안둥) 기지를 수호할 수 있다면 벨로프가 지휘하는 제 151, 324 두 항공 사단을 만주로부터 조선 내로 옮겨 작전토록하며 전투기 활주로용 철판도 제공하여 비행장 건설과 북구에 활용할 수 있도록 해주겠다는 답신을 보냈다. 그리고 대형 폭격기도 추가로 단둥 지구로 보내주겠다고 했다. 이러한 스탈린의 태도 변화는 소련의 공군지원 없이도 중공이 독자적으로 군대를 파견해 김일성을 지원해주는 것을 지켜보고 마오쩌둥에 대한 신뢰가 깊어진 데 기인

한 것이었다고 중공의 전문가들은 내다보았다. 소련은 만주지역에서 본격적으로 중공의 비행사들을 교육 훈련시켰으며 여기에는 북한인민군 항공병들도 끼여 배웠다.(인민군 항공병 교육은 앞의 책, 이손덕 등 지음 「중국 조선족 증언으로 본 한국전쟁」 참조)

그러나 이런 움직임에도 불구하고 공산 공군의 진출을 위한 북한 내 기지건설이 미 공군기들의 폭격으로 어려워지자 소련은 방침을 바꿔 만주의 안산(鞍山)기지를 보강하고 압록강 북쪽에 따바오(大堡), 따구산(大孤山) 그리고 강 하구의 먀오거우(廟溝) 등 세 곳에 새로운 비행장을 건설했다.

이때까지 소련 공군은 연 12개 사단, 항공병 연인원 72,000명이 교대로 한국전에 참여했으며 중공군은 50년 11월 MIG-15기가 북한 상공에 모습을 보인 이래 6개월 동안 만주에서 활동한 미그기 숫자가 445대로 늘어났고 휴전이 되는 1953년까지는 830대로 증가했다고 미군 정보 측은 추산했다. 소련의 지원과 중국 인민의 헌납으로 구매한 것들을 포함하여 이래저래 각종 항공기 4,000여 대를 소유한 커다란 공군이 되었다. 중공은 51년 6월 「중국인민항미원조총회」라는 단체를 조직하여 대대적으로 항공기 헌납운동을 벌였는데 각 행정, 당 단위(單位)조직과 단체들로부터 일년 뒤인 52년 5월말까지 총 5조 6천억 위안에 달하는 성금을 모집, 모두 3,710대의 각종 항공기를 구입하고도 남을 돈을 공군에 투자했다. 이런 대중조직 운동은 비행기 외에도 탱크나 대포 등 무기 구매 자금을 확보하게 했고, 노동자들은 물론 자본가 계층과 인민들로부터 세금 외의 자금을 빨아들이는 애국적 운동과 공산당의 중압집권을 다지는 운동으로 확대되었다. 여기에 소련으로부터 차관과 무상원조로 받은 비행기까지 합하면 엄청난 대수의 공군 비행기를 소유하게 된다.[146] 중국은 전쟁을 치루고 난

50년 후에 초음속 수직전투기를 만들고 인공위성을 발사하는 수준으로 급성장했다.

/ 유엔군의 교살작전의 허실 /

유엔군은 정전회담으로 지상의 전투가 소강 교착상태에 접어들자 강력한 공군의 위력으로 전장의 대치국면을 타파하고 정전회담을 유리하게 이끌기로 했다. 51년 7월 13일 리지웨이는 미 극동공군에게 회담기간 동안 공군의 위력을 발휘하여 최대의 효과를 발휘하도록 명령했다. 7월 30일 각종 항공기 445대를 출동시켜 평양에 대해 대규모 폭격을 감행하고 8월 25일에는 해군 함재기들의 엄호아래 B-29 전략폭격기 35대를 출동시켜 소련 국경 쪽인 나진(羅津)항을 폭격했다. 미국 제5공군은 공중에서 북한 공산군의 교통 수송선을 봉쇄하기로 하고 한반도의 서북부인 평양, 순천, 신안주, 선천 등지의 주요 철도와 교량, 그리고 동해안의 길주에서 원산을 거쳐 평강에 이르는 종단 철도와 평양-원산의 횡단 철도를 집중적으로 두들겨 팼다. 미 공군기의 폭격이 거의 70%이상이 이들 지역에 집중되었다. 미 극동공군 사령관 웨이랜드(Otto P. Wayland) 중장은 이 교살작전의 목적에 대하여 ① 적이 북한에 중요한 공군기지를 건설하는 것을 저지하고 ② 적의 보급을 차단하여 대규모의 지상공격을 전개하거나 유지하지 못하게 하며 ③ 공군력으로 적을 살상하여 정전회담에 영향을 주는 것이라고 말했다.

---

146) 李慶山, 앞의 책 p470이하; 抗美援朝戰爭史③, p700이하; 沈志華, 같은 책 p1190이하, p2740이하 및 p3290이하; Max Hastings, The Korean War (London, 1987), p3240이하 참조

미 공군은 이미 한두 달 전에 38.5도선, 즉 38도선에서 39도선 사이의 도로 등 수송로에 이와 비슷한 교살작전을 실행한 바 있었다. 공군 병력은 미 5공군을 비롯하여 3척의 항공모함에서 발진하는 해군과 해병대의 함재기 등 전투기, 그리고 영국 공군의 왕립항공대(Royal Air Force), 남아프리카 연방공화국의 항공기 등 수백 대로 편성되어 있었다. 9월부터 11월까지 3개월 간 실시된 이 작전은 중공군의 치밀한 복구 수습 노력과 조선인민군 및 무수한 민간인들의 노역으로 부수면 밤새워 복구하는 집요한 투쟁으로 극복되었다. 공격의 주목표인 신의주−평양 사이의 개천, 순천, 서포 등 창고나 보급품 은폐물이 많은 3각 지대는 문자 그대로 공산군 보급선의 목조르기 공습지였다. 이때 모습을 보인 중공군과 인민군으로 가장한 소련 공군의 신예기 MIG−15기 등 공군의 반격으로 미군 조종사들은 예상치 않은 곤혹을 치렀다. 유엔군 조종사들은 이곳 3각 지대를 공포의 미그기 계곡(MIG Alley)이라고 부르며 접근을 두려워했다. 소련과 중공의 전투기 못지않게 숙달되고 높아진 공산군의 방공 시스템도 잘 가동되었다.(*앞의 제28번 참조) 하는 수 없이 유엔군은 B−29 전략폭격기의 출동을 주간에서 야간으로 바꾸고 저공비행을 대공포화가 미치지 못하는 고공 폭격으로 전환하여 정확도와 효능이 떨어질 수밖에 없었다. 더군다나 만주에서 발진한 공산군 전투기들은 연료가 풍부하고 유엔 공군기의 추격을 피해 곧잘 성역인 만주로 도주해 버리곤 했다. 이때 공군의 사기를 올리기 위해 무훈을 세운 중공조종사 왕하이(王海), 자오바오통(趙寶桐), 류위디(劉玉堤), 장지후이(張積慧) 그리고 조선족 출신 이영태(李永泰) 등이 미군기를 격추시킨 무용담을 선전, 이름을 날렸다.

왕하이가 탄 미 I−15기는 뒷날 중국의 국보로 지정 전시 되었다. 압록강 부근에서 미군기 4대를 격추시켰던 것이다. 이영태도 미 공군기 4대를 격추시켜 표창을 받았는데 그는 랴오닝성(遼寧省) 출신 조선족으로 가정이 빈한하여 일찍 군대에 자원입대하고 중국공산당원이 되었다. 그리고 공군에서 두각을 나타내어 전 후 중공군 중장으로 승진, 공군 부사령관까지 승진한 사람이다. 중공군에는 조선의용군 출신이 아닌 조남기, 옥종환, 정순주 등 적지 않은 조선족 출신 장군들이 있었다. (이들 인물에 대해서는 尹光銖 저, 「歲月中的 中國朝鮮族」(延邊 人民出版社, 2003, 참조)

반대로 일본이나 오키나와에서 발진하는 유엔군의 중폭격기나 전투기들은 목표지점인 한·만 국경이나 북한 상공에 도달하면 곧 연료가 바닥이 나는 경우가 비일비재 하였다. 그리고 한·만 국경을 넘지 못하도록 엄격히 통제되어 달아나는 적기를 그 이상으로 추격할 수도 없었다. 따라서 중공군 등 적기의 출현에 무척 고민스러워했다. 유엔군 측은 한국 내에 김포와 대구, 강릉기지를 수리하고 수원, 오산, 그리고 군산에 새로운 공군기지를 서둘러 만들어야 했다. 다만 조종능력과 전투력이 우세한 조종사들이 있어서 공중전에서의 우세를 유지할 수 있었다.

결국 리지웨이는 합동참모본부에 낸 보고서에서 "교살작전이 적의 진지방어에 필요한 보급품 수송을 충분히 저지하지 못했고 적의 부대들이 한반도로 진입하는 것을 제대로 차단하지 못했다."고 인정했다.[147]

미군은 적지 않은 공군 항공기들의 손실을 보고 교살작전을 끝냈다. 양측이 주장하는 항공기의 손실 숫자는 모두 과장될 수 있으며 소련은 수백 명의 조종사를 잃었을 것으로 유엔 측은 추측하고 있다. 그리고 대신 1952년 여름부터 다른 압박 작전(Pressure Pump) 등으로 전환하고 압록강의 수풍댐과 압록강 철교를 비롯한 6개의 한·만 국경 교량과 평양 등 도

---

147) 抗美援朝戰爭史③, p220이하

시의 초토화 작전에 들어갔다. 미 공군은 북한에 있는 20개의 댐을 폭파할 계획을 세우고 부전강 독산댐 등 자산, 남사, 태천 등의 댐을 부셨다.

다만 수풍댐과 발전소만은 베이징과 모스크바의 엄청난 도발을 염려하여 완파시키지 않았다. 유엔 공군기들의 교살 작전에도 불구하고 중공군이 버텨낼 수 있었던 것을 두고 칭화대학의 왕후이 교수는 "조선전쟁이 기술전쟁이 아니라 [마오쩌둥의] 인민전쟁, 정치전쟁이었다."고 주장했다. 미군 비행기들이 파괴한 것을 밤사이에 복구하는 기적 같은 일을 해낸 것이다. 이러한 무차별 초토화 작전으로 세계여론의 지탄을 받았지만 북한의 김일성은 공군 폭격에 견디기가 어려워 전선에서의 주민들을 대거 소개시키고 서둘러 정전협상을 매듭짓기로 방향을 선회하였다.

45...

갱도구축과 생화학전(生化學戰) 전말

/ 삽과 괭이로 파 올린 일만리(一萬里) 갱도공사 /

정전회담이 군사분계선에 대한 협상을 끝내고 전쟁터가 상대적으로 안정된 기회를 이용하여 공산군은 전 전선에 갱도식 방어진지의 구축에 들어갔다. 피아간에 대규모 진격이나 방어를 하는 공세가 아니라 조금씩 밀고 당기기를 되풀이 하는 전투가 전개되자 양측은 진지(고지) 쟁탈과 상대방 병력 살상을 주로 하는 소모전 양상을 더욱 띠게 되었다.

중국 공산당 중앙위원회는 51년 10월 "현재의 규모에서 지구적인 방어전을 진행하여 적을 대량으로 소모시키고 현재 상태에서 정전하여 승리를 거두는 것" 으로 목표를 정했다. 이러한 방침은 곧 스탈린에게도 전문으로 보고되었다. 펑더화이의 지원군 사령부는 10월 21일 일선 각 부대에 "주요진지는 갱도식으로 하는 것이 좋고 지표면에서 깊이는 5m 이상으로 파고들어라" 고 지시했다. 그러나 곧 겨울이 다가와서 땅이 딱딱하게 얼어붙어서 화약의 성능이 약해지고 작업도구나 경험도 부족해서 갱도식 진지구축은 큰 어려움을 겪게 되었다. 당시의 사정을 홍쉐즈는 그의 회고록에서 이렇게 기술하고 있다.

"지원군 병사들은 한 손에는 총, 다른 한 손에는 곡괭이를 쥐고 전투와 동시에 땅굴을 파기에 온 힘을 기울였다. 그들은 전선에 조그만 대장간을 만들어 못쓰게 된 포탄조각, 고철을 있는 대로 긁어모아 곡괭이, 호미, 끌 등 도구를 만들었고 제 12군의 경우는 8개월 동안 40여 곳에 대장간을 만들어 땅굴을 뚫는 각 종 도구 1만 6백여 점을 만들었다. 그들의 땅굴파기의 기술도 갈수록 늘어나 전군에 방공(防空), 방포(防砲), 방독(防毒), 방우(防雨), 방조(防潮), 방화(防火), 방색(防塞) 등 공습과 포격, 독가스, 눈비와 습도 그리고 화재와 추위를 막는데도 전력을 기울였다."[148]

52년 4월 26일부터 5월 1일까지 지원군 사령부는 각 군 참모장 회의를 열어 땅굴공사가 갖는 작전상의 역할에 대해 토론하고 8월 말까지 동·서 해안에 집중적으로 땅굴을 파도록 하여 한반도를 가로지르는 총 연장 250km에 20~30km의 두터운 방어선을 갖추도록 했다. 땅굴을 핵심으로 참호와 교통호, 각종 화기 엄폐물 1만 여개를 개설했다. 말하자면 난공불락의 지하 만리장성을 구축하자는 것이다. 이런 작업에 대해 인민일보는 휴전 후 발행된 1958년 10월 25일자 특집부록에서 "역사상 유례가 없는 지하장성(長城)은 조선반도 38선 부근 250여km를 꿰뚫고 있었다.(어떤 보도는 총 기장이 1,250km라고도 했다.) 공사는 지극히 커서 우리나라 시안(西安)에서 장쑤(江蘇)성의 롄윈(連雲)강까지 한 가닥의 돌로 된 지하도를 연결한 것에 해당된다. 갱도에 연접한 전체 참호는 만리장성보다 100여km나 더 길었다."고 자랑하고 있다.[149]

미군의 공습을 피해 칠흑 같은 밤중에 사람 손으로 이뤄지는 이 같은 작

---

148) 洪學智, 앞의 책, pp388~389; 抗美援朝戰爭史③, p275이하
149) 자료선집 II, p360

업으로 중공군과 인민군, 그리고 노력봉사에 동원된 북한 주민들의 고통은 이루 말할 수 없는 지경이었다. 이들이 전하는 무용담에 의하면 지하에서 등불을 밝히는데 솜으로 심지를 만들어 콩기름을 쓰게 되면서 엄청난 양을 사용해야 했기 때문에 중국 병사들은 주식이나 다름없는 취사용 식용콩기름 부족으로 어려움을 겪었다. 어떤 부대는 이른바 탄등(炭燈)을 개발하여 사용했는데 포탄의 화약을 뺀 뒤 화약은 다이너마이트 용도로 쓰고 탄피 또는 쇠 통에 구멍을 여러 개 뚫어 안에는 타는 숯불을 집어넣어 기름대용으로 밝히기도 했다. 지하에서 이런 임시방편으로 조명했기 때문에 산소부족과 가스의 발생으로 병사들에게 만성 기관지염이 만연하기도 했다. 또 흔한 야맹증(夜盲症)은 북한사람들이 일러 준 민간요법으로 솔잎을 삶아 탕으로 마시는 방법을 써 효험을 보기도 했고 이 바람에 북한 인민들은 솔잎 따는데 동원되기도 했다. 그리고 이런 증상에는 올챙이가 도움이 된다는 말도 나돌아 올챙이를 잡아다가 끓여 먹기도 했다는 것이다. 자체 용광로를 만들기도 했고 나무 손수레를 만들어 파낸 흙더미를 동굴 안에 숨겨 두었다가 밤중에 운반하여 먼 산기슭에 버리곤 했다. 각급 부대의 정치기관원들이 진지 구축작업 현장에 나와 격려했고 경험을 수집하여 다른 부대에 전파, 학습시키기도 했다는 것이다.

1951년 6월부터 본격적으로 벌인 이 갱도 구축작업을 통해 1년 후인 52년 5월 말까지 중공군은 모두 7,789개의 갱도를 만들었고 총 연장 198.7km에 달했으며 인민군은 모두 1,730개에 전장 88.3km에 달했다. 이들 각 종 엄폐식, 개방식, 갱도식 등 진지는 수십만에 달하고 지휘소, 관측소, 참호 토치카 등도 수만 개에 달했다는 것이다.[150] 그들은 이러한 장

---

150) 「抗美援朝戰爭史」, p280

병들의 지하구축 공사는 "혁명군대의 뛰어난 정치적 소양과 군사적 소질이 잘 결합된 결과로 지구 진지전을 수행하는데 유리한 조건을 창조하였다."고 찬양했다.

물론 이러한 작업을 유엔군이 방치해 두지는 않았다. 주로 대포의 포격과 공군기의 폭격을 계속 퍼부어 댔다. 뒷얘기이지만 대통령이 된 아이젠하워는 52년 12월 초 당선인의 신분으로 한국전선을 시찰, 공산군의 철저한 땅굴 구축을 듣고 직접 관찰한 결과 그 견고함에 비추어 휴전의 필요성을 절감했다고 회고한 바 있다. 공산군은 이 때 미군기들의 공습을 말하면서 대형 폭탄과 네이팜탄 등에 이어 독가스탄을 사용했다고 선전하기 시작했다. 그리고 나아가서는 세균전을 벌이고 있다고 선전공세를 강화해 나갔다.

/ 독가스와 세균전 공세 시비 /

소련 공산당 기관지인 프라우다(Pravda)지는 미군이 1951년 8월에 세균공작을 계획하여 52년 5월까지 계속 세균전을 벌였다고 보도하고 그 증거로 포로가 된 미군 조종사들의 고백증언과 기자회견 모습을 제시했다. 그리고 공산측은 이런 내용을 담은 테이프를 만들어 세계에 뿌렸다.

북한 쪽에서 정전회담장에 곧잘 모습을 보였던 호주출신 친공 신문기자 버체트(Wilfred Burchett)의 인터뷰 장면이 다큐멘터리로 제작되어 배포되었다. 공산군은 여전히 정전회담 장소를 서방측이나 세계에 대한 선전장으로 계속 활용하여 반미여론을 조성해 갔다.

중공의 항미원조전쟁사에 의하면 항공기가 격추되어 포로로 잡힌 미군 조종사의 자백이라고 하여 50년 12월 미군이 38도선으로 퇴각할 때 미국 합동 참모회의에서는 세균 무기를 사용하여 한반도에서 패전을 만회하기로 결정했다는 것이다. 그리고 52년 1월 28일 중공군은 철원군의 외원지(外遠地)와 용소(龍沼)동 등에서 미군기가 세균을 지닌 곤충을 살포하는 것을 최초로 발견했다는 것이다. 그 후 며칠 동안 이천(伊川), 철원, 삭녕, 평강, 김화 등지에서 미군기가 파리, 벼룩 등 세균을 지닌 곤충과 쥐새끼 등 작은 동물을 살포하는 것도 발견되었다 한다. 52년 1월 28일부터 3월 31일까지 두 달 동안 한반도 북쪽에서 미군기가 병원균과 바이러스를 지닌 곤충 등을 살포하는 것이 804차례나 넘겨 목격되었다고 했다. 그리고 2월 말 이후에는 중국 동북지역과 칭다오 등 인구 밀집 지역의 도시에도 미군기가 병원균과 바이러스를 지닌 곤충을 살포하는 것이 목격되었다고 했다. 이들이 살포하던 곤충이나 벌레가 지닌 바이러스, 박테리아 등은 페스트 간균(桿菌), 콜레라 비브리오, 탄저균, 장 티프스균, 파라티프스균, 이질균, 뇌막염 쌍구균, 뇌염바이러스, 가축 등의 콜레라균 등 10여종이라는 것이다. 비밀을 유지하기 위해 미군 조종사들은 일반적으로 야간을 이용하거나 혹은 폭격 임무를 진행할 때 함께 투척하는 방법도 썼다고 주장했다. 그리고 이들 세균 무기는 나치독일과 일본의 이시이 시로(石井四郎), 와카지마 지로(若松次郎), 기타노 이와모토(北野政藏) 등 세균 전문가들이 사용하던 수법을 미국이 그대로 모방하여 실시했거나 캐나다 북부의 에스키모를 대상으로 시험했다는 등 구체적인 자료까지 제시했다. 중공의 「항미원조전쟁사」는 북한인민군 사령부의 보고(1953년 6월 26일자)를 인용하여 "미군은 1951년 세균전을 준비하기 위하여 포로들을 이용하여 세균효과를 실험했다."고 주장하고 일정기간 동안 미군은 사실을 모르는 포로들에게 병원균이 함유된 식품을 먹게 했으며 포로들은 이로 인해 많은 수가 병으로 사망했고 매일 한 트럭분의 시체가 포로수용소에서 실려

나갔다고 했다. 믿기 어려운 숫자를 제시하며 엄청난 선전을 되풀이 했다. 그리고 베이징에 「세균전 전시관」을 세워 미군이 만들었다는 파리 등 곤충을 전시하기까지 했다.

52년 2월 21일 중국공산당 중앙위원회는 각성위원회와 군구 당위원회에 미 제국주의자들의 세균전에 반대하는 선전업무를 강화할 것을 지시했다. 3월 1일에는 덩화를 주임으로 하고 한센추, 우즈리(吳之浬)를 부주임으로 하는 지원군 방역위원회를 구성했다. 그리고 스웨덴의 반공단체인 「세계평화의 촉진과 공산주의자들의 침략을 반대하는 조직」이란 NGO의 이름을 빌려 한국전선에서 미군이 실시한 세균전을 성토했다고 소개하고 공산 헝가리의 적십자사가 이런 행위를 유엔에 항의했다고 보도했다.[151]

범세계적으로 벌이는 이 반대 선동선전에 북한 공산정권의 박헌영과 중국 외상 저우언라이도 동원되었다.

같은 해 2월 22일 박헌영 북한외상은 이상에 열거한 세균전에 항의하는 성명을 발표하고 다음 날인 23일에는 저우언라이가 박헌영의 성명을 지지하고 미군의 이른 바 세균전을 맹렬히 비난하기에 이르렀다. 그리고 만주나 북 중국에서 항의 시위를 대규모로 벌이도록 유도하였다. 중국 중앙방역위원회는 「세균전을 방어하는 상식」이라는 소책자를 발행하여 각지에 보내 학습토록하고 청소 방역 운동을 전개하는 등 공산당이 즐겨 쓰는 대중선동운동을 강화했다.

그러나 미국을 비롯한 비 공산권 언론매체들은 한국의 혹독한 겨울날씨에 살포된 파리 등 세균을 품은 곤충, 벌레들이 어떻게 살아남을 수 있

---

151) 抗美援朝戰爭史③, p300이하; Joseph C. Goulden, 앞의 책, p599이하

는가라고 의문을 표시하고 미군 등 유엔군이 이러한 반인륜적 비행을 저지를 수는 없다고 회의적인 반응을 보였다. 그러나 중공 등 공산 측은 "미국이 내한성(耐寒性) 파리를 만들었다."고 강변했다. 중국과 북한의 시골 농민들이 분기탱천하여 미국을 성토한 것은 불문가지의 일이었다. 이 세균전 선전공세는 소련의 주도로 이뤄졌다. 스톡홀름의 「세계평화운동위원회」를 앞세워 원자탄과 생화학전을 반대하는 운동을 벌이고 모스크바방송은 한국어 방송을 통해 1952년 2월에 미군이 북한의 우물들에 독극물을 오염시키고 천연두와 장질부사균을 퍼뜨렸다고 주장했다. 공산측은 이 문제를 정전회담에서는 제기하지 않았는데 차이청원의 주장에 의하면 "상대방을 궁지에 몰아넣어 회담을 결렬시키지 않으려 했기 때문"이라고 했다. [152]

이 같은 악선전에 미 극동군 사령부는 강력히 부인하고 애치슨 미 국무장관 등 미국정부는 국제적십자위원회(ICRC)나 세계보건기구(WHO)를 중재하여 조사하자고 제의했으나 공산 측은 일체 응하지 않았다.

그러나 이런 선전공세도 정전이 성립된 후 귀환한 미군 포로들에 의해 순전히 공산당의 세뇌공작에 의한 허위 날조된 모략이라는 것이 폭로되었다. 이런 세뇌의 대상으로는 전쟁 중 전북 진안(鎭安)에서 포로가 된 미 24사단장 딘(William Dean) 소장도 들어 있었는데 휴전 후 귀환한 그의 회고록을 통해 자세히 알려졌다. 그리고 중공에 의해 대표적으로 동원된 미 공군조종사 이노크(Kenneth L. Enock)와 퀸(John Quinn)의 사례로 소개되었다. 이들은 52년 1월 B-26 폭격기를 조종하여 출격했다가 추락하여 생포된 장교들로 5주간에 걸친 집중적인 심문과 세뇌공작으로 허위자백 할 수

---

152) 柴成文 등, 앞의 책, p224

밖에 없었다는 것이 밝혀졌다.

이때부터 서방세계에는 소련과 중국, 그리고 북한 공산정권의 세뇌공작과 선동선전에 관한 연구가 한때 크게 유행되었다.[153]

---

153) 소련공산권의 세뇌공작, 선동작전은 David Rees, 앞의 책 제 18장 Caudron of Rebirth와 19장 Peking for Peace Bacteria War 참조; Arthur Kosetler, 「Darkness at Noon」 (박실 옮김, 「1인자와 2인자」 (自畵의 暗黑), (서울 기린원, 1981) 참조

46...

또 하나의 장벽 포로문제

/ 공산군 회담 전략 팀장의 교체 /

11월 말 군사분계선 문제가 유엔군 측의 양보로 어느 정도 합의에 도달하자 판문점 휴전회담의 분위기는 어느 정도 누그러졌다. 그러나 삭풍이 불어오기 시작했고 날씨는 제법 싸늘해 졌다.

베이징의 저우언라이 수상은 협상전략팀을 지휘하고 있는 리커농의 고질병인 천식이 악화되고 있어 그의 대신으로 미국에 파견한 바 있는 우슈취안을 정전회담의 지휘탑으로 바꿨다. 우는 30년대부터 홍군의 군사정치부분에서 활동하였으며 중공정권의 수립 후에는 외교부에서 소련과의 협상업무를 담당해왔고 50년 말에는 유엔안보리에 파견된 적이 있었다. 그러나 리커농은 적과 대치하고 있는 진중에서 지휘관을 바꿔서는 안된다며 계속 개성에 머물겠다고 버티었다.

리는 우슈취안이 도착한 날 밤 공산 측 휴전대표단 회의를 열고 회담결과와 전망을 검토비판하고 회식을 베풀었다.

그는 "미국 내에서 일어난 압력에 못 이겨 회담이 재개 되었고 회담이 열려 미국 내외에서 전쟁을 멈추라는 압력이 증가하고 있다.”라고 하면서 이것이 바로 형세 발전의 변증법(辯證法)이라고 설명했다. 따라서 반대로 그 만큼 전쟁 가능성이 높아졌으며 마오쩌둥이나 김일성도 이렇게 예측하고 있다. 따라서 이 기회를 놓치지 말고 연내에 정전이 되도록 노력해야겠다고 다졌다.

개성문제에 대해서는 차오관화가 자신의 예감으로는 십중팔구 이승만이 주장했을 것이며 개성은 조선의 고도(古都)이며 전쟁 전에는 남쪽에 있던 곳이 빼앗겼으니 난처할 것이라고 설명했다. 개성을 요구하는 문제를 간단히 처리할 수 없을 것이라고 말했다. 앞으로 토의될 정전 감시문제에 대해서 리커농은 “미국 사람들과 교섭하는데 골치 아픈 일 없이 합의 볼 생각을 해서는 안 된다”고 했다. 미국이 일관해서 주장하는 것은 제한 없이 감찰하자는 것이며 적에게 우리 후방을 마음대로 시찰하게 내버려 둘 수는 없으며 주권은 국가의 생명인데 이 문제를 두고 앞으로 서로 대립할 것은 분명한데 우리는 후방의 한두 개 출입 항구에서 중립국이 시찰하는 방안으로 제시할 생각이라고 말했다. 말하자면 이것저것 둘러보고 내정 간섭을 하도록 내버려 둘 수는 없다는 것이었다. 그러나 리커농은 포로문제에 대해서는 전원 교환석방 송환을 낙관했고 외국군대 철군문제는 미국이 가장 강렬하게 반대하는 것이라고 진단했다.

남일은 “지금은 정세가 비교적 우리에게 유리하고 전투현장에서도 적이 속수무책이다. … 우리는 종합적으로 구상이 다 되어 있으니 목적달성에 노력해야겠다. 적이 지연작전을 쓴다 해도 무서울 것이 없구려.”라고 했다. 그러나 차오관화는 포로문제에 관한 의견을 달리했다. 그는 “중앙은 포로문제가 쉽게 타결될 것 같이 생각하고 있지만 나는 좀 걱정이다.”고 운을 뗀 뒤 중공군이 유엔군 포로들을 살해했다고 말하고 있는 대목을 끄집어냈다. 미국 정책집단이 이 포로문제를 가지고 무슨 계책을 꾸리는 것 같으니 이 문제를 연구해야만 한다고 주의를 환기 시켰다.

좌장인 리커농은 결론적으로 "원칙을 고수하되 책략은 신축성이 있어야 하고 타결되었을 때와 실패했을 경우를 대비하여 준비하고 두 가지 경우를 모두 대비하여 공작해야 한다. 타협이 되면 좋고(안 되고) 오래 끌어도 걱정 없게 해야 한다. 펑더화이가 말한 것처럼 전투현장에서는 단호히 치고 회담장에서는 끈질기게 밀고 나가야 한다."고 지시했다. 이들은 마오타이(茅台酒)를 마시면서 밤새 이야기를 나눴다.[154]

/ 일괄 송환과 자유선택의 대결 /

차오관화가 지적하듯 포로 교환문제는 당초 공산 측이 예상한 것과는 달리 녹록한 문제가 아니었다. 의제 제3항 정전감시를 둘러싼 기구의 조직 구성, 권한 배분문제 등은 몇 가지 쟁점이 있었지만 대충 처리하고 제4항 포로문제와 병행하여 논의하기로 했다.

공산 측의 예상과 달리 포로문제는 국제법과 인도주의에 관한 논쟁으로 끊임없이 이어지게 되었다. 이것은 양 측의 이해관계와 가치문제가 얽힌 복잡한 성격의 것이었다.

원래는 마오쩌둥도 스탈린도 이 문제는 합의하기 어렵지 않은 문제라고 낙관하고 거기에 대해서는 이의를 제기하기 어려울 것이라고 생각했다. 중국과 북한 측이 모든 포로의 일괄 송환입장을 견지하자 예상 밖으로 미국과 한국은 자원(自願) 송환을 견지하여 쌍방이 그 문제를 둘러싸

---

154) 柴成文 등 앞의 책, p209이하

고 대립, 다른 문제가 해결된 후에도 오랫동안 회담을 마무리 지을 수가 없게 되었다.

중국의 칭스 교수에 의하면 이 문제의 핵심은 쌍방 포로 숫자의 차이가 큰데 있는 것이었다. 쌍방이 공표한 포로의 숫자에 따르면 미국 측의 북한 인민군 포로는 11만 2천명, 중공군 포로는 2만 8천명이었으나 공산측이 억류하고 있는 유엔군 포로는 미군과 영국군이 4,417명, 한국군이 7,142명이었다. 다른 문제에는 별로 유리할 것이 없었던 미국 측은 포로 문제를 이용하여 한국에서 당한 좌절을 만회하고 체면을 세우려 했다는 것이다. 한국의 이승만 정권과 타이완의 장제스 정권도 이 기회를 이용하여 포로문제에 개입, 반공 전선과 군사력을 확충하려고 했으며 이 때문에 회담은 복잡해지고 무한정 연장되었다는 것이다.[155]

칭스의 주장같이 비단 숫자만이 문제가 된 것은 아니었다. 미군 측은 개인의 자유선택권에 입각한 인도주의 원칙을 내세웠다. 같은 국제법을 말하면서도 원칙상 이견대립이 있었다.

공산 측은 1949년에 체결된 제네바 협약에 의거하여 전쟁포로는 적대행위가 종료된 뒤에는 즉각 석방되고 송환하게 되어(제118조) 있으므로 모든 포로는 정전협정이 서명, 발효되면서 바로 석방 송환되어야 한다고 주장한 것이다. 그리고 중공은 아직 이 협정에 가입하지 않았으나 이를 준수할 것이라며 국가건립이 얼마 되지 않았기 때문이라고 했다. 반면에 미국은 이 협약에 가입했으므로 반드시 법에 따라야 한다는 것이었다.

미국은 이 협약에 서명했으나 「즉각 석방 송환」이라는 조항은 1951년 중반까지 의회가 비준하지 않고 있는 상황이었다. 그것은 소련 등 공산

---

155) 자료선집 II, p301

권이 2차 세계대전 후 노동수용소 등에 수용하고 있는 적잖은 포로들과 정치범들을 그들의 의사에 반해 석방하지 않고 있었기 때문이었다. 즉 이러한 전제정치나 압제 상황아래서의 인권문제를 고려하지 않았고 구금된 포로나 정치범들이 정치적이거나 인도상 송환을 거절하는 상황이 있을 수 있는 것을 상정하지 못한 입법상의 결함을 지적해오고 있었다. 2차 대전 후 이념대립으로 세계가 자유진영과 공산진영으로 나누어지면서 가치관에 차이가 더욱 분명해 지고 분쟁이 생긴 탓이었다. 한국전쟁이 발발하자 남·북한 모두 협약에 가입하거나 준수할 것을 밝혔으나 다분히 형식적인데 불과했다. 특히 한국전쟁은 동족간의 이념 전쟁이라는 특수한 상황이라 민족이 다른 국가 간의 전쟁과는 달리 복잡한 문제가 숱하게 일어났다. 중공군 포로 중에도 중국 내란 중에 장제스의 국부군에 속해 있다가 소속부대 우두머리들이나 부대 전체가 통째로 중공군에 투항함으로써 병사 자신들의 의사와는 상관없이 중공군에 남게 된 병사들이 많았었고 이들이 한국전쟁에 강제로 참전하게 된 경우가 적지 않았다. 사실 중국의 국공내전 때 장제스 군대는 쑨원이 세운 황푸군관학교에서 교육을 받은 정규군대가 주종을 이뤘지만 부패한 군벌들의 군대가 많이 연합하여 그 숫자가 70만을 넘었다. 이들 중 국부군의 패색이 짙어지자 사단장 급 장성들이 통째로 부대를 이끌고 중공군에 투항하는 수가 많았다. 이들 졸병들이 졸지에 중공군에 편입되어 이국 타향 한국전선에서 목숨을 걸고 싸우거나 노역에 시달리고 굶주림에 떨었던 사람들이 적지 않았다. 인민군에도 본인의 의사나 사상에 관계없이 강제징집 되거나 의용군으로 끌려간 사람들, 특히 인공(人共) 치하의 남한에서 납치된 반공인사나 노역자들, 그리고 시민들이 수 없이 포함되어 있었다. 한국전쟁기간에는 이런 특수한 사정 때문에 상대방에 대한 증오나 원한이 사무쳐 북

인민군 포로들을 치료하고 있는 미 해병대원들

한 공산 쪽이나 남한 대한민국 측이나 제네바 협약을 알지 못하거나 무시하고 상대방의 포로나 부역자(附逆者)들을 즉결 처분하는 일도 비일비재했던 것이다. 따라서 협약문구를 일방적으로 적용, 무조건 본래의 소속부대나 소속나라로 돌려보내 박해를 받을 가능성을 무시 할 수 없는 형편이었다.

더군다나 포로 숫자에 엄청난 차이가 있어 수많은 공산군 포로들을 일괄 송환시킨다면 적어도 미군이나 한국 측 입장에서는 많은 현역군인들을 적게 고스란히 인도해주어 적의 병력을 증강시켜주는 형국이 되는 것이었다. 더욱이 이미 송환 거부를 밝힌 많은 포로들이 실제로 있어서 이들이 반역자로 몰려 처단되는 경우도 발생할 수 있는 상황이어서 인도적 고려를 외면할 수 없었다. 이런 주장은 미 합참 내에서 국공내전의 경우를 잘 아는 장성이 문제를 제기하여 공감을 얻게 된 것이다.

다른 한편으로는 미군 측에서도 같은 논리로 중공이나 북한 측에서도 미군 포로가 송환을 원치 않는다는 이유를 내세워 숫자를 부풀려 계속 억류하는 미군 포로가 많이 나올 수도 있다는 가능성과 우려가 있었고 애치슨 등 정치권이 정전회담의 장애를 제거해야 한다는 압력도 작용하여 결국 리지웨이는 어정쩡한 입장을 취하다가 1대 1 비율에 의한 송환으로 응수하기에 이르렀다.

양측은 이 문제를 다루는 소위원회를 구성했다. 공산군 측에서 이상조, 차이청원이, 유엔군 측에서 교체된 리비(Ruthven F. Libby) 해군소장과 힉크만(George W. Hickerman) 육군 대령이 참석했다. 일괄 송환 대 동수동비율 송환 주장이 맞선데다가 유엔군 측은 국제적십자가 쌍방 포로수용소를 방문하여 포로수용 실태를 보고, 우선 전쟁포로 명단을 서로 교환하자고 추가 제의했다.

소위원회에서는 포로의 숫자와 명단, 국적기타 자료와 포로수용소의 위치 등 정보를 교환하자고 미국 측은 거듭 요구했고 공산 측은 전체 포로를 일괄 석방 교환한다는 원칙을 먼저 정하자고 맞섰다. 그러다가 12월 17일 저우언라이가 기초하고 마오쩌둥이 리커눙에게 보낸 전문에서 "자료를 교환하면 적들은 반드시 비방선전을 할 것이다. 우리는 이를 반격할 준비를 해야 하며 외국군 포로와 남조선 군인들의 명단을 방송을 통해 발표하라."고 지시했다. 따라서 다음날 양측은 포로에 관한 기초적인 정보를 교환했다.

북한과 중공 측이 내놓은 자료에는 유엔군 포로가 앞에 표시된 대로 모두 1만 1,559명의 명단이 있었고 유엔군 측이 내놓은 숫자는 북한인민군 11만 1,774명, 중공지원군 2만 700명 등 모두 13만 2,474명이었다. 이처럼 숫자에 차이가 나니 당연히 이 문제로 또 시비가 붙었다.

우선 유엔군 측은 공산 측이 내놓은 유엔군 포로 숫자가 그동안 방송 등을 통해 발표하거나 주장했던 숫자(약 6만 5천 명)와 너무나 차이가 많고(실제 양 측 모두 전과를 부풀리는 경우가 많아서 명단이 넘어와야 확인할 수 있었다.) 유엔군이 밝힌 공산군 포로들을 공산 측 요구대로 통틀어 송환해주면 중공이나 북한 측은 앉아서 11만 명이나 더 많은 병력을 얻을 수 있게 된다고 말했다. 또 유엔 측이 자체적으로 파악한 자기 쪽 실종자나 포로로 추정되는 숫자와 공산측이 넘긴 명단과 큰 차이가 난다며 공산측이 숫자를 숨기고 억류하고 있는 것은 아닌지 그 이유를 밝히라고 요구했다.

이에 대해 공산 측은 전투현장에서 풀어준 숫자가 많았고 일부는 병이나 미군기의 폭격으로 죽었기 때문이라고 납득하기 어려운 이유를 들었다. 휴전이 성립된 지 10여년 지나고 나서 송환되지 못하고 북한에 계속 억류되었다가 탈출하는 경우, 노역에 종사하다가 빠져나온 국군포로들 100명 가까이 명단이 알려져 있다.

미군 측이 관리하는 공산군 포로들 중에는 강제로 끌려왔거나 여러 정치적 또는 인간적인 이유로 송환됨을 거절하는 사람들이 많고 또 사실상 민간인 신분인 대한민국 국적인자들도 섞여 있어서 그들의 자유의사를 존중, 인도적으로 강제 송환시킬 수 없음을 밝혔다. 결국 1대 1 송환을 고집했다. 그리고 송환거부 포로는 국제기관(적십자)의 입회 아래 의사확인을 하도록 할 것 등을 제의했다. 송환을 원치 않거나 군인이 아닌 민간인으로 적에게 끌려갔다가 포로로 유엔군 측에 수용된 사람은 대략 4만 몇천 명 선이라고 밝혔다.[156]

이 문제로 정전회담은 회의를 미뤄 다음 해(52년) 3월까지 진척이 없었다.

송환거부 의사를 밝힌 반공포로의 존재에 대해 차이청원은 뒷날 그의 회고록에서 이렇게 실토했다.[157]

"우리 지원군 포로 중에는 송환을 거부하는 사람이 전혀 없을까? (중공 측)회담 관계자들은 객관적으로 냉정히 이 문제를 놓고 토론한 적이 있다. 결론은 '있다'는 것이었다. 그러나 그것은 극히 특별한 경우이다. 중국인민지원군 병사의 성분은 비교적 복잡하다. 국민당 군관을 하던 악질분자, 부랑자가 끼어들지 않을 수 없었고 이런 사람들은 구시대 군대에서 타락될 대로 타락한 생활을 하던 자들이어서 우리 군대생활에 적응하지 못하고 있던 참에 포로가 되어 국민당 특무공작대에 걸려 포로 방해 공작에 공모자로 나섰을 가능성이 많다. 이 같은 자는 확실히 송환을 거부했을 것이다. … 중·조 포로 중 수백 수천 명이 송환을 거부했다는 것은 있을 수 없는 일이다."

차이는 자유송환 의사를 확인하는 유에군 측 노력에 대해서는 이런 견해를 표명했다.

"송환 거부자가 한 사람이라도 더 많이 나오게 하기 위해 미국과 장제스, 이승만의 특무공작원들은 모든 악랄한 수단을 다 동원했다. 미국 국

---

156) 抗美援朝戰史③, p3470이하
157) 柴成文 등, 앞의 책 p260

방장관이었던 로베트(Robert A. Lovett)는 1952년 12월 초 기자회견에서 '포로 강제송환을 거부하는 유엔의 입장은 군사상으로도 타당하다. 왜냐하면 많은 포로가 유엔군 선전공작에 의해 설득 당하고 중공 쪽을 배반해 왔는데 이것을 강제 송환한다면 누가 우리를 믿겠는가. 그렇게 되면 장차 유엔군의 심리작전 수행에 큰 지장을 가져올 것'이라고 했다. 이 말에서 그들의 정체를 폭로했다 할 수 있다. 그들은(유엔군 측) 미국과 장·이의 특무공작원을 선전공작으로, 「학살협박」을 「설득」으로, 탱크와 대포, 화염방사기 등으로 피바다를 만든 것을 「심리전」으로 바꾸어 표현하는 것뿐이다. 강제송환은 할 수 없다는 이유를 내걸고 중국과 조선포로들을 대량 억류하려는 계획은 심각한 도전을 받게 되었다.… 특히 5월에 발생한 「도드(Francis Dodd) 사건」은 국제사회에 분노를 일으켰다."[158] 어찌됐든 2만 2천 명에 가까운 중공군 포로 가운데 3분지 2에 해당하는 14,715명이 결국 중국 본토로 돌아가지 않고 자유 타이완 행을 선택했다.

/ 거제도 사건 전말 /

공산군 포로의 실태를 보면 전쟁초기 낙동강 전선에서는 불과 1,000명 미만이었으나 인천 상륙작전 후 인민군이 붕괴되면서 엄청나게 불어나 13만 명 선에 이르게 되었다. 포로가 10만 단위로 증가하자 이들을 관리하는 것도 만만한 문제가 아니었다. 맥아더 장군은 이들을 일본이나 류큐(琉球) 제도 등으로 소개할 계획을 세우기까지 했으나 결국 부산 앞 바다 거제도에 주로 수용하기로 했다.

---

158) 柴成文 앞의 책, Walter G. Hermes, 앞의 책, p233 이하 참조

공산군 포로들은 처음에는 유순하게 따랐으나 중공군이 개입하고 전선이 압록강에서 한강으로까지 밀리자 거칠게 저항하기 시작했다. 이때 쯤 미군 고위층에서 송환거부 포로문제를 인식하기 시작하여 반공포로를 가려내는 작업에 착수하게 되었다. 거제도 수용소에는 인민군 포로로 가장하여 일부러 침투한 북한 공작원들에 의해 친공 포로들이 조직화 되고 미군 측에 의한 포로 식별작업이 벌어지자 거세게 방해했다. 이들 공작원들은 이학구 인민군 대좌를 중심으로 완전히 정규군 조직체계를 갖추며 몰로토프 칵테일 같은 사제 폭탄을 비롯하여 창, 칼, 낫 등 무기를 만드는 등 세력을 키워가며 반공성향의 포로들을 집단 구타하거나 위해를 가하며 적지 않은 소요를 일으키기 시작, 심지어 살해(16명)까지 하는 등 수용소 안에 사실 상 인민공화국을 방불케 하는 분위기를 만들고 있었다.

이들은 판문점 정전회담의 남일, 이상조 대표들의 작전 지휘아래 회담의 진행에 영향력을 발휘하고 심지어 거제도 수용소를 장악, 일부는 육지로 상륙하여 지리산 공비들과 연계, 후방에 전선을 펼칠 계획까지 하게 되었다. 마침내 판문점에서 포로 송환문제 토의가 벌어지자 5월 7일 이들은 수용소 소장 미군 도드 준장을 유인, 납치하는데 성공, 어마어마한 요구사항을 내걸면서 난동을 부렸다. 바로 도드 사건이 발생한 것이다. 그리고 부소장 콜슨(Charles F. Colson)준장은 도드를 살리고 풀어주기 위해 포로들이 요구하는 조건을 수락함으로써 미군의 위신은 땅에 떨어지고 회담장에서 공산군 대표들은 한층 기를 펴고 미국 대표들은 어렵게 되었다. 또한 공산측은 선전 선동의 기세를 올려 세계여론전을 유리하게 이끌어갈 수 있었다.

결국 이 사건은 나토(NATO) 사령관으로 리지웨이가 떠나고 후임자가 된 클라크(Mark W. Clark)장군에 의해 무력진압 함으로써 진정되었다. 공산군 포로들의 허황한 선전요구를 들어주고 서명한 수용소 관리자 도드와 콜슨은 미국의 위신을 추락시켰다는 이유로 공산포로들로부터 풀려나오자 곧바로 강등되어 불명예 퇴역했다. 그리고 정전회담은 무한정 연기되었다.[159]

---

159) Joseph C. Goulden, 앞의 책, p587이하 참조. 거제도 사건 전말은 앞에 인용한 주영복의 책에 체험담으로 잘 설명되어 있고, 이밖에도 봉암(蜂岩), 용초(龍草)도 사건들이 잇따라 터졌다. 조성훈, 「한국전쟁과 포로」(서울, 2010) 참조

47...

클라크의 첫 공세

/ **상감령**(上甘嶺) **전투와 수풍**(水豊)**발전소 폭격** /

52년 5월 리지웨이로부터 유엔군 사령관의 임무를 인계받은 클라크 장군은 부임하는 날부터 난관에 봉착했다. 거제도 포로수용소에서 공산군 포로들의 난동으로 그는 친공, 반공 포로 도합 200여명이 되는 희생자를 내면서 무력진압을 하여 미군의 체면을 세워야 했다. 그리고 그는 수용소 책임을 맡은 2명의 미군 장성을 1계급씩 강등시켜 불명예 퇴역을 시켜야 했다.

  평소 맥아더를 지지하는 성향을 보였던 그는 공산군을 휴전 협상으로 끌어들이고 불리하지 않는 정전을 이루기 위해서는 군사적 압력을 강화해야 한다고 믿고 있었다. 그의 이런 신념은 임기 말에 처한 트루먼 대통령의 지지를 받았다. 트루먼과 달리 국무성의 애치슨 장관은 자신들 행정부가 전쟁을 마무리 짓고 퇴진해야 된다는 생각에서 미국이 포로 교환 등 현안 문제에 양보를 하면서라도 공산 측과 타협해야 된다는 유화론자였다. 중서부 넓은 들판에서 자라 거친 성격을 타고난 트루먼은 내색은 하지 않았지만 자신의 결단으로 손을 댄 한국전쟁을 침략자를 응징하는 것으로 멋진 후미를 장식하고 싶었다.

클라크 대장은 지상에서의 교착상태를 타개하기 위해서는 우월한 공군력을 활용해야 한다고 믿었다. 그래서 그는 전임자들이 주저하던 압록강 하구의 수풍(水豊)댐과 수력발전소를 비롯해 그나마 남아있던 북한의 공장지대를 파괴하기로 마음먹었다.

특히 동양 최대의 수력발전소(최대 용량 70만kw)는 한·만 국경에 위치해 있고 중국 동북지방의 중요한 에너지 공급처였다. 바로 인접지역은 중국 영토로 소련 공군이 대기하고 있었다.

마침 미 5공군은 「교살작전」이 공산군의 수송선을 파괴하려던 목표에 기대한 만큼 효과를 보지 못하자 다시 강한 압박 작전으로 북한의 장진(長津), 부전(赴戰)발전소 등에 대한 공습을 더욱 강화하고 있었다.

52년 5월 8일 485대의 전폭기를 동원하여 미 공군은 평양 남동쪽 65km 지점에 있는 수안(遂安)지역에 대한 대대적인 공습을 비롯하여 6월 23일에는 중폭격기 등 500대를 동원, 그동안 여러 정치 군사상 이유로 유보해왔던 수풍 수력발전소를 폭격했다. 그리고 9월에 다시 폭격을 감행했으며 마지막으로 해를 넘겨 53년 2월까지 모두 세 차례에 걸쳐 B-29를 동원한 대대적인 공습을 감행, 발전소를 완전히 파괴했다.

이러한 공습에 영국 정부는 중공을 의식, 자신들과 상의 없이 일방적으로 공격 했다고 해서 미국에 항의하기도 했다. 그러나 댐의 중요성과 그 파급효과를 고려하여 미군은 발전소만 공격하고 수풍댐만은 파괴하지 않았다. 미군의 대공습은 한 때 1일 최고로 1400회나 출격하기도 해서 장마가 시작되는 8월 이전 3차례에 걸쳐 평양을 초토화 시켰고 결국 김일성으로 하여금 정전을 서둘러 공습을 피하도록 만들었다.

공군의 강습과 병행하여 클라크는 일본에 있던 미 해병 기갑사단을 동원, 원산 지역에 상륙작전을 감행할 듯이 무력시위를 벌여 공산군을 기만하는 양동작전을 벌이고 중부전선의 방어진지를 사이에 둔 고지 쟁탈전에 신경을 쓰게 되었다.[160]

/ 정전 앞둔 결판 탄패(灘牌)작전 /

중공이 세계 전쟁사상 유례를 찾을 수 없는 격전이라고 평가하고 승리를 주장하는 이른 바 상감령(上甘嶺)전투도 밴 플리트의 작전 방침을 클라크 사령관이 승인함으로써 이뤄졌다.

정전협상이 포로문제로 정돈 상태에 빠지자 중공군과 유엔군은 그동안 잠잠했던 지상에서의 전투를 가열시켰다. 중공군은 중부전선의 요충지인 오성산(五聖山-1062m)을 확보하고 김화(金化)와 철원 등 중부 평지를 노리면서 정전에 대비 군사분계선 상 유리한 지점을 확보하려 하고 있었다. 이곳 오성산은 금성(金城), 김화, 평강 등 철의 삼각지의 중심으로 이 일대에서는 가장 높은 산으로 이 산을 장악하면 바로 평양이나 서울로 진격하는 길이 뚫리게 되어 있었다. 따라서 이 지역은 피아간에 절대 놓쳐서는 안 될 전략상 요충지였다.

이미 중공군은 한 달 전 9월 10일 조·중 연합사령부장 덩화와 박일우, 양더즈, 간쓰치(甘泗淇), 장원저우(張文舟)의 연명으로 베이징의 중앙군사위에 새로 조선전전에 투입한 부대들의 경험을 쌓고 적을 섬멸시키며 전략적 요지를 확보하기 위해 3, 4개의 목표를 선정, 9월~10월 말까지 제

---

160) Walter Hermes, 앞의 책 p310이하; Joseph C. Golden, 앞의 책 p599

38군, 39군, 12군, 68군 등을 중심으로 공격 작전을 진행시킬 것을 요청해 둔 상태였다.

이 지역은 강원도 철원군 김화읍(현재)의 저격능선과 북방 3각지에 놓인 조그만 산등성이로 598고지라고 불리기도 했다. 한국군 제2사단의 주저항선(MLR) 정면 500m 전방에 위치한 약 500m길이의 능선으로 남쪽 봉우리(A고지)와 북쪽 봉우리(Y고지), 그리고 동쪽으로 뻗은 돌바위 능선으로 형성되고 능선의 규모가 작아서 소대단위 이상은 작전이 곤란한 장소였다. 그리고 이 능선과 좌측의 삼각고지 사이에 상감령이라고 불리는 고개가 있었다.

바로 이곳 김화방어를 위해 한국군 제2사단(사단장 丁一權)과 미군 제7사단(사단장 Waynes C. Smith)이 포진하고 있었고 중공군은 제15군 제45사단이 건너편 북쪽에 대치하고 있었다. 밴 플리트 장군은 클라크 유엔군 사령관의 승인을 받아 작전을 개시하여 이곳 고지와 오성산을 목표로 삼아 공격을 개시했다. 단 기간의 작전으로 그 동안 전투력이 향상된 한국군을 주축으로 그 실력을 과시할 겸 작전명도 결판작전(Showdown-중국명-灘牌作戰)이라 했다.

10월 14일부터 시작된 이 고지쟁탈전은 당초 계획했던 단 기간 작전이 아니라 무수히 상대방 고지를 빼앗고 놓치는 쟁탈전을 40여 회나 되풀이하며 11월 24일까지 무려 43일간 치열한 백병전을 이어 갔으며 피아간에 많은 사상자를 낸 혈전이었다.

먼저 14일 새벽 한국군은 9군단 예하 16개 포병대대를 동원 280여 군의 대포가 일제히 포문을 열며 유엔군 항공기의 근접지원을 받아 공격을 개시했다. 이에 앞서 인근 백마(白馬)고지에서 국군 9사단(사단장 金鍾五)이 이룬 전과를 바탕으로 국군 제2사단 32연대가 치열한 공격을 개시한 것이다. 그리고 추가로 같은 사단 제 17, 37(배속), 31연대가 투입되었다.

중공군은 덩화, 양더즈(楊得志) 등 최고지휘관들이 제 3병단 참모장 왕윤뤠이(王蘊瑞)에게 전화를 걸어 제 3병단과 제 15군 부서 간에 협공을 단단히 준비하도록 채근했고 양더즈 부사령관은 마오쩌둥과 펑더화이 사령관이 기왕의 지시대로 야금야금 적군을 소모하여 인명을 최대한으로 살상하라(有生力量)고 지시했음을 상기시켰다. 중공군 제15군 45사단의 134, 135, 86연대 등은 단단히 다진 갱도 방어진지를 이용하여 한국군의 돌격을 제지했다. 이 전투에서 고지의 주인이 12번 이상 바뀌고 중공군 1만 5천 명 사살을 포함해 모두 2만 명 이상 포로 7만 2천명을, 한국군 1,000명 이상 사망, 부상 3,500명, 실종 1,000여명의 피해를 보았다. 이 전투를 통합 지휘한 리더성(李德生)은 승진을 거듭하여 북경군구 사령관, 당 정치국 상무위원이 되었다.

중공군은 이때 한국군 등 유엔군 피해를 사망 7,000명 이상으로 주장했다. 이 전투에는 하루에 최대 3만 9천 발 이상의 포탄이 발사되어 2차 세계대전이래 가장 치열한 화공 포격전이 벌어졌으며 산 능선의 지형이 포탄으로 2m이상 깎이는 결과를 가져왔던 치열한 전투였다. 결국 중공군은 이 지역을 사수하여 휴전 후 북한 지역으로 남게 되었다.

중공은 이 상감령 전투를 크게 선전하여 1956년 「상감령 전투」라는 영화를 만들어 "미 제국주의자들에 대한 위대한 승리"라고 선전하고 전쟁영웅들을 추켜세웠다.

이 때 전투를 지휘했던 홍쉐즈 부사령관은 그의 회고록에서 이렇게 기술하고 있다.

"상감령 전투를 앞두고 상대는 이 두 고지의 중요성을 충분히 알고 있었다. 반드시 고지를 빼앗고 말겠다는 필사적인 기세였다. … 15군은

134연대 2개 대대, 133연대 1개 대대를 각각 두 고지 방어에 투입시키고 예비대 86연대를 135연대에 이어 방어에 들어가도록 준비시켰다. 아군의 수비 부대는 끊임없는 쟁탈전을 벌었다. 지상 진지를 낮에는 잃고 밤에는 되찾는 치열한 전투가 계속되었다. … 쌍방은 맹렬한 포화를 사용해 상대의 사상자는 7천여 명을, 아군 45사단은 3천여 명의 인명피해를 냈다. 이 때 아군 45사단은 소모가 너무 많았다. 3병단은 지원군 사령부에 '45사단은 597.9고지와 537.7고지의 북쪽 산을 되찾을 힘이 없다' 고 보고했다. 지원군 사령관은 즉각 45사단에 2천 2백 명의 신병을 보충하기로 하고 15군 29사단에 참전토록(추가로) 명령했다. …포병 7사단 1개 대대, 포병 2사단 1개 중대와 고사포 1개단이 15군에 증강배치 되었다. 이와 동시에 상대도 병력을 조정 배치하면서 증강했다. 심한 타격을 입은 미 제7사단은 서쪽으로 물러나고 597.9고지의 공격임무는 한국군 제2사단으로 넘어갔다. 한국군 제2사단은 우익 1개 연대의 방어임무를 다른 국군 6사단에 맡겼고 한국군 제9사단은 김화 이남에서 예비대로 남겨두었다. … 상대의 보병이 밀려들고 공중 또는 야포 공격이 치열한 상황에서 아군은 땅굴에 숨어 식량, 탄약, 물이 엄청나게 모자라고 공기가 탁해 산소가 부족한 엄청난 고통을 정신력으로 이겨내야 했다."

다른 참전자 시에팡은 이렇게 회고했다.

"1952년 10월 8일 미국 측은 공공연히 조선 정전회담의 무기한 휴회를 선포하고 정전회담을 중단시켰으며 아울러 10월 14일 우리의 상감령(유엔군은 저격능선이라고 불렀다) 진지에 대규모 공격을 가하여 먼저 상감령을 탈취한 뒤에 오성산을 차지하고 우리 전선의 중앙에 구멍을 내어 우리 방어체계를 분할, 우리를 후퇴시키고 회담에서 유리한 위치를 차지하려고 하였다. … 그들은 6만 이상의 병력, 300여문의 대포, 100여대의 탱크를 동원하고 3천여 대의 비행기를 출동시켜 우리 3.7㎢의 진지에 포탄 1,740만 발, 폭탄 5천여 개를 쏟아 부었다. 비록 적은 세계 군사사상 전례 없는 집중포화를 사용했지만 아군의 강철 방어선을 깨버릴 수 없었다. 쟁탈전을 반복하던 중에 몸으로 총알구멍을 막아 충격부대의 길을 연 특급 영웅 황지광(黃繼光)이 나타났고 최후의 수류탄 하나까지 적들에게 던지고 지휘를 계속한 일급영웅 소대장 쑨잔위안(孫占元)이 나타났다. … 임시 당 지도부는 곤란을 극복하여 갱도를 굳게 지켰으며 최후로 우리 주력부대와 연합하여 반격하고 진지를 수복했다."[161]

한국군이 공격을 개시했던 삼강령 전투와는 달리 이에 앞서 중공군이 개시한 백마고지전투는 국군 제9사단이 사단의 거의 절반인 3,400여 명의 희생을 무릅쓰고 사수하여 철원 평야를 수호하게 되었다.

중공 38군의 한 문화교사가 투항함으로써 한국군은 중공군 공세에 철저하게 대비할 수 있었다 한다.

중공군은 10월 6일 저녁부터 14일까지 9일간 제38군 제112, 113, 114사단을 동원하여 철원 서북방 해발 395m의 야산인 한국군 고지에 맹공을 퍼부었으나 무려 14,300여 명의 피해를 보며 후퇴하였다. 중공측은 그들의 전사(戰史)에 군의 전 장비를 소련제 무기로 교환하는 등 전력을 기울였으며 한국군 9사단의 투혼에 대해 "이 부대가 이 전투로 인해 '백마(白馬)부대'라는 칭호를 얻었다."고 기술하고 있다.[162]

이때 전투의 영웅 강승우 소위, 오규보, 안영권 일병은 육탄으로 중공

---

161) 李慶山, 앞의 책, p3730이하; 洪學智, 앞의 책 p3430이하; 자료선집 II, pp225, 3610이하
162) 抗美援朝戰爭史③, p419. 이 전투에서 한국군 대대장 김경진 소령은 자신이 선두에서 권총을 꺼내들고 사병들을 독려, 아홉 번이나 오르내리며 백병전을 벌인 끝에 고지를 탈환했다. 한국정부는 전쟁을 통틀어 손꼽을 수 있는 무용을 치하하고 백마고지 영웅상을 추서했다.

군 기지를 폭파하고 적 기관총 진지를 파괴한 뒤 전사했다. 그 후 이들은 모두 을지무공훈장을 추서받고 백마고지(395고지)의 '3군신(軍神)'으로 추모 되었다.

이승만 대통령이 두 차례나 사단을 방문, 현장격려 했다.

48...
정전문제로 공산권 수뇌회동

/ 저우언라이, 펑더화이, 김일성, 박헌영 모두 모스크바로 /

포로문제를 둘러싸고 정전회담이 오랜 휴면상태에 빠져들자 양측은 국부적인 공세를 벌이면서 자체의 정비에 들어갔다.

우선 미국은 대통령 선거전이 펼쳐졌다. 그리고 중공은 부분적으로 지원군 지휘부를 개편하고 인원보충과 장비를 개선하면서 군대를 쉬게 하는 한편 최고 지휘부는 모스크바로 스탈린을 찾아가 장비개선과 향후의 전략방침을 숙고하는 등 중장기 전략을 논의했다.

52년 6월 우선 건강이 좋지 않았던 지원군 제2부사령관 겸 제3병단 사령관과 정치위원을 맡고 있던 천겅을 귀국시키고 정전회담 대표로 가 있던 덩화에게 지원군 사령관 및 정치위원 대리를 맡겼다. 그리고 한 달 뒤에 지원군 제3부사령관 겸 제9병단 사령관 쑹스룬을 귀국시키고 양더즈를 지원군 제2부사령관에, 한센추를 제19병단 사령관에, 정웨이산(鄭維山)을 제20병단 사령관 대리로 임명했다. 북한은 이 기간에 중공군 참전 2주년을 축하할 겸 지원군 지휘부를 위해 김일성이 친히 위로 잔치를 베풀고 중공군 각 지휘관 및 전투 영웅 등 20여 명에게 조선민주주의인민공화국 국기훈장, 자유독립훈장, 기타 무공훈장 등을 수여했다.

같은 해 8월 17일 저우언라이 수상은 중국정부 대표단을 이끌고 모스크바를 방문하여 그 자신이 스탈린에게 조선전쟁 현황과 국제정세에 관해 설명하고 현안으로 남아있는 중공군 60개 사단 장비 개선과 현대화를 위한 소련의 군사원조문제, 소련군 지위에 관한 뤼순(旅順) 협정문제, 그리고 중공의 제1차 5개년 경제개발계획 지원문제를 논의했다.

모스크바 도착 4일 만에 이뤄진 스탈린과 저우 회담을 비롯 여러 차례 회담을 가졌는데 수행원 쓰저의 회고를 바탕으로 칭스와 션즈화 교수의 논문을 통해 이때의 광경을 초록하면 다음과 같다. (이 회담록은 배석한 비신스키, 페도렌코가 기록했다.)

▲ 스탈린: (저우의 회담목적과 제의에 동의하면서 화제를 조선(한국) 전쟁으로 돌렸다.) 우리와 적의 포탄 소모비율이 1대 9가 되어서는 안 된다. 20대 9는 되어서 (포탄으로) 적을 압도해야 한다. 조선전쟁은 미국에 대해서는 일종의 패혈증(敗血症)이다. 실제로 조선이 전쟁 중 희생을 당하기는 했으나 조선이나 중국이 영토를 잃지 않았다. 미국은 조선전쟁이 자신들에게 불리하다는 것을 알고 절박하게 정(휴)전을 원한다. 만일 우리(소련)가 뤼순항에 군대를 계속 주둔한다고 선포하면 그들은 더욱 골치가 아파질 것이다. 미국이 조선에서 예기한 목적을 달성하지 못 하면 다른 곳에서는 더욱 자신이 원하는 것을 실현하기 어려울 것이다. 정전회담은 큰 문제로 마오쩌둥이 인내로 입장 견지를 주장하는 것은 옳다. 우리는 조선(북한)을 지원하는 것에 아까워하지 않는다. 미국이 포로를 억류하는 것은 불법이다. 중국은 이 문제를 어떻게 생각하는가.

▲ 저우언라이: 전쟁을 치르는데 우선 적의 진공(進攻)을 물리칠 수 있는

역량이 있는가. 그리고 현재의 전선을 지키고 유지할 수 있는가. 마지막으로 우리가 계속 강공을 지속할 수 있는가 여부를 생각할 수 있다. 현재 우리는 강고한 갱도를 구축하여 폭격도 견디며 현 전선을 유지할 수 있다. 포로 문제에 있어서 중국과 조선 사이에 약간의 견해 차이가 있다. (그리고 그 차이를 약간 설명했다. 즉 7월 14일 김일성은 마오에게 보낸 전문에서 미국의 제의를 받아들여 가능한 한 빨리 정전문제를 합의하자고 제안했다. 바로 그 전 11과 12일 밤만 하더라도 미군기의 폭격으로 인해 평양 시민 6,000여 명의 사상자가 발생하는 등 커다란 손실을 입고 있었다. 또 포로의 숫자 차이에도 중국과 조선의 생각이 다른데 이유가 있었다. 미국 측이 송환하기로 동의한 8만 9천 명 가운데 인민군 포로는 7만 6천 명인데 비해 중공군은 겨우 6천 4백 명으로 그것은 중공군 포로 중에는 옛 국부군 출신들이 많아서 그들은 귀환해도 중공에는 쓸모가 없다는 것이 김일성 등 조선 측의 속생각이었다. 이 점은 뒷날 남한의 이승만이 중공군 포로 문제에는 별 관심이 없었던 것과 비슷했다. 다만 중국인들에게 공밥을 먹이면서 한국에 묶어두는 것을 이승만은 원치 않았다. 마오쩌둥은 중공군 포로를 다 돌려받아야 한다는 것을 고집했는데 김일성은 매일 북한 측이 당하는 사상자가 송환받지 못하는 포로 숫자를 초과한다고 보고 있었다. 여기에 공업시설의 파괴 등 인민이 당하는 피해는 더 컸다. 따라서 김은 정전을 빨리 이루기를 바랐다.)

이들 문제에 대해 우리(중공)가 연구한 결과 적이 우리를 맹폭격하고 실질적으로 아무런 양보도 없다. 도발적이고 기만적인 그들의 제안을 받아들이면 우리에게 매우 불리하고 이런 견해에 조선 측도 동의했다. 그리고 조선 전쟁이 세계대전을 연기시켰다. 마오 주석은 전쟁을 계속함으로써 미국이 3차 대전을 준비하지 못하게 하는 것으로 보았다. 마오 주석은 5년, 10년, 15년 내에는 세계 대전이 발생하지 않을 것이라고 판단했다. … 조선에서 5개의 고사포 연대를 더 지원하여 방공 능력을 증가시켜야 한다.

▲ 스탈린 : 마오쩌둥의 판단이 옳다. 그렇지만 한 가지 더 설명해야 할 점은 미국이 세계대전을 할 능력이 없다는 것이며 그들의 친구인 영국이나 프랑스는 더더욱 그럴 것이다. 인민들도 전쟁을 원하지 않는다. 우리가 미국에 대하여 입장을 견지하고 강경해야만 타이완이나 조선 문제를 해결할 수 있다. 미국에 대하여 정의를 말하는 것은 아무 소용이 없다. 미국은 원자탄과 공습으로 남을 위협하는데, 문제를 해결하고 전쟁을 결정하는 것은 육군에 의해 좌우된다. … 중국 공군이 38선을 넘어 출격해서는 안 된다. 출격은 (중국이) 정식 참전하는 것과 같은 것인데 공군은 인민 지원군의 것이 아니라 국가의 것이기 때문이다. 전략상으로나 전역(공세)상으로나 현재로서는 출격할 필요가 없으며 회담 국면을 깨뜨릴 필요도 없다. 마오쩌둥이 포로문제를 미국에 양보할 생각이 있는가.

▲ 저우언라이 : 우리 측 포로를 계산했을 때 적이 30%를 억류한다면 우리도 적 포로 13% 정도만 억류하고 교환한다고 해서 우리가 적들이 주장하는 이른 바 돌아오고 싶지 않다는 포로들이 우리 측에도 있다는 것을 표시해, 우리들이 그들의 주장을 믿지 않는다는 것을 보여줘야 한다. 첫 단계로 일부만 포로를 송환하려할 경우 우리도 같은 수나 비율의 미군과 남 조선군 포로를 억류하고 2단계로 중립국인 인도 같은 나라에 인계하여 조정하는 방안을 생각할 수 있다. 마지막으로 먼저 정

전협정을 조인하고 포로문제는 그 이후에 해결한다는 방안 등이 있을 수 있다. … 이번에 펑더화이와 김일성, 박헌영 등을 이곳 모스크바로 초청하면 어떤가.

▲ 스탈린: 포로 가운데 범죄를 범한 경우를 제외하고는 다 돌려받는 게 국제법이다. (스탈린은 이러한 첫 번째 방안에 대해, 저우언라이는 두 번째 방안, 즉 중립국 등을 동원하여 해결하는 외교적 방안에 중점을 두어 설명했다.) 미국인들은 장사꾼이며 미국의 군인들도 투기꾼으로 모두 장사를 한다. 독일은 (제2차 대전 때) 20일 만에 프랑스를 점령했지만 미국은 이미 2년을 싸웠지만 이 조그마한 조선도 처리하지 못하고 있다. 그것을 두고 어떻게 힘 있다고 할 수 있겠는가. … 포로 문제는 비율에 따라 교환하는 것을 고려할 수 있으며 미국이 억류하는 포로의 비율만큼 중국과 조선 측도 억류한다면 되고 그것도 안 되면 중립국이 조정하도록 하고 정전문제를 우선 해결하는 것도 좋다.
펑이나 김일성 등을 불러와도 좋다.

/ 포로문제, 김일성과 마오 견해 차 조정 /

스탈린의 허가가 떨어져 9월 1일 펑더화이와 김일성, 박헌영 등이 비밀리에 모스크바에 도착했다. 이들은 소련군의 접대를 받고 교회에 있는 별장에 묵었다.

9월 4일 스탈린은 이들과 만났는데 그 자리에는 몰로토프, 말렌코프(Georgi M. Malenkov), 베리아(Lavrenti Beria), 미코얀(A. Mikoyan), 불가닌 등이, 그리고 중국 측에서 저우 수상, 천윈(陳雲), 리푸춘, 장원티엔(張文天),

수위(粟裕) 등 공산당 수뇌들이 모두 착석했다.

　이들의 연석회의 화제는 기왕에 저우 등 중국 측과 소련 측이 회담한 내용과 대동소이했다. 스탈린은 국제연합은 이미 그 역할을 상실했으며 새로운 국가연합을 만들 조건을 구비해야 하며 동구라파 공산국가들의 지원을 이들이 원하는지도 물었다. 회담이 끝난 후 참석한 모든 사람들은 스탈린 별장의 연회에 참석했다. 스탈린은 펑 사령에게 큰 잔으로 축배를 권했고 펑은 몸이 불편했지만 꿀꺽 다 마셨다. 술 한 잔 들지 않았던 이전의 린뱌오의 경우와는 퍽 달랐다. 스탈린이 펑을 좀 좋아한다는 인상을 모두에게 주었다.

　연회는 약 4시간 동안 이어졌고 스탈린은 기분이 좋아져 모두에게 춤을 추도록 권했다. 일행은 다시 간식을 들고 한 밤중에 파티가 끝났다. 이 때 스탈린이 펑을 한 쪽으로 불러 중공군의 포로정책과 집행 상황, 그 밖의 전황을 두고 이야기를 주고받았다. 그리고 선물로 승용차 한 대를 그에게 주었다.(이때의 모습이 뒷날 펑더화이가 외국과 내통했다는 모함을 받게 되는 한 원인이 될 줄은 아무도 몰랐다.) 별장에서 물러나올 때 김일성이 저우언라이에게 앞서가도록 권하였고 펑더화이는 김에게 차례를 양보하여 저우, 김, 그리고 펑의 순서로 문을 나섰다.[163]

　유엔에서 포로 송환을 위한 여러 방안이 관계국들 간에 토의되는 와중에 펑더화이는 유엔군 사령관 클라크 대장에게 회담 재개를 요청하는 서신을 보냈다. 그러나 미국 측은 이를 받아들이지 않았다. 미국을 비롯한 서방측은 그러나 제5차 유엔총회에서 세계평화를 보장하기 위한 연대 결의를 통과시키고 중공을 침략자로 낙인을 찍었으며 중국에 대한 (전략물자)

---

163) 자료선집 II, pp272~275, 301~303; 沈志華, 앞의 책, pp459~460

금수(禁輸) 조치 등을 결의했다. 이처럼 당장 정전회담이 열릴 기미가 보이지 않자 중공은 11월 중순 개성에 나가있던 정전회담 현지 지휘탑인 리커농, 차오관화, 피엔장우, 시에팡 등 주요 간부들을 베이징으로 불러들였다. 공산군 측과 유엔군 측 쌍방은 회담의 연계를 유지하기 위해 각각 무선전화기로 한 두 시간 간격을 두고 "우리에게 보낼 소식이 있는가"를 연발하여 상대방의 의향을 묻고 "보낼 소식이 없다.", "있다."는 식의 통신을 하면서 시간을 보냈다.

해를 바꿔 3월 말부터 4월 초까지 미국의 아이젠하워 대통령의 새 행정부가 휴전을 서두른다는 기미를 알아채고 차오관화 등 중공군 대표단 구성원들은 하나씩 둘씩 개성으로 돌아와 상병(부상)포로 교환과 정전회담 재개를 위한 준비를 진행했다. 리커농이 돌아오기 전까지는 지원군 당위원회 부서기인 두핑이 주재했다.

49...

아이크의 등장과 스탈린의 퇴장

/ 덜레스, 네루에게 핵사용과 해안봉쇄 암시 /

한국전선을 시찰하고 돌아온 아이젠하워 대통령 당선자(그의 애칭은 아이크)
는 세(歲) 밑에 같은 당파의 선배장군 맥아더로부터 조용히 만나자는 전
갈을 받았다. 한국전쟁에 관한 맥아더 자신의 생각을 전하고 싶다는 의사
였다. 그는 곧 국무장관으로 임명한 덜레스(John F. Dulles)와 함께 비밀리
에 덜레스의 집에서 옛 상관이었던 맥아더를 만났다.

맥아더의 견해는 트루먼 행정부와 충돌을 빚었던 중국 본토에 대한 확
전이 골자였다. 그리고 맥아더는 정치적 타결방안으로 아이젠하워가 직
접 스탈린을 만나 미국과 소련 두 나라의 보증 아래 독일과 한국을 중립
국가로 통일시키자는 것과 소련이 이런 중립화 통일안을 받아들이지 않
는다면 원자탄의 사용 가능성을 검토하고 한반도의 동서 양 쪽 해안을 봉
쇄하고 대대적인 상륙작전을 벌여 적군을 제압하고 휴전에 응하도록 압
력을 가하라는 것이었다. 그리고 필요하다면 만주와 중국 본토의 군사,
산업시설 폭격도 주저하지 말라는 것이었다. 아이젠하워는 "장군님, 말

씀을 좀 생각해 보아야겠습니다. 압록강 건너 기지들에 대한 폭격문제는 우리 우방들이 오해하지 않도록 해야 할 것입니다."고 얼버무리고 나왔다.

사실 아이크는 선거유세 도중에 "한국전쟁은 이제 기본적으로 한국인들이 치르도록 해야 한다. 아시아 사람들에게 서구(西歐)의 백인들이 그들의 적이라고 느끼게 해서는 안 된다. 아시아의 전쟁은 아시아인들이 치루도록하고 우리는 자유를 수호하는 편을 들어주면 된다."고 주장한 바 있었다. 그는 내심 이 공약을 실현시키기 위해서는 한국군을 증강시켜야 하며 현재의 14개 사단을 해병대 1개 사단을 포함하여 20개 사단 규모로 끌어올리고 그에 따른 각종 지원을 강구해야 한다고 생각하고 있었다.

이 때 공산측은 까맣게 모르고 있었지만 미국의 과학자들은 뉴멕시코주의 사막에서 소규모의 전투에 사용할 수 있는 전술 핵무기의 개발에 성공, 군부의 강경파 수뇌들은 이들 핵 전술 무기를 한국에서 실전에 시험해 볼 것을 검토하고 있었다.[164]

마오쩌둥은 이와 같은 미국 군부 내의 움직임과는 상관없이 서방측이 마지막으로 꺼낼 수 있는 칼자루는 그들의 우세한 공군과 해군을 동원한 상륙작전 방법 밖에 없다는데 생각이 미쳤다. 그는 52년 12월 20일자의 전문을 통해 "모든 필요한 조건을 준비하여 적의 상륙작전을 단호히 분쇄하고 전쟁의 보다 큰 승리를 쟁취하라"고 강력히 지시했다. 비단 한국전선의 지원군뿐만 아니라 본토의 동북군, 동북군구, 군사위원회 각 부문에 발송된 이 전문은 "여러 가지 상황(아이젠하워의 미국 대통령 당선, 조선 휴전회담의 지연, 포로중립국 송환과 관련된 인도 제안의 유엔 총회 결의 등)을 근거로

164) J. C. Goulden, 앞의 책, p626이하

판단하면, 적이 우리 측의 후방 해안선, 특히 조선 서해안의 한천강, 청천강, 압록강 등에서 몇 개 사단 규모의 상륙가능성이 충분히 있다."고 지적했다. 그리고 구체적으로 대응방안을 제시하고 자신의 의견을 바로 스탈린에게도 알렸다.[165]

바로 같은 날, 중국 공산당 중앙위는 마오의 지시를 근거로 즉각적인 조치를 하달했다. 그들의 취약점인 해안방어와 적의 상륙작전에 대비한 철저한 준비를 다질 것을 새해(53년)의 가장 중요한 과제로 정했고 조선전장의 지원군 당위원회는 다음과 같은 지시를 예하 부대에 시달했다.

① 가능한 모든 역량을 동원, 적과 대치하고 있는 38선을 중심으로 종심(縱心)의 견고한 방어 구조물을 정비 강화할 것.

② 측 후방에 대한 위협이 가장 큰 적의 해상 공격 및 상륙, 공중투하에 대비하여 가능성이 있는 통천-원산, 진남포-한천강 지역 및 함흥(咸興) 동쪽 지역에 병력과 화력을 중점 배치할 것.

③ 신속히 철도와 도로를 정비하여 수송, 보급이 원활 하도록 하고 대량의 탄약과 물자를 비축할 것.

④ 각 부대에 대한 정치 공작을 통해 전투의욕을 높이고 사기를 진작시킬 것.

⑤ 조선 인민군과 협동 작전을 강화할 것 등이다.

그리고 중국의 동북지방과 광저우, 푸젠(福建) 등 화남연안에도 대응조치를 취했다. 즉 랴오둥 반도의 단동에서 쫭허(庄河)에 이르는 일대와 산둥반도의 중점 지역에 방어구조물을 설치하고 웨이하이(威海), 옌타이(烟台), 펑라이(逢萊)의 창산(長山) 열도 등에 부대를 주둔 경비케 하고 해군은 이들 연안 지역에 해안포 설비를 강화하며 화동(華東)연안 및 푸

165) 자료 선집 II, pp179~180, 準備一切條件堅決粉碎敵人冒險登陸: 에프게니 바자노프 등, 앞의 책, p221

젠 군구에도 장제스 군대의 대륙침공에 대비하도록 했다.

한국 전선의 덩화 사령관 대리는 자신이 직접 서해안 사령관과 정치위원을 겸하고 그 부사령관에 량싱추(梁興初), 우신첸(吳信泉)을, 그리고 조선과 연합사 체제를 유지하기 위하여 박일우 밑에 인민군의 방호산, 정철우(鄭哲宇)가 서해안 부사령관을, 김웅, 이이법(李離法)이 동해안 부사령관을 맡도록 했다. 이 때 펑더화이 사령관은 본토에 가서 중앙군사위에서 일상 업무를 지휘하고 있었다. 그리고 대륙에서 신병 50만 명을 동원, 보충하기로 했다.

덩화는 양더즈와 함께 중앙의 지시를 곧 실행에 옮기고 마오쩌둥이 관심을 가지고 있는 한국의 서·동해안에 전투경험이 많은 제 15, 18, 40군을 재배치하고 교체되어 북한에 새로 들어온 제 23, 24. 46군을 각각 종심 정면에 적과 대치토록 했다.

23일 덩화 자신이 평양으로 가서 김일성을 만나고 다음 날 김의 주재로 열린 북한 노동당 정치국 회의에 나가 이 같은 사항변화 등을 소개했다. 김일성도 중공의 이러한 일련의 계획에 찬성하고 북한전역에 수많은 노동력을 동원하여 해안 구조물을 구축했다.[166]

/ 스탈린의 사망 정전 서둘러 /

같은 해 53년 3월 5일 소련의 독재자 스탈린이 돌연 뇌일혈로 사망했다. 한국전쟁을 시초부터 종결인 정(休)전에 이르기까지 김일성을 사주하고 중공을 전장에 끌어들인 장본인이 사망한 것이다. 명목상으로는 말렌코프

---

166) 抗美援朝戰爭史③, p527이하

가 당 제1 서기였지만 실력자는 후르시초프(Nikita S. Khrushchev) 였다. 스탈린의 뒤를 이었다 하나 자연히 한국전쟁에 임하는 소련의 태도도 달라질 수밖에 없었다. 가급적이면 전쟁을 지속시켜 미국과 중국을 기진맥진하게 하려던 고인과는 생각이 같을 수 없었다.

이 때 마침 아·중동(亞中東)지역을 국무장관으로 처음 순방하던 미국의 덜레스가 인도에 들러 수상 네루(Jawaharlal Nehru)를 만나 한국전쟁이 빨리 해결되지 않으면 미국은 새로 개발한 신형 핵무기를 중국에 대해 사용할지도 모른다는 정보를 슬쩍 흘렸다. 그리고 타이완과 중국 남부 대륙을 연결하는 해협을 봉쇄하고 있는 미 함대를 풀고 타이완의 장제스 군에게 행동의 자유를 허용할 것이라고 말했다. 말하자면 중공이 북과 남에 두 개의 전선을 만들도록 유인하는 방책을 쓸 수도 있음을 암시했다.[167]

마오쩌둥으로부터 원자탄은 종이호랑이에 불과하며 중국은 이에 맞설 무진장한 인력을 가졌다는 데 놀랐던 네루는, 이제는 덜레스로부터 원자탄을 쓰겠다는 경고를 들어 또 놀랐다. 그리고 이 때 제네바에서 적십자사 연맹(League of Red Cross Societies)은 한국에서 교전 쌍방이 부상당한 전쟁포로들을 교환할 것을 제안했다.

소련과 중공은 일단 이런 제의를 거부했으나 도쿄의 클라크 유엔군 사령관은 예사롭지 않은 사태의 진전임을 직감, 이를 환영했다. 그리고 곧 정식으로 공산군 측에 제안했다.

스탈린의 사망 후 소련 정부의 한국 전쟁에 대한 태도가 달라지고 있다는 징표가 나타나기 시작했다. 말렌코프 수상은 호의적인 제스처를 보였는바 모스크바 방송은 제 2차 대전에서 미국과 영국의 역할을 처음으로

---

167) 앞의 책 같은 면 이하

인정하고 북한에 억류 중인 영국 외교관과 선교사들의 석방을 도와 줄 용의가 있음을 표시했다. 몰로토프 외상은 김일성에게 전문을 보내 억류중인 프랑스 외교관과 선교사 등 14명을 석방 해줄 것도 권유 하는 등 프랑스에 대해서도 비슷한 태도를 표명했다.

3월 19일 소련 각료회의는 한반도 문제에 대해 원칙적으로 새로운 정책을 채택하고 베이징과 평양에 통고했다. 즉 이제까지 추구해온 스탈린식 정책을 계속하는 것은 바람직하지 않다고 보고 한반도에서 가능한 한 빨리 전쟁 종결을 바라는 소련, 중국, 그리고 조선 인민들의 열망에 부응하라고 권했다. 그리고 김일성과 펑더화이는 지난 2월에 제의한 클라크 유엔군 사령관의 상병포로 교환에 긍정적으로 대응할 필요가 있다고 권고했다. 일반 포로 송환문제도 귀환을 원치 않는 포로를 중립국에 보내 재확인 절차 등을 강구하되 그 밖의 포로는 속히 송환하는 게 좋다는 입장 등 한국전쟁을 속히 종결시키기 위해 유화적 융통성 있는 조치들을 취하는 게 좋을 것이라는 것이었다. 그리고 소련 정부는 이렇게 달라진 그들의 정책을 중국과 조선 등에 특사를 파견하여 구체적으로 설명, 설득시키기로 결정했다.

10일 후인 3월 29일 김일성을 만난 소련 특사 쿠즈네초프(Kuznetsov)와 페도렌코(Fedorenko)는 전쟁에서 평화로 전략 변환을 결정한 사실을 설명했는바 "그(김일성)는 크게 동요되었으며 좋은 뉴스를 듣게 되어 기쁘다고 말했다."고 모스크바에 보고했다.

소련의 정책 변화에 대해서 중공도 대체로 환영하는 기색을 보였으나 서울의 이승만이 정전을 반대하고 있는 사실을 우려하고 있음을 표시했다. [168]

한편 스탈린의 장례식에 참석하기 위해 중국공산당과 정부의 장례 사절을 이끌고 모스크바를 방문한 저우언라이는 귀로에 때마침, 사망한 체코슬로바키아 대통령 고드왈트의 장례식도 이어 참석하고 소련 동구권의 분위기를 살펴보았다. 소련의 새 지도자들을 만나고 그 동안 정세의 흐름을 파악한 저우는 소련의 주장에 맞춰 김일성과 펑더화이에게 상병 포로 교환제의를 받아드린다는 회신을 클라크 유엔군 사령관에게 발송토록 했다. 그리고 자신이 호의적으로 고려하고 있던 중립국을 활용하는 인도의 방안을 가지고 교착 된 포로문제를 해결하기 위해 장기간 휴회 상태에 들어간 정전회담을 즉각 속개할 것을 3월 말일 유엔군 사령관에게 공식 제안했다.

모스크바 소련 주재 미국대사 볼렌은 달라지고 있는 크레믈린의 분위기를 감지하고 있었지만 정작 클라크 사령관 자신은 이처럼 달라진 중공과 북한의 태도 변화에 크게 놀랐다.

공산군과 지겨운 입씨름에 싫증이 나 사임하듯이 그 자리를 그만 둔 조이제독으로부터 업무를 인계받은 유엔군 측 수석 미 육군 해리슨(William K. Harrison) 중장은 4월부터 바빠지기 시작했다.

---

168) 에프게니 바자노프 등, 앞의 책, p227 이하; 아나톨리 토르쿠노프, 앞의 책, p375이하 참조

50...

마지막 힘겨루기와 정전(停戰)의 성립

/ 포로문제 타결과 이승만의 반발 /

스탈린의 사망과 달라진 소련 공산당 내의 분위기로 보아 마오쩌둥은 모든 포로의 송환문제를 혼자서 고집할 입장이 아니었다. 몇 가지 조건만 충족된다면 미국의 이른바 "자원송환" 방식을 받아드려야 했다. 저우언라이는 인도를 앞세운 중립국을 이용하여 이 문제를 해결하는 게 낫다는 생각을 이미 굳히고 있었다.

4월 15일 중공군 700명, 인민군 5,100명, 한국군 450명, 유엔군 150명의 상병 포로 교환이 합의되고 20일 판문점에서 쌍방은 이들을 교환했다. 그리고 4월 26일 6개월 만에 북한의 이상조와 유엔군 측의 다니엘(Jhon C. Daniel) 소장간의 연락관 접촉을 거쳐 6월 8일 양측은 송환거부 포로들을 중립국 감시단에 넘겨 90일간 설득을 벌인다는 선에서 정전회담의 걸림돌이 되었던 포로 송환문제에 매듭을 지었다.

포로 송환문제가 이렇게 된 데는 배경이 있었다. 공산 측의 남일은 송환거부 포로들을 중립국을 거쳐 길게는 1년 가까이 수용하여 설득시키자는 안을 거듭 주장했다. 이것은 반공포로들을 중립국에 넘겨 몇 개월씩 수용소에 가둬두고 설득이라는 이름 아래 갖은 회유와 협박으로 송환을 강요하고 결국 포로들이 진력이 나서 우선 풀리고 싶은 마음에서「돌아가겠다」고 자포자기할 것을 노리는 속셈임이 분명했다. 클라크 유엔군 사령관은 한국정부의 입장을 고려하여 중공군 포로들은 중립국에 넘겨 그 같은 과정을 밟을 수 있으나 인민군 포로들은 정전협정 조인과 동시에 석방되어야 한다고 거절하려 했으나 실망스럽게도 워싱턴 당국은 이를 수용하라고 양보할 것을 지시했다.

이 같은 사태진전에 이승만 대통령은 크게 실망했다. 경무대로 그를 방문한 클라크 장군과 브리그스(Ellis Briggs) 미국대사의 말을 듣고 이 대통령은 낙담한 끝에 비장한 어조로 단호히 말했다.

"당신들은 모든 군대와 경제원조를 철수해 가도 좋다. 외교적으로 당신들에게 기대한 우리가 처음부터 잘못한 것이다.… 우리 운명은 우리가 결정하겠다. 미안하지만 지금과 같은 상황 하에서는 나는 아이젠하워 대통령에게 어떤 협력도 보장할 수 없다."고 통고했다. 클라크는 뒷날 이 박사가 절망적이 되어서 어디까지 갈지 알 수 없었다고 이때를 회고했다. 결국 유엔군과 공산군 양측은 송환거부 포로들을 중립국 감시단에 넘겨 90일간의 설득을 벌인다는 선에서 정전회담의 걸림돌이 되어 온 포로 송환문제에 매듭을 지었다. 미군 포로 21명을 공산권에 남겨둔 채 6월 18일 정(休)전 회담을 종결시킨다는데 합의하기에 이르렀다.

그동안 정전협상이 정돈된 채 전투가 가열되어 10만 명에 달하는 한국군과 유엔군의 사상자를 냈고 공산군 측에는 이보다 훨씬 더 많은 희생자를 냈음에도 불구하고 끝내 공산군이 주장한 그들에게 유리한 방향으로 포로문제가 처리되려고 할 때 드디어 이승만 박사는 일을 저지르고 말았다. 정전회담에 참여했던 한국군 대표 최덕신(崔德新)[169] 소장을 철수시켰다. 그리고 6월 18일 새벽 이승만 대통령은 한국군이 경비하고 있던 포로 수용소의 문을 열어 송환을 원치 않는 2만 7천 명에 달하는 반공포로를 일방적으로 석방시켜 버렸다. 여기에 중공군 포로는 거의 포함되지 않았다.(약 50명 정도가 석방 됨) 중공 측을 자극하지 않으려는 이승만의 고도의 계산된 전략이었다.

이러한 돌발사건이 일어나기 전에 베이징의 저우언라이는 회담타결에 만족하여 개성의 공산군 대표단 숙소로 직통전화를 걸어 리커농 등 회담 관련 인원 240명의 노고를 치하까지 했는데 이승만의 돌출행동은 청천벽력같은 소식이었다. 중공은 이미 중립국 감시단으로 선정된 5개국의 베이징 주재 대사들을 불러 협조를 당부했고 그 곳에 머물고 있던 펑더화이 사령관 등을 협정 서명 등 마무리 작업을 위해 개성으로 보낼 계획이었다.

펑과 김일성은 이런 사태에 대해 한국 정부가 미국과 짜고 치는 술수와 위반이라는 식의 강력한 항의 성명을 발표했다. 그리고 두 사람 공동명의로 클라크 유엔군 사령관에게 책임을 묻는 서한을 발송했다.

이들은 서한에서 ① 도대체 연합국(유엔) 사령부는 남조선 정부군을 통제할 수 있는가 ② 만일 할 수 없다면 정전협정은 이승만 정부를 포함시키는 것인지, 제외시키는 것인지, ③ 만일 이승만 집단을 제외한다면 남조선에서 정전협정 실시를 무엇으로 보장하겠는가를 물었다.

그러나 중공 측의 항의는 비교적 온건한 수준에 그치는 것 같았고 펑더

---

169) 최덕신은 그 후 박정희 정부의 외무부 장관과 독일대사 등을 지내며 잘 나가다가 동백림 사건 전후 북한 측과 접선했고 그의 부친과 김일성의 인연을 계기로 1986년 북한으로 넘어갔다. 한국에서 천도교 교령으로 있으면서 공금유용의 혐의도 받고 있었다.

화이는 계획대로 19일 열차편으로 평양으로 왔다. 김일성으로서도 정전이 급한 형편 때문이었는지 별 수가 없었다.

지원군 사령부에 도착한 펑더화이는 덩화 사령관 대행으로부터 정세 보고를 받고 그들의 표현대로 "이승만을 응징하기 위해" 다시 최후의 공세를 벌여 주로 한국군에 큰 타격을 가하기로 마음먹고 바로 마오쩌둥에게 급전을 보내 대공세 계획을 보고했다. 마오는 21일 그 날 밤중으로 기다렸다는 듯이 승낙한다는 전문을 보냈다.

"정전협상의 서명을 반드시 지연시켜야 할지는 상황이 어떻게 발전되는가에 따라 결정해야 한다. 다시 괴뢰군(한국군) 만여 명을 섬멸시키는 것이 꼭 필요하다."고 지시했다. 공세를 강화하여 적군(유엔군) 내부의 모순을 심화시키고 다시 이승만 집단에게 타격을 주어야 한다는 펑의 건의를 즉각 받아들인 것이다.[170]

난감해지기는 미군 측도 마찬가지였다. 특히 영국의 처칠 수상과 이든 외상은 노발대발, 미국 정부에 대해 한국의 이승만 대통령을 제거하라고까지 요구했고 미국의회도 소란을 피웠다. 미 합참은 클라크 장군에게 이승만 제거 작전(Operation Everready)을 검토하라고 했고 클라크는 마음에 내키지 않았으나 8군 사령관 테일러에게 구체적 작전계획을 세우도록 했다. 그러나 한편으로는 휴전을 전제로 군사분계선 이북 압록강 하구에서 황해도 해안에 이르는 유엔군 점령하의 여러 도서들에서 군부대의 철수와 약 10만 명에 달하는 섬 주민들을 남으로 소개시키는 작전에 착수했다.

---

170) 자료선집 II의 p183; Joseph C. Goulden, 앞의 책, p634이하, 특히 이승만 대통령 제거작전 개요 등; 朴實, 「벼랑 끝 외교의 승리」(서울, 청미디어, 2010), p310이하 참조

당황한 아이젠하워 행정부는 한국의 이승만 대통령에 대해 극단적인 제거 작전의 채찍(Stick)을 휘두를 수 없다는 것을 인정하고 이 박사를 달래기 위한 당근(Carrot) 주기를 급히 서두르지 않을 수 없었다. 그것은 한국군의 증강과 전후복구를 위한 상당량의 경제원조, 그리고 미국이 주저하던 「상호방위조약」을 체결하는 방법까지 강구하지 않으면 안 되게 되었다. 아이젠하워 대통령은 덜레스 국무장관이 직접 서울을 방문하겠다는 것을 만류하고 다른 고위급 외교 사절을 파견하여 이러한 약속들로 달랬다. 이승만 대통령 특유의 건곤일척(乾坤一擲), 벼랑 끝 외교(Brinkmanship)가 차츰 빛을 보기에 이르렀다.[171]

/ 중공군 최후의 금성(金城) 공세작전 /

마오쩌둥과 펑더화이는 휴전회담 기간을 활용하여 군대를 보충하고 탄약과 식량을 비축하며 장비를 개선하는 등 최대한의 군비를 증강했다. 특히 공군의 폭격에 대비한 방공화력을 크게 개선시켜 아무 때나 자신들이 원하는 곳에서 유엔군의 방위선을 돌파하기에 충분한 전투력을 갖추고 있었다. 마오는 심지어 서울을 새로 탈취할 수 있는 능력을 갖추었다고 확신하기에 이르렀다. 펑더화이는 수 십 년 후에 "당시 우리의 전장조직은 막 만들어진 것이어서 그것을 충분히 이용하여 보다 더 큰 타격을 주지 못했는데 그게 조금 애석한 일이다"고 탄식할 정도로 개입초기와는 달리 이때는 막강한 화력과 견고한 진지를 갖추고 있었다. 중공 측 대표단은 많

---

171) Joseph C. Goulden 및 朴實 등 앞의 책 참조

휴전협정에 서명하는 김일성

은 숫자의 중국군 포로(1만 4천여 명)를 타이완의 장제스 쪽에 넘겨주고 고작 7,000여 명의 포로만 돌려받게 될 것에 불만이 컸고 이것이 모두 소련의 새 정부가 취한 유화주의 탓이라고 분개하고 있는 형편이었다.[172]

공산군은 5월 27일부터 선제공격을 시작했다. 본래 서부전선에 중점을 두고 미군에 대해 공격하고 있었는데 그 계획을 변경하여 한국군을 공격하기로 했다. 적당히 미군을 치지만 영국군대는 손대지 않기로 했다.

공산군은 이 작전을 위해 모래로 만든 한국군의 진지 모형을 놓고 공고한 진지를 공격하는 연구를 거듭했으며 근 3천 명의 돌격부대를 야간을 이용, 침투시켜 매복하고 마치 하늘에서 귀신이 내려오는 것처럼 손쓸 새도 없이 공격을 감행했다고 자랑했다. 그들이 즐겨 쓰던 야간 포복침투,

---

172) 柴成文 등 앞의 책, p2800이하

포대부근 매복포위, 그리고 기습작전 등 상투적인 방법을 쓴 것이라 한다. 그리고 인명사상을 두려워하지 않는 중공군은 자신들이 포격공격을 개시함과 동시에 병사들을 목표지점까지 포복 접근시켜 갑자기 뛰쳐나와 함성을 지르며 수류탄을 투척하는, 즉 산병반군 수법을 활용한 것이다. 이 때 자기들의 포탄에 병사들이 맞아죽는 위험을 감수하는 인해전술을 상투적으로 사용한 것이다.

7월 13일 최후의 공세가 시작되었다. 중공군은 금성 서부의 제 203사단을 필두로 이전에 없던 82㎜ 박격포 등 대포 1,094문, 탱크 20대를 선두로 24만여 명을 동원한 작전을 개시했다.

그들이 말하는 대로 한국의 이승만 대통령의 반공포로석방 등 휴전 방해에 대한 응징으로 시작한 중부전선 금성전투는 27일까지 2주간에 걸친 대공세였다. 마지막 공격으로 휴전을 앞두고 그들의 점령지역을 최대한으로 넓히고 최종적인 승리를 쟁취했다는 정치적 효과를 노린 공세였다.

이 지역은 지형이 험준하여 기갑 및 화력 지원이 취약하고 북쪽의 한국군의 고지는 돌출지역 이어서 동서양면 공격에 비교적 용이한 이점을 활용하려는 것이었다.

제20병단(사령관 楊勇) 휘하의 제 67, 68, 54군 및 보강된 21군으로 편성된 중공군은 3개 작전 그룹으로 나뉘어 금성 서쪽 아심리(牙沈里)에서 북한강 사이의 폭 22km 지역으로 진격하고 금성이남에서 방어하고 있던 한국군 제2군단 휘하 수도사단(중공군은 맹호부대를 白虎團이라 불렀다)을 주 타깃으로 제 6, 8, 3사단의 8개 연대와 1개 대대를 향해 맹공을 펼쳤다. 3면에서 공격하여 한국군 사단 본부가 침투당하고 파괴되었으며 수도 사단 부사단장을 포로로 하고 연대장을 사살하는 등 막심한 피해를 입혔다.

유엔군 측은 테일러 8군 사령관이 교암산(較岩山), 백암산(白岩山) 그리고 적근산 등 현장으로 달려와 국군의 방어선을 금성천 남단으로 조정, 국군을 철수시켰다. 구원병으로 달려온 미 제9군단 3사단의 협조를 받아 한 국군은 적근산과 백암산을 연결하는 새로운 방어선을 구축하고 반격으로 나섰으나 아군의 인명피해를 고려한 유엔군 사령관의 제지로 더 이상 실지를 회복하지 못하고 반 정도의 지역을 잃었다. 공산 측의 주장대로 결국 종심 10km에 이르는 약 170km²의 진지를 포기해야 했다. 이때도 고정된 고지쟁탈 탓으로 많은 민간인 노동자들이 등짐을 지고 탄약 등 장비를 운반해야 했으며 피해도 적지 않았다.[173]

/ 휴(정)전의 성립과 뒤처리 /

휴전협정이 조인되는 7월 27일 새벽까지 장마철의 장대비가 쏟아졌다. 그러나 정작 조인식이 있은 상오 10시에는 비가 멎었다. 밤새 공산 측이 동원한 목수 등 일손들이 서둘러 정리한 판문점 조인식장에서 먼저 휴전회담의 양측 수석대표인 인민군 남일 대장과 유엔군 측 미 육군중장 해리슨이 서명을 마쳤다. 이들은 서로 눈길도 보내지 않았다. 그리고 펑더화이 중공지원군 사령관과 김일성 그리고 클라크 유엔군 사령관이 이를 확인하는 서명을 마치고 1950년 6월 25일부터 3년 1개월 2일, 즉 37개월 동안의 피비린내 난 참혹한 전투의 총성이 멎었다. 김일성은 보안상의 이유로 이 자리에 모습을 보이지 않았다. 이로써 한반도를 가로지르는 군사분

173) 抗美援朝戰爭史③, p650; 자료선집 II, p365이하; 李靜, 「朝鮮戰爭的最後一仗」 재인용; 李慶山, 앞의 책, p448이하

계선은 전황에 따라 세 번이나 고쳐져서 당초 합의한 선에서 140km나 남하하여 동서 간 150여 마일(245km)에 걸친 국경 아닌 남북한의 경계선으로 남게 되었다.

공산측은 이날을 정치적 이유인지 전승기념일로 축하했지만 미국과 한국 측은 승리하지 못한 굴욕적인 휴전을 받아드렸다는 점에서 가라앉은 기분이었다. 김일성은 위대한 승리를 했다고 다음날 평양에서 대중연설을 했다. 중공의 당 기관지 인민일보는 "마오쩌둥의 기본 군사사상을 작전지침으로 삼아 - 전쟁초기에는 상황에 근거하여 기동전을 중심으로 하고 부분적인 진지전과 유격전을 결합시켰으며 - 군사투쟁을 정치투쟁으로 긴밀히 연결시켰다."고 경과를 설명하고 진지전에서 적의 유생역량(유효한 병력)을 소모시켰으며 5차 공세 이후에는 적극적으로 방어전을 통해 당 위원회의 지도와 정치활동의 원칙, 지도자와 대중의 강철 같은 단결로 천만가지 어려움을 극복하고 강적을 싸워 이겼다고 했다. 그리고 "이것은 바로 마오쩌둥 사상의 승리다."고 찬양했다.(1958년 10월 25일자 특집) 이 신문은 이어 "6억 인민이 당의 둘레에 단결하여 지원군이 필요로 하는 모든 무기, 탄약, 물자, 장비를 지원했다."고 했다. 전투상황을 지켜보았던 녜룽전 참모총장은 "우리는 소련으로부터 50억 루불(미화로 약 13억 4천만 달러)을 빌려 조선전쟁에 썼으며 100개 사단의 장비를 소련으로부터 사들였고 몇 개 사단 분은 조선인민군에게 주었다."고 회고했다. 그는 이렇게 함으로써 구식 일본장비나 (장제스의) 미군 장비를 주워 무장했던 지원군을 현대적인 소련군 장비로 전부 대체했으며 군수공업도 건설했다고 말했다.

중공지도부는 비록 상당한 대가를 치렀지만 북한을 지원하고 중국의 국가 보위를 이뤘으며 현대 전쟁의 고귀한 경험을 얻어 중국 인민해방군의

건설을 촉진, 신 중국의 지위와 명성을 드높였다고 자랑도 했다.[174]

그리고 보병 단일병과에 의존하던 중공군을 소련의 지도와 원조로 여러 병과를 갖추는 현대적 군대로 변모시켰다. 그러나 미국과의 적대관계 심화로 향후 거의 한 세대에 걸쳐 경제적 군사적으로 봉쇄됨으로써 세계적 흐름에 반하는 고립을 강요받아 발전이 늦어지고 인민이 고통을 받는 고난을 감수해야 했다.

전쟁을 진행하는 과정에서 중공군의 목표도 상황에 따라 달라졌다.

첫 단계로 초반전에는 유엔군의 기세를 꺾고 주로 한국군을 상대로 소규모 방어전을 펴서 북한 점령을 막고 풍전등화의 위기에 처한 북한 공산 정권을 구한 것이었다. 이를 위해 약 6개월을 두고 평안도 일대의 덕천－영원 간 도로 이남에 진지를 구축하고 지탱하는데 목표를 두었다.

둘째 단계로 의외로 쉽게 유엔군이 퇴각하고 소련제 무기가 도착하였고 미군 등 유엔군의 작전능력을 파악하게 되자 서울을 탈취하고 유엔군을 38선 이남으로 몰아낼 뿐만 아니라 욕심을 내 한반도의 적화통일을 달성하자는 것으로 목표가 바뀌었다.

셋째 단계로 전투가 진전됨에 따라 한계를 느끼고 미군이 한반도를 포기하지 않을 것이 분명해 지자 51년 7월부터는 자신들의 무장역량으로는 적을 한반도에서 완전히 몰아낼 수는 없다는 것을 인지했다. 따라서 전쟁이 장기화되면 피아간에 소모전 양상이 펼쳐져서 중국이 재정적으로 감당하기 어렵게 되고 국방과 경제 건설이 지연되게 됨을 절감하고 방어전을 펴며 정전을 쟁취하는 것으로 현실적용 하기에 이른 것이다.[175]

어쨌든 마오쩌둥과 중국공산당은 위험을 무릅쓰고 세계 최강의 미국 군

---

174) 자료선집 II, pp212~213
175) 자료선집 II, p318이하, 沙江의 「毛澤東的 抗美援朝戰爭的軍事目標發展過程」에서 재인용

대와 싸움으로써 건국초기의 민심을 한 곳으로 모으고 마오쩌둥과 신 중국의 역량을 세계에 과시하는 성과를 거뒀다. 공산종주국인 소련의 스탈린과도 관계를 개선하고 신임을 얻을 수 있는 성과를 이루게 된 셈이다. 그것은 중국 전래의 원교근공(遠交近攻)의 외교 책략과 중국을 포위하려는 자본주의 국가들의 전략을 부수고 안보를 다지는 계기가 되었다. 이로써 당시 첨예화 되었던 냉전체제 아래서 그들의 표현대로 공산당의 사회주의 체제의 우월성을 세계에 과시하고 중국인들이 말하는 서양귀신들과 대적할 수 있다는 자신감을 얻게 되었다.

미국의 정치학자 겸 외교전문가인 키신저도 한국전쟁에서 최대로 많은 것을 얻은 나라는 중화인민공화국이었으며, 새로이 건국된 공산중국을 군사대국인 동시에 아시아 공산혁명의 중심으로 확립해 주었다는 것이다.[176]

왕후이 등 중국의 학자들은 이렇게 말하고 있다. 마오쩌둥이 말한 변증법적 발전이 한국의 휴전을 불가피하게 했다. 마오는 조선전쟁의 배경을 말하면서 평화와 전쟁의 변증법을 거듭 천명했다. 그것은 마오쩌둥이 '지구전을 논한다'에서 일관되게 펼친 중심사상이다. 핵 위협의 조건에서 다시 전쟁과 평화의 변증법적 전개과정을 설명하면서 인민전쟁의 원칙과 전쟁의 정치성, 그리고 평화가 단순한 핵 위험에 의지하여 달성되는 것이 아님을 거듭 밝힌 것이다.

기술은 전쟁에서 거대한 역할을 한다. 그러나 첨단무기를 가지는 시대에 처해도 사람은 여전히 결정적 요소이다. 전쟁 중의 의지, 목표, 지휘관의 전략전술과 임기응변 능력, 사병의 사기, 이념과 전술 수준 등이 모두 중요하다. 전쟁에서 사람의 요소는 바로 전쟁의 정치성을 뜻한다. 중

---

176) H. Kissinger, 앞의 책 p187

국은 조선전쟁에서 사람의 역할, 독특한 정치형식, 반제국주의 인민전쟁의 논리를 끌어냈다. 인민전쟁의 논리가 그대로 적용되는 것이다. 세계인민의 단결, 동방 그룹의 출현, 민족해방운동 등이 모두 인민전쟁이나 정치전쟁의 한 사건들이다. 게릴라전의 중심 사상인 인간의 정신적 요소, 즉 인간 우위의 사상, 중국군의 수적 우세, 아무리 핵무기가 파괴력이 있어도 중국인민을 다 죽일 수는 없을 것이다. 그리고 항일전쟁과 지휘관들의 통솔력에 대한 신뢰, 이러한 인간의 능력으로 다듬어진 전략과 전술에 대한 확신 등이 거대한 서방의 물질공세를 제압하여 (조선) 전쟁에서 승리할 수 있었다는 것이다.

/ 전쟁으로 같은 민족끼리 대결만 심화 /

이 전쟁을 통해 중공군의 손실도 매우 컸다. 전과를 과장하고 손실을 과소포장하게 마련이지만 2010년 인민일보는 중국 국방대학교수 쉬옌(徐焰)의 연구를 인용, 한국전쟁 3년간 연 인원 297만 명이 참전한 가운데 전사 11만 명, 병원에서 사망 21,670명, 전쟁후유증으로 사망한 인원 13,214명, 실종 25,621명, 그리고 동원된 민간인(民工)까지 합해 총 18만 여명이 사망했다고 주장했다. 당초 중국당국이 1980년대 발표한 36만 명보다 작은 숫자였다.[177] 그러나 일본을 방문했던 덩샤오핑은 일본 공산당 간부들에게 40만 명 정도가 죽었을 것으로 보며 전비도 미화 40억 달러가 넘었다고 실토한 바 있었다.

한국전쟁 전문 좌파성향의 학자들인 일본의 와다 하루키나 미국의 커

---

177) 한국일보, 2010년 6월 28일 자 보도

밍스 교수는 중공지원군의 피해를 100만 가까운 것으로 추정한 바 있다. 비교적 진보적 의견을 개진한 중국의 션즈화 교수는 다음과 같이 말하고 있다.

"지원군은 전쟁에서 11,4만 명이 전사하고 25,2만 명이 부상을 입고 2,56만 명이 실종되고(포로병 2.1만 명 포함), 질병으로 죽은 사람이 3,46만 명이다. 합계 42,62만 명의 병력을 손해 보았는데 그 중에 연대 이상의 지휘관 만해도 200여 명이 희생되었다. 보수적인 수치로 계산을 해보아도 중국군의 손실은 미국을 훨씬 능가한다. 그 비율은 미군 대비 전사자 3.39:1, 부상자 2.47:1, 실종이나 포로가 된 병사 1.68:1로 병력 총 손실 비율은 2.62:1 이다. 여기에서 주의를 기울여야 할 것은 중국 측의 병력손실은 대부분 중국이 연합국의 휴전안을 거절한 후 미국이 총공세를 가한 이후 발생했다는 것이다. 먼저 세 차례의 공세를 분석해 보면 중·조 군대와 한·미 군대가 전장에서 잃은 병력비율은 0.7:1 이였다. 이때 중국군 사상자는 약 5.65만 명으로 동상을 얻은 병력 5만 명을 더해도 전체 전쟁 사망 인수의 1/4밖에 되지 않았다. 이것은 중국이 전략을 빨리 바꾸지 못함으로 인해 전쟁이 길어졌고 중국은 그 대가로 앞 전쟁보다 세배나 많은 병력을 잃었다. 두 번째 대가를 치르면서 달성한 목표는 2년 반 전하고 비길 때 군사적인 각도에서는 거의 같았지만 정치와 외교의 각도에서 볼 때는 천양지차이었다.

전략의 실패가 가져온 결과는 병력의 손실에서만 구현되는 것이 아니고 전쟁의 연장으로 중국의 경제건설에 미친 영향 또한 엄중했다. 전쟁이 일어나기 전에 중국은 1950년에 예산총지출의 43%를 차지하는 군비를 1951년에는 30%로 감소하고 70%갖고 경제구축을 하려고 했다. 하지만 전쟁이 폭발하고 더욱이 전쟁이 지구전으로 접어들면서 중국은 부득이

1951년의 국가예산에서 군비의 비율을 45.63%로 올렸다. 중국이 소련이 제공한 3억 달러의 저 이자 대출금을 전부 무기장비를 구입하는데 쓰기로 결정한 것(원래 계획은 4000만 달러)이 형세가 긴박해서 1951년부터 대규모로 군비지출을 늘인 것은 전적으로 전쟁 장기화의 결과이다. 당 해의 총 예산은 전쟁으로 인해 60% 증가되었고 그 중에서 조선 전쟁에 쓰인 것이 32%이다. 2년 후 경제구축에 쓰여야 할 대출금은 여전히 긴장했다. 1952년 9월 저우언라이가 소련을 방문했을 때 금후 5년 중에 재차 40억 루블을 대출해줄 것을 요청했으며 그중에 대부분은 역시 군사와 국방에 쓰였으며 공업설비를 구매하는 데에는 8억 루블밖에 쓰지 않았다. 중국이 조선전쟁기간에 소모한 여러 가지 물자는 560여만 톤(t)이고 전쟁비용 지출이 62억 위안이다. 이것이 중국의 경제발전에 준 부정적인 영향은 충분히 짐작할 수 있다."[178]

한편 저우언라이의 비서인 동(童)샤오펑(童小鵬)은 한국전쟁을 통해 지원군과 인민군이 미군 38만 7천여 명을 포함시켜 적(유엔군과 한국군) 109만 3천여 명을 섬멸하고 적 공군기 12,224대를 격추 또는 파손, 노획하였으며 257척의 함정을 침몰시키거나 파손 시켰으며 파괴시킨 또는 노획한 탱크가 3,054량이라고 주장했다. 그리고 미국은 830억 달러의 전비를 지출했다고 추정했다.[179]

한편 한국 측 자료로는 2013년 6월에 나온 국립현충원 발표를 여기에 소개하고자 한다.

중공군 전사 148,600명, 실종 또는 포로 25,600명, 부상 798,400명 등 도합 972,600명의 인명피해를 보았고 인민군은 전사 508,797명, 실종

---

178) 和田春樹, 앞의 책, p348; 沈智華, 앞의 책 pp358~359
179) 자료선집 II, p282

또는 포로 98,599명, 부상자 숫자는 미지수로 도합 607,396명의 인명피해가 있었다.

한국 쪽에서는 국군 전사 137,899명, 실종 19,392명, 포로 8,699명, 부상 450,742명 등 도합 616,702명의 인명 피해가 있었고 유엔군 쪽을 보면 미군은 55,000여명을 포함하여 전사 57,933명, 포로 5,773명, 실종 1,047명, 부상 481,155명으로 도합 545,908명의 인명피해를 보았다. 여기에다 공비토벌 등에 참가한 한국경찰은 전사 8,281명, 포로 403명, 실종 1,934명, 부상 6,760명 등 도합 17,378명의 피해를 보았다. 특히 젊은 학도병들은 자원입대한 재일교포 학생 642명 중 145명을 포함하여 약 7천명이 희생되었다. 비전투원인 한국 민간인 피해는 373,599명이 공산 측에 의해 학살된 숫자를 포함하여 37만 4천여 명이 피해를 보았고 행방불명된 사람이 3천여 명, 공산 측에 의해 납치(북)된 사람이 84,532명으로 기타를 합쳐 100만 명이 넘는 피해를 보았다. 그리고 30만명 가까운 여인네들이 남편을 잃었으며 10만 명의 고아가 생겨났다. 남북 합쳐서 300만 명이 피해를 보았다. 특히 와다 하루키 교수에 의하면 북한 인구의 25,4%인 272만여 명이 사망 또는 난민으로 목숨을 잃었다.

/ 중공군의 철수와 보은 표시 /

전쟁이 끝나고 1957년 말부터 북한과 중국 사이에 지원군의 철수 문제가 논의되기 시작했다. 북한 내부에서는 전쟁 후유증으로 책임 문제가 대두되고 55년 김일성 일파의 박헌영 처형을 비롯하여 무정, 박일우 등 연안파의 숙청이 불거졌다. 전쟁 중 이들 조선의용군 출신 장병들은 김일성에 대한 불만이 쌓여갔고 김일성 역시 펑더화이와 어울리는 박일우 등이 눈에 가시였다. 중공군의 대국주의적인 자세로 갈등과 충돌 등 불화도 생겨났다.

차오관화 등 정전협상 지원팀은 중립국 감시단과의 접촉 등 정전 뒤처리를 위해 남기로 했다. 그리고 김일성은 지원군의 철수 문제를 부분적으로 거론하기 시작하여 56년 말 중국 공군과 해군이 먼저 철수하였다. 전 후 북한의 집권세력 내부에 종파(宗派) 사건으로 중·소 두 대국의 간섭 기운이 돌자 김일성은 이 철군 문제를 심각히 서둘러야했다. 1957년 초 저우언라이와 후르시초프 간에 철군 문제가 논의되기 시작했으며 김일성은 일 년 뒤인 58년 2월 북한을 방문한 저우언라이와 그 해 말까지 중공지원군을 모두 철수시키기로 합의했다. 저우가 돌아간 뒤 김일성은 전쟁을 치르고 살아남은 연안파 지도층을 개인주의, 가족주의, 지방주의, 수정주의 등 용납할 수 없는 과오에 가득 찬 종파분자들이라고 매도하며 직계가 아닌 외부세력들에 대한 대대적인 숙청을 시작했다.

이런 북한의 종파 사건을 지켜 본 마오쩌둥은 베이징을 방문한 최용건에게 불쾌한 반응을 보였다 한다. 당시 중공군의 병력은 100만 명이 넘는 수준이었고, 57년 3월과 4월에 6개 사단 8만여 명을 1진으로 서 너 차례 대부분이 철수했다. 마지막으로 펑더화이를 대신하여 지원군 사령관을 맡았던 양용 부대가 항미 참전일인 58년 10월 25일 평양을 떠남으로써 만 8년간의 조선 주둔을 마쳤다. 베이징의 인민일보는 이 날짜 보도에서 "중국과 조선 양국 인민과 군대가 피로 맺은 전투의의를 공고하게하고 발전시켰다."고 말하고 "지원군의 광대한 지휘관과 병사들은.. 교만하지 않고 게으르지도 않으며, 좋게 시작하고 좋게 끝나며 군대는 철수하지만 우의(友誼)는 길이 남는다."고 했다. 중국은 지원군의 파병뿐만이 아니라 여러모로 북한을 도왔다. 전쟁 중에 극도로 물질적 결핍상태에 빠진 북한에 식량과 의복 등을 지원하고, 무기 등 전쟁물자 지원에 소요된 차관의 상환을 면제해 주었다. 그리고 정전 후 1954년~57년 간 전화로 파괴된 교량, 저수지, 제방, 철도와 도로 등을 복구해 주었다. 미화 3억 2천만 달러에 달하는 비용을 지원했다.[180]

북한정권은 중공지원군에 보은(報恩)의 정을 여러모로 표시했다. 인민들에게 집단적으로 감사의 편지를 쓰게 하고 여기에 대대적으로 감사서명을 펼쳐 640만 여명의 서명록을 베이징으로 보냈다.

그리고 북한 최고 영예인 공화국영웅 칭호를 비롯하여 모범공신선정, 훈장 수여 등 펑더화이를 위시하여 50여만 명의 지원군 장병들을 표창했다. 참전군인 21명에 1명꼴로 상을 받았다. 평양시내 보통강 기슭에 총 건평 1,730여평(52,000㎡)의 조국해방승리 기념관을 건립하고 대리석 상자에 중공군 연대장급 이상의 군관과 영웅 전사의 이름을 기재한 명단을 비치해 두었다. 그리고 중공지원군 열사 기념탑을 세우고 사리원 대로를 중국지원군 대로라고 이름 붙였다. 청천강 남안 안주에 1,178구, 개성 송악산에 12,000구의 지원군 전사자 묘지를 조성했다.

가장 최근의 대표적인 것이 중공군 참전 일을 상징하여 화강암과 대리석 1,025개를 쌓아 만든 「우의탑(友誼塔)」이다. 2013년 7월 27일 정전 60돌을 맞아 미처 찾지 못했던 인민군과 중공군의 유해 600여구를 수습, 묘지를 조성하고 김정은(金正恩)이 개장식에 참석했다.

김일성은 전쟁 중이던 1950년 12월 베이징을 비밀리에 찾아가 마오쩌둥에게 "조선 인민은 대대(代代)로 중국 인민의 깊은 후의(深情的 厚誼)를 잊지 않을 것"이라고 말한바 있으며, 정전 후에도 매년 공식 또는 비공

---

180) 고미 요우지(五美洋治) 저, 박종철, 정은이 옮김 「中國은 北韓을 멈출 수 있는가」, (서울, 2011)

식적으로 중국을 찾아가 보은(報恩)을 표시했다. 그는 영빈관인 「댜오위타이(釣魚台)」 18호를 지정하여 늘상 사용했으며 저우언라이 수상(총리)과 한반도 문제 등 국제정세를 논의했다. 저우는 김에게 퍽 친절히 대했고 71년 키신저와 비밀 회담을 한 뒤 극비리에 자신이 당일치기로 평양을 방문, 중국과 미국의 수교가 불가피함을 설득하고 김의 양해를 구했다.

김일성은 75년 저우가 병상에서 신음하고 있다는 소식을 듣고 직접 베이징을 찾아가 문병했으며, 이 자리에서 저우는 자신이 죽거든 모든 것을 덩샤오핑과 상의하라고 일렀다 한다. 다음 해(76년) 저우가 사망하자 김일성은 너무나 많이 울어서 자신의 안질수술 일정을 연기까지 했다는 것이다. 김은 저우가 죽자 58년 한겨울 눈보라 속에 저우언라이가 함흥화학비료공장을 방문한 것을 기억하여 그 자리에 외국인으로서는 처음으로 저우의 동상을 세우고 저우의 부인 덩잉차오(鄧穎超)를 초청, 제막식을 갖는 등 보은의 표시를 거듭했다.[181]

/ 승자와 패자, 그리고 전쟁의 상흔 /

한국전쟁을 통해 마오쩌둥은 신 중국의 위대한 지도자로 중국내외에 부각된 데 비해 소련의 스탈린은 중국과 미국을 싸우게 함으로써 견제의 대상인 가상 적국들의 힘을 소진시키고 이들 두 큰 나라들이 가까워지는 것을 막았다. 그러나 이 전쟁을 통해 소련 자신의 힘의 한계를 노출시켜 동유럽 등 공산위성국가들에게까지 자신들의 위상을 추락시켰다. 그리고 중국을 공산진영에 까지 강대국 자리로 격상시키고, 중·소 이념

---

181) 서울과 평양 주재 대사를 겸해 지낸 장팅옌(張庭延) 부부의 회고록, 「永遠的 記憶」(山東大出版社, 2007), pp17~22 참조. 보은 표시 등은 두바이위(杜白羽), 「朝鮮印象」(北京人民出版社, 2013), p210이하 참조

대결과 사회주의권의 분열을 초래하는 계기를 만들었다. 6·25전쟁의 정전을 끝내 보지 못하고 사망한 스탈린은 소탐대실(小貪大失)한 것이다.

북한의 김일성은 스스로 승전자가 되었다. 그는 역설적으로 패전의 책임을 정적인 박헌영에게 뒤집어 씌워 그를 미국의 첩자로 몰아 사형시켰다. 그리고 남로당 계열을 숙청하기 시작했다. 중공군이 북한에서 완전히 철수하자 박일우를 비롯하여 김무정 등 팔로군 출신의 옌안계 군 장성들도 모조리 숙청되거나 퇴출되었고 김일성은 스스로 "영광스러운 조국해방 전쟁"의 승리자가 되었으며 자신의 영구 세습 독재체제를 굳혔다.

그러나 그는 결국 한국민족의 통일은커녕 동족상잔으로 남·북한 그리고 자유진영과 공산세력 간에 씻을 수 없는 원한과 적대감으로 분열의 씨앗만 뿌려 놓았다. 그리고 종국적인 한반도의 평화협정을 통한 해결을 보지 못한 채 죽고 말았다.

한국전쟁을 일관하여 야전 사령관으로 이름을 떨친 펑더화이는 전쟁이 끝난 뒤 중국 국방부장관으로 승진했으나 그의 우직하고 솔직한 품성으로 비참한 최후를 맞이했다. 펑은 마오와 같은 후난(湖南)성 출신으로 전쟁을 치루고 난 뒤에 고향을 찾아보고 농민들이 당하는 비참한 생활환경에 분개, 마오에게 솔직한 사신(私信)을 보낸 것이 마오의 미움을 사서 그의 적수였던 린뱌오와 거의 같은 처지로 거세되었다. 그리고 문화혁명기간에 돌을 맞아 죽는 비운을 당했다.

이 전쟁의 영향은 간도를 비롯한 만주지역의 조선족에게도 심대한 피해를 주었다. 북한에 들어가 동족상쟁의 전쟁을 치른 조선독립의용군 출신의 팔로군 노병들은 대부분이 죽거나 다쳐서 불구자가 되었다. 이들의 비참한 심정은 말할 것 없고 결과적으로 중국 공산혁명에 피 흘린 조선족의 자존심과 영예도 큰 손상을 입었다. 북한 공산당이 중공의 원조를 받앉음으로 인해 소수민족으로서 기가 죽고 세력도 그만큼 약화되었다.

남한의 이승만 대통령은 북진통일의 숙원은 이루지 못했으나 한국군을 60만 대군으로 증강, 현대화시켰고 공산침략에 대한 안전판으로 한미상호방위조약을 체결하는데 만족해야 했다.

/ 한(韓)·중(中) 적대관계의 청산 /

한반도에서 전쟁상태를 영구히 끝내는 평화협정의 체결을 뒤로 미룬 채 한국과 중국은 6·25전쟁 반세기만에 적대관계를 종식시켰다. 미국과 중국 그리고 일본과 중국이 국교를 수립하고 냉전체제가 허물어지면서 한·중 두 나라도 이러한 국제정세의 변화를 외면할 수 없었고, 급기야는 정상적인 국가 관계를 수립할 수밖에 없었다.

여기에는 한국 측에서 노태우(盧泰愚) 정권의 북방외교 추진과 실용적인 중국 지도자 덩샤오핑의 한국 접근 정책이 맞아떨어져 성사될 수 있었다. 이 과정에서 가장 어려운 문제는 6·25전쟁의 후유증을 어떻게 처리하는 가였다.

큰 피해를 당했다고 생각하는 한국 측으로서는 중공군의 참전으로 인한 일련의 문제들에 대해 어떤 사과와 해명이 명목상 필요했던 것이다. 양국 수교의 협상과정에서 한국 측은 최소한 "과거의 비정상적인 관계로 일시적으로 불행했던 일들을 극복하고, 양국 관계가 정상화된다는 정도의 언급을 양국 수교의 공동발표문에 반영하려고 노력했다. 사리가 그러했고 최소한 대 공산권 북방외교를 추진하던 한국 측 노태우 정권으로서는 "소련에 차관을 퍼주고 중국으로부터는 6·25전쟁에 관해 한 마디의 사과도 받아내지 못했다."는 국내의 비판을 최소한 면해보자는 노력이었다.

그러나 예비접촉으로부터 본격적인 수교문제를 논의하는 과정에서 중국 측은 북한을 의식, 민감한 과거 역사문제를 언급하는 것은 또 하나의 논쟁을 유발할 뿐이라며 극구 반대했다. 더군다나 한국 측이 은근히 바랐던 "사과 운운"에는 펄쩍뛰었다.

1992년 8월 양국의 수교타결을 정식으로 발표하는 과정에서도 중국 외교부 대변인은 "이러한 논의와 사과는 한 적이 없다."고 잘라 말했다. 같은 날 밤 한국의 이상옥(李相玉) 외무부 장관은 베이징에서 한국 기자들과의 간담회에서 "공동성명에는 나와 있지 않았지만 수교 과정에서 우리 측은 중국의 한국전쟁 참전문제를 거론했으며, 중공군의 참전으로 우리 국민에게 많은 피해와 고통을 준 데 대해 해명을 중국 측에 요구했다고 밝혔다. 그리고 중국 측은 이에 대해 그 당시 국경지대에 위협을 받은 상황 하에서 참전은 불가피했으며 그런 일이 다시 일어나서는 안 될 불행하고 유감스러운 일이었다는 입장을 표명했다."고 주장했다. 중국과 미국이 수교를 하면서 타이완 문제에 대한 상반된 입장을 표명하면서 서로 체면을 차린 그런 외교 방식을 흉내 낸 것이다.

북한의 김일성은 1992년 7월 15일 한중 양국 수교에 대한 양해를 구하기 위해 장쩌민(江澤民) 총서기의 구두 메시지를 가지고 평양을 방문한 첸치첸(錢其琛) 중국 외교부장을 냉담하게 맞이했다.[182]

182) 이상옥(李相玉) 회고록, 「전환기의 한국 외교」(서울, 2002) pp213~254; 첸치첸(錢其琛) 저, 유상철 옮김, 「外交十記」(北京, 2003—한국어판) pp145이하

(우리말 가나다 순)

■ 강건 (姜建, 1918~1950)

일명 姜信泰라고도 불리며 경북 상주 출신으로 만주에서 활동한 항일 공산주의 군인이다. 청년시절 동만주의 공산주의(청년) 동맹에 가입했고 최용건 밑에서 동북항일연군 제4영(營) 장을 재냈다. 소련으로 월경하여 소련 적군 장교가 되었고 다시 적군 88여단에 배속되어 김일성, 安吉 등과 같이 목단강 지역에서 활동했다. 해방 후 延吉에 군 간부 학교를 세워 조선 청년들을 지도하고 북한으로 건너와 인민군 창설에 참가, 인민군 참모장까지 지냈으며 최광도 그의 수하에 있었다. 6·25때 전사했다.

■ 高崗 (Gao Gang, 1905~1954)

1926년 중국공산당에 가입, 30년대부터 산악지대인 西北部에서 공산당 기반을 구축했다. 46년 동부민주연합 조직 후 만주에서 林彪와 함께 활동하며 吉林군구 사령관을 지내고 49년 인공 수립 후 東北局 제1서기 겸 東北軍區 사령관을 지내고 만주에서 당·정·군을 장악한 실력자였다. 그러나 54년 反黨연맹 독립 왕국 결성 등 혐의로 감금되고 실각했다. 54년 8월 다량의 수면제를 먹고 자살했다.

■ 김광협 (金光俠, 1915~1970)

함북 회령 출신으로 북한 민족보위상을 지냈다. 1940년 중국 군관학교를 졸업하고 40년 동북항일연군 정치위원으로 활약, 소련으로 넘어가 하바로프스크에서 소련군 88연대에 배속되었다. 延邊분구 사령관등을 지내고 해방 후 김웅과 함께 중공 당국과 교섭, 조선 의용대 등 팔로군에 있는 조선인 병사들 1만 2천 명을 북한으로 데려와 인민군 창설에 기여했다. 6·25 사변 때 사단장, 군단장을 거쳐 전선 사령관과 민족보위상에 까지 올랐으나 60년대 후반 김일성의 유일사상에 반대해 숙청당했다.

■ 김두봉 (金枓奉, 1886~1960)

경남 東萊 출신으로 청년시절 3·1운동에 참가했다. 중국으로 망명한 후 임시정부에서 활동하고 국어학자, 조선독립동맹 주석을 거쳐 해방 후 북한으로 귀국, 노동당 중앙위원과 최고 상임위원장을 하며 사실상 옌안계의 수장 역할을 했다. 1957년 김일성의 옌안계 숙청 시 희생되었다.

■ 김무정 (金武亭, 1905~1951)
함북 종성 출신. 서울 중앙고보 졸업. 1923년 중국으로 건너가 낙양 군관학교 포병과를 마쳤다. 중국 공산당에 가입하여 30년 공농홍군에 투신(또는 보정)하여 長征때 공산군의 작전과장을 지내고 팔로군이 되어 포병단장으로 활약함. 조선의용군 사령관으로 해방 후 북한에 들어와 민족보위성 부상, 6·25 때는 6사단장으로 용맹을 날렸다. 2군단장, 평양방위 사령관 등 요직을 지냈으나 곧은 성격으로 부하를 즉결처분하는 등 마찰이 잦았고 결국 김일성과도 충돌, 만주로 갔다가 51년 초 야전병원에서 사망했다.

■ 김웅 (金雄, 1912~1973)
경북 김천 출신으로 일명 왕신호로 통했다. 황푸군관학교 출신으로 팔로군 연대장을 지내고 1945년 만주의 조선의용군 제1지대장, 6·25 때 인민군 제1군단장으로 참전했다. 51년에는 민족보위성 부상, 53년 2월 전사한 김책의 후임으로 전선 사령관이 되었다. 그러나 58년 김일성의 옌안파 숙청으로 몰렸다가 간신히 살아남아 68년에는 남예멘대사로까지 승진했다.

■ 김일 (金一, 1912~1984)
함북 출신으로 본명은 金在範이다. 소련으로 건너가 타슈겐트 종합대를 나왔고 2차 대전 때는 소련 군 장교로 종군했다. 해방 후 귀국하여 북노당 정치위원, 노동당 중앙위원을 거쳐 정치국원, 군사위원, 농업상 겸 부수상을 지냈고 마지막으로 79년 조국평화통일 부위원장이 되어 대남 선전활동에도 종사했다.

■ 김창덕 (金昌德, 1902~?)
일명 李德山으로 함북 명천군 출신이다. 만주 사변 후 黑龍江성에서 항일 유격대에 참가, 1936년 공산당 추천으로 모스크바 동방대학에 유학 갔다. 옌안으로 돌아와 중공 중앙 경호연대에서 활동했다. 해방 후 만주의 동북의용군 지대장의 한 사람으로 있다가 입북, 인민군 창설에 참여함. 6·25 때 인민군 5사단장 등 군단장까지 진급. 옌안파 朴一禹 등을 숙청할 때 김일성 편을 들어 숙청 모면하고 노동당 중앙위원까지 지냈다.

■ 김창만 (金昌滿, 1907~1966)

함북 정평 출신으로 서울 중동중학을 마치고 중국으로 들어가 28년 中山대학을 다녔고 항일 운동에 참여했다. 華北의 太行山 시절부터 金枓奉 밑의 조선독립동맹, 조선의용대 등에서 선전 활동하고 彭德懷와는 일찍이 면식이 있었다. 해방 후 북조선 노동당 선전선동부장으로 한재덕 등과 함께 김일성 신화를 만드는데 앞장섰다. 장춘산이란 가명으로 정전회담에도 참여한 것으로 알려졌으며 66년 숙청당함.

■ 김책 (金策, 1903~1953)

함남 출신으로 김일성의 측근. 만주와 소련을 넘나들며 좌익 항일 빨치산 활동을 했다. 해방 후 귀국하여 북조선 노동당 중앙위원과 인민군 창설에 기여했다. 6·25 전쟁 때 각급 군 지휘관을 거쳐 51년 전선 사령관으로까지 올랐으나 연탄가스 중독사했다. 김일성은 그의 죽음을 못내 아쉬워했으며 그의 업적을 기려 함경도에 金策시를 만들고 그의 이름을 딴 공업지구와 공업대학교를 만들었다.

■ 聶榮臻 (Nie Rongzhen, 1899~1992)

1919년 5·4 운동에 참여, 1910년대 勤工儉學 운동의 일환으로 周恩來, 鄧小平 등과 같이 프랑스로 유학, 공산주의에 눈을 떴다. 34년 長征에 참가, 홍군요원으로 활약했으며 49년 10월 중국인민해방군 참모총장 대리를 지내고 한국전쟁을 베이징에서 참모로 지휘했다. 55년 9월 중공 10원수의 한 사람이 되었다. 85년 9월 제12기 중앙위원과 정치국원이 되었다.

■ 倪志亮 (Ni Zhiliang, 1900~1965)

팔로군 129사단 참모장을 지냈고 장성으로 승진 遼北군구 사령관, 중장으로 승진하여 인민해방군 후근학원 교육장을 지냈으며 초대 주 북한 중공대사가 되었다.

■ 杜平 (Du Ping, 1905~1999)

1930년대 장정당시 紅軍간부를 지냈고 동북야전군에서 포병단장을 지냈으며 포병 8사단장을 거쳐 한국전쟁에도 참전, 지원군 정치부 주임을 지냈다.

■ 鄧小平 (Deng Xiaoping, 1904~1997)

중국 공산당을 대표하는 군사 전략가이며 정치가. 四川성 출신. 아명은 希賢. 1920년 勤工儉學운동에 따라 프랑스로 건너가 철공소에서 공부하며 공부하다가 周恩來를 만나 공산당에 가입. 장정에 참가하고 중앙비서장, 팔로군 정치부 부주임, 국공내전에서 큰 공을 세우며 군사지도자의 반열에도 올랐다. 文革때 실각했으나 10년 고생 끝에 재기하여 중국 공산당 정치국 상무위원으로 복귀. 검은 고양이 흰 고양이 논쟁으로 유명해지고 개혁개방의 전위로 최고지도자에 올라 중국 현대화에 기여했다.

■ 鄧岳 (Deng Yue, 1918~2000)
한국전쟁에도 참여한 중공군 장성으로 瀋陽군구, 南京군구 사령관등을 지내고 70년대 후에는 중공 전국인민대표 해방군 대표를 지내기도 했다.

■ 鄧華 (Deng Hua, 1910~1980)
1928년 홍군에 가입, 유명한 古田회의에 참석함. 장정에 참여하고 河北성 동북 항일 근거지에서 활동했다. 국공내전에 遼瀋, 平津 두 전역에 참여했으며 15병단 사령관으로 남부 廣州와 海南도 작전에도 나갔다. 13병단 사령관으로 전출하여 한국전쟁에 참전, 지원군 부사령관으로 펑더화이 총 사령을 보좌했고 51년 정전협상에 중공군 대표로 참석했다. 52년 지원군 사령관 대행 겸 정치위원을 지냈고 55년에 상장(중장)으로 진급했다.

■ 林彪 (Lin Biao, 1907~1971)
湖南성 출신으로 본명은 林育容 또는 林祚大이며 황푸군관학교를 나와 국부군에 있다가 南昌봉기에 참여했다. 葉挺밑에서 본격적으로 공산군 활동을 시작, 장정에 참여하고 팔로군 장성으로 전략과 무용을 떨쳤다. 소련에 중공 대표로 가서 오래 체재했고 만주에서 내전 때 遼瀋, 平津 전역에서 공을 세웠다. 동북인민해방군 사령관, 제4야전군 사령관 겸 정치위원, 군사위부위원장을 지내고 중공 10대 원수의 하나가 되었고 국방부 장관을 지내고 文革때 毛의 후계자로 지목되기도 했다. 反毛 쿠테타 혐의를 받아 소련으로 공군기를 타고 도피하려다 추락사고로 사망했다.

■ 劉伯承 (Liu Bocheng, 1902~1986)
四川성 출신으로 중공 10대 원수의 한사람이다. 1926년 중공에 입당, 南昌봉기에 참가했다. 소련 군사학교를 나왔고 32년 홍군 제 1방면군 참모장, 당 군사위 총참모장으로 장정을 지휘했다. 국공내전에 제2야전군 사령관으로 정치위원은 鄧小平이었다. 정권 수립 후 군사위 부주석을 지냈고 58년 소련식 군 근대화를 주장해 林彪와 대립했다. 59년 당 정치국원, 82년 건강상의 이유로 은퇴했다.

■ 劉少奇 (Liu Shaogi, 1898~1969)

중공 국가 주석으로 毛의 후계자로 여겨졌지만 文革때 毛와 江靑으로부터 비판되어 비참하게 사망했다. 湖南성 출신으로 모스크바 유학하고 귀국 후 철도, 광산, 노동자 파업 등을 주도하며 1927년 중국 공산당 중앙위원이 되었다. 34년 장정에 참가하고 毛를 지지하여 毛의 당권장악에 협조, 49년 건국 후 정부 부주석, 군사위 부주석 등을 지내고 文革을 전후하여 毛의 급좌 성향에 비판적 입장을 취한 점이 화근이 되어 실각함. 그러나 鄧小平 권력 장악 후 死後에 명예 회복했다.

■ 羅榮桓 (Luo Ronghuan, 1902~1963)

湖南성 출신으로 1926년 중국 공산당에 들어가 毛의 노농홍군 1사단에 소속 장정참가. 50년 총 정치부 주임, 53년부터 軍 정규화에 毛의 저작을 학습하고 소련군을 기계적으로 모방하지 말라고 주장했다. 56년에 중공당 정치국원이 되었다. 문혁 말에 毛의 군사사상, 정치공작 등을 두고 林彪와 대립했다.

■ 리지웨이 (Matthew B. Ridgway, 1895~1993)

미국 육군 대장으로 미 8군 사령관과 유엔군 사령관으로 한국전쟁에서 중공군의 공세를 막았다. 버지니아 주 출생으로 미 육군 사관학교 졸업 후 필리핀 등에서 근무하고 제2차 대전 때는 공정사단장으로 북 아프리카, 독일 등 전선에서 낙하산 부대를 지휘했다. 아이젠하워 후임으로 북대서양 조약군(NATO) 사령관이 되었고 53년에는 육군참모총장으로 일하다가 퇴역했다. 55년 멜론사업연구소 소장으로 만년을 보냈다.

■ 맥아더 (Douglas MacArthur, 1880~1964)

1, 2차 세계대전과 한국전쟁을 거쳐 최고무공훈장인 명예훈장(Medal of Honor)을 일곱 차례나 받고 은성무공훈장 등을 받은 바 있는 미국 역사상 5명밖에 안 되는 대원수로 군사적 영웅대접을 받았다. 그는 특히 1950년 인천 상륙작전을 감행, 패전직전의 대한민국을 도움으로써 더욱 유명해졌다. 한국전쟁을 만주로까지 확전하는 문제를 두고 트루먼 대통령과 다투다가 해임되었다.

■ 毛澤東 (Mao Zedong, 1893~1976)

중국 공산혁명의 사상가이며 전략가로 최고의 지도자. 그러나 대약진운동, 인민공사, 문혁 등으로 많은 사람을 희생시켜 그의 사망 후에 功 7 過 3의 논쟁의 대상이 되기도 했다. 湖南성 출신, 長沙의 호남사범학교를 나와 5·4 운동 전후에 공산주의 사상에 심취. 중국

공산당 초기부터 지도자로 참여, 농민 무장운동과 신민주의 사상을 편 이론가로도 두각을 나타냈다. 井岡山과 長征투쟁의 지도자. 연안에서 중공 군사위원회 주석, 건국 후 국가 주석, 공산당의 사실상 당수였다.

■ 박무 (朴武, 1913~1959)

황해도 해주 출생으로 중국으로 건너가 공산계열의 조선의용군으로 참여했다. 해방 후 귀국하여 조산노동당 참여, 중앙통신사장, 3차 당 대회 중앙위원을 거쳤으며 사단장으로 6·25 참전. 김일성의 옌안계 숙청을 전후하여 실종됐다.

■ 박일우 (朴一禹, 1904~?)

함북 회령 출생. 중국 옌안으로 들어가 조선독립동맹 간부로 활약, 20년대 한 여름 조선의용군 사령관 金武亭 밑에서 부사령관으로 활동. 1945년 11월 의용군 사단을 이끌고 북한에 들어가 인민군 창설에 기여함. 內務相을 지내고 6·25 때 전선 부사령관, 2중 영웅대접을 받았다. 그러나 55년 박헌영 일파에 동조한 혐의를 받아 숙청되었다. 그의 숙청을 신호탄으로 전쟁에서 간신히 살아남은 延安系가 많이 숙청되었다.

■ 박헌영 (朴憲永, 1900~1955)

충남 예산 출신으로 경성제일고보를 졸업, 1925년 조선공산당 창당에 참여한 이래 사회주의 운동과 항일운동으로 日警에 여러 번 투옥되었다. 중국으로 건너가 上海에서 조선공산당 재건에 힘쓰고 지하운동을 하다 다시 잡혀 서대문 형무소에서 복역하고 해방을 맞았다. 남노당 총책으로 있다가 월북, 人共의 부수상 겸 외상을 지냈으나 53년 김일성 일파로부터 반당, 반국가 파괴 간첩죄로 체포되어 55년 12월 처형 되었다.

■ 박효삼 (朴孝三, 1906~1959?)

함북회령 출신으로 황포군관학교를 졸업하고 국부군 대대장으로 북벌에 참가, 민족혁명당 초기 당원으로 좌익계열로 전향하여 화북지대에서 조선의용군 참모장 등으로 활약함. 해방 후 입북하여 노동당 간부, 6·25 전쟁 때 서울 점령 후 위수사령관 등으로 있다가 1959년 역시 정치적으로 실종.

■ 방호산 (方虎山, 1913~?)

일명 李天富로 함경도 출신. 만주로 망명, 흑룡강성 일대에서 공산당 항일 유격대 참가. 1936년 소련 동방대학에서 교육받고 옌안으로 복귀, 중공 해외 사업위원회서 활동하다가 만주로 가 동북조선의용군, 동북민주연군 등에서 간부로 활약했다. 해방 후 북한에 들어가 인민군 창설에 기여함. 6사단장으로 6·25참전, 호남지역 석권하고 공화국 영웅 칭호 받으며 근위사단 등을 지휘. 후퇴 시 탁월한 지휘력으로 2중 영웅칭호 받았다. 육군대학 총장까지 지냈으나 54년 종파 활동 죄명으로 옌안계 숙청 때 좌천 되었으나 행방불명.

■ 밴 플리트 (James A. Van Fleet, 1892 ~ 1992)
육사를 나와 2차 대전에 참전, 사단장으로 노르망디 상륙작전에 참가하여 용맹을 떨쳤다. 전후 그리스 주재 미 군사 사절단을 이끌고 발칸반도의 공산 게릴라 소탕전에 이름을 날렸다. 1951년 한국전쟁 때 육군 중장으로 미 8군 사령관으로 취임하여 중공군의 동계공세를 막아내고 38 이북을 회복하는데 전공을 세웠다. 그의 아들도 한국전쟁에 참전하여 전사했고 휴전 후 한국군 장교의 양성과 병력 증강 및 육군사관학교 발전에 크게 기여하여 한국 육사의 아버지로 불리며 화랑대에 그의 동상이 서 있다.

■ 설정식 (薛貞植, 1912~1953)
함남 단천출신으로 연희전문학교를 나와 미국 오하이오 주 마운트 유니온 대학에서 수학하고 해방 후 미군정청 공보처에도 근무한 적이 있는 문인이다. 조선 문학가 동맹에 가입하여 林和 등과 더불어 좌익 프로문학 활동을 하다가 월북했다. 한 때 북한 측 통역으로 판문점 휴전 회담에도 나왔으나 1950년대 중반 김일성의 남로당 숙청 때 희생 된 것으로 전해지고 있다.

■ 宋時輪 (Song Shilun, 1907~1990)
황푸군관학교를 졸업하고 1930년 국부군 제 20군 참모장을 지냈다. 그 후 공산당으로 전향, 賀龍 휘하에서 용맹을 떨치고 37년 항일 전쟁시기에는 林彪 밑에서 연대장을 지냈으며 군단장을 거쳐 제 9병단장으로 한국전쟁에 참여했다. 문화혁명 때 비판을 받고 고생했으나 무난히 넘기고 상장으로 진급하고 군사과학원장 등을 지냈다.

■ 스탈린 (Joseph Stalin, 1879~1953)
소련의 정치가. 소련수상 및 공산당 서기장. 그루지아의 고리에서 출생. 레닌과 힘을 합쳐 제정 러시아를 무너뜨리고 소련의 볼셰비키 혁명을 성공시켰다. 그는 이전에 다섯 번이나 시베리아로 유형을 당했으나 赤軍을 조직하고 레닌 사망 후 경쟁자 트로츠키를 암살하고 권력을 잡았다. 1936년에 스탈린 헌법을 제정하고 제2차 대전에 나치 독일과 싸웠다. 얄타 회담에서 한반도 분단에 한 역할을 했으며 김일성을 후원하여 한국전쟁을 유발시켰다.

53년 한국 휴전회담 진행되는 사이에 사망했다.

■ 解方 (Xie Fang, 1908~1984)

본명은 解沛烈이다. 일본 육사를 졸업하고 만주에서 張學良의 동북군 사단 참모장으로 있다가 1936년 西安사변 전후에 공산당에 가담, 延安에 도착, 군사위원회 정보국에 근무했다. 45년 林彪를 따라 東北에 들어가 동북군구 정치부 선전부장, 13병단 정치부 주임, 한국전에 참전한 뒤 군사정전위원회 대표를 지냈다. 58년 중장으로 승진, 군사이론과 실전 경험도 많았다. 70년 江蘇성 당 위원회 서기를 지냈다.

■ 楊得志 (Yang Dezhi, 1910~1994)

湖南성 출신으로 1927년 공산당 가입, 홍군에 들어가 팔로군 연대장, 115사단장, 군구 사령관 등을 지냈다. 47년 石家莊지구 사령관을 지내고 49년 華北 제19병단 사령관으로 섬서성 인민정부위원, 한국전쟁에 참전하여 52년에 지원군 부사령관을 지냈다. 전쟁이 끝난 뒤 중공군 총참모장까지 진급했다.

■ 楊成武 (Yang Chengwu, 1912~2004)

福建성 출신으로 1929년 농민폭동에 참가하고 일년 뒤 공산당에 입당하여 장정에 참가, 팔로군으로 平津전역에 참전했다. 北京군구 사령관을 지냈다. 중국인민해방군 대장. 65년 군사지도자 羅瑞卿이 실각한 후 군 부참모장 대리를 지내고 林彪파에 밉게 보여 실각했으나 73년 文革후에 명예회복, 83년 정치협상회의 전국위 부주석을 지냈다.

■ 楊勇 (Yang Yong, 1906~)

湖南성 출신으로 1926년 현지에서 공산당에 가입, 징강산에서 운전병으로 종군하기 시작, 평생 군인으로 보냈다. 제1야전군 소속으로 있으며 장정에 참가하고 林彪의 제 115사단에 배속되어 팔로군의 연대장을 지냈다. 45년에는 그의 후원인이 되는 楊得志를 따라 熱江지구 전투에 참가하고 人共수립 후 제2야전군 부사령관이 되었다. 貴州 인민위원회 부위원장을 지내다 한국전쟁에 부사령관으로 참전, 楊得志가 55년 4월 귀국하자 그의 뒤를 이어 마지막 중공지원군 사령관이 되었다.

■ 葉劍英 (Ye Jianying, 1897~1986)

廣東성 출신으로 군사지도자이며 중공 10대 원수의 한 사람. 황푸군관학교 교수부 주임을 거쳐 周恩來와 친교로 공산당으로 전향, 南昌봉기에 참여. 모스크바 중산대학에 유학하고 1934년 장정에 참가. 41년 옌안에서 국공 내전 때 공산 홍군 참모장으로 작전 지휘, 공산정권 수립 후 北京시장, 군사위 비서 겸 부주석으로 크게 활약했다. 문혁 때 물러났다가 林彪 사건 후 복귀하여 당 부주석, 국방부 장관이 되고 76 년 4인방을 체포하는데 주도적 역할. 鄧小平과 같이 중공정권의 핵심이 되었다.

■ 伍修權 (Wu Xiuquan)
1903년 湖北 武昌출생으로 25년 董必武 소개로 공산주의 청년단에 가입, 모스크바 중산대학을 거쳐 32년 江西공산 소비에트 紅軍학교 교원, 36년 공산지구 외교처장을 지내며 대 國府 외교협상 등에 참여했다. 팔로군을 거쳐 옌안으로 돌아와 지녔고 만주로 가서 東北군구 참모장, 52년 중소우호조약 협상에 참여했으며 외교 분야에서 근무하다가 한국전쟁 때 뉴욕으로 파견되어 유엔교섭 활동을 벌이기도 했다.

■ 워커 (Walton Walker, 1889~1950)
텍사스 주 출신의 미국 육군대장. 육사 졸업 후 제2차 대전 때 유명한 조지 패튼 장군 밑에서 유럽 전선에서 활약했다. 패튼과 같은 다부진 체구로 6·25 동란 때 미8군 사령관으로 대구를 비롯한 낙동강 전선을 사수했으며 인천상륙 후 북진을 지휘하다가 서울 북방에서 교통사고로 사망했다. 그의 아들도 한국전선에서 행방불명되었다. 그의 공적을 기념하기 위해 서울에 동상과 워커힐 리조트를 세웠다.

■ 李富春 (Li Fuchun, 1900~1975)
湖南성 長沙 출신으로 19년 근검공학단 일행으로 파리유학, 22년 중국 공산당에 가입하고 34년 장정에 참가했다. 국공내전 때 동북국 지도위원으로 활동했다. 건국 후에 정무원 재경위 부주임, 국가계획위원회 등에서 일하고 국무원 부총리도 지냈다. 文革 때 비판을 받았고 정치국 상무위원에서도 쫓겨났으나 나중에 복권했다.

■ 이상조 (李相朝, 1915~1996)
일명 김택명으로 부산 동래출신이다. 부모를 따라 일찍 만주 奉天으로 이주했고 中山대학을 거쳐 옌안으로 가서 공산당에 가입했다. 팔로군, 소련군 등에 전전하다가 만주로 와서 해방을 맞아 귀국, 인민군 창설에 참가하고 6·25때는 총 사령부 정찰국장, 전방 사령부 등에서 근무하고 정전회담 대표가 됨. 정전 후 한 때 소련 주재 대사로 나갔다가 김일성의 옌안파 숙청을 보고 소련으로 망명했다. 소련과 한국이 수교한 뒤에 서울을 방문하기도 했다.

■ 이익성 (李益成, 1911~1958)

함북 경성출신으로 일명 이의홍이다. 중국으로 일찍 건너가 국부군의 중앙군관학교를 나와 국민당 군대의 대위까지 지냈다. 그 후 조선혁명당 전위동맹계열로 활동하며 타이항산 공산지구에서 군사간부학교에서도 일했다. 해방 후 만주로 와 延邊지구의 길동군구 참모장 등 조선의용군을 규합하는 일에 종사하고 제1차로 북한에 들어가 인민군 창설에 기여했다. 6·25때는 각 급 고급 간부를 거쳐 제 7사단장으로 낙동강 전투에 참여했다가 부상을 당했고 58년 경 김일성의 옌안계 숙청 때 정치적으로 실종되었다.

■ 李立三 (Li Lisan, 1899~1967)

본명은 李隆지이다. 1919년 근공검학단의 일원으로 나중에 정치국원이 된 李富春 등과 같이 파리로 유학, 21년 귀국 후 공산당원이 됐다. 29년 광범한 대중투쟁을 이야기해 모험주의로 몰려 간부서열에서 밀려난 적이 있다. 동북국 연락대장으로 있으며 조선족 군인들을 북한으로 보내는데도 관여했다. 국무원 각료 등 고위 중앙직을 유지했다. 文革 때 장칭 등 4인방으로부터 박해를 받기도 했다.

■ 李濤 (Lee Tao, 1906~)

1906년 湖南성 출신으로 27년 후난폭동 때 공산군에 가담, 홍군 제 3군 연대정치위원으로 활동했다. 33년부터 후방근무요원으로 군수보급 분야의 전문가가 되고 한국전쟁 때도 이 방면에서 일했다. 한 때 팔로군 유격요원으로도 활약했다. 중공군 중앙 군사위에서 작전부장, 방호위원 등으로 일했다. 인공 수립 후 잠시 소련대사관 무관으로 근무한 적이 있으며 54년부터 남만주 일대에서 정치, 군사 작업하고 전국인민대표대회에 랴오닝성 대표로 참가했으며 대장으로 승진했다.

■ 蔣介石 (Jiang Jieshi, 1887~1975)

일본 육사 출신의 군인으로 孫文의 후계자. 中華民國 총통을 지냈다. 浙江성 출신으로 1924년 황푸군관학교 교장. 북벌을 벌이고 毛의 공산당 토벌 총대장, 南京 중화민국 정부 주석을 거쳐 사실 상의 중국통일을 이루는 찰나 西安사변으로 부하 張學良에게 감금됨. 결국 毛의 공산군과 협상하게 되고 국민당군의 부패로 국공내전에서 패전하여 타이완으로 피신함. 28년 上海의 부호 딸 宋美齡과 결혼하여 큰 화제가 됨.

■ 江青 (Jiang Qing, 1915~1991)

毛澤東의 네 번째 아내, 본명은 李進. 山東성 출신. 藍頻이라는 예명으로 활동한 이름난 배우. 그녀의 첫 남편은 공산당원으로 天津시장을 지낸 黃敬이었다. 1937년 옌안으로 가서 공산당 문예 활동하는 과정에서 毛가 반해 결혼. 딸 李訥을 출산. 중국공산당 선전부의 영화처장 맡았으나 실제로는 활동하지 않음. 60년대 중반 문화혁명 때 上海출신 王洪文, 姚文元, 張春橋 등과 4인방을 구성, 많은 사람을 희생시켰다. 毛澤東 사망과 鄧小平 등이 권력을 잡자 구속되고 결국 91년 자살했다.

■ 장평산 (張平山, 1916~1958)
평북 신의주 출신으로 30년대에 義烈단에 가입, 중국으로 건너가 조선의용군으로 일했다. 화북지구 太行山에서 한 때 팔로군 대대장까지 올라갔다. 해방 후 귀국하여 고향에서 경찰 보안대를 조직, 활동했고 나중에 인민군에 합류하여 6·25때는 소장으로 군단참모장, 정전회담 대표도 지냈다. 그 역시 58년 김일성의 延安派 숙청 때 사라졌다.

■ 전우 (全宇, 1914~1959)
함북 온성 출신으로 일명 都克夫, 1936년 모스크바 동방대학수학, 40년 옌안에서 팔로군 참모, 해방 후 동부만주로 와서 조선의용군을 지도하다가 사단장 자격으로 입북하여 인민군 창설에 기여. 6·25때 인민군 12사단장으로 남진했으나 한 때 지휘부대의 전멸로 사단장직에서 면직됨. 그러나 다시 군에 복귀하여 군단장, 정찰국장 등까지 진급했으나 역시 옌안계 숙청으로 행방불명됨.

■ 조이 터너 (Joy Turner, 1895~1956)
미주리 주 세인트 루이스 출신으로 해군사관학교를 나와 세계1차 대전에 참전, 미국 전함 펜실바니아 호에서 근무했다. 미 서아시아 함대 소속으로 양자강 순시에도 참가하여 아시아와 인연을 맺었다. 2차 대전 때는 태평양 함대소속으로 순양함 루이빌 함장으로 남태평양과 알류산열도에서 일본군과 싸웠다. 미 극동해군 사령관으로 한국전쟁에 참여했고 정전회담 유엔군 수석대표를 지냈으나 공산군과의 억지협상이 지겨워 사임했다. 미 해군사관학교 교장을 지낸 후 제독으로 퇴임했다.

■ 朱德 (Zhu De, 1886~1976)
중공군 창건의 아버지로 불리는 중공 10대 원수의 한 사람. 四川성 출신으로 孫文휘하에서 雲南지방 소군벌이 됨. 1922년 勤工儉學단 일원으로 周恩來를 만나고 27년 南昌봉기에 참가, 적극 공산 활동을 하게 되고 井岡山, 장정을 통해 毛를 도움. 국공합작으로 八路軍 총사령이 되어 항일투쟁 벌이다가 팔로군과 공산 新四軍을 합친 중공 인민해방군 총

사령관이 됨. 49년 정부 수립 후 국가 부주석, 군사위 부주석 등을 지내고 군 원로 대접을
받았다.

■ 周保中(Zhou Baozhong, 1902~64)
중국공산당원으로 일찍이 만주지방에 진출, 동북군구 사령관을 지냈다. 운남성 대리출신
으로 그는 漢族이 아닌 白族이었다. 본명은 계이원(系李元), 중공 초기의 전설적 빨치산
으로 김일성, 최용건, 강건, 안길, 김책 등이 일본군에 쫓겨 소련 하바로프스크에 들어갔
을 때 그들을 소련군 제88여단에 흡수, 보호했던 사람이다. 김일성과 김정숙의 결혼을 주
례해 주었고 김이 북한에 들어가 인민군을 창설하는 데 많은 도움을 주었다. 길림 성장, 운
남 부성장, 나중에 국방위원, 전국 정치협상위 상무위원 등까지 진출했으나, 한 때 숙청의
고비를 넘겼다.

■ 周恩來 (Zhou Enlai, 1898~1976)
중공의 만년 총리로서 죽을 때까지 외교와 내정을 사실상 총괄한 정치, 군사 지도자이다.
浙江성 紹興출신. 天津 南開대학과 일본 유학을 거쳐 5·4운동에 청년 학생운동 지도자
가 되고 1920년 프랑스 유학하여 공산당원이 되었다. 황푸군관학교 정치부 주임을 거쳐 공
산당 중앙위원이 되고 賀龍등과 南昌봉기를 주도함. 장정과정에서 毛의 당권장악을 돕고
줄곧 제 2인자의 위치에서 국공내전과 정권수립, 한국전쟁을 외교 등 모든 분야의 실무자
로 일관하여 지휘했다. 퍽 부드럽고 자상한 성격으로 文革 때 고비를 잘 넘기고 美中 國
交수립의 물고를 텄다.

■ 柴成文 (Chai Chengwen)
1913년 河北성 출생으로 본명은 柴軍武. 팔로군에 종군하며 정보 분야에서 일했다. 한국
전쟁 직전 평양 주재 참사관으로 발령 받아 시종일관 북한에서 일했으며 판문점 정전회담
때 중공군 대표도 지냈다. 덴마크 공사와 총참모부 정보부장을 지냈다. 대인관계가 좋았
고 영어가 유창했다.

■ 喬冠華 (Qiao Guanhua, 1913~1983)
江蘇省 출신으로 淸華대학을 거쳐 일본 도쿄대학 유학, 1935년 중국공산당에 가입. 新華
社 등 선전 언론분야에 종사, 1949년 중화인민공화국 성립 후 외교부 정책위원회 부주임
으로 외교 분야에서 본격적으로 활약, 51년부터 한국전 정전회담에 간여하고 외교부장도
역임했다. 76년 文革 때 江靑 등 4인방에 협력하였다 해서 면직되었다.

■ 陳賡 (Chen Geng, 1903~1961)

황푸군관학교 1기 졸업생으로 34년 장정에 참가하고 51년 제3병단 사령관 겸 정치위원으로 한국전쟁에 참여했다. 중공지원군 부 사령관을 지냈고 휴전 후 상장(대장)으로 승진, 군사 공정학원장을 지냈으며 한 때 월맹에 파견되어 胡志明의 군사고문을 지냈다.

■ 陳毅 (Chen Yi, 1901~1972)

四川성 출신으로 중공 10대 원수의 한 사람이다. 1919년 근공검학 운동에 따라 프랑스로 건너가 사회주의 사상에 물들었다. 23년 공산당에 입당, 武漢 중앙 군사정치학교에서 정치 공작 담당했으며 朱德 군부대에 들어갔다. 井岡山에서 毛부대에 합류했고 홍군의 여러 직함을 거쳐 장정 때는 남방에 머무르며 유격전을 지도했다. 45년 신4군장 겸 산동군구 사령관. 제 3야전군을 이끌고 上海를 점령, 그 곳 시장을 지내고 정권수립 후 외교부장, 린뱌오와 대립, 文革 때 고생했다.

■ 최광 (崔光, 1918~1997)

일명 崔明錫으로 함북 후창 출신이며 인민군 차수, 정무원 부총리, 인민군 참모총장 등을 지냈다. 일찍이 만주로 건너가 1930년 동북항일연군 분대장을 거쳐 소련 령 하바로프스크로 월경, 소련 적군 제 88여단 소대장이 되고 45년 9월 다시 만주로 나와 延邊에서 활동했다. 해방 후 북한으로 가서 인민군 창설에 참여하고 사단장을 거쳤으며 6·25때는 13사단장, 제5군단장, 제1 집단군 사령관 등을 지냈다. 마지막으로 인민군 총 참모장까지 지냈다.

■ 최용건 (崔庸健, 1900~1976)

평북 태천 출신으로 일명 崔石泉이다. 1921년 五山중학교를 중퇴하고 중국으로 건너가 전전하다 25년 雲南 군관학교를 졸업하고 황푸군관학교의 교관이 되었다. 27년 공산진영으로 몸을 돌려 廣州 폭동에 참가하고 만주로 피신하여 항일운동. 36년부터 동북항일연(합)군 간부로 활약했다. 그의 밑에 김일성, 김책, 안길 등이 참여했다. 소련군 출신 姜信泰 등과 같이 해방 후 북한으로 들어가 인민위원회 간부 등 인민군 창설에 기여했다. 인민군 총사령관을 지내고 6·25 때는 서울 방위사령관 등을 지내고 55년 최고인민재판부 책임자로 박헌영 등 남로당 인사들 숙청을 처리했다.

■ 최창익 (崔昌益, 1896~1956)

함북 온성 출신으로 조선공산당 초기 핵심당원이다. 일제하에서 검거되어 옥살이를 하고 출옥한 뒤 중국으로 가서 만주지역에서 지하 독립 공산주의 활동을 계속했다. 김두봉 계열의 독립동맹 부주석을 지내기도 했으며 해방 후 북한에 들어와 노동당 중앙위원, 정치위원, 그리고 인공정부 부수상 등을 역임했다. 그 역시 1956년 경 김일성의 옌안계 숙청시에 희생되었다.

■ 최현 (崔賢, 1907~1982)
함남 혜산 출신으로 본명은 최득권이며 김일성의 직계로 항일 빨지산 활동을 했다. 1924년 고려 공산청년회에 가입, 중국 경찰에 체포되어 무기징역을 받았으나 감형, 32년 출옥했다. 동북항일연군 제1단장이 되어 보천보 전투에 참여했으며 일본군에 의해 1만원의 현상금이 붙기도 했다. 40년 소련 령 블라디보스토크로 갔으며 그 다음 해 러시아 군관학교를 졸업했다. 6·25 때는 인민군 제2사단장, 제2군단장을 지냈고 민족보위성 부상, 노동당 중앙위원, 민족보위상 등이 되었다. 그의 아들 최룡해가 인민군 총정치국장으로 김정일, 김정은의 실세로 통한다.

■ 클라크 (Mark W. Clark, 1896~1984)
한국전쟁 마지막 미 극동군 사령관으로 그는 승리 없는 휴전협정에 자신이 조인하게 된 것을 일생의 불명예로 여겼다. 뉴욕 주 매디슨 배럭스 출생으로 1917년 미 육사를 졸업하고 1차 세계대전에 대위로 참전했으며 2차 대전에는 각급 지휘관을 거쳐 이탈리아 전선에서 제 5군 사령관으로 활약했다. 오스트리아 항복과 지위에 관한 협상에 참여했고 전후에 오스트리아 주재 미 고등 판무관을 지냈다. 53년 5월에 리지웨이 대장의 후임으로 미 극동군 사령관에 임명되어 한국전쟁의 마지막을 지휘했다. 그 는 취임하자 거제도 공산군 포로들의 폭동을 진압했고 그의 전임자들과 마찬가지로 대공유화 및 제한 전쟁 방침을 정한 워싱턴의 정치가들에게 불만이 컸고 휴전에 반대한 이승만 한국 대통령을 매우 동정했다.

■ 트루먼 (Harry S. Truman, 1884~1972)
미국의 제33대 대통령으로 미주리 주 출신이다. 고등학교 출신으로 세계1차 대전에 포병 소위로 출전했고 전후에 야학으로 지방판사가 되었다. 고향에서 민주당 상원의원으로 선출되어 2차 대전 때는 상원 군수생산 조사 특별위원으로 활동하여 인기를 얻었다. 루즈벨트 대통령이 사망하자 그 뒤를 이어 대통령이 되었다. 일본에 원폭투하를 결정하고 한국전쟁이 일어나자 미군의 개입을 단행했으며 명령 불복종으로 맥아더 원수를 미 극동군 총사령관에서 해임하는 등 과감한 결정을 내렸다.

■ 彭德懷 (Peng Dehuai, 1898~1974)

湖南省 湘潭 출신으로 1928년 4월 중국공산당에 가입, 湖南지역 국민당 군대에서 대대장으로 있다가 반란을 일으켜 紅軍에 가담, 장정에 참가했다. 서북지방에서 많은 전투에 참가, 46년 서북지방 중국인민해방군 사령관으로 제 2야전군을 지휘했으며 모든 장비가 열세임을 극복, 우세한 國府軍 사령관 胡宗南의 제1전구 사단을 물리쳤다. 인공 수립 후 西安에서 서북군구 사령관으로 있다가 한국전쟁에 중공지원군 총사령으로 참전했다. 김일성으로부터 인공 최고 일등급 국가훈장을 받았다. 54년 귀국하여 국방위 부주석으로 있다가 국방부 장관이 되었다. 그러나 강서성의 盧山회의(8期2中全會)에서 毛澤東의 대약진운동과 인민공사정책을 비판, 毛의 노여움을 사고 반당분자로 몰려 해임되었다. 67년 3월 문화혁명 때 劉少奇파로 몰려 4인방의 잔혹한 박해를 받았다. 이 때 함께 한국전쟁에 참여한 洪學智도 같이 몰려 해직 당했다. 74년에 사망했으나 毛가 사망하고 난 뒤인 78년에 사후 명예회복으로 복권되었다.

■ 韓先楚 (1912~1986)

湖南省 長沙출신. 중학교를 졸업하자 1930년 중국공산당에 가입했다. 36년 陝北 항일군정대학에 들어가 군사학을 배우고 팔로군 연대장, 조선족이 많았던 41군 사령관을 지냈다. 49년에 장제스 군대를 대파한 遼瀋, 平津 두 전투에 참가했고 제4야전군 12병단 부사령관을 거쳐 한국전쟁에 참가, 펑더화이의 부사령관을 지냈다. 53년 초 건강이 악화되어 귀국했다. 56년 중공군 부 참모총장을 지내고 은퇴했다.

■ 賀龍 (He Long, 1896~1969)

湖南省 출신으로 중국 10대 원수의 한 사람. 孫文의 노선을 따라 1916년 농민 봉기 등을 조직하고 여러 곳을 전전하고 26년 국민당 군의 북벌에 참가했으나 다음 해 좌파의 南昌 봉기에 주도적인 활동을 했다. 장정에 참가하고 팔로군 제 120사단장 延安지역 경비책임인 서북군구 사령관 등을 지냈다. 당 정치위원과 중앙군사위 부주석을 지냈으나 文革 때 실각, 박해를 받는 가운데 사망했다.

■ 賀晋年 (He Jinnian, 1909~2003)

1934년 陝西성 봉기에 참가, 홍군에서 활약하다가 49년 제4야전군 15병단 부사령관, 그리고 동북군구 부사령관으로 중공군의 한국전쟁 개입을 후방에서 도왔다. 동북군구 정치위원도 겸하고 상장으로 진급했으며 탱크부대 전문가로 알려지고 있다.

■ 허정숙 (許貞淑, 1902~1992)

함북 명천군 출신으로 일본 유학도 다녀왔다. 일본에서 좌익사상에 물들어 귀국 후 사회
주의 활동을 벌였다. 1930년 중국으로 가서 옌안에 잠입, 공산정권 아래서 조선 독립동
맹에 가입, 중앙 집행위원을 지냈다. 해방 후 북한에 들어가 노동당 중앙위원과 선전문화
상을 지냈으나 50년대 중반 김일성의 옌안계 숙청에 휘말려 직무에서 해직되었다. 83년 복
직되어 당 중앙비서 등을 지냈으며 崔昌益의 부인으로 열려졌다.

■ 洪學智 (Hong Xuezhi, 1913~2006)

국공내전 때 중공군 제4야전군 43군 사령이었고 덩화의 요청으로 한국 전쟁에 중공지원
군 부사령관으로 참여, 주로 특수병과와 군수지원 업무를 맡다가 후근 사령관을 겸했다.
55년과 88년 두 차례 상장계급을 수여 받아 6星 上將으로 불리기도 했다. 한국 전쟁 전투
경위를 기록한 회고록을 남겼다.

찾아보기

지은이 **박 실**(朴實)

전북 정읍 출생(1939)
전주고등학교 졸업
서울대학교 문리대 정치학과 졸업
미국 조지아대학원 졸업(신문학 M·A)
서울대학교대학원 박사과정 수료(신문학)

전) 한국일보 기자
　　한국기자협회장
　　국회의원(제12~14대)
　　국회사무처 사무총장(제19대)
　　국민대, 원광대 강사
　　한남대 예우교수

현) 대한민국 헌정회 부회장
　　(사)대한언론인회 이사

주요 저서
취재전선, 한미매체비교분석(영문), 이승만 박사와 미국,
박정희와 미국대사관, 80년대 정치전망,
벼랑 끝 외교의 승리 외 다수.

중국 공문서와 자료로 본
6·25전쟁과 중공군

초판 인쇄 2013년 7월 24일
초판 발행 2013년 7월 27일
수정판 발행 2013년 12월 5일
수정 증보판 발행 2015년 6월 5일
수정 증보판 2쇄 발행 2015년 9월 15일
수정 증보판 3쇄 발행 2019년 7월 5일

지은이 박실
발행인 신동설
발행처 청미디어
신고번호 제2015-000023호
출 판 청미디어
주 소 서울 동대문구 천호대로 83길 61, 5층 (화성빌딩)

전 화 02-496-0155
팩 스 02-496-0156
이메일 sds1557@hanmail.net